国际知识产权法学

条文释义、理论与案例

徐红菊 ◎ 著

International
Intellectual
Property Law

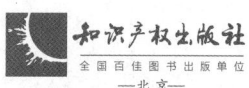

知识产权出版社
全国百佳图书出版单位
—北京—

图书在版编目（CIP）数据

国际知识产权法学：条文释义、理论与案例/徐红菊著. —北京：知识产权出版社，2021.6
ISBN 978-7-5130-7518-3

Ⅰ.①国… Ⅱ.①徐… Ⅲ.①国际法—知识产权法学—研究 Ⅳ.①D997.1

中国版本图书馆CIP数据核字（2021）第083091号

内容提要

本书重点介绍实体性的国际知识产权规则，对国际知识产权法的总体性问题进行系统介绍和阐述，包括国际知识产权法的渊源与发展、国际知识产权法的基本框架体系、国际知识产权法的基本原则，按照专利、版权、商标三大知识产权类型国际法律规则加以分析论述。以知识产权的基本问题为主线，结合问题所涉及的不同国际条约条款逐层展开，最后，对国际知识产权法的边境措施以及未来发展加以阐述。本书可作为高校知识产权专业教学参考用书。

责任编辑：王玉茂　　　　　　　　　　责任校对：王　岩
封面设计：博华创意·张冀　　　　　　责任印制：刘译文

国际知识产权法学：条文释义、理论与案例

徐红菊　著

出版发行：	知识产权出版社有限责任公司	网　　址：	http://www.ipph.cn
社　　址：	北京市海淀区气象路50号院	邮　　编：	100081
责编电话：	010-82000860转8541	责编邮箱：	wangyumao@cnipr.com
发行电话：	010-82000860转8101/8102	发行传真：	010-82000893/82005070/82000270
印　　刷：	三河市国英印务有限公司	经　　销：	各大网上书店、新华书店及相关专业书店
开　　本：	787mm×1092mm　1/16	印　　张：	23.5
版　　次：	2021年6月第1版	印　　次：	2021年6月第1次印刷
字　　数：	470千字	定　　价：	120.00元
ISBN 978-7-5130-7518-3			

出版权专有　侵权必究
如有印装质量问题，本社负责调换。

作者简介

徐红菊 中南财经政法大学知识产权研究中心博士后,上海大学法学院知识产权学院教授;厦门大学"陈安国际法学讲座教授"、大连理工大学知识产权学院讲座教授、中南财经政法大学知识产权研究中心兼职研究员;中国国际经济法学会理事、中国科技法学会理事、国家知识产权局全国专利信息师资人才;英国诺丁汉大学法学院访学学者。

缩略词

中文全称	中文简称	英文全称	英文简称
《保护工业产权巴黎公约》	《巴黎公约》	Paris Convention for the Protection of Industrial Property	Paris Convention
《保护文学和艺术作品伯尔尼公约》	《伯尔尼公约》	Berne Convention for the Protection of Literary and Artistic Works	Berne Convention
《与贸易有关的知识产权协定》		Agreement on Trade – Related Aspects of Intellectual Property Rights	TRIPS
《关税及贸易总协定》		General Agreement on Tariffs and Trade	GATT
《视听表演北京条约》	《北京条约》	Beijing Treaty on Audiovisual Performances	Beijing Treaty
《保护录音制品制作者防止未经许可复制其录音制品公约》	《录音制品公约》	Convention for the Protection of Producers of Phonograms Against Unauthorized Duplication of Their Phonograms	
《国际承认用于专利程序的微生物保存布达佩斯条约》	《布达佩斯条约》	Budapest Treaty on the International Recognition of the Deposit of Microorganisms for the Purposes of Patent Procedure	Budapest Treaty
《建立工业品外观设计国际分类洛迦诺协定》	《洛迦诺协定》	Locarno Agreement on Establishing an International Classification for Industrial Design	Locarno Agreement
《保护表演者、音像制品制作者和广播组织罗马公约》	《罗马公约》	Rome Convention for the Protection of Performers, Producers of Phonograms and Broadcasting Organizations	Rome Convention
《关于集成电路知识产权华盛顿条约》	《华盛顿条约》	Treaty on Intellectual Property in Respect of Integrated Circuits	
《发送卫星传输节目信号布鲁塞尔公约》	《布鲁塞尔公约》	Brussels Convention Relating to the Distribution of Programme – Carrying Signals Transmitted by Satellite	Brussels Convention

中文全称	中文简称	英文全称	英文简称
《商标国际注册马德里协定》	《马德里协定》	Madrid Agreement for International Registration of Trade Marks	Madrid Agreement
《保护奥林匹克会徽内罗毕条约》	《内罗毕条约》	Nairobi Treaty on the Protection of the Olympic Symbol	Nairobi Treaty
《工业品外观设计国际保存海牙协定》	《海牙协定》	The Hague Agreement concerning the International Deposit of Industrial Designs	Hague Agreement
《商标注册用商品与服务国际分类尼斯协定》	《尼斯协定》	Nice Agreement Concerning the International Classification of Goods and Services for the Purposes of the Registration of Marks	Nice Agreement
《建立商标图形要素国际分类维也纳协定》	《维也纳协定》	Vienna Agreement for Establishing an International Classification of the Figurative Elements of Marks	Vienna Agreement
《专利法条约》		Patent Law Treaty	PLT
《专利合作条约》		Patent Cooperation Treaty	PCT
《商标法条约》		Trademark Law Treaty	TLT
《商标法新加坡条约》		Singapore Treaty on the Law of Trademarks	
《国际专利分类斯特拉斯堡协定》	《斯特拉斯堡协定》	International Patent classification Agreement	IPCA
《保护原产地名称及其国际注册里斯本协定》	《里斯本协定》	Lisbon Agreement for the Protection of Appellations of Origin and their International Registration	Lisbon Agreement
《世界知识产权组织版权条约》		WIPO Copyright Treaty	WCT
《世界知识产权组织表演和录音制品条约》		WIPO Performances and Phonograms Treaty	WPPT

前　言

　　国际知识产权法是一门新兴学科，是国际经济法学的分支学科，也是近年发展最为迅速的学科领域之一。国际知识产权法的发展应在国际经济法基本原则指导下进行，为公平正义的国际经济秩序提供法律保障。

　　国际知识产权法与国内知识产权法密切联系。国际知识产权法是在国内知识产权法的基础上形成、发展而来的，是国内知识产权法发展到一定阶段后对各国普遍认可的成熟知识产权规则进行国际协调的产物。但国际知识产权法不是国内法的简单翻版，它包含处理跨国关系的特有原则和规则，对各国国内立法设定标准，协调指导国内知识产权法的制定与实施。与国际知识产权规则不一致的国内立法，将受到其他国家的质疑，阻碍国际经济贸易与合作的顺利进行。国内知识产权法是学习国际知识产权法的基础，有关知识产权法基本知识的内容，请先学习参考知识产权法相关教材和著作，本书不作基础知识介绍。

　　本书致力于通过对国际知识产权法条文释义、理论和案例进行分析，阐释国际知识产权法学体系的基本结构和发展趋势。尽管本书讨论的内容为国际知识产权，但并非指存在为各国一致承认的国际知识产权。知识产权的地域属性是各国在知识产权国际保护领域达成的普遍共识，各国仅对依据本国立法有效设立的知识产权予以认可。国际知识产权法主要指对知识产权进行国际保护的法律规则体系，是主要由国际条约构成的法律体系。国际条约是国际知识产权法的主要法律渊源，也是本书进行分析论述的重要依据。19世纪晚期，《保护工业产权巴黎公约》（以下简称《巴黎公约》）、《保护文学艺术作品伯尔尼公约》（以下简称《伯尔尼公约》）缔结，国际知识产权法体系初步形成，对各国知识产权立法具有重要指导作用。20世纪末，世界贸易组织（WTO）制定《与贸易有关的知识产权协定》（TRIPS），TRIPS生效以后，较为系统的国际知识产权法体系确立。进入21世纪，国际知识产权规则主要表现为国家间缔结的包含知识产权内容的双边或区域自由贸易协定。这些不同历史时期、不同领域的国际知识产权条约代表国际知识产权法体系内容的主要发展脉络。本书论及从1883年《巴黎公约》至2020年《美国－墨西哥－加拿大协定》（USMCA）的重要国际知识产权条约，包含TRIPS后缔结对国际知识产权规则具有影响力的双边自由贸易协定。在国际知识产权条约基础之上，本书从三个视角阐释和考察国际知识产权法学体系：其一，历史的视角。从早期欧洲国家间的双边协定到第一项国际知识产权公约缔结，再到系统国际知识产权法体系的确立，每一项知识产权规则都体现历史演进的痕迹。其二，客体的视角。国际知识产权法律体系包含不同类别的知识产权客体，每一类别的客体都具有特定的属性和规则，共同构成完整的规则体系。其三，案例分析的视角。TRIPS 生效后，WTO 争端解决机制解决了一系列有关知识产权的国际争端案件，推进了 TRIPS 在各成员方立法中的实施。WTO 专家组及上诉机构在对案件纠纷的裁决中，对国际知识产权条约的法律适用进行了细致的解释。本书结合条约原文介绍了 WTO 的相关案例，案例中的解释和推理有助于我们进一步理解国际知识产权规则的具体含义。大多数知识产权在境外获取保护的前提是在他国取得授权，因此，除知识产权保护的实体性规则外，国际申请与授权程序的一体化规则也是国际知识产权规则的重要组成部分，国际知识产权法律体系由实体性法律规则和程序性法律规则共同构成。

由于 TRIPS 并未真正解决不同成员间的利益分歧，21 世纪的国际知识产权法在已有体系基础之上呈现多极化的发展态势。在这种背景下，国际知识产权法的发展面临新的挑战，一些国际知识产权规则的适用也呈现不确定性，这更加需要我们加强对国际知识产权法的把握和研究。尽管短期内国际上出现逆全球化的地方保护主义，但数字化时代全球各国的命运已经紧密联系在一起，全球化依然是国际经济未来发展的必然趋势。"察势者明，趋势者智"，在复杂的国际形势下，我们需要探索科学合理的国际知识产权规则，解决目前国际知识产权法发展面临的困境，为我国经济的进一步发展提供保障。同时，科学合理的国际知识产权规则也是全球经济可持续发展的重要保障，是维护国际复杂利益平衡的关键所在。

目 录

第一章 绪论 ……………………………………………………………… 1
- 第一节 国际知识产权法的发展变迁 ………………………………… 1
- 第二节 国际知识产权法律关系 ……………………………………… 6

第二章 国际知识产权条约 …………………………………………… 16
- 第一节 国际知识产权条约的管理组织与分类 …………………… 16
- 第二节 客体类国际知识产权条约 ………………………………… 21
- 第三节 全球性与区域性国际知识产权条约 ……………………… 36

第三章 国际知识产权法律原则 ……………………………………… 46
- 第一节 国际知识产权法的基本原则 ……………………………… 46
- 第二节 国际知识产权法的具体原则 ……………………………… 64

第四章 国际专利法律规则 …………………………………………… 88
- 第一节 概述 …………………………………………………………… 88
- 第二节 可专利客体 …………………………………………………… 90
- 第三节 授予专利的权利内容 ………………………………………… 97
- 第四节 专利强制许可 ………………………………………………… 103
- 第五节 专利保护期间 ………………………………………………… 115
- 第六节 方法专利 ……………………………………………………… 123

第五章 国际版权法律规则 …………………………………………… 128
- 第一节 概述 …………………………………………………………… 128
- 第二节 版权保护的客体 ……………………………………………… 132
- 第三节 精神权利 ……………………………………………………… 136
- 第四节 经济权利 ……………………………………………………… 142
- 第五节 邻接权保护规则 ……………………………………………… 154

· 1 ·

第六节 国际版权规则的限制与例外 ········· 175
第七节 TRIPS 后数字化国际版权规则发展 ········· 184

第六章 国际商标法律规则 ········· 194
第一节 商标注册的条件 ········· 194
第二节 禁止注册商标的标识 ········· 208
第三节 驰名商标保护规则 ········· 211
第四节 商标权的内容、例外与保护期间 ········· 221
第五节 商标权的许可与转让 ········· 227

第七章 国际地理标志法律规则 ········· 231
第一节 概述 ········· 231
第二节 地理标志与商标的联系 ········· 235
第三节 地理标志国际保护的具体规则 ········· 239

第八章 国际医药知识产权法律规则 ········· 253
第一节 概述 ········· 253
第二节 药品专利的法规审查例外 ········· 255
第三节 《多哈宣言》与 TRIPS 内容修订 ········· 263
第四节 TRIPS 后药品知识产权规则的发展 ········· 269

第九章 国际知识产权法中的竞争规则 ········· 286
第一节 《巴黎公约》：不正当竞争行为界定与表现 ········· 286
第二节 未披露信息与反不正当竞争 ········· 290
第三节 知识产权许可的反竞争控制 ········· 293

第十章 国际知识产权执法措施 ········· 310
第一节 TRIPS 知识产权执法措施 ········· 310
第二节 区域贸易协定的知识产权执法措施 ········· 330

第十一章 国际知识产权程序一体化规则 ········· 346
第一节 概述 ········· 346
第二节 国际专利程序一体化规则——PCT ········· 347
第三节 国际商标程序一体化规则 ········· 354

第一章 绪论

第一节 国际知识产权法的发展变迁

一、国际知识产权法的初期发展

(一) 国际知识产权法的起源

国际知识产权包含不同的类别,各个类别的知识产权起源时间有所差别,并没有统一的起源时间。就传统知识产权类别而言,大致都产生于18世纪中后期,最早见于国家之间签订的双边协定。

随着国际交往的日益频繁,通信技术不断发展,迫切需要对知识产权进行国际保护。英国是专利制度的起源地,1311年,英国为一位叫约翰·肯普的弗兰德人(当时是比利时王国的领土)颁发了专利证书,因其想要到英格兰做生意,这是历史上颁发专利证书的最早记录。❶ 由于专利可能带来垄断,英国于1624年颁布的《垄断法》(*Monoploy Law*)正式承认专利可以成为反垄断一般规则的例外,也被视为最早的专利法。18世纪末,法国人沙普(Claude Chappe)的发明对国际知识产权规则的出现具有潜在的重要意义。1794年,沙普发出了从里尔到巴黎的第一封电报,此后若干年,巴黎和斯特拉斯堡之间的沙普电报线路建立起来。❷ 1846年,伦敦与多佛尔之间的电报线路开通,这是人类通信技术的里程碑。正是这种便捷的通信技术使信息的传递速度加快,可以轻易地跨越国界传播,各国对于本国技术的流失深感忧虑。既然技术的跨国传递无法避免,制定国际知识产权规则保护本国技术,确保即使在境外也可以依赖技术取得垄断优势地位,就成为19世纪末的重要议题。可见,工业革命为国际知识产权规则的产生奠定了基础,技术信息得以便捷地跨越国境传播是国际知识产权规则产生的直接根源。国际交往的日益频繁使一些国家的优秀图书在国外被大量出版销售,也产生了版权国际保护的需求。1852年,法国率先确立保护来源于境外作品的版权立法。

---

❶ DAVID I B. Intellectual property [M]. 4 ed. Essex: Financial Times Pitman Publishing, 1999: 320.
❷ 查尔斯·辛格,E. J. 霍姆亚德,A. R. 霍尔,特雷弗·I. 威廉斯. 技术史(第Ⅳ卷)[M]. 辛元欧,译. 上海: 上海科技教育出版社,2004: 438.

1873年，由于本国发明无法在他国得到充分保护，很多国家不愿意参加奥匈帝国在维也纳举办的万国博览会。以此为契机，各国在巴黎召开了关于保护工业产权的国际会议，并于1883年缔结了历史上第一个保护工业产权的国际条约——《保护工业产权巴黎公约》(Paris Convention for the Protection of Industrial Property，以下简称《巴黎公约》)。《巴黎公约》开启了国际知识产权保护的开端，与其后不久制定的《保护文学艺术作品伯尔尼公约》(Berne Convention for the Protection of Literary and Artistic Works，以下简称《伯尔尼公约》)一起，成为国际知识产权法形成的代表性公约。

(二) 早期国际知识产权法的特征

早期国际知识产权规则虽然在知识产权的国际保护方面有实质性的进步，但其有温和而保守的特征。

首先，早期国际知识产权法为缔约国保留了充分的立法空间。公约虽然规定了关于专利、商标等工业产权实体权利的最低标准，但要求不高，具体立法依然由各缔约国自由确定。如在专利方面，根据《巴黎公约》，缔约国有完全的自由确定取得专利权的条件，如专利只对产品授予还是只对方法授予，抑或二者都授予，以及在哪些产业领域授予等问题。❶ 至于知识产权执法程序方面，则完全留给缔约国自己规定。《巴黎公约》还明确规定了保留条款，第2条第(3)款规定，"本联盟每一国家法律中关于司法和行政程序、关于管辖权以及指定送达地址或委派代理人的规定，工业产权法律中可能有要求的，均可明确地予以保留"。《伯尔尼公约》也存在类似的做法，它设定了一些规则，要求成员国实施统一的方案解决国际版权保护中的问题。但这些规则本身并没有提供具体的解决办法，而是由成员国在公约规定的限度内根据本国立法寻求解决方案。❷ 可见，早期国际知识产权规则并未以统一缔约国知识产权立法为目标，其所要实现的是缔约国能够对工业产权提供公约要求的最低保护标准，并能够赋予外国国民以本国国民同样的待遇。

其次，早期国际知识产权法强调国家间知识产权的独立性。《巴黎公约》第4条之二和第6条明确规定了专利与商标的独立性原则，即缔约国国民在各国申请的专利、商标就其无效和丧失权利的理由而言，与在其他国家取得的专利、商标互相独立。这表明了对知识产权地域性的申明与确定，也表明了国际立法对各缔约国主权的尊重，是早期国际知识产权规则始终坚持的一项基本原则。

最后，早期国际知识产权法没有具有约束力的争端解决机制。《巴黎公约》、《伯尔尼公约》、《保护表演者、录音制品制作者和广播组织的罗马公约》(Rome

---

❶ BODENHAUSEN G H C. Guide to the application of the Paris Convention for the protection of industrial property [M]. Geneva: United International Bureaux for the Protection of Intellectual Property (BIRPI), 1967: 15.

❷ Guide to the Berne Convention for the Protection of Literary and Artistic Works (Paris Act, 1971) [M]. Geneva: World Intellectual Property Organization Publication, 1978: 5.

Convention for the Protection of Performers, *Producers of Phonograms and Broadcasting Organizations*，以下简称《罗马公约》）及《关于集成电路知识产权华盛顿条约》（*Treaty on Intellectual Property in Respect of Integrated Circuits*，以下简称《华盛顿条约》）等早期国际知识产权条约都由世界知识产权组织进行管理。如果缔约国在履行公约义务方面出现争端，公约并没有提供有约束性的争端解决机制。争端发生后，争议国家可以依据公约的内容进行协商，但没有相应的制裁措施。

二、国际知识产权法统一体系的形成

（一）TRIPS 制定背景

早期国际知识产权法为缔约国国内立法预留了较大的空间，各国之间的知识产权保护水平差异较大。随着国际贸易的发展，大量仿冒商品出现在国际市场上，导致知识产权权利人的利益受到损害。知识产权保护水平的差异被发达国家视为本国经济利益遭受损失的主要根源，并着手推动制定更高知识产权保护标准的国际立法。

最先提出此种利益损害的是美国私人公司，这些拥有巨额国际贸易份额的私人公司向美国政府表达了建立更高保护水平国际知识产权规则的意愿。在推动《与贸易有关的知识产权协定》（*Agreement on Trade - Related Aspects of Intellectual Property Rights*，TRIPS）制定的过程中，美国大型私人公司代表发挥了其精湛的商业技巧与敏锐的判断力，其根本目标是使知识产权为其国际贸易扩张服务。但规则制定的平台并没有选择世界知识产权组织（WIPO），因为 WIPO 秉持着《巴黎公约》《伯尔尼公约》以来的温和态度，对任何国际知识产权规则的修订都保持谨慎的态度，这与企业家对短期商业利益的追求大相径庭。1986 年 3 月，12 个美国跨国公司高级管理人员组成了国际知识产权委员会（IPC），IPC 与欧盟、日本等国家或地区联合起草了一份提议，提交关税及贸易总协定（GATT）秘书处。1994 年，GATT 谈判的成员最终接受 IPC 提出的特定文本，在乌拉圭回合中通过了 TRIPS。[1] TRIPS 中包含不同类别的知识产权规则，提供了更高标准的知识产权保护实体性规范，成为国际知识产权法的代表。至此，较为完整的国际知识产权法体系得以确立。

（二）TRIPS 时期国际知识产权法的特点

TRIPS 生效后，配合以被称为"WTO 皇冠上明珠"的争端解决机制，使国际知识产权法具有实质性的约束力，促进了 WTO 成员知识产权保护水平的提高与统一。按照 TRIPS 确立的具体权利标准，如专利保护条件、保护期限等，许多成员对本国的知识产权法进行了修改，国际知识产权法的一体化发展取得有史以来最为显著的进步。这一时期的国际知识产权法也具有一定的特点。

在 TRIPS 制定过程中，发展中国家代表曾强烈反对协定内容。但是，一方面由

---

[1] 苏珊·K. 赛尔. 私权、公法：知识产权的全球化 [M]. 董刚，周超，译. 北京：中国人民大学出版社，2008：81，94 - 95.

于美国利用其《1974年贸易法》（U. S. Trade Act of 1974，俗称"301条款"）施压，免除异议发展中国家贸易伙伴的普惠待遇，另一方面，发展中国家对于知识产权规则制定经验尚不丰富，最终协定顺利在WTO框架内生效。这种背景决定了TRIPS生效后必然面临来自多方的质疑与利益分歧。甚至有学者指出，TRIPS制造的争议似乎远大于其所解决的问题。[1] 这些争议主要体现在两个方面：一是发展中国家认为，TRIPS标准对于技术欠发达国家会造成损害，使发展中国家失去发展的空间；二是TRIPS对于知识产权私人权利过度保护，可能会损害对于公共利益的保护，从而使知识产权制度失衡。此外，即使在发达国家之间也存在对具体规则适用的分歧，如欧盟与美国对于地理标志立法存在较大分歧。因此，TRIPS尽管在更高层面上实现了国际知识产权法的一体化发展，但相关分歧也同时相伴而生。在TRIPS的实施中，发达国家关注的是现有多边条约对其经济利益的保护仍然不够充分，而发展中国家则对抑制其药品、信息、通信技术及其他资源保护的快速提升感到沮丧。[2] 同时，发展中国家在TRIPS实施过程中也获取了更多的经验，学习根据本国国情在TRIPS允许的空间范围内发展符合本国利益的知识产权规则，如印度对于药品专利"药效"方面的新解释等。因此，国际知识产权规则的分歧包括法律本身的分歧，也有来自其他方面的分歧，尤其是政治利益。显然，对于TRIPS超越其法律意义的政治争论，将会偏离TRIPS发展积极保护公共利益的重要任务。[3]

三、21世纪国际知识产权法的发展

TRIPS之后，由于各成员对于协定适用存在的多方面利益分歧，加之21世纪数字技术发展在知识产权领域不断提出新的问题，国际知识产权法面临新的挑战。

（一）知识产权规则的分散式发展态势

21世纪，不同发展水平国家之间在国际知识产权保护方面的分歧进一步增大，这种分歧导致国际知识产权一体化的进程缓慢。在多边平台上，发展中国家开始对高知识产权保护标准提出质疑。与发展中国家利益相反，发达国家希望在TRIPS保护标准基础之上，进一步提高国际知识产权的保护标准。2004年秋季举行的世界知识产权组织大会对一份最初由巴西和阿根廷做出的提议给予回应[4]，在机构内启动了"WIPO发展日程"的磋商，内容涉及该提议要求的知识产权执法、技术转让等

---

[1] ANTONY T. A practicalguide to working with TRIPS [M]. Oxford：Oxford University Press，2011：10.
[2] PETER K YU. The global intellectual property order and its undetermined future [J/OL]. The WIPO Journal，2009（1）：1 [2020-1-18]. http：//ssrn. com/abstract=1485285.
[3] ANTONY T. A practical guide to working with TRIPS [M]. Oxford：Oxford University Press，2011：50.
[4] WIPO GENERAL ASSEMBLY. Proposal of Argentina and Brazil for the establishment of a development agenda for WIPO，（WO/GA/31/ll）[EB/OL].（2004-08-27）[2019-08-13]. https：//www. wipo. int/meetings/en/doc_details. jsp？doc_id=31737.

所有方面❶，提议呼吁维护公共利益灵活性及成员政策空间的国际规范。WIPO 发展日程顾及发展中国家的利益，认为一项国际机制应当具有灵活性，这些灵活性应尽可能与国家个体发展需要保持一致。另外，发达国家由于无法通过修改 TRIPS 或在 WIPO 内建立高标准的国际知识产权法律规范，寻求将国际知识产权保护由 WTO 或 WIPO 体制内规则向其外转移。在实践中，它们将国际知识产权规则谈判转入双边、多边或区域自由贸易协定（FTA）的谈判内容之中。这些自由贸易协定包含知识产权、贸易、环境、投资等多方面的内容，知识产权规则往往是此类协定中的专章之一。目前比较成熟的 FTA 知识产权条款主要出现在以美国和欧盟为核心缔结的双边、多边或区域贸易协定之中。这些协定占据 21 世纪后期跨国知识产权规则发展的主导地位，直接反映却是分散式的双边或区域协定，这种发展现状也被称为国际知识产权法的"网格化"或"碎片化"。这些协定谈判的目标是借助 WTO 框架下的最惠国待遇原则，通过区域、双边或多边自由贸易协定间接实现知识产权保护的全球一体化。

（二）知识产权保护的 TRIPS – plus 标准

21 世纪主要体现在自由贸易协定中的跨国知识产权规则的主要特征是在 TRIPS 基础之上提高知识产权保护标准，这些高于 TRIPS 的知识产权保护标准又被称为 TRIPS – plus 标准。以美国和欧盟为核心缔结的自由贸易协定知识产权专章中已经形成较为固定的 TRIPS – plus 条款。TRIPS – plus 标准体现在知识产权的具体规则中，如增加声音与气味商标、加强对未披露试验数据及信息的保护等。广义的 TRIPS – plus 标准不仅包括在现有 TRIPS 规定之上提高的保护标准，还包括 TRIPS 中未包含而延展强化保护的范围，如有关电子权利管理信息、植物新品种等方面的保护规范。以美国和欧盟为核心缔结自由贸易协定中的很多 TRIPS – plus 条款并非新创，而是从美国或其他发达国家立法中的翻版而来，如以美国为核心协定中有关未披露试验数据保护、专利期间调整等条款，以欧盟为核心协定中有关地理标志保护等方面的条款。因此，从某种意义上说，21 世纪自由贸易协定中国际知识产权规则的部分 TRIPS – plus 条款一方面代表了相对较高的标准，另一方面也代表了少数发达国家国内立法的对外输出。

（三）国际知识产权法与国际贸易关系反思

TRIPS 之后，国际知识产权规则受国际贸易影响的程度逐渐加深，甚至成为贸易协定的一部分。这种发展趋势是对国际知识产权规则特殊属性的强化，它虽然一方面有利于促进国际贸易的发展，值得肯定，但另一方面也淡化了国际知识产权规则维护公共利益的属性，值得忧虑。

国际知识产权法形成初期，国际贸易发展的需求是知识产权权利人能够在国外

---

❶ Bridges Weekly Trade News：moving forward the development agenda in WIPO ［EB/OL］. (2004 – 10 – 06) ［2019 – 08 – 13］. http：//www.ictsd.org/weekly/04 – 10 – 06/story1.htm.

得到与其本国国民相同的待遇，这种需求推动形成了国际知识产权体系中国民待遇加最低标准义务的基本架构。随着国家之间国际贸易关系的日益紧密，知识产权权利人不仅要求在国外得到国民待遇，还要求国外的法律保护达到与其本国法相当的保护水平。越依赖出口贸易的国家越期待高标准的国际知识产权规则，境外的知识产权规则越严格，实施得越彻底，越有利于本国知识产权权利人在海外利益的最大化。1994 年 WTO 框架下缔结的 TRIPS 比之前的国际条约提高了知识产权的保护标准，扩大了知识产权的保护范围。TRIPS 之后，知识产权商品或服务的国际贸易竞争日趋激烈，这种需求也逐渐增强，越来越多超出 TRIPS 保护水平的 TRIPS – plus 条款出现在双边或区域贸易协定之中。国际知识产权法与国际贸易具有较为密切的联系。但从本质上讲，国际知识产权法的发展不仅需要考虑与国际贸易的关系，还应当考虑知识产权对国际社会发展的综合性影响。尽管知识产权属于私权，但其具有一定的公共属性，知识产权法规则中对于知识产权行使的限制就是这一属性的体现。在调整知识产权商品或服务交易时，可以遵循国际贸易的要求和规律。但当知识产权的行使影响公共利益时，则需要遵循维护人类共同发展的基本原则，对知识产权加以限制。当两种利益出现交叉或重叠时，国际知识产权规则应当作出优先保护公共利益的选择。目前由于不同国家在国际贸易方面的利益分歧，国际知识产权法的谈判平台逐步由国际组织转向双边或区域贸易协定，国际贸易对知识产权规则制定发挥最直接的影响，这也是当前国际知识产权法出现困境、难于进一步推进一体化发展的重要原因。国际知识产权法规则一体化的未来发展应当在客观、科学立法态度的指导下进行，既要重视其与国际贸易的重要联系，又要注重维护知识产权制度的公共属性，即知识产权制度维护人类文化传播、人权及公共安全的价值。国际知识产权法应当兼顾国际范围内不同政治经济主体的利益，为促进人类可持续发展服务，应当具有更为广泛的国际意义。

第二节　国际知识产权法律关系

国际知识产权法律关系是指国际知识产权法律规范在调整国际知识产权相关行为过程中形成的权利义务关系。国际知识产权法律关系包括法律关系主体、法律关系客体以及法律关系的内容。

一、国际知识产权法律关系主体

国际知识产权法律关系主体是指国际知识产权法律关系的主要参加者，包括自然人、法人（或其他组织）、国际组织及国家等。国际知识产权法律关系主体享有国际知识产权法赋予的权利，履行其规定的义务。自然人和法人是国际知识产权法律关系中的重要参加者。国民待遇原则是国际知识产权法的重要原则，国民待遇原则在国际知识产权法体系中具有重要地位，国民待遇的主要适用主体包括自然人和法人。国民待遇原则的适用主要涉及对外国国民的权利保护，准确界定国民待遇中"国民"的适格性，对于国际知识产权法律规则的适用具有重要意义。因此，国际知识产权条约中都会首先明确界定"国民"的适用标准。

（一）《巴黎公约》国民待遇适用

《巴黎公约》中享有国民待遇的主体包括自然人、法人或其他组织。关于享有国民待遇的要求主要体现在《巴黎公约》第2条和第3条。

《巴黎公约》

Article 2　National Treatment for Nationals of Countries of the Union

（1）Nationals of any country of the Union shall, as regards the protection of industrial property, enjoy in all the other countries of the Union the advantages that their respective laws now grant, or may hereafter grant, to nationals; all without prejudice to the rights specially provided for by this Convention. Consequently, they shall have the same protection as the latter, and the same legal remedy against any infringement of their rights, provided that the conditions and formalities imposed upon nationals are complied with.

（2）However, no requirement as to domicile or establishment in the country where protection is claimed may be imposed upon nationals of countries of the Union for the enjoyment of any industrial property rights.

Article 3　Same Treatment for Certain Categories of Persons as for Nationals of Countries of the Union

Nationals of countries outside the Union who are domiciled or who have real and effective industrial or commercial establishments in the territory of one of the countries of the Union shall be treated in the same manner as nationals of the countries of the Union.

第2条　本联盟各国国民的国民待遇

（1）本联盟任何国家的国民，在保护工业产权方面，在本联盟所有其他国家内都应享有各该国法律现在授予或今后可能授予国民的各种利益；一切都不应损害本公约特别规定的权利。因此，他们应和国民享有同样的保护，对侵犯他们的权利享有同样的法律上的救济手段，但是以他们遵守对国民规定的条件和手续为限。

（2）但是，对于本联盟国家的国民不得规定在其要求保护的国家须有住所或营业所才能享有工业产权。

第3条　某类人与本联盟国家的国民同样待遇

本联盟以外各国的国民，在本联盟一个国家的领土内设有住所或有真实和有效的工商业营业所的，应享有与本联盟国家国民同样的待遇。

《巴黎公约》中的自然人国民主要指拥有该国国籍的国民。与自然人国籍的确定不同，法人国籍的确定比较复杂，各国的标准也不一致，有的以主营业所所在地，有的以成立是否依据本国相关立法为标准。对于国籍适用的具体标准，《巴黎公约》以各缔约国国内法进行确定。《巴黎公约》第2条第（2）款规定，对本联盟国家的国民，不得规定其在缔约国有住所或营业所才能得到工业产权保护。该款规定意味着，缔约国可以按照国内法确定本国国民的标准是居所或营业所，但缔约国不得仅仅因为自然人或法人在该国没有住所或营业所而剥夺其在该国享有工业产权保护的权利。

《巴黎公约》第3条是对国民待遇原则适用国民范围的扩大，也是对国际知识产权法律关系主体界定范围的扩展。一般而言，只有国际条约的缔约国国民才是享有条约规定权利的主体。但按照《巴黎公约》第3条，即使是非条约缔约国国民，只要在条约规定的任何缔约国内有住所或有真实有效的工商业营业所，就符合国民待遇的适用标准，可以通过国民待遇原则，得到《巴黎公约》规定的权利保护。

（二）《伯尔尼公约》权利主体与国民界定

1. 权利主体

《伯尔尼公约》对享有公约规定版权独占权的权利主体进行了明确的规定，这在早期国际知识产权法律规范中是比较少见的，一般对于具体主体的界定通常留给缔约国国内法。该规定主要体现在《伯尔尼公约》第2条第（6）款。

《伯尔尼公约》

Article 2

……

(6) The works mentioned in this Article shall enjoy protection in all countries of the Union. This protection shall operate for the benefit of the author and his successors in title.

第2条

……

（6）本条所提到的作品在本同盟所有成员国内享受保护。此种保护系为作者及其权利继承人的利益而行使。

依据《伯尔尼公约》，享有公约规定作品保护的权利主体不仅包括作品的作者，还包括作者的权利继承人。作者的权利继承人既包括作者的继承人，也包括通过其他方式取得版权的人。非人身权的权利可以通过合同进行设定，作者可以转让部分

或全部版权,版权的受让人可以享有赋予作者的权利保护。❶

2. 国民界定

> 《伯尔尼公约》
>
> **Article 3**
>
> (1) The protection of this Convention shall apply to:
>
> (a) authors who are nationals of one of the countries of the Union, for their works, whether published or not;
>
> (b) authors who are not nationals of one of the countries of the Union, for their works first published in one of those countries, or simultaneously in a country outside the Union and in a country of the Union.
>
> (2) Authors who are not nationals of one of the countries of the Union but who have their habitual residence in one of them shall, for the purposes of this Convention, be assimilated to nationals of that country.
>
> 第3条
>
> (1) 根据本公约:
>
> (a) 作者为本同盟任何成员国的国民者,其作品无论是否已经出版,都受到保护;
>
> (b) 作者为非本同盟任何成员国的国民者,其作品首次在本同盟一个成员国出版,或在一个非本同盟成员国和一个同盟成员国同时出版的,都受到保护。
>
> (2) 非本同盟任何成员国的国民,其惯常住所在一个成员国国内的作者,为实施本公约,享有该成员国国民的待遇。

《伯尔尼公约》第3条规定了在作者为非公约缔约国国民时成为受公约保护主体的条件。公约设定了两项标准,一是首次出版标准,二是惯常住所标准。如果作者为非缔约国国民,只要其作品在《伯尔尼公约》任何一个缔约国首次出版,或者与非缔约国同时出版❷,该作品的作者就可以成为《伯尔尼公约》保护的权利主体。如果作者为非缔约国国民,但其在任一缔约国内拥有惯常住所,也可以成为公约保护的权利主体。

(三) TRIPS 权利主体界定

鉴于 TRIPS 与《巴黎公约》《伯尔尼公约》等知识产权国际条约之间的联系,

---

❶ Guide to the Berne Convention for the Protection of Literary and Artistic Works (Paris Act, 1971) [M]. Geneva: World Intellectual Property Organization Publication, 1978: 21.

❷ 按照《伯尔尼公约》第3条第(4)款的规定,同时出版是指作品在首次出版后30日内,又在两个或两个以上的国家出版。

在主体界定方面也有特殊的规定。

> **TRIPS**
>
> **Article 1 Nature and Scope of Obligations**
>
> ……
>
> (3) Members shall accord the treatment provided for in this Agreement to the nationals of other Members. In respect of the relevant intellectual property right, the nationals of other Members shall be understood as those natural or legal persons that would meet the criteria for eligibility for protection provided for in the Paris Convention (1967), the Berne Convention (1971), the Rome Convention and the Treaty on Intellectual Property in Respect of Integrated Circuits, were all Members of the WTO members of those conventions. Any Member availing itself of the possibilities provided in paragraph 3 of Article 5 or paragraph 2 of Article 6 of the Rome Convention shall make a notification as foreseen in those provisions to the Council for Trade – Related Aspects of Intellectual Property Rights (the "Council for TRIPS").
>
> **第 1 条 义务的性质与范围**
>
> ……
>
> (3) 各成员应对其他成员的国民给予本协定规定的待遇。就有关的知识产权而言，其他成员的国民应理解为符合《巴黎公约》（1967 年）、《伯尔尼公约》（1971 年）、《罗马公约》和《关于集成电路的知识产权条约》规定的保护资格标准的自然人或法人，假设所有 WTO 成员均为这些公约的成员。任何利用《罗马公约》第 5 条第 3 款或第 6 条第 2 款规定的可能的成员，都应按这些条款中所预想的那样，向与贸易有关的知识产权理事会（TRIPS 理事会）作出通知。

TRIPS 对可以受保护权利主体的国民界定，与《巴黎公约》《伯尔尼公约》《罗马公约》《关于集成电路的知识产权条约》规定的保护资格标准建立了密切的联系。所有符合上述四个国际条约规定保护资格的自然人和法人，都可以作为权利主体得到 TRIPS 的权利保护。

二、国际知识产权法律关系客体

国际知识产权法律关系客体是指国际知识产权法律关系主体权利义务所指向的对象。由于知识产权包含不同的具体类别，规范不同类别知识产权的国际条约也会指向知识产权范畴中更加具体的客体对象。此处的知识产权类别，应当注意与我国对于知识产权尤其是专利类别的划分有所不同。例如，我国将外观设计作为专利的三种类型之一，而国际知识产权立法考虑到不同国家对于知识产权类别规定的差异，通常将外观设计单独作为一个类别加以规定。

（一）国际法律关系客体的法律属性

尽管国际知识产权法律关系包括不同类别的知识产权客体，不同类别的客体具有一定的自身特点，但其作为国际知识产权法律关系的共同客体也具有一些共同的法律属性。

1. 独占性

国际知识产权法律关系的客体具有无形性，法律对无形客体的主要保护方式就是通过法定排除权利人之外第三方对于客体的利用，除非其得到权利人的同意。知识产权的这种排他属性即为独占性，由客体的权利主体独占实施利用。国际知识产权法律关系的内容主要围绕客体的独占属性进行规定，包括独占权的取得、独占权的体现、独占权的限制、独占权受到侵害时的法律救济等内容。

2. 地域性

国际知识产权法律关系的客体需要通过各缔约国国内立法得到直接保护。司法主权原则是国际法领域的基本原则，各国需要尊重彼此的国内立法，包括对知识产权客体进行保护的法律法规。这一原则决定了不同国家对于知识产权保护的具体规则有所不同，在某一国家得到认可并可以受到保护的知识产权客体，在其他国家未必得到保护或得到同样保护。知识产权客体在不同国家保护的差异性效力就是知识产权的地域性属性。国际知识产权法在一定层面对国家立法的差异进行协调，并取得了较大进步。目前，国际知识产权法还无法实现对所有国家在知识产权保护领域的全方位一体化，国际知识产权法律关系客体的地域性属性将会长期而稳定地存在。

3. 期限性

国际知识产权法律关系客体的保护一般都具有一定期间的限制。只有在特定期间内，权利人才享有权利行使的独占权，这就是知识产权客体的期限性。不同类别国际知识产权法律关系客体的有效期间不同，国际知识产权法律关系客体规定的有限期间也可能与国内立法规定的期间不同。因为国际知识产权立法规定的期间限制是最低标准，国内立法可以在国际知识产权立法规定有效期间基础之上加以延长。无论怎样，作为国际知识产权法律关系的客体一般都有一定的期间限制，这与知识产权具有一定公共属性相关，是对权利人私权利益与全球技术、文化传播的公共利益进行的法律权衡。

商业秘密属于较为特殊的一类客体，只要其具备国际知识产权法要求的构成要件，一般不会受到地域性和期限性的限制。

（二）国际知识产权条约客体具体表现

1. 《巴黎公约》客体

《巴黎公约》第1条中界定了"工业产权"的保护范围，对公约中的"工业产权"应作广义的理解，不仅适用于工业和商业范围，还应同样适用于农业和采掘业。工业产权的客体保护范围主要体现在《巴黎公约》第1条第（2）款，包括专利、实用新型、工业品外观设计、商标、服务标记、厂商名称、货源标记或原产地名称，和制止不正当竞争。

> **《巴黎公约》**
>
> **Article 1 [Scope of Industrial Property]**
>
> (1) The countries to which this Convention applies constitute a Union for the protection of industrial property.
>
> (2) The protection of industrial property has as its object patents, utility models, industrial designs, trademarks, service marks, trade names, indications of source or appellations of origin, and the repression of unfair competition.
>
> **第 1 条 工业产权**
>
> (1) 适用本公约的国家组成联盟，以保护工业产权。
>
> (2) 工业产权的保护对象有专利、实用新型、工业品外观设计、商标、服务标记、厂商名称、货源标记或原产地名称，和制止不正当竞争。

2. 《伯尔尼公约》客体

《伯尔尼公约》的保护对象明确，客体为"版权"，表现为文学、科学和艺术领域内一切成果的版权。[1]

3. 《罗马公约》客体

《罗马公约》是指《保护表演者、录音制品制作者和广播组织的国际公约》，其保护的客体是特定的邻接权，主要表现为表演者、录音制品制作者和广播组织权（rights of performers, producers of phonograms, and broadcasting organizations）。

4. 《华盛顿条约》客体

《华盛顿条约》的保护客体体现在第 3 条第（1）款，其保护对象主要是集成电路布图设计。

> **《华盛顿条约》**
>
> **Article 3 [The Subject Matter of the Treaty]**
>
> (1) [Obligation to Protect Layout – Designs (Topographies)]
>
> (a) Each Contracting Party shall have the obligation to secure, throughout its territory, intellectual property protection in respect of layout – designs (topographies) in accordance with this Treaty. It shall, in particular, secure adequate measures to ensure the prevention of acts considered unlawful under Article 6 and appropriate legal remedies where such acts have been committed.

---

[1] 具体内容参见第五章。

> **第 3 条 条约的客体**
> （1）保护布图设计（拓扑图）的义务
> （a）每一缔约方都有义务保证在其领土内按照本条约对布图设计（拓扑图）给予知识产权保护。尤其应当采取适当的措施以保证防止按照第 6 条的规定被认为是非法的行为，并在发生这些行为时采取适当的法律补救办法。

《华盛顿条约》对布图设计的定义是集成电路中的多个元件，其中至少有一个是有源元件，和其部分或全部集成电路互连的三维配置，或者是为集成电路的制造而准备的三维配置。

在以上 4 个不同知识产权类别国际公约的基础上，TRIPS 确定的客体保护范围主要体现在协定第二部分，包括版权和相关权、商标、地理标志、专利、外观设计、集成电路布图设计和未披露的信息，保护范围涵盖 4 个国际公约中的保护对象。

在传统认可的知识产权类别基础之上，国际知识产权法的保护范围也在向周边辐射，如生物多样性或植物新品种权、民间文学艺术、传统文化遗产、中医药以及药品试验数据等。这些客体类别体现在其他双边、区域或多边条约之中，也是国际知识产权法的客体表现。

三、国际知识产权法律关系的内容

国际知识产权法律关系的内容主要指国际知识产权法律关系主体所享有的权利和承担的义务。

（一）法律关系内容的分类

国际知识产权法律关系按照不同的标准可以分为具体的类别，不同类别的国际知识产权法律关系内容在适用原则和具体规范方面有一定的差别。

按照国际知识产权法具体内容是否涉及实体性权利义务，可以分为实体性法律关系内容和程序性法律关系内容。实体性法律关系内容主要指法律关系主体可以享有和承担的实体性权利义务，主要包括独占权内容、权利限制等；程序性法律关系内容是指法律关系主体可以享有和承担的程序性权利义务，主要包括为获取知识产权需要履行的申请、注册等方面的程序性规定。

按照国际知识产权法权利主体行使权利涉及的领域，国际知识产权法律关系内容可以分为具有私权属性的法律关系内容和具有公共属性的法律关系内容。具有私权属性法律关系内容主要指权利人作为私权主体行使的权利义务，仅涉及私有财产保护或交易的权利义务内容。大多数国际知识产权法律关系内容为具有私权属性的法律关系内容。由于知识产权具有一定公共属性，国际知识产权法律关系内容中也包括具有公共属性的法律关系内容，主要指关于知识产权权利人行使权利涉及公共利益的内容，如公共健康、人权、环境及国家安全等领域的国际知识产权规范。

（二）法律关系内容的结构特点：最低标准 + 国民待遇

从《巴黎公约》起，国际知识产权法条约就形成较为稳定的结构，并一直保留在 TRIPS 之中。在《巴黎公约》制定时期，权利人在境外的知识产权保护遇到难题。主要表现在一些特定类别的知识产权取得需要经一国主管机构审核并授权，而当时的一些国家并不重视对非本国国民知识产权的保护。《巴黎公约》希望在更大程度上实现知识产权的国际保护，同时不违背国家主权原则。为此，《巴黎公约》在内容上采取两个路径为知识产权提供国际保护，一是确立缔约国遵守的最低标准义务，二是提供国民待遇原则。此后，国际知识产权条约的内容主要围绕两个基本命题确立：一是缔约国必须在国内法中规定知识产权保护的最低标准，即实质性最低原则；二是作为一般原则，一缔约国必须为其他缔约国的国民提供与其本国国民同样的待遇，即国民待遇。这两项原则结合的基本结构贯彻了整个 20 世纪。❶

1. 最低标准义务

为了尊重各国知识产权法，《巴黎公约》虽然并未要求法律规则的实质性一体化，但为各缔约国规定了最低标准义务。最低标准义务是指要求缔约国在知识产权保护方面应当满足公约规定最低标准的义务，同时缔约国可以自由选择在最低标准之上给予更高水平的法律保护。最低标准义务一方面实现了对国际知识产权规则一定程度的统一，另一方面又保留了各个缔约国国内立法的灵活性。《巴黎公约》确立的知识产权保护最低标准义务使不同国家在保留本国立法决定权的同时，可以实现国际知识产权一定程度的一体化，这一原则得到缔约国的认可，并在其后的国际知识产权条约中得到遵循。

2. 国民待遇原则

在《巴黎公约》缔结之前，由于商品的跨国流动主要表现为图书的跨国销售，以版权为主的知识产权境外保护需求日益强烈。有的国家为了使本国国民在其他国家得到保护，通过签订双边协定的方式，约定为对方缔约国国民提供互惠待遇，但与不同的国家逐一签订双边协定的方式显然耗时耗力。1852 年，法国的做法得到欧洲其他国家的一致赞誉，也正是法国开创的这一创新做法，确立了法国在后来国际知识产权条约谈判中的主导地位。1852 年，法国颁布法令规定，无论作品是否来源于法国，在法国境内对该作品的所有版权侵权行为均为非法。依据法国版权法，在法国境内，来源于任何国家的任何作品都能够与法国作品一样得到同等的保护。由此，法国成为第一个采取版权国民待遇原则的国家。❷ 依据国民待遇原则，缔约国要在知识产权保护方面给予外国国民与本国国民同样的待遇，该原则在《巴黎公

---

❶ GRAEME B D. The architecture of international intellectual property system [J]. Chicago - Kent Law Review, 2002 (77): 993 - 994.

❷ DENIEL C K C, EDWARD L. International intellectual property: problems, cases, and materials [M]. 2th ed. Opperman: West A Thomson Business, 2012: 31.

约》中得到采纳,并成为其后一系列国际知识产权条约中的固定原则,也成为国际知识产权法体系的一项重要原则。

最低标准义务为国际知识产权条约的缔约国确立了知识产权立法的最低保护标准,国民待遇原则要求缔约国在本国立法中提供的保护同样授予其他缔约国国民。最低标准义务结合国民待遇原则,共同支撑起国际知识产权法内容的基本架构,保证了条约内容可以在最大程度上得以实现。

第二章　国际知识产权条约

国际知识产权条约是国际知识产权法律渊源的主要表现，国际知识产权法律渊源是国际知识产权法的主要法律表现形式。《巴黎公约》是国际知识产权法领域第一个国际公约，至今依然发挥着重要的作用。其后，调整不同知识产权客体对象的国际公约陆续缔结。TRIPS 是能够代表当代国际知识产权法的综合性国际条约，国际知识产权法的具体法律规则主要体现在这些国际知识产权法条约之中。除国际条约之外，国际知识产权法的法律渊源还包括国际惯例。国际惯例是指在国家之间交往过程中逐渐形成，并在长期反复一致适用的实践中逐步得到认可的一般性做法。尽管这些国际惯例没有以缔结国际条约的形式出现，其本身对于国家也没有明确的法律约束力，但国际惯例在相关领域的国际交往中同样发挥着重要的作用。由于国际知识产权规则形成时间较晚，加之规则本身相对复杂，很难满足在多国"长期反复一致"适用的特点。此外，知识产权具有无形性的属性，一般需要由相应的国家主管机构进行授权，知识产权的保护也要根据国家法律进行确定。这种特殊属性决定了当事人很难通过习惯实现对知识产权的保护，而必须依靠国家的强行性法律规定得到保护。正是基于这两点，国际惯例并不是国际知识产权法的主要渊源。除国际条约和国际惯例之外，各国调整对外知识产权关系的国内立法也是国际知识产权法的渊源，如各国对于技术进出口进行管理的法规等。基于国际知识产权条约在国际知识产权法体系中的重要地位，本章仅阐述国际知识产权条约的分类和基本内容。

第一节　国际知识产权条约的管理组织与分类

一、国际知识产权条约的主要管理组织

目前管理国际知识产权条约的国际组织主要是世界知识产权组织（WIPO）和世界贸易组织（WTO）。此外，国际劳工组织、联合国教科文组织等也具有管理某些知识产权事务的职能。

（一）世界知识产权组织

世界知识产权组织是关于知识产权服务、政策、合作与信息的全球论坛，是自筹资金的联合国机构。截至 2020 年，WIPO 共有 193 个成员国，中国在 1980 年加入

世界知识产权组织。世界知识产权组织的任务是引导有效且均衡国际知识产权体系的发展，使该体系的创新创造能够让所有人受益。❶ 世界知识产权组织的任务、工作程序等具体内容由1967年通过的《建立世界知识产权组织公约》（The Convention Establishing the World Intellectual property Organization）确定。WIPO是管理国际知识产权条约的最主要国际组织，除《建立世界知识产权组织公约》外，它共管理着25个国际知识产权条约，如表2-1所示。

表2-1　WIPO管理的国际知识产权条约❷

实体性条约		程序性条约	
《视听表演北京条约》	《录音制品公约》	《布达佩斯条约》	《洛迦诺协定》
《伯尔尼公约》	《罗马公约》	《海牙协定》	《尼斯协定》
《布鲁塞尔公约》	《华盛顿条约》	《里斯本协定》	《维也纳协定》
《（产地标记）马德里协定》	《世界知识产权组织版权条约》	《（商标）马德里协定》	《斯特拉斯堡协定》
《马拉喀什视障者条约》		《马德里议定书》	
《内罗毕条约》		《专利合作条约》	《商标法条约》
《巴黎公约》	《世界知识产权组织表演和录音制品条约》	《专利法条约》	
		《商标法新加坡条约》	

（二）世界贸易组织

世界贸易组织在1995年1月1日正式成立，是管理国家之间贸易相关规则的全球性国际组织，其目标是保障国际贸易自由、可预测地顺利发展。世界贸易组织运转着全球贸易规则体系，为贸易协定的磋商提供平台，解决成员之间的贸易争端。世界贸易组织共有164个成员❸，中国在2001年12月11日正式加入世界贸易组织。

1986年，乌拉圭回合启动，知识产权作为与贸易有关的问题被纳入该回合谈判之中，最终缔结了TRIPS。TRIPS伴随WTO的成立在1995年生效，并由WTO进行管理。TRIPS生效后，WTO成为继WIPO之后最具影响力的管理国际知识产权条约组织。在WTO中，负责管理国际知识产权条约的机构是TRIPS理事会。TRIPS理事会基于TRIPS设立，是世界贸易组织总理事会分支机构，TRIPS理事会在WTO总理事会指导下开展工作，行使TRIPS赋予的职能。TRIPS理事会负责管理并监督实施所有成员在知识产权方面的承诺。

二、国际知识产权条约的分类

国际知识产权条约是国际知识产权法的主要渊源，国际条约规定的权利与义务对于缔约国具有法律拘束力。在不同的历史时期制定的国际知识产权条约，表现出

---

❶ 参见https://www.wipo.int/about-wipo/en/.
❷ 参见https://www.wipo.int/treaties/en/.
❸ 参见https://www.wto.org/english/thewto_e/thewto_e.htm.

不同历史阶段对于国际知识产权保护的特定需求。国际知识产权条约按照不同标准可以分为不同的类型，不同类型的条约发挥着不同的功能，调整不同的对象，也有不同的适用范围。熟悉国际知识产权条约的具体类型，可以帮助我们更容易理解较为复杂的国际知识产权法体系架构，也可以掌握国际知识产权法的发展历程与趋势。

（一）依客体类别标准分类

依所保护客体类别划分国际知识产权条约是最简单直接的条约分类方式，它往往可以通过条约的名称加以辨别。早期制定的国际知识产权条约往往体现为对单独客体的保护，如保护客体为版权的《伯尔尼公约》。随着国际社会在知识产权立法方面经验的不断丰富，开始将不同客体保护纳入同一国际条约，继而出现综合性知识产权保护的国际条约，如 TRIPS。这种保护客体由独立走向综合的过程，也反映了国际知识产权法的发展变化历程。当然，出于对特定客体保护的需要，即使在综合性知识产权保护国际条约出现以后，对特定客体进行单独保护的国际立法也不断涌现，如专门对表演者视听表演进行保护的《北京条约》等。

按照知识产权保护客体的不同类别，国际知识产权条约主要可以分为以下三种。

1. 国际版权保护条约

版权保护可以分为广义的版权保护和狭义的版权保护。广义的版权保护条约是指对版权与邻接权或相关权共同保护的国际条约，狭义的版权保护则指单独对版权或邻接权进行保护的国际条约。广义版权保护国际条约如《伯尔尼公约》，狭义版权保护国际条约如《世界知识产权组织表演和录音制品条约》等。

2. 国际专利保护条约

国际专利保护条约的客体是专利，广义的国际专利保护条约还可以纳入外观设计等保护客体，如《专利法条约》《专利合作条约》《海牙协定》等。

3. 国际商标保护条约

国际商标保护条约的主要客体是商标，广义的商标保护条约还将对地理标志、奥林匹克等其他标志的保护纳入其中，如《商标法条约》《内罗毕条约》以及《商标国际注册马德里协定》等。

除传统的知识产权分类外，依保护客体标准划分的国际知识产权条约还包括国际集成电路保护条约、国际植物新品种保护条约等，具体条约如《华盛顿条约》《国际植物新品种保护公约》等。

（二）依保护范围标准分类

依据知识产权保护的范围，可以将国际知识产权条约划分为专门性国际知识产权条约和综合性国际知识产权条约。

专门性国际知识产权条约是对某一项知识产权客体进行专门保护的国际条约，如专门保护版权的《伯尔尼公约》。专门性国际知识产权条约可以根据所保护客体的特点设定具体规则，实现专门性保护。综合性国际知识产权条约是指根据知识产权的共同属性，将所有知识产权类别综合在一起进行保护的国际条约。最典型的综合性国际知识产权条约是 TRIPS，将版权、商标、专利、集成电路、商业秘密等知识产权类别综合在一部条约中进行保护，建构了综合的国际知识产权保护体系。介于两者之间的是《巴黎公约》，《巴黎公约》对专利、商标、原产地标记等均提供了保护。从《巴黎公约》的本意来看，尽管是针对具有工商业属性的"工业产权"进行保护，但其仅排除了版权，应将其视为综合性国际知识产权条约。

（三）依缔约方数目标准分类

依缔约方的数目，可以将国际知识产权条约划分为双边国际知识产权条约和多边国际知识产权条约。

双边国际知识产权条约是指只有两个缔约方缔结的有关知识产权跨国保护的国际条约。由于双边国际条约缔约方数目较少，可以更为灵活地处理缔约双方之间的知识产权问题。双边国际知识产权条约的出现要早于多边国际知识产权条约。以版权领域为例，为寻求在国外的版权保护，国家之间在19世纪就已经开始缔结双边版权条约，如1840年奥地利与撒丁王国缔结的双边版权条约。从1827年到1829年普鲁士和其他日耳曼国家一共缔结了32个双边条约，到19世纪末期，在主要的欧洲国家之间基本已经被双边版权条约网络所覆盖。❶ 目前，单纯以知识产权为缔约内容的双边国际知识产权条约较少，双边知识产权条约大多体现为双边自由贸易协定中的知识产权特定内容，如"欧盟 – 墨西哥"全球协定的知识产权专章。双边条约的数量可以体现国家对国际知识产权保护的需求程度，如仅1883年在欧洲商业领域就缔结69个双边条约。正如拉达斯所述，所有这些国际条约都涉及商标保护，1/3的条约保护工业品外观设计或实用新型，两个条约包含专利保护，两个条约包含商号，两个条约规定了原产地标记。❷ 这些双边条约都是最终成功缔结第一项多边国际知识产权条约——《巴黎公约》的基础。多边国际知识产权条约是指包含多个缔约方，基于共同特定利益缔结的规范知识产权问题的国际条约。多边国际知识产权条约是双边条约发展到一定阶段的必然体现。商品跨国流通频繁，当更多国家就知识产权跨国保护形成共识时，多边国际知识产权条约就会应运而生。

（四）依地域范围标准分类

依缔约方分布的地域范围划分，国际知识产权条约可以分为区域性国际知识产权条约和全球性国际知识产权条约。

区域性国际知识产权条约是指以特定地理范围内的国家为基础缔结的国际知识产权条约。较为典型的区域性国际知识产权条约是以欧洲为核心、由欧盟组织缔结

---

❶ PETER K Y. Currents and crosscurrents in the international intellectual property regime [J]. Loyola of Los Angeles Law Review, 2004, 323 (38): 334 – 335.

❷ STEPHEN P L. Patent, trademarks, and related rights: national and international protection [M]. Cambridge: Harvard University Press, 1975: 45 – 46.

的国际条约，如《欧洲专利公约》（European Patent Organisation，EPO）等。其他地理区域的国际知识产权条约如非洲地区知识产权组织于1982年通过的《专利、实用新型和外观设计哈拉雷议定书》（Harare Protocol for Patented Utility Models and Designs，2017年修订）等。一些区域性国际知识产权条约也包含在更大范围的贸易协定框架之下，如在北美地区2020年替代《北美自由贸易协定》（North American Free Trade Agreement，NAFTA）的《美国－墨西哥－加拿大协定》（United States － Mexico － Canada Agreement，USMCA）、2018年生效的太平洋地区国家缔结的《全面与进步跨太平洋伙伴关系协定》（Comprehensive and Progressive Agreement for Trans － Pacific Partnership，CPTPP）均对知识产权国际保护进行了专章规定。区域性国际知识产权条约与多边国际知识产权条约比较接近，但也有所不同。区域性国际知识产权条约一般都为多边条约，但更侧重在特定地理范围内多个缔约方之间签订的条约，而有的多边国际知识产权条约的缔约方之间可能并没有共同的地域属性。

全球性国际知识产权条约是指以全球范围内的缔约方为基础缔结的国际知识产权条约。其涵盖的缔约方范围不限定于某特定地区，而是面向全球所有国家和地区。典型的国际知识产权条约如TRIPS、《巴黎公约》、《专利合作条约》等。

（五）依条约内容性质标准分类

依条约内容的性质标准，国际知识产权条约可以分为实体性国际知识产权条约和程序性国际知识产权条约。虽然实体性国际知识产权条约是国际知识产权法的重要组成部分，但程序性国际知识产权条约为知识产权的境外保护同样发挥着不可替代的作用。

实体性国际知识产权条约是指条约内容性质为知识产权实体性权利义务规范的国际条约。实体性权利义务内容是国际知识产权法的核心内容，反映的是国际知识产权法的价值取向与利益协调。实体性国际知识产权条约的修订反映了缔约方对于国际知识产权法需求的利益变化，条约内容直接产生缔约方的权利义务关系及相关法律责任。实体性国际知识产权条约如《巴黎公约》、《伯尔尼公约》、TRIPS等。程序性国际知识产权条约是指内容性质为申请或注册知识产权程序性规范的国际条约。程序性国际知识产权条约主要出现在专利、外观设计和商标等领域，这些类别的知识产权需要在其他缔约国通过授权取得独占权，也包括关于申请程序中统一分类性质的国际知识产权条约。程序性国际知识产权条约可以简化申请人在其他缔约国的申请、注册等程序，典型的程序性国际知识产权条约如《专利合作条约》《马德里协定》《尼斯协定》及《斯特拉斯堡协定》等。

第二节　客体类国际知识产权条约

一、国际版权保护条约

（一）《伯尔尼公约》

《伯尔尼公约》于1886年9月9日缔结，并在瑞士伯尔尼举行的国际文学艺术协会第三次会议上通过，是世界上第一个保护版权的国际公约。《伯尔尼公约》制定的目标就是确保作品在所有缔约国都能够享有和来源国同样的待遇，国民待遇原则是《伯尔尼公约》的一项重要原则。《伯尔尼公约》缔结后，历经了数次修改，最后一次修改是在1979年9月28日。《伯尔尼公约》共有179个缔约国，中国于1992年7月10日加入《伯尔尼公约》。到目前为止，《伯尔尼公约》在国际版权保护方面依然发挥着重要的作用。

1. 《伯尔尼公约》的不同修订文本

《伯尔尼公约》共经历了5次修订和2次补充，其中5次修订分别是：

> 1908年11月13日，柏林修订会议修订；
> 1928年6月2日，罗马修订会议修订；
> 1948年6月26日，布鲁塞尔修订会议修订；
> 1967年7月14日，斯德哥尔摩修订会议修订；
> 1971年7月24日，巴黎修订会议修订，随后在1979年进行了修改。

2次补充分别是：

> 1896年5月4日，在巴黎会议上补充；
> 1914年3月20日，在伯尔尼会议上补充。

《伯尔尼公约》的修订主要是为了满足随着时代发展对新类型权利进行保护的需要，并不断提升对版权进行保护的水平。

2. 《伯尔尼公约》三项核心原则

《伯尔尼公约》在第5条第（1）款、第（2）款和第（3）款中确立了三项主要原则，这三项原则构成《伯尔尼公约》的核心内容。

> **《伯尔尼公约》**
> **Article 5**
> （1）Authors shall enjoy, in respect of worksfor which they are protected under this Convention, in countries of the Union other than the country of origin, the rights which

their respective laws do now or may hereafter grant to their nationals, as well as the rights specially granted by this Convention.

(2) The enjoyment and the exercise of these rights shall not be subject to any formality; such enjoyment and such exercise shall be independent of the existence of protection in the country of origin of the work. Consequently, apart from the provisions of this Convention, the extent of protection, as well as the means of redress afforded to the author to protect his rights, shall be governed exclusively by the laws of the country where protection is claimed.

(3) Protection in the country of origin is governed by domestic law. However, when the author is not a national of the country of origin of the work for which he is protected under this Convention, he shall enjoy in that country the same rights as national authors.

第5条

(1) 就享有本公约保护的作品而论，作者在作品来源国以外的本同盟成员国中享有各该国法律现在给予和今后可能给予其国民的权利，以及本公约特别授予的权利。

(2) 享有和行使这些权利不需要履行任何手续，也不论作品起源国是否存在保护。因此，除本公约条款外，保护的程度以及为保护作者权利而向其提供的补救方法完全由被要求给以保护的国家的法律规定。

(3) 来源国的保护由该国法律规定。如作者不是来源国的国民，但其作品受公约保护，该作者在该国仍享有同本国作者相同的权利。

(1) 国民待遇原则。按照该项原则，来源于任何缔约国的作品，在其他缔约国内都必须给予与本国国民同样的保护。

(2) 自动保护原则。作者作品在其他缔约国得到的保护应当是自动保护，即必须是无条件且无须履行任何手续就能够得到的版权保护。

(3) 独立保护原则。作品在来源国得到的保护与在公约其他缔约国享有的保护是彼此独立存在的。版权保护依各个缔约国本国的国内法加以确定。当然，独立保护也有例外，《伯尔尼公约》规定了版权的最低保护期，如果缔约国提供的保护期限比《伯尔尼公约》规定的最低保护期间长，则如果该作品在原籍国不再受保护，该缔约国也可以拒绝提供延长的保护。

3. 《伯尔尼公约》的基本结构

(1) 保护范围。

《伯尔尼公约》规定了公约的保护范围，无论表现形式或方式如何，文学、科学和艺术领域内的一切成果均应受到保护。

（2）版权人的独占权。

关于版权人的独占权，《伯尔尼公约》规定了翻译权、改编权、对戏剧和音乐作品的公众表演权和公众朗诵权、向公众提供作品权、广播权、复制权以及复制、销售、向公众提供视听作品权等排他性权利。同时，《伯尔尼公约》还规定了精神权利。

（3）作品的保护期间。

关于作品的保护期间，《伯尔尼公约》规定作者死后加50年的一般规则。在一般保护期间外，《伯尔尼公约》也对特殊作品规定例外的保护期间，如对于匿名作品，《伯尔尼公约》规定的最低保护期间是自作品向公众提供起50年，对实用艺术品和摄影作品的最低保护期间是自作品创作之日起25年。

（4）限制与例外。

《伯尔尼公约》对于其所规定独占性经济权利，规定了限制与例外，主要包括合理使用和法定或强制许可两种情形。公约对版权的合理使用规定，主要体现在第10条、第10条之二、第11条。规定合理使用限制的主要目标是满足公众对于信息的需求，公众依法合理使用作品，不必取得版权人授权且不需要支付相关费用。

《伯尔尼公约》

Article 10

(1) It shall be permissible to make quotations from a work which has already been lawfully made available to the public, provided that their making is compatible with fair practice, and their extent does not exceed that justified by the purpose, including quotations from newspaper articles and periodicals in the form of press summaries.

(2) It shall be a matter for legislation in the countries of the Union, and for special agreements existing or to be concluded between them, to permit the utilisation, to the extent justified by the purpose, of literary or artistic works by way of illustration in publications, broadcasts or sound or visual recordings for teaching, provided such utilisation is compatible with fair practice.

(3) Where use is made of works in accordance with the preceding paragraphs of this Article, mention shall be made of the source, and of the name of the author if it appears thereon.

第10条

（1）对一部合法已公之于众的作品进行引用，包括以报刊提要形式引用报纸期刊的文章，只要符合合理使用，且没有超出实现正当目的所需范围，就应予以允许。

> （2）本同盟成员国法律以及成员国之间现有或将要签订的特别协议得规定，可以允许为教学目的通过出版物、无线电广播或录音录像使用文学艺术作品，只要是在实现正当目的所需范围之内，并符合合理使用。
>
> （3）前面各款提到的摘引和使用应说明出处，如原出处有作者姓名，也应同时说明。

公约对法定许可的规定主要体现在第11条之二第（2）款以及第9条、第13条等条款。公约关于法定许可规定的范围比较有限，主要是基于公共利益考虑，目的是在不同利益冲突之间维持平衡。在法定许可情形下，使用作品要支付给版权人合理的经济报酬，如果双方没有就合理报酬达成一致，也可以由成员国主管当局加以确定。由于技术的迅速发展，版权人要对每个作品使用人收取费用事实上也已不具有可能性，因此，法定许可的规定也可以更好地保障版权人的经济利益。

> **《伯尔尼公约》**
>
> **Article 11bis**
>
> （2）It shall be a matter for legislation in the countries of the Union to determine the conditions under which the rights mentioned in the preceding paragraph may be exercised, but these conditions shall apply only in the countries where they have been prescribed. They shall not in any circumstances be prejudicial to the moral rights of the author, nor to his right to obtain equitable remuneration which, in the absence of agreement, shall be fixed by competent authority.
>
> **第11条之二**
>
> （2）实施前文第1款所指权利的条件由本同盟成员国法律加以规定，但这些条件的效力仅限于已对此作出规定的国家。在任何情况下，这些条件均不应有损作者的精神权利，也不应有损作者获得合理报酬的权利，该报酬在没有协议情况下应由主管当局规定。

（5）伯尔尼联盟的机构与职能。

伯尔尼联盟设有大会和执行委员会。大会由该同盟成员国组成，每个缔约国政府都派一名代表作为其代表。大会的职能是处理有关维持及发展同盟以及《伯尔尼公约》实施中出现的一切问题，选举大会执行委员会成员，以及为实现该同盟目标而采取其他适宜行动。《伯尔尼公约》规定了大会的表决程序和召集程序。大会设执行委员会，执行委员会由大会在其缔约国中选出的国家组成。执行委员会缔约国数目为大会缔约国数目的1/4，在选举执行委员会成员国时，大会要适当考虑按地区公平分配，保证使可能签订有关同盟的特别协议的国家参加执行委员会的必要性。

同盟的行政工作由国际局负责,国际局负担同盟各机构秘书处的工作。

(二)《世界版权公约》

《世界版权公约》(Universal Copyright Convention,UCC)在联合国教科文组织主持下于1952年缔结,在1971年进行了修订,中国于1992年加入《世界版权公约》。虽然《世界版权公约》是在《伯尔尼公约》之后缔结的,但对版权的保护水平并不及于《伯尔尼公约》。《世界版权公约》能够缔结的主要原因是美国当年没有加入《伯尔尼公约》,其在1989年才加入《伯尔尼公约》。其间,在美国的推动下,于1952年缔结了《世界版权公约》,体现了美国对于版权国际保护的一些主张。

1. 与《伯尔尼公约》的差别

与《伯尔尼公约》相比,《世界版权公约》规定的内容较为简单,但仍有一些内容与《伯尔尼公约》有所区别。

(1)版权的非自动保护。

《世界版权公约》第Ⅲ条第1款规定了在其他缔约国取得版权保护所需满足的条件,与《伯尔尼公约》规定不同,作品不会在其他缔约国直接得到自动保护。

《世界版权公约》

Article Ⅲ

1. Any Contracting State which, under its domestic law, requires as a condition of copyright, compliance with formalities such as deposit, registration, notice, notarial certificates, payment of fees or manufacture or publication in that Contracting State, shall regard these requirements as satisfied with respect to all works protected in accordance with this Convention and first published outside its territory and the author of which is not one of its nationals, if from the time of the first publication all the copies of the work published with the authority of the author or other copyright proprietor bear the symbol © accompanied by the name of the copyright proprietor and the year of first publication placed in such manner and location as to give reasonable notice of claim of copyright.

第Ⅲ条

1. 作为版权保护的条件,任何缔约国依其国内法要求履行手续,如缴送样本、注册登记、刊登启事、办理公证文件、偿付费用或在该国国内制作出版等,对于根据本公约保护并在该国领土以外首次出版而其作者又非本国国民的一切作品,应符合上述要求,如经作者或版权所有者授权出版的作品的所有各册,自首次出版之日起,应标有©的符号,并注明版权所有者之姓名、首次出版年份等,其标注的方式和位置应使人注意到版权的要求。

(2) 作品保护期间。

《世界版权公约》规定的作品保护期间要短于《伯尔尼公约》提供的保护期间。《世界版权公约》第Ⅳ条规定,对所有这些种类的作品,作品保护期限不得少于作者有生之年及其死后的25年。缔约国对摄影作品或实用美术作品作为艺术品保护时,保护期限不得少于10年。

(3) 版权人的权利内容。

《世界版权公约》受美国影响较大,与大陆法系倡导的《伯尔尼公约》在权利内容方面的规定有较大差别。最明显的差别就是《世界版权公约》规定了复制、公开表演及广播等专有权利,但没有规定关于精神权利的保护。

2. 与《伯尔尼公约》的关系

《世界版权公约》缔结必然要面对的问题是,如何处理与已有的《伯尔尼公约》之间的关系,尤其在两个公约相关规定存在差别的情况下,《世界版权公约》有必要对这一问题予以澄清。《世界版权公约》第ⅩⅦ条处理了这一问题,规定《世界版权公约》不影响《伯尔尼公约》的条款和成员资格,并作出了一项声明。依据该声明:"某作品起源国为《伯尔尼公约》缔约国的国家,于1951年1月1日之后退出伯尔尼联盟者,将不得在伯尔尼联盟的国家境内受到《世界版权公约》的保护。"可以看出,该声明的目的是防止有的缔约国因加入《世界版权公约》而退出《伯尔尼公约》,如果退出《伯尔尼公约》,也不会再受到《世界版权公约》的保护。

在两个主要的版权国际公约中,《伯尔尼公约》的保护水平较高,它所规定的最低保护要求已经大体覆盖《世界版权公约》的实体条文。由于大多数美洲国家已参加《伯尔尼公约》,《世界版权公约》的实际作用已远不像缔结时那么重要了。又由于世界贸易组织只承认《伯尔尼公约》的版权保护要求,所以实际上《世界版权公约》已处于可有可无的状态。❶

(三)《罗马公约》

《罗马公约》是在伯尔尼联盟、国际劳工组织和联合国教科文组织主持下缔结的,于1961年10月26日在罗马通过,1964年生效。《罗马公约》是版权邻接权保护的第一个国际条约,共有95个缔约国。

1. 《罗马公约》的特点:非开放性

《罗马公约》具有非开放性的特点,只对特定国家开放,即只对《伯尔尼公约》或《世界版权公约》的成员国开放。

---

❶ 郑成思. 版权法(下)[M]. 北京:中国人民大学出版社,2009:495,498.

> **《罗马公约》**
> Article 24　Becoming Party to the Convention
> 1. This Convention shall be subject to ratification or acceptance by the signatory States.
> 2. This Convention shall be open for accession by any State invited to the Conference referred to in Article 23, and by any State Member of the United Nations, provided that in either case such State is a party to the Universal Copyright Convention or a member of the International Union for the Protection of Literary and Artistic Works.
> 3. Ratification, acceptance or accession shall be effected by the deposit of an instrument to that effect with the Secretary – General of the United Nations.
>
> **第24条　国民待遇**
> 1. 本公约须经签字国批准或接受。
> 2. 第23条提到的被邀请参加会议的任何国家和任何联合国成员国，只要它们参加《世界版权公约》或保护文学艺术作品国际联盟，均可参加本公约。
> 3. 批准、接受或参加本公约须向联合国秘书长递交有关证书后方能生效。

2. 《罗马公约》的基本内容

（1）公约保护对象。

《罗马公约》的保护对象是特定的，即表演者、录音制品制作者和广播组织。依据《罗马公约》的界定，表演者是指演员、歌唱家、音乐家、舞蹈家和表演、歌唱、演说、朗诵、演奏或以别的方式表演文学或艺术作品的其他人员；录音制品制作者是指首次将表演的声音或其他声音录制下来的自然人或法人。《罗马公约》没有界定广播组织，将"广播"定义为供公众接收的声音或图像和声音的无线电传播。

（2）权利内容。

《罗马公约》分别为表演者、录音制品制作者和广播组织提供了邻接权的保护。表演者可以禁止未经其同意广播或者向公众传播他们的现场表演、录制现场表演、复制其表演的录音录像；录音制品制作者有权禁止对其录音制品进行直接或者间接的复制；广播组织有权未经其同意禁止转播、录制其广播节目、复制未经其同意制作其广播节目的录音或者录像。

（3）保护期间。

《罗马公约》第14条规定了对录音制品、表演及广播节目提供20年的保护期间。其中，对录音制品和录制在录音制品上的节目，为录制之年的年底起计算；对表演为表演之年的年底起计算；对广播节目为广播开始之年的年底起计算。

（四）《录音制品公约》

《录音制品公约》于 1971 年 10 月 29 日在日内瓦签订，现有 80 个缔约国，中国在 1993 年加入该公约。

《罗马公约》已经提供对录音制品制作者的邻接权保护，但《罗马公约》自身限定的非开放性限制了能够对录音制品制作者提供的保护。随着唱片产业的蓬勃发展，加强对录音制品制作者邻接权保护的需求增强，最终在 1971 年缔结《录音制品公约》。《录音制品公约》进一步明晰并加强了录音制品制作者的权利，规定任何缔约国均有义务为其他缔约国国民的录音制品制作者提供保护。在《罗马公约》的基础上，《录音制品公约》除规定禁止未经制作者同意的复制权外，还规定权利人禁止此类复制品进口或向公众发行的权利，条件是以向公众发行为目的。

> **《录音制品公约》**
>
> **Article 2　Obligations of Contracting States; Whom they must protect and against what**
>
> Each Contracting State shall protect producers of phonograms who are nationals of other Contracting States against the making of duplicates without the consent of the producer and against the importation of such duplicates, provided that any such making or importation is for the purpose of distribution to the public, and against the distribution of such duplicates to the public.
>
> **第 2 条　缔约国的义务；保护主体与抵制内容**
>
> 各缔约国应当保护其他缔约国国民的录音制品制作者，禁止未经录音制品制作者同意而制作复制品和禁止此类复制品的进口，如果此种制作或进口的目的是为了公开发行，以及防止公开发行此类复制品。

与《罗马公约》不同，《录音制品公约》对于参加的缔约国持开放态度。依据《录音制品公约》第 9 条的规定，"联合国和任何联合国专门机构、国际原子能机构或国际法院规约的任何成员国均可在本公约上签字"。

（五）《布鲁塞尔公约》

《布鲁塞尔公约》于 1974 年在布鲁塞尔缔结，共有 38 个缔约国，也是对版权邻接权进行保护的公约。《布鲁塞尔公约》的核心条款是第 2 条，主要规定缔约国有义务采取适当措施，防止未经许可向其领土或从其领土发送卫星传输节目信号。

> **《布鲁塞尔公约》**
>
> **Article 2**
>
> (1) Each Contracting State undertakes to take adequate measures to prevent the distribution on or from its territory of any programme – carrying signal by any distributor

> for whom the signal emitted to or passing through the satellite is not intended. This obligation shall apply where the originating organization is a national of another Contracting State and where the signal distributed is a derived signal.
>
> 第 2 条
> （1）各缔约国保证采取适当的措施，防止任何传送者在该国领土上或从该国领土上传送载有节目的信号，如该信号是发射到人造卫星或通过人造卫星传输但并非提供给其使用。如信号源组织是另一缔约国的国民且传送的信号是衍生信号时，该项义务应予以适用。

《布鲁塞尔公约》第 2 条主要是防止广播组织非法转播公约中所保护的节目信号，该条款中提及的信号源组织（originating organization）是指决定发射信号所承载节目的自然人或法人，设定这一义务的目的是保护表演者、录音制品制作者及广播组织的利益。按照公约第 2 条第（2）款的规定，此种保护具有期间限制，具体保护期间由各缔约国国内法进行确定。公约也规定了对节目信号进行合理使用的情形。

（六）《世界知识产权组织版权条约》与《世界知识产权组织表演和录音制品条约》

《世界知识产权组织版权条约》（WCT）与《世界知识产权组织表演和录音制品条约》（WPPT）均是在世界知识产权组织主持下缔结并由该组织进行管理的国际知识产权条约，1996 年 12 月在日内瓦同时通过。

1. WCT

WCT 于 1996 年 12 月 20 日在世界知识产权组织主持下缔结，主要解决数字环境下国际版权保护的新问题。WCT 共有 107 个缔约国，中国在 2007 年 3 月 9 日加入 WCT。

WCT 是《伯尔尼公约》的特别协定，任何缔约方（即使不受《伯尔尼公约》的约束）均须遵守《伯尔尼公约》1971 年文本的实质性规定。[1] WCT 考虑到数字环境对于版权国际保护的影响，增加了保护的客体，如计算机程序和数据库。在独占权方面，也增加了《伯尔尼公约》之外的权利内容。明确了《伯尔尼公约》规定的限制与例外也同样适用于数字化环境之下的版权保护，并对技术措施和电子权利管理信息等内容进行了规定。

2. WPPT

WPPT 主要是对数字环境下的表演者和录音制品制作者邻接权进行保护。WPPT 共有 106 个缔约国，中国在加入 WCT 的同时加入了 WPPT。

WPPT 规定，表演者和录音制品制作者享有的复制权完全适用于数字环境，尤

---

[1] World Intellectual Property Organization. Summary of the WIPO Copyright Treaty（WCT）（1996）[EB/OL].［2020－03－01］. https：//www. wipo. int/treaties/en/ip/wct/summary_wct. html.

其是以数字形式使用表演和录音制品的情况，在电子媒体中以数字形式存储受保护的表演或录音制品构成复制。❶ 对于 WCT 中规定的限制与例外、技术措施及电子权利管理信息在数字化环境下的延伸，WPPT 可以比照适用。

（七）《北京条约》

《北京条约》于 2012 年 6 月 24 日在北京通过，主要对视听表演的版权邻接权进行国际保护，并不减损在《罗马公约》和 WPPT 中应当承担的保护义务。《北京条约》共有 33 个缔约国，中国于 2014 年 7 月 9 日批准加入该条约。

《北京条约》针对数字时代，对《罗马公约》中对歌唱家、音乐家、舞蹈家及演员的权利保护进行了现代化更新。WPPT 解决了数字化环境下对表演者和录音制品制作者的保护，《北京条约》在此基础上进行了进一步的补充。《北京条约》涵盖表演者在不同媒介中的表演，如电影和电视，还包括音乐家通过 DVD 或其他视听平台录制的音乐表演。《北京条约》也赋予表演者对已录制和尚未录制表演中经济权利及某些精神权利的保护。❷

二、国际专利保护条约

（一）《专利合作条约》

《专利合作条约》（PCT）于 1970 年 6 月 19 日在华盛顿缔结，是专利领域一项重要的合作条约。PCT 的主要目的是使发明人能够更便捷地实现专利申请，得到专利的国际保护。PCT 首次建立了专利领域的国际申请体系，该体系在 1978 年正式运行。PCT 共有 153 个缔约国，中国于 1993 年 10 月 1 日加入该公约。PCT 是国际知识产权程序一体化规则中最重要的条约，它体现各国希望在专利申请程序方面实现合作的高度一致。条约协调专利申请程序的三大组成部分——专利申请、专利检索和专利的初步审查，为申请人在多国取得专利保护提供一个统一的申请平台。

通过 PCT，缔约国可以通过提交国际专利申请在其他缔约国为同一项发明申请专利保护。PCT 缔约国的任何国民或居民均可提出这种申请，可以向申请人为其国民或居民缔约国的国家专利局提出申请，也可以按申请人的选择，向设在日内瓦的国际局提出申请，PCT 国际申请可以在每一个被指定国中产生与向该国国家专利局提出的本国专利申请相同的效力。PCT 建有联盟，联盟设有大会，PCT 每一缔约国都是大会成员。PCT 大会最重要的任务是对根据 PCT 制定的《专利合作条约实施细则》（Implementation rules of Patent Cooperation Treaty）进行修正，不断完善国际专利

---

❶ Agreed Statements concerning WIPO Performances and Phonograms Treaty, adopted by the diplomatic conference on December 20, 1996, concerning Articles 7, 11 and 16.

❷ World Intellectual Property Organization. Main provisions and benefits of the Beijing Treaty on Audiovisual Performances（2012）[EB/OL]. [2020 - 03 - 03]. https：//www.wipo.int/edocs/pubdocs/en/wipo_pub_beijing_flyer.pdf.

申请的形式、表格以及费用等具体问题。

(二)《专利法条约》

《专利法条约》(PLT)于2000年6月在日内瓦缔结,其目的是简化专利局的程序,协调缔约国之间的专利申请程序规范。《专利法条约》共有42个缔约国,目标是促进各国在专利保护方面的国际合作。

1.《专利法条约》与《巴黎公约》

自1990年起,世界知识产权组织开始讨论对《巴黎公约》有关专利的国际保护缔结补充性的国际条约,并提出了就有关《巴黎公约》专利问题缔结补充条约的草案,加强有关发明的国际合作,以统一专利法促进此种保护,《专利法条约》缔结后成为《巴黎公约》第19条的专门协定。❶《专利法条约》第15条特别规定了与《巴黎公约》的关系,要求各缔约方均应遵守《巴黎公约》的规定,条约的规定不减损缔约国相互之间依照《巴黎公约》承担的义务,也不减损申请人和权利所有人依照《巴黎公约》所享有的权利。

《专利法条约》

Article 15　Relation to the Paris Convention

(1)[Obligation to Comply with the Paris Convention] Each Contracting Party shall comply with the provisions of the Paris Convention which concern patents.

(2)[Obligations and Rights Under the Paris Convention] (a) Nothing in this Treaty shall derogate from obligations that Contracting Parties have to each other under the Paris Convention.

(b) Nothing in this Treaty shall derogate from rights that applicants and owners enjoy under the Paris Convention.

第15条　与《巴黎公约》的关系

(1)遵守《巴黎公约》的义务——每一缔约方均应遵守《巴黎公约》关于专利的规定。

(2)依《巴黎公约》的义务和权利

(a)本条约的任何内容均不得减损缔约方相互之间依照《巴黎公约》承担的义务。

(b)本条约的任何内容均不得减损申请人和所有人依照《巴黎公约》享有的权利。

---

❶ World Intellectual Property Organization. Treaty supplementing the Paris Convention for the Protection of Industrial Property as far as patents are concerned(draft)(1991)[EB/OL].[2020-03-03]. https://www.wipo.int/edocs/mdocs/scp/en/scp_4/scp_4_3.pdf.

2. 《专利法条约》与《专利合作条约》

《专利法条约》在讨论过程中必然涉及其与《专利合作条约》的关系，尽管《专利法条约》与《专利合作条约》都涉及对于国际专利申请程序的简化，以便捷发明人取得专利的国际保护，但两者存在一定的区别。首先，《专利法条约》的本意是制定专利法领域的统一法，只是鉴于缔约国协商的结果，先行就专利保护的程序性规定进行协调；其次，《专利法条约》旨在协调不同缔约国之间有关专利申请程序的一致性，而非创建一套与《专利合作条约》不同的新程序。

《专利法条约》缔结时距离《专利合作条约》缔结已有30年的时间，在这一段时间里，《专利合作条约》在处理国际专利申请、简化程序和形式要求方面积累了较丰富的经验。加之很多《专利法条约》缔约方也已经加入《专利合作条约》，《专利法条约》在很大程度上参考并援引了《专利合作条约》中的规定，这一点在《专利法条约》中也予以明确指明，主要体现为《专利法条约》第6条的规定。

《专利法条约》

Article 6　Application

(1) [Form or Contents of Application] Except where otherwise provided for by this Treaty, no Contracting Party shall require compliance with any requirement relating to the form or contents of an application different from or additional to:

(i) the requirements relating to form or contents which are provided for in respect of international applications under the Patent Cooperation Treaty;

(ii) the requirements relating to form or contents compliance with which, under the Patent Cooperation Treaty, may be required by the Office of, or acting for, any State party to that Treaty once the processing or examination of an international application, as referred to in Article 23 or 40 of the said Treaty, has started;

(iii) any further requirements prescribed in the Regulations.

第6条　申请

(1) 申请的形式或内容——除本条约另有规定外，任何缔约方不得要求遵守任何不同于或超出以下各项的关于申请的形式或内容的要求：

(i)《专利合作条约》对国际申请所规定的形式或内容的要求；

(ii) 一旦按《专利合作条约》第23条或第40条所述开始对国际申请进行处理或审查，该条约的任何缔约国的主管局或代表该条约的任何缔约国的主管局都可依该条约要求遵守的形式或内容的要求；

(iii) 实施细则规定的任何进一步要求。

《专利法条约》在制定过程中，考虑到《专利合作条约》日后修改可能会对《专利法条约》适用造成的影响，《专利法条约》第 16 条规定了《专利合作条约》修改的效力。《专利合作条约》的修改并不会直接产生对《专利法条约》的效力，是否适用修改后的规定，《专利法条约》规定应经大会投票的 3/4 票数，并根据具体情况作出是否适用的决定。如果《专利合作条约》的任何修改都与缔约国适用的国内法不一致，则《专利法条约》不予适用。

《专利法条约》

Article 16　Effect of Revisions, Amendments and Modifications of the Patent Cooperation Treaty

（1）[Applicability of Revisions, Amendments and Modifications of the Patent Cooperation Treaty]

Subject to paragraph (2), any revision, amendment or modification of the Patent Cooperation Treaty made after June 2, 2000, which is consistent with the Articles of this Treaty, shall apply for the purposes of this Treaty and the Regulations if the Assembly so decides, in the particular case, by three-fourths of the votes cast.

（2）[Non-Applicability of Transitional Provisions of the Patent Cooperation Treaty]

Any provision of the Patent Cooperation Treaty, by virtue of which a revised, amended or modified provision of that Treaty does not apply to a State party to it, or to the Office of or acting for such a State, for as long as the latter provision is incompatible with the law applied by that State or Office, shall not apply for the purposes of this Treaty and the Regulations.

第 16 条　《专利合作条约》的修订、修正和修改的效力

（1）《专利合作条约》的修订、修正和修改的可适用性

除本条第（2）款规定以外，2000 年 6 月 2 日之后对《专利合作条约》作出的与本条约的各条规定相一致的任何修订、修正或修改，如果大会经投票的 3/4 票数就各具体情况作出关于予以适用的决定，即应适用于本条约和实施细则。

（2）《专利合作条约》过渡规定的不可适用性

如果根据《专利合作条约》的任何规定，该条约经修订、修正或修改的规定只要继续与该条约的缔约国或者此种缔约国的主管局或代表此种缔约国的主管局所适用的国内法不一致，即不适用于该国或该主管局，则该前述的任何规定都不得适用于本条约和实施细则。

三、国际商标保护条约

国际商标保护条约此处指广义的标识类国际条约，既包括传统的商标，也包括原产地标记或地理标志类的国际保护。专门性国际商标保护条约多为统一商标国际注册等方面的程序性国际条约。

（一）《（产地标记）马德里协定》

《（产地标记）马德里协定》于1891年4月14日在马德里缔结，1892年生效，共有36个缔约方。协定签订后，曾作过5次修改，即1911年在华盛顿、1925年在海牙、1934年在伦敦、1958年在里斯本、1967年在斯德哥尔摩的修订。目前，除华盛顿文本外，其余修订文本依然有效。

《（产地标记）马德里协定》也是《巴黎公约》的专门协定之一，主要是为落实《巴黎公约》第10条第（1）款而签订的。

《巴黎公约》

Article 10　False Indications: Seizure, on Importation, etc., of Goods Bearing False Indications as to their Source or the Identity of the Producer

(1) The provisions of the preceding Article shall apply in cases of direct or indirect use of a false indication of the source of the goods or the identity of the producer, manufacturer, or merchant.

(2) Any producer, manufacturer, or merchant, whether a natural person or a legal entity, engaged in the production or manufacture of or trade in such goods and established either in the locality falsely indicated as the source, or in the region where such locality is situated, or in the country falsely indicated, or in the country where the false indication of source is used, shall in any case be deemed an interested party.

第10条　虚假标记：对标有虚假的原产地或生产者标记的商品在进口时予以扣押

（1）前条各款规定应适用于直接或间接使用虚假商品原产地、生产者、制造者或商人标记的情况。

（2）凡从事此项商品的生产、制造或销售的生产者、制造者或商人，无论为自然人或法人，其营业所设在被虚假标为商品原产的地方、该地所在的地区，或在虚假标为原产的国家或在使用该虚假原产地标记的国家者，无论如何均应视为利害关系人。

《（产地标记）马德里协定》的适用范围是将协定成员国的某地直接或间接地标作原产国或原产地的带有虚假或欺骗性标志的商品，对于此类商品，国家在进口时可以进行扣押。《（产地标记）马德里协定》规定了扣押的程序及相关标志的具体使

用。

(二)《马德里协定》及议定书

国际商标注册马德里体系包括两个条约：一个是《马德里协定》；另一个是《马德里议定书》。马德里体系的目的在于解决商标的国际注册问题，是有关商标国际注册最重要的国际保护体系。

《马德里协定》于1891年4月14日缔结，中国在1989年7月4日加入该协定。《马德里协定》先后于1900年在布鲁塞尔、1911年在华盛顿、1925年在海牙、1934年在伦敦、1957年在尼斯、1967年在斯德哥尔摩进行了修订，并于1979年修改。《马德里协定》规定了商标国际注册的适用范围、申请人资格、注册程序、注册效力、续展以及国际商标注册的变更与转让等。《马德里议定书》于1989年缔结，共有106个缔约方，中国在1995年9月1日加入该议定书。《马德里议定书》的目的是克服《马德里协定》的一些缺陷，使马德里体系更加灵活，更符合某些未能加入协定国家或政府间组织的国内立法。马德里体系通过在所有指定缔约方有效的国际注册，使商标在更多国家和地区取得保护成为可能。[1]

(三)《商标法条约》

《商标法条约》（TLT）于1994年10月27日在日内瓦缔结，对所有WIPO成员和特定政府间国际组织开放，共有54个缔约方，中国在1994年10月28日加入该条约。

《商标法条约》的目的是标准化和简化国家与地区商标注册程序，通过简化和统一这些程序，使不同司法管辖权内的商标申请和商标注册管理更加简便且可预测。[2]《商标法条约》对商标申请与注册的分解、商品或服务的分类、变更所有权及注册期限与续展等问题进行了规范化。

(四)《商标法新加坡条约》

《商标法新加坡条约》于2006年3月27日在新加坡缔结，共有51个缔约方，中国在2007年1月29日签署该条约。《商标法新加坡条约》是在《商标法条约》基础上缔结的，主要是基于信息化技术发展对于商标注册程序的变革需求而制定的。但两个条约彼此独立，《商标法新加坡条约》并未取代1994年的《商标法条约》。《商标法新加坡条约》第27条对《商标法条约》的适用给予了明确。

---

[1] World Intellectual Property Organization. Summary of the Madrid Agreement Concerning the International Registration of Marks (1891) and the Protocol Relating to that Agreement (1989) [EB/OL]. [2020-03-16]. https://www.wipo.int/treaties/en/registration/madrid/summary_madrid_marks.html.

[2] World Intellectual Property Organization. Summary of the Trademark Law Treaty (TLT) (1994) [EB/OL]. [2020-03-16]. https://www.wipo.int/treaties/en/ip/tlt/summary_tlt.html.

> **《商标法新加坡条约》**
> **Article 27　Application of the TLT 1994 and This Treaty**
> （1）[Relations Between Contracting Parties to Both This Treaty and the TLT 1994] This Treaty alone shall be applicable as regards the mutual relations of Contracting Parties to both this Treaty and the TLT 1994.
> （2）[Relations Between Contracting Parties to This Treaty and Contracting Parties to the TLT 1994 That Are Not Party to This Treaty] Any Contracting Party to both this Treaty and the TLT 1994 shall continue to apply the TLT 1994 in its relations with Contracting Parties to the TLT 1994 that are not party to this Treaty.
> **第 27 条　1994 年《商标法条约》与本条约的适用**
> （1）既参加本条约又参加 1994 年《商标法条约》的缔约方之间的关系——既参加本条约又参加 1994 年《商标法条约》的缔约方之间的关系，应仅适用本条约。
> （2）参加本条约的缔约方与参加 1994 年《商标法条约》而未参加本条约的缔约方之间的关系——既参加本条约又参加 1994 年《商标法条约》的任何缔约方，与参加 1994 年《商标法条约》而未参加本条约的缔约方之间的关系，应继续适用 1994 年《商标法条约》。

《商标法新加坡条约》扩大了《商标法条约》的适用范围，规定了以电子方式提交申请的规则，在《商标法条约》基础之上，进一步简化了商标申请的程序和要求。

第三节　全球性与区域性国际知识产权条约

一、全球性国际知识产权条约

（一）《巴黎公约》

《巴黎公约》于 1883 年缔结，是国际上第一个保护知识产权的全球性条约。从一开始，《巴黎公约》就规定举行定期的修订会议，以便对公约进行修改。《巴黎公约》缔结后，分别于 1900 年在布鲁塞尔、1911 年在华盛顿、1925 年在海牙、1934 年在伦敦、1958 年在里斯本、1967 年在斯德哥尔摩进行了修订，并于 1979 年进行了修正。《巴黎公约》的修订文本在某些成员国之间依然有效。公约共有 177 个缔约国，中国在 1989 年 12 月 19 日加入该公约。

《巴黎公约》确立了国民待遇与实体性最低标准义务相结合的体系框架，对工业产权的保护，确立了独立保护和优先权原则。《巴黎公约》的适用范围规定在第 1

条第（2）款，除包括"工业产权的保护对象有专利、实用新型、工业品外观设计、商标、服务标记、厂商名称、货源标记或原产地名称，和制止不正当竞争。"除"专利、实用新型、工业品外观设计、商标、服务标记"外，还包括"厂商名称"和"货源标记"。"厂商名称"指识别自然人和法人企业的名称。"货源标记"包括用来表明产品或服务来自一个国家或一组国家、地区或地方的所有标志或表达方式。❶《巴黎公约》对于所保护的客体类型，规定了较为详细的保护规范，明确了对于特定客体的国际保护态度，如集体商标、专利强制许可、商标显著性等。具有创新价值的保护原则结合最低保护标准义务，奠定了《巴黎公约》在国际知识产权体系中的根基地位。

《巴黎公约》是国际知识产权法体系的基础，至今依然发挥着重要的影响力。《巴黎公约》为缔约国国内法留下较大空间，很多具体的规则可以由缔约国国内法加以确定。《巴黎公约》也考虑到这种情形可能引发有关知识产权方面的争议，创建了日后以专门协定另行协商解决的路径，主要体现在《巴黎公约》第19条。《巴黎公约》第19条是有关公约专门协定的规定，该条款为《巴黎公约》之后继续缔结有关工业产权保护的国际条约奠定了基础。

> **《巴黎公约》**
>
> **Article 19　Special Agreements**
>
> It is understood that the countries of the Union reserve the right to make separately between themselves special agreements for the protection of industrial property, in so far as these agreements do not contravene the provisions of this Convention.
>
> **第19条　专门协定**
>
> 不言而喻，本联盟国家在与本公约的规定不相抵触的范围内，保留有相互间分别签订关于保护工业产权的专门协定的权利。

该条款表明，缔约国之间的专门协定可以是有关工业产权进一步具体保护的条约，这些条约成为《巴黎公约》的专门协定后，与《巴黎公约》共同形成工业产权的国际保护体系。按照《巴黎公约》第19条的规定，成为《巴黎公约》专门协定应当具有两项限制：一是专门协定应当在公约缔约国之间缔结；二是专门协定的规定不能与《巴黎公约》相抵触。此后，出现了一系列《巴黎公约》的专门协定，如《保护植物新品种国际条约》（*International Convention for the Protection of New Varieties of Plants*）、《专利法条约》、《专利合作条约》、《马德里协定》等，专门协定的法律地位相当于公约的子条约。《巴黎公约》第19条关于专门协定的规定，是国际法领

---

❶ 博登浩森. 保护工业产权巴黎公约指南［M］. 汤宗舜、段瑞林，译. 北京：中国人民大学出版社，2003：11-12.

域出现最早的关于在基本公约基础上缔结辅助性条约的规定。它不仅为形成工业产权领域第一部"非常重要的国际法"——《巴黎公约》体系提供了法律基础,而且对现代国际法的编撰与发展具有重要的启示意义。[1]

(二) TRIPS

WTO 主持制定的 TRIPS 是现代科技与国际贸易同期发展的结果,TRIPS 首次将知识产权引入国际贸易框架体系。WTO 共有 164 个成员,所有成员必须加入 TRIPS,中国在 2001 年 12 月 11 日加入 WTO,并成为 TRIPS 的成员。

1. TRIPS 与其他国际知识产权条约的关系

TRIPS 也是继《巴黎公约》和《伯尔尼公约》之后在国际知识产权法一体化领域取得的重大进步。TRIPS 尽力与之前已经缔结的国际知识产权条约保持协调一致的关系,共同推进知识产权的国际保护。因此,TRIPS 在第一部分就明确规定了其与之前一些已经制定国际知识产权条约之间的关系。

TRIPS

Article 2　Intellectual Property Conventions

1. In respect of Parts II, III and IV of this Agreement, Members shall comply with Articles 1 through 12, and Article 19, of the Paris Convention (1967).

2. Nothing in Parts I to IV of this Agreement shall derogate from existing obligations that Members may have to each other under the Paris Convention, the Berne Convention, the Rome Convention and the Treaty on Intellectual Property in Respect of Integrated Circuits.

第 2 条　知识产权公约

1. 就本协定的第二、第三和第四部分而言,各成员应遵守《巴黎公约》(1967 年)第 1 条至第 12 条和第 19 条。

2. 本协定第一部分至第四部分的任何规定都不得背离各成员可能在《巴黎公约》《伯尔尼公约》《罗马公约》《关于集成电路的知识产权条约》项下相互承担的现有义务。

TRIPS 第 2 条共规定了与四个国际知识产权条约的关系,分别是《巴黎公约》《伯尔尼公约》《罗马公约》《关于集成电路的知识产权条约》,明确纳入了四个条约中的具体内容。成员在实施 TRIPS 时,不应违反四个国际条约中应承担的相关义务。《巴黎公约》与 TRIPS 相比,其主要是对一系列保护客体取得知识产权的促进机制,而不是真正的知识产权实体性规则的来源,它更多是允许缔约方根据本国的

---

[1] 古祖雪. 巴黎公约第 19 条的立法精神及其对发展国际法的意义 [J]. 湘潭大学学报(哲学社会科学版),2004,28 (4):30.

经济情况和理念解决知识产权方面的争议。[1] 其他三个国际条约中的情况与《巴黎公约》类似。因此，TRIPS 纳入这四个国际条约、在成员需要履行义务的安排上困难并不大。

2. TRIPS 的主要内容

TRIPS 共分为七个部分，分别为：①总则和基本原则；②关于知识产权效力、范围和使用的标准；③知识产权执法；④知识产权的取得和维持及相关当事人间的程序；⑤争端的防止和解决；⑥过渡安排；⑦机构安排；最后条款。

TRIPS 必须符合 WTO 的整体安排和原则目标，因此 TRIPS 除了包含《巴黎公约》中已经确立的原则，如国民待遇原则，在第一部分"总则和基本原则"中还规定了最惠国待遇原则。在第二部分"关于知识产权的效力、范围和使用的标准"清楚列举了知识产权保护的客体，包括"版权及有关权利、商标、地理标志、工业品外观设计、专利、集成电路布图设计（拓扑图）以及对未披露的信息"七种。除已在《巴黎公约》中指明的客体外，增加了对"集成电路布图设计以及未披露的信息"内容的保护。囿于时代背景，《巴黎公约》与《伯尔尼公约》中没有关于知识产权执法程序方面的内容，TRIPS 在第三、第四部分规定了这方面的内容。TRIPS 首次将原本属于国内立法的知识产权保护实施程序，转化为公约规定的国际规则，从而使它们与实体法规范一起成为各缔约方必须严格履行的国际义务。[2] TRIPS 中有关知识产权执法的内容包含 21 个条文，占协定条文总数的 1/3。知识产权执法内容涉及民事、行政与刑事程序、临时措施以及有关边境措施的专门要求。TRIPS 第五部分规定的争端解决是协定的亮点，与之前的国际知识产权条约相比，其建立了与具有有效约束力争端解决机制的联系。

TRIPS

Article 64　Dispute Settlement

1. The provisions of Articles XXII and XXIII of GATT 1994 as elaborated and applied by the Dispute Settlement Understanding shall apply to consultations and the settlement of disputes under this Agreement except as otherwise specifically provided herein.

第 64 条　争端解决

1. 由《争端解决谅解》详述和实施的 GATT（1994 年）第 22 条和第 23 条的规定适用于本协定项下产生的磋商和争端解决，除非本协定中另有具体规定。

TRIPS 第 64 条提及的《争端解决谅解》是指《关于争端解决规则与程序的谅

---

[1] HANNS U. Trips plus 20: from trade rules to market principles [M]. BerlinHeidelberg: Springer, 2016: 14.

[2] 吴汉东. 知识产权国际保护制度的变革与发展 [J]. 法学研究, 2005 (3): 129.

解》(Understanding on Rules and Procedures Governing the Settlement of Disputes, DSU, 以下简称《争端解决谅解》), 规定了 WTO 框架下解决贸易争端的具体程序。WTO 肯定并继承了《关税与贸易总协定》(GATT) 的精神, GATT 第 22 条规定了缔约国之间的协商程序, 第 23 条规定了缔约国发生利益丧失和损害时的调整程序。《争端解决谅解》的大部分规则是对 GATT 第 22 条、第 23 条的具体化和展开。❶《争端解决谅解》采用"反向协商一致"机制, 专家组对案件裁决的报告很容易产生效力。如果成员败诉且不执行裁决, WTO 就可以采用基于报复的组织制裁体制, 通过取消互惠承诺中的某些利益而迫使违规方放弃违规措施。❷ 这种有效的争端解决机制增强了 TRIPS 条款的可执行力。

总体而言, TRIPS 确立了更加体系化的国际知识产权法律规则, 对之前国际知识产权条约中没有进行明确的客体概念等进行了清晰的界定, 扩大了知识产权的保护范围, 提高了知识产权的保护水平和力度。

二、区域性国际知识产权条约

(一) 欧洲知识产权保护的一体化

1. 欧洲版权保护一体化

欧洲版权保护主要遵循《伯尔尼公约》、《罗马公约》、WCT 以及 WPPT 等国际版权保护条约, 在欧盟内部通过指令及条例等方式实施国际条约, 实现欧盟内部的版权保护一体化。比较重要的指令包括《欧盟议会和理事会关于协调信息社会中版权和相关权若干方面的指令》(2001/29/EC, 以下简称《信息社会版权指令》)、《欧盟议会和理事会关于数字化单一市场版权及相关权指令》(Directive of the Europearl Parliament and the Council on Copyright and Related rights in the Digital Single Market, DIRECTIVE (EU) 2019/790, 以下简称《数字化单一市场版权指令》) 等。欧盟版权保护一体化还包括针对具体客体或权利颁发的指令, 如关于数据库、计算机软件、出租权与出借权、版权保护期限以及卫星广播节目和有线转播广播节目相关版权的指令等。

《信息社会版权指令》在 2001 年 4 月 9 日通过, 目的是应对数字化挑战, 协调欧盟的版权内部市场。该指令强调信息社会环境下的版权及相关权保护, 并规定了具体的权利 (复制权、向公众传播权和发行权) 与例外、技术措施与权利管理信息的保护等。

---

❶ 李双元, 蒋新苗. 世贸组织规则研究: 理论与案例 [M]. 2 版. 武汉: 武汉大学出版社, 2016: 611.
❷ 黄东黎, 杨国华. 世界贸易组织法: 理论·条约·中国案例 [M]. 北京: 社会科学文献出版社, 2013: 141.

为了进一步规范互联网环境下的跨境版权问题，欧盟在 2019 年通过了《数字化单一市场版权指令》。该指令的最大特点是针对互联网环境对版权及相关权进行创新规范，对新型权利给予保护，如出版者权，主要体现在该指令的第 15 条。

《数字化单一市场版权指令》

Article 15　Protection of press publications concerning online uses

1. Member States shall provide publishers of press publications established in a Member State with the rights provided for in Article 2 and Article 3（2）of Directive 2001/29/EC for the online use of their press publications by information society service providers.

The rights provided for in the first subparagraph shall not apply to private or non-commercial uses of press publications by individual users.

The protection granted under the first subparagraph shall not apply to acts of hyper-linking.

……

4. The rights provided for in paragraph 1 shall expire two years after the press publication is published. That term shall be calculated from 1 January of the year following the date on which that press publication is published.

Paragraph 1 shall not apply to press publications first published before 6 June 2019.

5. Member States shall provide that authors of works incorporated in a press publication receive an appropriate share of the revenues that press publishers receive for the use of their press publications by information society service providers.

第 15 条　在线使用出版物的保护

1. 对于一成员国已有出版物的出版者，为了信息社会网络服务提供者在线使用其出版物，各成员国应提供 2001/29/EC 指令第 2 条及第 3 条第（2）款规定的权利。

第一分款规定的权利不适用于个体使用者对出版物的私人或非商业使用。

第一分款授权的保护不适用于超链接行为。

……

4. 第 1 款规定权利自出版物出版之日起 2 年届满。该期间自出版物出版日后一年 1 月 1 日起算。

第 1 款不适用于首次出版在 2019 年 6 月 6 日之前的出版物。

5. 成员国应规定，出版物作品中的作者应获得出版者因信息社会服务提供者使用其新闻出版物而获得的收入的适当份额。

《数字化单一市场版权指令》第 15 条第 1 款提及的 2001/29/EC 指令（《信息

社会版权指令》）第 2 条和第 3 条第（2）款规定的权利，分别是复制权和向公众提供权。值得注意的是，《数字化单一市场版权指令》第 15 条为"出版物出版者"提供了这两项独占性权利，规定网络服务提供者在线使用出版物应经其许可并支付报酬，并规定了独占权利期间。此外，《数字化单一市场版权指令》还规定了促进许可及适应数字和跨境环境的例外和限制措施，如跨境在线教学活动的使用例外等。

2. 欧洲专利保护一体化

欧洲专利保护方面的一体化条约主要由 1963 年缔结的《发明专利实体法特定问题统一公约》、1973 年缔结的《欧洲专利公约》以及一系列条例和指令构成。

《斯特拉斯堡专利公约》于 1963 年 11 月 27 日在斯特拉斯堡缔结，主要目的是促进欧洲国家在专利实体法方面的一体化。《斯特拉斯堡专利公约》在可专利性标准方面推进了欧洲国家的统一，具体规定了新颖性、创造性等的判断标准。

> **《斯特拉斯堡专利公约》**
>
> **Article 1**
>
> In the Contracting States, patents shall be granted for any inventions which are susceptible of industrial application, which are new and which involve an inventive step. An invention which does not comply with these conditions shall not be the subject of a valid patent. A patent declared invalid because the invention does not comply with these conditions shall be considered invalid ab initio.
>
> **第 1 条**
>
> 在所有缔约国中，任何可应用于工业、具备新颖性和创造性的发明均应授予专利。不符合这些条件的发明不是有效专利的客体。一项专利如果因为发明不符合这些条件而被宣布无效，则应视为自始无效。

《斯特拉斯堡专利公约》对欧洲国家专利实体法的统一具有重要影响，但《斯特拉斯堡专利公约》并未规定专利申请程序方面的规则，在其推进专利法一体化努力的影响下，《欧洲专利公约》随之缔结。《欧洲专利公约》于 1973 年在德国慕尼黑缔结，在 2000 年进行重要修订，2006 年又通过《欧洲专利公约实施细则》（Implementing Regulations to the Convention on the Grant of European Patents）。《欧洲专利公约》有 38 个缔约国，包括所有的欧盟成员国，其目的是简化欧洲授予专利的程序。《欧洲专利公约》制定了非常成功的欧洲专利授予程序，其条款在所有缔约国内均得以实施。通过《欧洲专利公约》体系进行的专利申请可以保证标准检索和审查的水平，通常情况下，一旦专利被欧洲专利局授权，国家局就可以应请求或自动使专利生效。[1] 尽管《欧洲专利公约》在授权程序的一体化方面取得了进步,但欧盟国家之间在专利授权后的分歧并未得到解决,如在发生专利侵权纠纷后,对于专利权利要求书的解释问题。对权利要求书的解释不同,必然可能造成同一专利在不同成员国产生截然不同的侵权判决。为此,欧盟近年一直致力于统一专利体系(unitary patent system)的建设。

3. 欧洲商标保护一体化

2008 年起,欧盟致力于商标一体化的改革,对之前的指令和条例进行修订,弥合彼此之间的冲突,以提高对商标的保护水平。2017 年,欧盟在商标一体化领域取得实质性突破,《欧盟商标条例》(Regulation (EU) 2017/1001 on the European Union Trade Mark)正式通过。《欧盟商标条例》对欧盟商标要求的特征是具有欧盟范围内的统一性,这一属性直接体现在第 1 条第 2 款,在欧盟确立商标统一性原则。

《欧盟商标条例》

Article 1　EU trade mark

1. A trade mark for goods or services which is registered in accordance with the conditions contained in this Regulation and in the manner herein provided is hereinafter referred to as a "European Union trade mark" (EU trade mark).

2. An EU trade mark shall have a unitary character. It shall have equal effect throughout the Union: it shall not be registered, transferred or surrendered or be the subject of a decision revoking the rights of the proprietor or declaring it invalid, nor shall its use be prohibited, save in respect of the whole Union. This principle shall apply unless otherwise provided for in this Regulation.

第 1 条　欧盟商标

1. 依本条例包含条件和方式注册的商品或服务商标,以下简称欧盟商标。

2. 欧盟商标应具有统一性,其在欧盟范围内具有同等的效力:就整个联盟而言,该商标不得被注册、转让或移交,也不得成为撤销所有人权利或主张其无效裁决的对象,也不得禁止使用。除非本条例另有规定,否则应适用本规则。

《欧盟商标条例》共有 14 章,主要包括商标的申请、注册、商标期间、商标的放弃、撤销和无效、欧盟的集体商标和证明商标、商标的相关程序等。欧盟商标中首次承认了证明商标,在此之前,证明商标仅在一些欧盟成员国的国内法中存在。其中条例第二章主要是与商标实体权利义务有关的法律规则,其中第一节"商标的定义和取得"规定了商标取得的显著性要求及不予注册的情形;第二节"欧盟商标

---

[1] KAREN W. Promoting harmonisation across the European patent system through judicial dialogue and cooperation [J]. International Review of Intellectual Property and Competition Law, 2019 (50): 411.

的效力"规定了欧盟商标享有的独占权、效力的限制以及权利穷竭;第三节"欧盟商标的使用"规定了使用的构成;第四节"作为财产客体的商标"规定了商标的转让、许可及相关转让与许可程序。

(二)区域自由贸易协定的知识产权专章

TRIPS 生效后,区域国际知识产权条约主要体现在一些区域自由贸易协定之中。有的区域性条约以贸易协定命名,但规定的主要是知识产权问题;有的区域性条约为贸易类条约,知识产权是贸易协定的重要内容之一。比较突出的包含知识产权内容的区域贸易协定包括《反假冒贸易协定》(Anti-Counterfeiting Trade Agreement,ACTA)、《全面与进步跨太平洋伙伴关系协定》(CPTPP)和《美国-墨西哥-加拿大协定》(USMCA)等。

1. 《反假冒贸易协定》

《反假冒贸易协定》谈判始于 2007 年,经历 8 轮封闭式秘密谈判,于 2010 年结束,文本数次修改,2010 年 11 月公布最终文本,但至今仍未生效。参与谈判的国家和地区有美国、欧盟、瑞士、加拿大、澳大利亚、新西兰、墨西哥、新加坡、摩洛哥、日本和韩国。《反假冒贸易协定》的目的是通过增强国际合作和更有效的国际执法应对假冒和盗版货物的增长,在履行 TRIPS 义务的基础上为知识产权执法提供有效和适当的途径。

ACTA 意图在 WTO 和 WIPO 两大现有的国际多边组织之外,建立更高的区域知识产权执法标准,进而影响国际知识产权规则体系。其主要包括 6 章的内容,分别是:第一章"初始条款和定义";第二章"知识产权执法的执法框架";第三章"执法实践";第四章"国际合作";第五章"制度安排";第六章"最后条款"。第二章是 ACTA 的核心内容,包括与执法有关的一般义务、民事执法、临时措施、边境措施、刑事执法以及数字环境下执法等方面内容,规定了采取执法措施的具体条件及要求等。ACTA 构建了比 TRIPS 更为严格的知识产权执法措施体系,提高了知识产权保护标准。这种 TRIPS-plus 标准的区域知识产权协定,虽然可以加强对知识产权权利人的保护,但也加重了社会对于人权、个人隐私权等权益保护的忧虑,导致 ACTA 的通过困难重重,并没有最终生效。

2. 《全面与进步跨太平洋伙伴关系协定》

《全面与进步跨太平洋伙伴关系协定》脱胎于《跨太平洋伙伴关系协定》(Trans-Pacific Partnership,TPP)。TPP 最早在新西兰、智利、文莱和新加坡四国之间展开。2009 年,美国加入后,TPP 谈判取得突破性进展,TPP 成为跨太平洋地区国家谈判的主要贸易协定。2015 年,TPP 达成,其中第 18 章为"知识产权"。2017 年,美国退出 TPP,TPP 其余的 11 个谈判成员国继续推动协定的签署,并将《跨太平洋伙伴关系协定》更名为《全面与进步跨太平洋伙伴关系协定》。2018 年 12 月 30 日,CPTPP 协定正式生效。

CPTPP 除了冻结 20 个条款，其余基本保持原 TPP 的文本内容。"知识产权"专章分为不同的节，对相关问题进行规范：A 节"一般条款"包括国民待遇、与其他国际条约的关系、保护的客体、透明度等问题；B 节"合作"；C 节"商标"规定了集体商标、驰名商标及电子商标体系等；D 节"国名"；单独列了 E 节规定地理标志；F 节"专利和未披露的试验及其他数据"，除专利规则外，增加了有关农业化工产品和药品相关措施的规则；G 节"工业品外观设计"；H 节"版权和相关权"；I 节"执法"；J 节"网络服务提供者"；K 节"最后条款"。CPTPP 冻结的条款中有 11 项为第 18 章的内容，这些条款涉及版权延期保护、专利期间调整、药品实验数据保护、网络服务提供者安全港救济等条款。

3.《美国-墨西哥-加拿大协定》

《美国-墨西哥-加拿大协定》在 2018 年缔结，取代了 1994 年的北美地区贸易协定——《北美自由贸易协定》(NAFTA)，在北美地区确立了升级版的贸易规则，USMCA 在 2020 年 7 月 1 日生效。

USMCA 在第 20 章规定了知识产权，由于 USMCA 与 CPTPP 一样，协定的内容都是在美国主导下形成的，在章节设定与内容方面也具有高度的相似性。USMCA 也包括 A 节至 K 节，除个别调整外，如增加商业秘密，其结构与 CPTPP 基本一致。与 CPTPP 不同之处在于，CPTPP 暂停了一些突出代表个别国家利益和尚有不确定性的条款，如药品试验数据独占期间保护、网络服务提供者救济等方面的知识产权条款，但这些条款在 USMCA 中具有切实的效力。USMCA 极大程度上提高了知识产权保护标准，有的条款甚至高于美国之前与其他缔约国缔结的双边自由贸易协定中的 TRIPS-plus 条款。

第三章 国际知识产权法律原则

尽管与其他国际经济法学科相比,国际知识产权法领域的国际统一法形成时间相对较晚,但在20世纪后期,国际知识产权法在全球一体化方面取得了重大进步。作为国际经济法学中的分支学科,国际知识产权法学也逐步确立了指导这一领域法律关系与行为规范的一般法律原则。国际知识产权法体系的法律原则可以分为两类——基本原则与具体原则。国际知识产权法的基本原则法律地位高于具体原则,基本原则体现的是国际知识产权法应有的基本精神和价值,可以指导具体原则。具体原则以基本原则为基础,可以更直接地指导实施国际知识产权法的具体法律规范。

第一节 国际知识产权法的基本原则

一、概述

(一)国际知识产权法基本原则的功能

国际知识产权法的基本原则是指对国际知识产权法律关系中法律行为和法律规范进行总体指导的一般性原则。尽管国际知识产权的类别有所不同,但国际知识产权法领域依然存在可以共同适用的基本原则。国际知识产权法的基本原则体现国际知识产权法的基本精神,其适用范围能够涵盖国际知识产权法涉及的所有行为规范,并可以对这些规范加以综合协调。与国际知识产权的具体法律规则相比,基本原则具有更强的稳定性。

1. 指导功能

国际知识产权法基本原则的基本功能是对国际知识产权领域的法律行为发挥指导作用。TRIPS之后,国际知识产权领域的法律分歧不断增加,不仅体现在国际知识产权保护水平的强化程度方面,还表现在具体规则的设计与解释方面。在这种国家间分歧不断加深的背景下,更加突出国际知识产权领域基本原则指导作用的重要性。国际知识产权法基本原则不设定具体的法律规则,是从国际知识产权法律关系中产生的基本公理,可以在更广的范围内得到国际层面的认可。目前,国际社会对知识产权立法态度分歧较大,增加了法律适用的不确定性,国际知识产权规则一体化的进一步发展面临着挑战,国际知识产权法基本原则的指导功能对于该领域的未

2. 解释功能

国际知识产权法基本原则立足于宏观视角对具体规则进行指导。当国际知识产权法具体规则适用出现冲突或歧义时，国际知识产权法基本原则可以发挥进一步的解释功能。不同国家具体适用国际知识产权条约条款时，可能会出现解释上的不一致。对于这种不一致的认识，除可以适用国际条约自身的原则性规定外，国际知识产权法的基本原则也会发挥重要的解释功能，进行法律推理以消除歧义，进而实现国际知识产权规则适用的统一性。

3. 限定功能

由于知识产权本质上属于一种私权，国际知识产权统一法层面的法律规范一般会为缔约国国内立法留出较大空间。这种灵活性的做法可以发挥缔约国内立法的能动作用，但也会带来相关条款适用的不确定性。国际知识产权法基本原则在对条款的解释发生歧义时，可以发挥解释功能。在没有相关规定的情形下，国际知识产权法基本原则还会发挥一定的限定功能。限定缔约国在国际知识产权法基本原则精神的指导之下进行阐释，不能对国际知识产权条约中的条款随意作出有悖于基本原则意旨的解释或裁决。

总之，国际知识产权法基本原则既可以发挥对已有规则的解释作用，也可以对一些灵活性规则产生一定的限定作用，其可以为国际知识产权法的有效适用和稳定发展提供重要的指导和支撑，也是国际知识产权法进一步实现一体化的基础。

（二）国际知识产权法基本原则的形成要求

国际知识产权法基本原则对于国际知识产权法律规则的解释以及国际知识产权法的走向具有重要的价值，国际知识产权法基本原则的确立必须满足一定的要求，能够得到最大程度的国际认可。

首先，国际知识产权法基本原则往往经历史积淀而确立形成。一项基本原则若要得到多数国家的普遍认可，不会一蹴而就，而是经历反复一致的适用而逐渐得到认可。在 19 世纪国际知识产权法形成时期，这些基本原则已经基本确立下来，并体现在最早的国际知识产权公约之中，如《巴黎公约》《伯尔尼公约》等。在国际知识产权法随后的不断发展过程中，这些基本原则继续得到反复适用，取得成员国的普遍认可，并逐步确立其法律地位。尽管 21 世纪科学技术取得了重大突破，数字化环境对传统国际知识产权规则提出新的挑战，但国际知识产权法基本原则的地位依然得到尊重。

其次，国际知识产权法基本原则应遵循国际经济法的基本原则。国际知识产权法是国际经济法学的分支学科，国际经济法的基本原则也是国际知识产权法应当予以遵循的基本原则。如国际经济法的国家经济主权原则，来源于国际法学的国家主权原则，强调国家对本国经济事务所固有的管理主权，表现为国家对行政与司法事务的管辖权。即使从事国际经济活动的主体并非本国国民，只要相关行为发生在本国地域范围之内，国家也享有相应的管辖权。国际经济法的基本原则还包括平等互利原则、有约必守原则等，这些也同样是国际知识产权法应当遵循的基本原则。

最后，国际知识产权法基本原则应体现知识产权的特殊属性。尽管同属于国际经济法体系之中，但国际知识产权法具有自身的特殊属性。一是国际知识产权法基本原则应体现知识产权的独特法律属性，包括地域性、独占性等特征。二是国际知识产权基本原则应考虑私权与公共利益的均衡性。知识产权其所承载的智力成果对于权利人个体具有价值，对于人类整体利益同样具有重要意义。三是国际知识产权法基本原则应体现其与相关领域共同发展的协调性。国际知识产权规则覆盖范围较广，往往涉及复杂的国家间政治经济利益。知识产权在国际层面的交易往往与国际货物贸易、国际投资等行为密切结合在一起，国际知识产权基本原则应指导知识产权规则与其他相关领域的具体规则协调发展。国际知识产权法基本原则的确立只有考虑到知识产权的特殊属性，才能发挥切实有效的指导作用。

二、地域性原则

国际知识产权法的地域性原则源于国际法的国家主权原则，它要求各国尊重彼此在知识产权领域的立法、执法及司法等相关主权。对于国际法学科而言，地域性原则并非是一项陌生的原则。国家是国际公法的基本主体，由疆域领土体现的地域范围是国家赖以存在的基本要素，是国家主权活动的主要空间。地域性原则是国际层面国家主权理论的重要部分，可以溯源到更早适用于所有国内法的"立法管辖权"理论。立法管辖权是指一个国家制定有效且有约束力法律的最基本权利，该理论的提出可以追溯到17世纪荷兰法学家乌尔里希·胡伯。发展到现代，国家作为国际法主体可以享有主权国家的基本权利，这些基本权利由国家地域范围延展而出，如自卫权、管辖权等。国际知识产权领域管辖权是指国家可对其地域范围内有关知识产权的一切人、物及事件进行排他管辖的权利。国家基于地域可以对知识产权行使绝对性的权利，包括在立法、司法、执法等领域行使权利，是一项在国际知识产权法层面得到遵循的基本原则。依据地域性原则，各国有权自主制定本国的知识产权立法，对相关立法进行解释，有权在本国地域范围内依据本国立法确定知识产权的有效性，对知识产权案件行使司法管辖权等。

（一）地域性原则：《巴黎公约》的独立性保护

地域性原则是一项较为抽象的原则，在不同的知识产权类别范围内，地域性原则的具体适用也有所区别。专利权与商标权的取得需要经过国家行政机关的审批与授权，而版权的取得则是基于自动保护原则。在解决具体的知识产权问题时，地域性原则的适用也有所区别。

1883年的《巴黎公约》对专利权和商标权规定了独立保护原则，这一原则是地域性原则在工业产权领域的部分体现。

1. 专利独立保护

> **《巴黎公约》**
>
> **Article 4bis　Patents: Independence of Patents Obtained for the Same Invention in Different Countries**
>
> (1) Patents applied for in the various countries of the Union by nationals of countries of the Union shall be independent of patents obtained for the same invention in other countries, whether members of the Union or not.
>
> (2) The foregoing provision is to be understood in an unrestricted sense, in particular, in the sense that patents applied for during the period of priority are independent, both as regards the grounds for nullity and forfeiture, and as regards their normal duration.
>
> (3) The provision shall apply to all patents existing at the time when it comes into effect.
>
> (4) Similarly, it shall apply, in the case of the accession of new countries, to patents in existence on either side at the time of accession.
>
> (5) Patents obtained with the benefit of priority shall, in various countries, have a duration equal to that which they would have, had they been applied for or granted without the benefit of priority.
>
> **第 4 条之二　不同国家就同一发明取得专利的独立性**
>
> (1) 本联盟国家国民在本联盟各国申请的专利，与在其他国家（不论是否是本联盟的成员）就同一发明所取得的专利，是相互独立的。
>
> (2) 上述规定应从不受限制的意义来理解，特别是指在优先权期间内申请的各项专利，就其无效和撤销的理由及正常期间而言，是相互独立的。
>
> (3) 本规定适用于在其开始生效时已经存在的一切专利。
>
> (4) 在有新国家加入的情况下，本规定应同样适用于加入时新加入国和其他国家两方面已经存在的专利。
>
> (5) 在本联盟各国，因享有优先权的利益而取得的专利期间，与假如没有优先权利益而申请或授予的专利期间相同。

《巴黎公约》对专利独立保护规定的第 4 条之二第（1）款、第（3）款、第（4）款在 1900 年的布鲁塞尔修订会议上被纳入，第（2）款和第（5）款分别是 1911 年的华盛顿修订会议和 1934 年的伦敦修订会议上修订而成的。按照专利的独立性保护，在一国已经取得授权的专利，与在其他国家就同一发明所取得的专利相互独立。《巴黎公约》确定专利独立保护的基础就是认可巴黎联盟内成员国之间法律是不同的，应当尊重各国对待专利的具体立法。按照独立保护原则，任何国家都不能仅依据另一个国家拒绝或无效一项专利的理由，而在该国拒绝或使该专利无效。《巴黎公约》明确指出，相互独立的三项内容包括专利权的无效、专利权的撤销以及保护期间。在一国地域内对专利的无效、撤销不应影响在其他国家地域内专利权的有效性，尽管是同一项发明取得的专利权，其在不同地域范围内彼此独立。《巴黎公约》作出独立性保护的基础是承认各成员国的专利法律处于该国主权之下，在符合公约要求的前提下，可以保持有关专利的不同法律规定。专利侵权是各国专利法适用最为重要的内容，但《巴黎公约》并未明确指出专利侵权行为是否适用独立保护。专利侵权行为相对比较复杂，包括确定侵权行为的发生地、侵权行为结果发生地以及侵权判决的域外效力等很多具体问题。《巴黎公约》缔结之时，专利跨国侵权问题尚不突出，但《巴黎公约》第4条之二的概括应该涵盖了这一问题，专利侵权问题同样具有独立性。TRIPS纳入《巴黎公约》的大部分实体规范，也包括公约关于专利独立性的规定。

依据《巴黎公约》的独立性保护原则，即使同一发明，在不同国家也彼此独立。专利权在一国取得有效授权，并不意味着能在该国地域之外被承认为有效专利，除非该发明按照请求保护国的法律申请专利并得到授权。换句话说，发明人若想要在不同国家对同一发明取得专利权，需要在不同国家分别申请授权。如A国的发明人甲若想在B国、C国和D国得到专利保护，需要在B、C、D三国分别申请专利权。B、C、D三国分别依据各自国内立法决定是否授予专利权。甲已经在A国得到专利保护的事实，不会对B、C、D三国的授权产生约束力。同理，甲在B、C、D三国任何一个国家取得授权，也不会对其他国家产生约束力，各国只依据本国立法决定该发明是否符合专利授权的条件。正是由于专利保护地域性的要求，1970年，在WIPO组织下国家之间缔结了《专利合作条约》（PCT），减少申请人的复杂程序，申请人只提交一份"国际"专利申请即可在多国中的每一国家同时为一项发明申请专利保护。

2. 商标独立保护

《巴黎公约》

Article 6 Marks: Conditions of Registration; Independence of Protection of Same Mark in Different Countries

(1) The conditions for the filing and registration of trademarks shall be determined in each country of the Union by its domestic legislation.

(2) However, an application for the registration of a mark filed by a national of a country of the Union in any country of the Union may not be refused, nor may a registration be invalidated, on the ground that filing, registration, or renewal, has not been

effected in the country of origin.

（3） A mark duly registered in a country of the Union shall be regarded as independent of marks registered in the other countries of the Union, including the country of origin.

第6条　商标：注册条件；同一商标在不同国家所受保护的独立性

（1） 商标的申请和注册条件，在本联盟各国由其本国法律决定。

（2） 但本联盟任何国家对本联盟国家的国民提出的商标注册申请，不得跟未在原属国申请、注册或续展为理由而予以拒绝，也不得使注册无效。

（3） 在本联盟一个国家正式注册的商标，与在联盟其他国家注册的商标，包括在原属国注册的商标在内，应认为是相互独立的。

《巴黎公约》明确规定商标申请与注册的条件由各国国内法进行确定，依据各国国内法注册的商标与在其他国家注册的商标彼此独立。对于在其他国家提出的商标注册申请，该国不得以未在原属国申请、注册或续展为理由而予以拒绝。商标一旦在其他国家得到注册，就不受其他国家类似注册商标命运的影响，包括在原属国注册的商标。

值得注意的是，《巴黎公约》对商标独立保护的规定与专利有所不同，对商标的独立保护规定了"基于原属国已有注册"的例外保护。该例外保护是指《巴黎公约》不要求商标首先在其原属国申请并得到注册，但如果已经在原属国进行申请，则有权要求在其他国家以原样形式对商标进行保护。❶

（二）地域性原则的具体适用

1. 地域性原则对专利货物跨国流动的影响

（1）专利权人直接销售：海外市场的不同影响。

专利权在不同国家具有独立性，专利产品跨国流动时必须注意专利在不同国家的法律状态。专利权人将专利产品直接进行出口销售时，其海外市场可能受不同专利法律状态影响出现以下三种情形。如图3-1所示。

A国专利权人甲的专利产品出口至海外市场时，专利在A国地域外可能存在三种情形。

第一种情形假定：甲已在B国申请专利并取得专利授权，则甲在B国享有有效专利，专利产品在该国市场享有独占权。

第二种情形假定：甲未在C国市场申请专利，或者在C国申请专利但未得到专利授权，但在C国也没有其他专利权人存在，则甲在C国市场无有效专利，但依然

---

❶ BODENHAUSEN G H C. Guide to the application of the Paris Convention for the protection of industrial property [M]. Geneva：United International Bureaux for the Protection of Intellectual Property（BIRPI），1967：87.

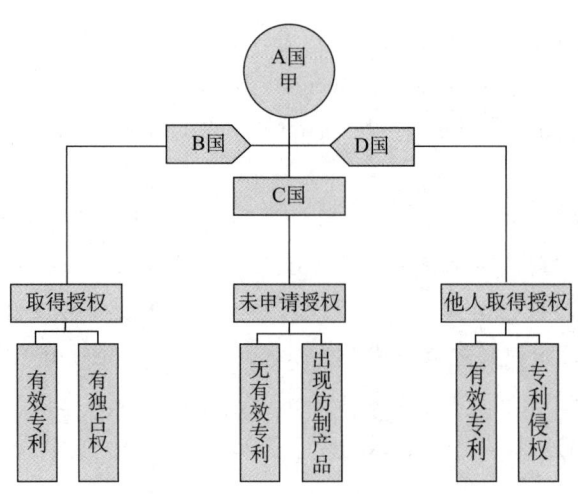

图 3-1　基于地域性的专利产品跨国流动影响

可以销售专利产品。其面临的风险是市场可能出现仿制产品，与甲产品形成竞争，而甲并无专利排他权，不能将仿制产品排除出市场。

第三种情形假定：甲在 D 国没有专利权，但 D 国已经存在为他人拥有的同一发明或近似发明的有效专利权。这种情形下，甲的产品不能进入该国市场，否则将构成对他人有效专利的侵权行为。

（2）专利货物销售合同：知识产权担保。

专利权人除直接在海外市场生产销售专利产品外，还经常通过缔结国际货物销售合同，由合同相对方将专利产品销售至海外。这种销售方式下，海外市场依然会出现前文分析的三种情形。但由于专利货物主要受作为卖方的专利权人控制，买方无法准确掌握海外市场的专利侵权风险，往往需要专利权人在国际货物买卖合同中对产品的知识产权提供权利担保。专利权人作为卖方提供的知识产权担保属于权利担保的一种，但具有一定的特殊性，就是卖方无法担保在境外所有国家销售货物均不存在知识产权侵权情形。基于此，《联合国国际货物销售合同公约》（United Nations Convention on Contracts for the International Sale of Goods, CISG）中对卖方应当作出知识产权权利担保的情形进行了明确的界定。

CISG

Article 42

（1）The seller must deliver goods which are free from any right or claim of a third party based on industrial property or other intellectual property, of which at the time of the conclusion of the contract the seller knew or could not have been unaware, provided that the right or claim is based on industrial property or other intellectual property:

(a) under the law of the State where the goods will be resold or otherwise used, if it was contemplated by the parties at the time of the conclusion of the contract that the goods would be resold or otherwise used in that State; or

(b) in any other case, under the law of the State where the buyer has his place of business.

(2) The obligation of the seller under the preceding paragraph does not extend to cases where:

(a) at the time of the conclusion of the contract the buyer knew or could not have been unaware of the right or claim; or

(b) the right or claim results from the seller's compliance with technical drawings, designs, formulae or other such specifications furnished by the buyer.

第42条

(1) 卖方所交付的货物必须是第三方不能根据工业产权或其他知识产权主张任何权利或要求的货物，但以卖方在订立合同时已知道或不可能不知道的权利或要求为限，而且这种权利或要求根据以下国家的法律规定是以工业产权或其他知识产权为基础的：

(a) 如果双方当事人在订立合同时预期货物将在某一国境内转售或作其他使用，则根据货物将在其境内转售或作其他使用的国家的法律；或者

(b) 在任何其他情况下，根据买方营业地所在国家的法律。

(2) 卖方在上一款中的义务不适用于以下情况：

(a) 买方在订立合同时已知道或不可能不知道此项权利或要求；或者

(b) 此项权利或要求的发生，是由于卖方要遵照买方所提供的技术图样、图案、程式或其他规格。

按照CISG第42条的规定，卖方提供的货物必须是第三方不能根据知识产权提出侵权异议的货物，这就要求卖方要对其所销售至境外的货物提供知识产权的权利担保。鉴于境外专利法律状态也会发生变化，CISG只要求以卖方在签订销售合同时所了解的权利法律状态为限。基于知识产权的地域性原则，CISG并未要求卖方对所有的境外国家均承担知识产权担保责任，而是明确在以下国家承担权利担保的责任：一是买方营业地所在国家。买方营业地是卖方在缔结国际货物买卖合同时就已清楚了解的国家，买方所在国也极大程度上是货物销售或使用的国家。因此，卖方必须首先保证货物在买方营业地所在国的销售或使用不会发生知识产权侵权情形。二是卖方订立合同时已知的货物转售或作其他使用的国家。如果买方在订立合同时已经明确告知卖方其打算转售或作其他使用的国家，卖方必须保证货物在这些国家进行销售或使用，不会产生侵权情形。

在 CISG 第 42 条的规定中，明确强调卖方提供的知识产权权利担保以被请求保护国的知识产权法律为基础，包括买方营业地所在国以及货物转售或作其他使用国家的知识产权法。这表明，CISG 对于知识产权的地域性原则同样给予尊重。

2. 知识产权权利穷竭原则与地域性原则

知识产权权利穷竭原则又被称为首次销售权利用尽原则，是指知识产权权利人或其授权许可之人在首次销售知识产权货物后，在已经销售的知识产权货物之上不再享有独占权是专利权人独占权的一种例外情形。知识产权权利人的排他权一般表现为，未经知识产权权利人许可，任何第三方都不得销售或使用知识产权产品。但对于经权利人或其授权之人销售的知识产权产品，其他第三方进行转售或使用时，不再要求取得知识产权权利人的同意，因为该产品之上权利人的独占权已经用尽。以专利权为例说明：按照 TRIPS 第 28 条第 1 款（a）项的规定，专利权人的独占权利包括其可以禁止"任何第三方未经所有权人同意进行制造、使用、许诺销售、销售或为这些目的进口专利产品的行为"。假定甲拥有一项专利权，委托乙利用该专利技术生产一批专利产品。如乙未经甲许可，将其生产的专利产品销售给丙，则乙构成专利侵权。如果甲将这批货物销售给乙，完成权利人控制下货物的首次销售，则甲对该批专利产品的独占权用尽。乙将该批货物再次销售给丙时，不需要再取得甲的同意。权利穷竭原则的合理之处在于，保证了专利权人对于专利产品首次销售权的控制，同时保障了货物的自由流通。

当知识产权货物跨国流动时，对于知识产权权利穷竭原则能否突破地域性的限制，在解释上存在一定的分歧，分别体现为知识产权"国内穷竭"和"国际穷竭"两种观点。按照"国内穷竭"的观点，知识产权货物只有在一国国内进行首次销售后，才会在该国国内对该批货物发生权利人独占权的权利穷竭。而按照"国际穷竭"的观点，知识产权货物只要进行首次销售，无论发生在该国地域之内还是该国地域范围之外，知识产权权利人在知识产权货物之上的独占权都会穷竭。对于跨国销售的货物，由于对权利穷竭的不同解释会产生截然不同的法律效果。如知识产权权利人甲在 B 国许可销售其知识产权货物，该批货物跨国流动回售至甲所在 A 国。如果按照知识产权"国内穷竭"观点，该批货物非在甲所在 A 国进行首次销售，甲在 A 国的独占权并未穷竭，甲可以对该批货物行使禁止进口的排他权。如果按照"国际穷竭"的观点，无论在 A 国还是在 B 国，只要是经甲许可进行首次销售的货物，均已权利穷竭。该批货物回售至 A 国时，甲的独占权已经用尽，无权行使禁止进口的权利。由于此种类型货物为知识产权权利人许可销售的货物不同于其他侵权货物，此类货物的进口又称为"平行进口"，相关市场也被称为"灰色市场"。

对于权利穷竭问题，国际知识产权条约并未给出明确的规定，即该问题并未在国际层面上实现一体化的协调。对此问题，可参见 TRIPS 第 6 条的规定。

> **TRIPS**
>
> **Article 6 Exhaustion**
>
> For the purposes of dispute settlement under this Agreement, subject to the provisions of Articles 3 and 4 nothing in this Agreement shall be used to address the issue of the exhaustion of intellectual property rights.
>
> **第6条 权利穷竭**
>
> 就本协定项下的争端解决而言，在遵守第2条和第4条规定的前提下，本协定的任何规定都不得用于解决知识产权的权利穷竭问题。

对于知识产权的权利穷竭问题，TRIPS 明确表明了态度，即不对相关权利穷竭的问题在国际层面作出规定，对于知识产权的国际争端，TRIPS 的任何规定都不得用于解决有关知识产权权利穷竭的问题。TRIPS 的规定表明，对于知识产权权利穷竭问题，国家之间的分歧较大，很难在国际层面上达成一致。目前，关于地域性与知识产权权利穷竭的问题，主要由各国国内立法加以确定。

三、利益平衡原则

利益平衡原则是国际知识产权法的一项重要原则，只有遵循此项基本原则，才能解决国际知识产权法领域的复杂利益关系，国际知识产权法律领域的一体化才有可能实现。利益平衡原则在国际知识产权法中的重要地位源于知识产权对于国家利益的重要影响力。国家之间的竞争已经从最初的产品成本竞争转向知识产权竞争，科技创新与文化创意成为最重要的经济价值来源。同时，知识产品具有一定的公共属性，知识产权竞争不仅影响创新者个体，而且可能对国家的整体利益产生实质性影响。由于知识产权的重要性，各国在知识产权领域协调的难度加大。若要推动国际知识产权法的未来一体化发展，必须遵循利益平衡原则。

国际知识产权法领域的利益平衡涉及复杂的利益体系，主要包括三种类型的利益平衡：一是知识产权权利人与使用人之间的利益平衡；二是公共利益与知识产权权利人利益之间的平衡；三是不同发展水平国家之间的利益平衡。国际知识产权法律体系的利益平衡原则从最初的《巴黎公约》到 TRIPS，都给予重视。国际知识产权条约中的利益平衡原则主要通过三种形式得以体现：其一，在国际条约的宗旨或前言中明确阐明维护利益均衡原则的重要性；其二，明确规定对知识产权独占权的例外与限制；其三，为成员国国内立法保留立法空间。

1. 明确的原则性规定

TRIPS 中明确规定了利益平衡原则，在 TRIPS 之前的国际知识产权公约中上没有在条文上对该原则予以明确。TRIPS 在前言中要求各成员"认识到各成员知识产权保护制度的基本公共政策目标，包括发展目标和技术目标"。由于国际知识产权条约的具体条款主要是维护知识产权权利人的利益，条约中通常会在利益平衡原则中侧重强调对于公共利益的保护，如TRIPS第7条与第8条明确规定。TRIPS要求各成员在对知识产权权利人的私权予以保护时，应当维护基本公共政策的目标，包括发展目标和技术目标。这一原则不仅强调对公共利益与私人利益的平衡，还包含对于发展中国家与发达国家之间利益平衡的考虑。在国际知识产权领域，尤其是跨国知识产权转让领域，发展中国家与发达国家对于涉及知识产权滥用条款的标准分歧较大，发展中国家主要持"发展标准"，而发达国家则主要持"市场竞争标准"。如同一项知识产权条款可能因为符合发展需求，被发展中国家认定为合法，而因不符合市场竞争标准被发达国家认定为不合法。TRIPS要求成员承认不同成员的公共政策目标，明确指出包括"发展目标"，也是对于不同经济发展水平国家之间利益的一种平衡。

除前言外，TRIPS在第7条和第8条有关"目标"和"原则"的规定中，明确规定了利益平衡原则。

TRIPS

Article 7   Objectives

The protection and enforcement of intellectual property rights should contribute to the promotion of technological innovation and to the transfer and dissemination of technology, to the mutual advantage of producers and users of technological knowledge and in a manner conducive to social and economic welfare, and to a balance of rights and obligations.

Article 8   Principles

1. Members may, in formulating or amending their laws and regulations, adopt measures necessary to protect public health and nutrition, and to promote the public interest in sectors of vital importance to their socio-economic and technological development, provided that such measures are consistent with the provisions of this Agreement.

2. Appropriate measures, provided that they are consistent with the provisions of this Agreement, may be needed to prevent the abuse of intellectual property rights by right holders or the resort to practices which unreasonably restrain trade or adversely affect the international transfer of technology.

第7条　目标

知识产权的保护和实施应有助于促进技术革新及技术转让和传播，有助于技术知识的创造者和使用者的共同利益，并有助于社会和经济福利及权利与义务的平衡。

第8条　原则

1. 在制定或修改其法律和法规时，各成员可采用对保护公共健康和营养，促进对其社会经济和技术发展至关重要部门的公共利益所必需的措施，只要此类措施与本协定的规定相一致。

2. 只要与本协定的规定相一致，就可能需要采取适当措施以防止知识产权权利持有人滥用知识产权或采取不合理地限制贸易或对国际技术转让造成不利影响的做法。

TRIPS 第 7 条与第 8 条的规定与前言的内容有些类似，但它们在协定中作为正文条款加以明确规定，表明该内容具有更加重要的地位。对于 TRIPS 中其他具体条款中的权利义务规定，第 7 条和第 8 条可以发挥重要的阐释与指导作用。

TRIPS 第 7 条明确规定了促进技术革新、技术转让和技术传播的目标，知识产权保护应当有助于社会经济福利及权利义务间的平衡，这些规定都属于公共利益的范畴。TRIPS 第 8 条第 1 款明确规定了 TRIPS 应当遵循的公共利益原则，其列举的公共利益包括公共健康和营养、对社会经济和技术发展至关重要的公共利益等。这些利益本身并非知识产权，但是知识产权行使过程中会直接涉及的公共利益，同样属于国际知识产权体系的利益平衡范畴。将 TRIPS 第 7 条和第 8 条结合在一起，可以对其他条款进行有效解释，消除 TRIPS 本身存在的潜在不一致性。TRIPS 第 7 条和第 8 条规定了协定的目标和原则，共同构成 TRIPS 实施和解释的核心内容。在 TRIPS 国际知识产权体系从拼接的国际体系转换为真正全球体系这一变革过程中，这些原则的地位非常重要。[1]

TRIPS 除第 7 条与第 8 条外，其他条款也有关于维护公共利益的明确规定，如 TRIPS 第 27 条第 2 款对可不授予专利权客体的规定，"各成员可拒绝对某些发明授予专利权，如在其领土内阻止对这些发明的商业利用是维护公共秩序或道德，包括保护人类、动物或植物的生命或健康或避免对环境造成严重损害所必需，只要此种拒绝授予并非仅因为此种利用为其法律所禁止"。此外，TRIPS 第 73 条规定了基于国家安全考虑的公共利益，其目标是维护国际和平和安全方面的公共利益。

TRIPS

Article 73 Security Exceptions

Nothing in this Agreement shall be construed:

(a) to require a Member to furnish any information the disclosure of which it considers contrary to its essential security interests; or

(b) to prevent a Member from taking any action which it considers necessary for the protection of its essential security interests;

---

[1] PETER K Y. The objectives and principles of the TRIPS agreement [J]. Houston Law Review, 2009 (46): 16.

(i) relating to fissionable materials or the materials from which they are derived;

(ii) relating to the traffic in arms, ammunition and implements of war and to such traffic in other goods and materials as is carried on directly or indirectly for the purpose of supplying a military establishment;

(iii) taken in time of war or other emergency in international relations; or

(c) to prevent a Member from taking any action in pursuance of its obligations under the United Nations Charter for the maintenance of international peace and security.

第73条 安全例外

本协定的任何规定都不得解释为:

(a) 要求一成员提供其认为如披露则会违背其根本安全利益的任何信息; 或

(b) 阻止一成员采取其认为对保护其根本安全利益所必需的任何行动:

(i) 与裂变和聚变物质或衍生这些物质的物质有关的行动;

(ii) 与武器、弹药和作战物资的贸易有关的行动,及与此类贸易所运输的直接或间接供应军事机关的其他货物或物资有关的行动;

(iii) 在战时或国际关系中的其他紧急情况下采取的行动; 或

(c) 阻止一成员为履行《联合国宪章》项下的维持国际和平与安全的义务而采取的任何行动。

2. 国际知识产权法中的限制与例外

国际知识产权法的主要内容是明确各成员保护知识产权的具体权利与义务,为了遵循利益平衡原则,国际知识产权立法中除明确规定利益平衡原则外,还通过对权利人独占权规定限制与例外来平衡相关利益。从《巴黎公约》《伯尔尼公约》到TRIPS,再到近期国际贸易协定中的知识产权条款,均对限制与例外条款予以承认和尊重。《巴黎公约》第5条规定了专利的强制许可,第5条之三规定了构成船舶、飞机或陆上车辆一部分专利器械的侵权例外,第6条之三规定了关于国徽、官方检验印章和政府间组织徽记注册商标的限制。《伯尔尼公约》第7条规定对作品保护期限的限制,第9条第2款规定了复制的使用例外,第10条规定了合理使用的例外,第10条之二规定了时事性文章的例外。TRIPS第13条规定了版权的限制与例外,第17条规定了商标权的例外,第30条规定了专利权的例外。这些条款都与TRIPS第7条规定保持一致,第7条明确规定促进技术传播,知识产权保护应当"有助于技术知识创造者和使用者的共同利益"。其中,"使用者"利益的保护就是为规定相应的限制与例外条款设定基础。因此,我们有充分的理由认为,TRIPS中的例外与限制条款与协定中规定的权利同等重要。[1]

3. 保留成员国内立法空间

国际知识产权领域的公约中均为成员国的国内立法留出较大的立法空间。《巴黎公约》《伯尔尼公约》规定了较多知识产权保护的一般原则，很多具体规定留给成员国立法予以确定。尽管 TRIPS 在前两项公约基础之上，对很多具体的权利义务作出了实质性的规定，在保护标准方面也有所提高，但协定的灵活性原则也得到国际社会的肯定。

因此，从广义上讲，TRIPS 有关知识产权的例外规定也属于灵活性原则的体现，TRIPS 灵活性原则的主要体现就是为成员立法预留空间。狭义上讲，《巴黎公约》《伯尔尼公约》态度一致，将一些具体权利义务条款的进一步释定留给成员国内立法加以确定。如 TRIPS 第 31 条规定"未经权利持有人的授权使用"中有关专利强制许可条件的规定，使用"非商业性使用""紧急状况"等用语。如何界定这些标准，可以由成员在国内立法中加以确定。

四、协调且共同发展原则

（一）协调且共同发展原则的含义

知识产权的价值不仅体现出经济竞争优势方面的价值，更为重要的是还体现出维护人类共同文化财产、促进技术传播与创新发展的价值。知识产权是人类整体智力成果的体现，蕴含人类文明的历史积淀，也是促进人类未来发展的坚实基础。在国际知识产权法的确立、发展过程中，必须遵循协调且共同发展的基本原则，为国际知识产权法未来一体化提供正确的方向和指导。协调且共同发展原则是指国际知识产权法律规则应当保证知识产权所影响人类的经济、资源、环境的协调发展，全球不同发展水平国家的共同发展。

协调且共同发展是法律领域公平正义、一般公理对国际知识产权法的必然要求。所有国家都是平等的国际法主体，只有实现共同发展才能实现真正的公平正义。国际知识产权条约通常对于发展水平较低的国家履行国际义务设置一定的过渡性安排，就是为了实现不同发展水平国家之间的协调且共同发展。TRIPS 第 65 条也规定了同样的过渡性安排。

TRIPS

Article 65　Transitional Arrangements

1. Subject to the provisions of paragraphs 2, 3 and 4, no Member shall be obliged to apply the provisions of this Agreement before the expiry of a general period of one year

---

[1] BOYLE J S. Software and spleens: Law and the construction of the information society [M]. Cambridge: Harvard University Press, 1996: 138.

following the date of entry into force of the WTO Agreement.

2. A developing country Member is entitled to delay for a further period of four years the date of application, as defined in paragraph 1, of the provisions of this Agreement other than Articles 3, 4 and 5.

3. Any other Member which is in the process of transformation from a centrally-planned into a market, free-enterprise economy and which is undertaking structural reform of its intellectual property system and facing special problems in the preparation and implementation of intellectual property laws and regulations, may also benefit from a period of delay as foreseen in paragraph 2.

4. To the extent that a developing country Member is obliged by this Agreement to extend product patent protection to areas of technology not so protectable in its territory on the general date of application of this Agreement for that Member, as defined in paragraph 2, it may delay the application of the provisions on product patents of Section 5 of Part II to such areas of technology for an additional period of five years.

5. A Member availing itself of a transitional period under paragraphs 1, 2, 3 or 4 shall ensure that any changes in its laws, regulations and practice made during that period do not result in a lesser degree of consistency with the provisions of this Agreement.

第65条 过渡性安排

1. 在遵守第2款、第3款和第4款的前提下，任何成员在《WTO协定》生效之日起1年的一般期限期满前都无义务适用本协定的规定。

2. 发展中国家成员有权将按第1款规定的实施日期再推迟4年实施本协定的规定，但第3条、第4条和第5条除外。

3. 处在从中央计划经济向市场和自由企业经济转型过程中的任何其他成员，及正在进行知识产权制度结构改革并在制定和实施知识产权法律和法规方面面临特殊困难的成员，也可受益于第2款规定的延迟期。

4. 如发展中国家成员按照本协定有义务将产品专利保护扩大至在按第2款规定的、对其适用本协定的一般日期其领土内尚未接受保护的技术领域，则该成员可再推迟5年对此类技术领域适用本协定第二部分第5节关于产品专利的规定。

5. 利用第1款、第2款、第3款或第4款下的过渡期的一成员应保证，在过渡期内其法律、法规和做法的任何变更都不会导致降低其与本协定规定一致性的程度。

TRIPS第65条第2款允许发展中国家成员对协定规定的实施日期在协定生效1年的一般期限期满基础之上再推迟4年实施。TRIPS第66条对最不发达国家成员作出特殊规定，"允许最不发达国家成员根据其特殊需要和要求，考虑其经济、财政和管理的局限性，不要求其在按第 65 条第 1 款定义的适用日期起 10 年内适用协定的规定"。同时，规定发达国家成员应鼓励其领土内的企业和组织，促进和鼓励向最不发达国家成员转让技术，以使这些成员创立一个良好和可行的技术基础。这些规定都体现了国际知识产权立法对于协调且共同发展原则的明确和遵循。

协调且共同发展原则符合国际社会的共同利益。随着全球化的发展，不同国家之间相互影响，彼此依赖度日益增强。无论是全球气候变化还是 2019 年年末暴发的全球性新型冠状病毒性肺炎疫情，都说明全球人类依存度的提升，只有合作才能取得全人类的共同胜利。国际知识产权规则对于绿色技术的专利保护，对于医药知识产权的规范，都会涉及人类的共同利益。只有坚持协调且共同发展的原则制定国际知识产权规则，才能真正为人类的可持续发展提供法律保障；否则，国际知识产权规则可能成为维护少数国家经济利益的工具。

（二）协调且共同发展原则的价值

1995 年生效的 TRIPS 成为在国际贸易框架下制定国际知识产权规则的开端。在 TRIPS 之前，国际知识产权问题主要在世界知识产权组织的主持之下进行。知识产权问题讨论的平台由世界知识产权组织转向世界贸易组织，学术界称其为国际知识产权问题的"体制转换"。将国际知识产权问题转换至世界贸易组织框架之下，展现出切实的优势。有关国际知识产权规则的实体性权利义务规定取得重大突破，国际知识产权争端可以利用世界贸易组织的争端解决机制加以解决，并可以通过专家组及上诉程序作出有约束力的裁决，违反国际知识产权义务的行为得到有效约束。在此背景之下，国际知识产权规则一体化取得实质性进展，TRIPS 成为国际知识产权领域最重要的国际条约。

自 TRIPS 之后，国际知识产权的发展始终没有脱离对国际贸易框架的依赖。从现实发展来看，一些零散的国际知识产权规则也确实是在双边、多边及区域自由贸易协定中逐步形成的。知识产权确实与国际贸易有着密切的联系，国际货物贸易中的盗版、假冒及其他知识产权侵权行为需要国际知识产权规则予以规制。但将国际知识产权规则完全置于国际贸易框架之下讨论，也会为国际知识产权规则的发展带来一些弊端。知识产权所承载的文化、技术不仅影响国际贸易，还会影响人类的共同生存与发展。尽管在国际知识产权条约的具体内容中会提及或规定对公共利益的维护，但由于原则性强，往往无法得到切实实施。而基于国际贸易自身的特性，国际贸易框架下国际知识产权规则的关注点主要是对国家或个体经济利益的保护，可能忽略对于安全、健康、环境等人类共同发展因素的实际考虑。目前，就现有国际知识产权规则而言，较为突出的是环境保护领域和公共健康领域的知识产权一体化困境。

1. 环境保护领域知识产权的困境与需求

21 世纪全球气候环境恶化，人类遭遇前所未有的危机，绿色发展成为人类生存的共同目标。环境与气候是全球共享资源，必须确立共同解决气候变化的国际机制。为缓解气候环境的不断恶化，自1992年里约热内卢会议"环境友好技术"转让的知识产权问题成为重要议题。依世界知识产权组织报告，"环境友好技术"就是在生产及能源供应过程中，可实质上降低甚至消除温室气体排放的方法和途径。风、生物能、太阳能、地热、潮汐能等这些可再生能源技术，与其他气候友好技术共同称为"环境友好技术"。[1] 此后在德班会议、哥本哈根会议及巴黎会议上，环境友好技术转让的知识产权问题也都是会议争论的焦点。但由于先进的"环境友好技术"多为各国企业所有的知识产权，推动技术转让的进程缓慢。不同国家之间对于"环境友好技术"的知识产权保护与跨国转让问题存在巨大分歧，甚至完全对立的态度。环境恶化问题是人类面临的共同危机，需要各国形成共同的意志加以应对。

  对于环境友好技术，发达国家强调技术的知识产权保护，认为"环境友好技术"作为专利制度的保护对象，专有权人享有对技术的垄断专有权。而一些新兴发展经济体更加侧重强调"环境友好技术"的公共利益属性，认为"环境友好技术"与减轻或降低与二氧化碳导致全球气候变化密切相关，必须虑及其"公共利益"，政府应采取"公共政策"建立降低或消除气候变化根源，从而维护公众与环境健康。基于这种公共属性的认识，这些国家的理论与实践都更加倾向于强调对"环境友好技术"的分享，而非基于特殊属性享有的特别保护。WTO与贸易有关知识产权理事会在2013年2月27日发布一份报告——《知识产权促进环境友好技术转让的贡献》(Contribution of Intellectual Property to Facilitating the Transfer of Environmental Rational Technology)（IP/C/W/585），报告指出，若要实现《联合国气候框架公约》目标，"环境友好技术"必须更大限度地在全球传播并利用，而目前专利机制可能会由于知识产权权利人的垄断、权利滥用或过高的技术许可费用而限制"环境友好技术"的传播与转让。[2] 该报告发布同期，约100多个来自发达国家和发展中国家的非政府组织根据TRIPS第66条第1款发表公开信，表示支持可以将"环境友好技术"作为公共产品获取。[3] 而与此相反，美国一些学者认为，没有证据表明知识产权构成"环境友好技术"国际转让的壁垒，有效的知识产权保护反而会加强技术转让。这种利益冲突造成的"环境友好技术"知识产权国际保护困局，影响着缓解全

---

[1] MEIR P P. Global changes report: Intellectual property & the transfer of environmentally sound technologies [EB/OL]. [2020-05-26]. http://120.52.72.47/www.wipo.int/c3pr90ntcsf0/edocs/pubdocs/en/wipo_pub_gc_4.pdf.

[2] Council for Trade-Related Aspects of Intellectual Property Rights. Contribution of intellectual property to facilitating the transfer of environmental rational technology, IP/C/W/585 [EB/OL]. (2013-02-27) [2020-05-23]. https://docs.wto.org/dol2fe/Pages/FE_Search/FE_S_S009-DP.aspx?CatalogueIdList=115118&CurrentCatalogueIdIndex=0.

[3] NGO Letter to WTO Members Concerning. A Future Extension of the LCD Transition Period Under Article 66.1 of the TRIPS Agreement [EB/OL]. (2013-02-21) [2020-05-25]. https://www.derechosdigitales.org/wp-content/uploads/NGO-letter-LDCs-on-Extension-of-Transition-Period-.pdf.

球气候恶化的进程。20世纪中叶以来，严重恶化的环境问题已从国内延伸向国际，由区域性发展成全球性，生态危机显现出超越国家向全球化发展的趋势。尽管TRIPS第66条第2款为发达国家成员设定了技术转让和提供技术金融合作方面的积极义务，却并没有在国家层面成功引导有实际意义的技术转让。绿色技术的知识产权保护迫切要求在国际层面上协调知识产权保护机制，以协调且共同发展原则为指导，实现绿色技术的保护与利用。

2. 公共健康领域知识产权的困境与需求

TRIPS之后，医药知识产权引发的公共健康争论始终是国际知识产权领域的焦点问题。在全球范围内的知识产权法领域，没有其他客体比药品专利更多地受到关注。全球化背景下，医药知识产权保护对全球经济秩序有着重要影响，药品知识产权是获取全球利润的有效途径，药品知识产权的国际规则成为不同经济发展水平国家利益博弈的核心内容。虽然在TRIPS之后，由于20世纪末的非洲暴发公共健康危机，WTO发布了《多哈宣言》，但该宣言并未彻底解决公共健康领域的知识产权冲突。

在国际知识产权法领域，发达国家绕开多边程序，转向在双边或多边贸易协定中加强药品专利的保护。发达国家不断通过自由贸易协定强化排除仿制药竞争，药品价格随之攀升，直接影响了公众对药品的获取。这些贸易协定中的医药知识产权规则基本是美国国内制度迁移的结果，美国通过签订自由贸易协定移植国内法，以维护本国大型医药产业的海外利益。这些新的医药知识产权规则主要是为了维护医药知识产权权利人的利益，缺少对于公共健康的考虑。这种情形不仅引发国际知识产权领域的更多分歧，而且可能与传统的知识产权体系形成一定的冲突。[1] 在欧盟缔结的贸易协定中，也有关于医药知识产权的规定。但对比欧盟内部的机制设计，与欧盟缔结贸易协定的发展中国家并没有相关的配套机制，通过自由贸易协定规定数据独占期与专利期间补偿，可能不利于其本国公众获取药品。[2] 当前在FTA中出现的医药知识产权规则影响力不断扩大，但缺乏对公共健康与药品获取影响的切实考虑，可能对发展中国家带来消极影响。若要解决全球范围内的公共健康与公共安全危机，必须在协调且共同发展原则指导下制定相关国际知识产权规则。

由于各国经济利益的差异，国际知识产权规则的一体化难度越来越大，甚至不断走向分散。获取药品和减缓气候变化所涉及的公共利益都是当前国际知识产权法一体化陷入困境的主要表现。若要进一步推动国际知识产权法的一体化发展，必须以实现共同发展为目标，对不同国家的利益加以协调。

---

[1] SEAN M F, BROOK B, et al. The U.S. Proposal for an intellectual property chapter in the TPP agreement [J]. AM. U. INT'L. REV, 2012 (28): 180.

[2] DANIEL A. extending the limits of protection of pharmaceutical patents and data outside the EU – is there a need to rebalance? [J]. International Review of Intellectual Property and Competition Law, 2014 (45): 256–286.

第二节　国际知识产权法的具体原则

国际知识产权法的具体原则是指在国际知识产权基本原则指导下，适用于国际知识产权法具体规则实施的基础性原则。从《巴黎公约》开始，在国际知识产权法的结构体系中已经确立一些有利于公约中法律规范实施的具体原则。直到 TRIPS 及其后的区域贸易协定，这些具体原则对于知识产权法具体规范的实施依然发挥着重要作用。国际知识产权法的具体原则主要包括国民待遇原则、最惠国待遇原则、优先权原则等。

一、国民待遇原则

依据地域性的基本原则，各国都应尊重彼此之间知识产权立法的差异。但国际货物的流通往往要求在知识产权领域实现较大程度的一体化。国际知识产权公约中规定了国民待遇原则，其目的在于要求成员国给予其他成员国国民与本国国民同等的待遇。国民待遇原则要求缔约国在其境内承担保护其他缔约国国民知识产权的义务，是实现国际知识产权规则一体化的基础和重要途径。

《巴黎公约》中首次将国民待遇原则适用于知识产权领域。在国际立法层面规定国民待遇原则的重要性在于，它改变了之前仅能依靠互惠待遇才能在其他国家享有同等知识产权保护的限制。国民待遇原则还是一项非歧视原则，缔约国要给予公约其他缔约国国民与本国国民同样的待遇，而不能歧视任何一个国家。国民待遇与实体性权利义务结合，使公约中的最低标准保护义务普遍适用于成员国国内立法。在 TRIPS 协商过程中，也保持了遵循《巴黎公约》中国民待遇原则的基本态度，并将《巴黎公约》中有关国民待遇原则的条款并入 TRIPS 之内。TRIPS 在阐述国民待遇原则时，明确规定"对有关知识产权，'其他成员的国民'应理解为符合《巴黎公约》1967 年文本……所规定的标准"。该 1967 年文本即指 1967 年修订的《巴黎公约》的斯德哥尔摩文本。因此，当前解决知识产权领域的跨国保护问题时，《巴黎公约》国民待遇原则依然应当予以适用。

（一）《巴黎公约》中的国民待遇原则

《巴黎公约》中提供了有关工业产权国民待遇原则的规定，具体规范主要体现在第 2 条与第 3 条。

《巴黎公约》

Article 2 National Treatment for Nationals of Countries of the Union

(1) Nationals of any country of the Union shall, as regards the protection of industrial property, enjoy in all the other countries of the Union the advantages that their respective laws now grant, or may hereafter grant, to nationals; all without prejudice to

the rights specially provided for by this Convention. Consequently, they shall have the same protection as the latter, and the same legal remedy against any infringement of their rights, provided that the conditions and formalities imposed upon nationals are complied with.

(2) However, no requirement as to domicile or establishment in the country where protection is claimed may be imposed upon nationals of countries of the Union for the enjoyment of any industrial property rights.

(3) The provisions of the laws of each of the countries of the Union relating to judicial and administrative procedure and to jurisdiction, and to the designation of an address for service or the appointment of an agent, which may be required by the laws on industrial property are expressly reserved.

Article 3 [Same Treatment for Certain Categories of Person as for Nationals of Countries of the Union]

Nationals of countries outside the Union who are domiciled or who have real and effective industrial or commercial establishments in the territory of one of the countries of the Union shall be treated in the same manner as nationals of the countries of the Union.

第2条 给予本同盟成员国国民的国民待遇

(1) 本同盟任何成员国的国民,在保护工业产权方面,应在本同盟其他成员国内享有各该国法律现在或今后给予各该国国民的各种利益;本公约所特别规定的权利不得受到任何侵害。从而,他们只要遵守各该国国民应遵守的条件和手续,即应受到与各该国国民同样的保护,并在他们的权利遭到任何侵害时,享有同样的法律救济。

(2) 但是,并不要求本同盟成员国国民在请求保护其产权的国家中设有住所或营业所才能享有工业产权。

(3) 本同盟各成员国工业产权法律所要求的关于司法和行政程序、管辖权以及选定送达地址或指定代理人的法律规定等,可明确地予以保留。

第3条 某类人享有本同盟成员国国民的同样待遇

非本同盟成员国的国民,在本同盟一个成员国的领土内有住所或有真实、有效的工商企业的,都应享有与本同盟成员国国民同样的待遇。

《巴黎公约》的内容经历了百余年间的数次修改,了解有关国民待遇原则规范的修改史,对于正确理解和适用国民待遇原则,具有一定的参考价值。

1.《巴黎公约》的修订历史

(1) 首次修改：补充第2条第（2）款。

《巴黎公约》国民待遇规范的首次修订是在1911年的华盛顿修订会议上，增加第2条中的第（2）款，修改内容是有关国民待遇主体身份认定问题。按照1883年《巴黎公约》，联盟内任何国家的国民均可以享受国民待遇。1911年修订本附加一条对于成员国国内立法的限制，明确排除了国民待遇原则国籍与住所"双项标准"的适用，即除国籍外，各国都不得要求联盟内国家的国民还必须在该国拥有住所或营业所。这就意味着，其他国家国民只要满足国籍或者住所的"单项标准"，就可以适用《巴黎公约》中的国民待遇。为了突出强调对这一标准的限制，在1925年海牙修订会议上，又增加补充了"但是"两个字，并以逗号与后句隔开。这一修订内容最终体现为《巴黎公约》第2条第（2）款。

(2) 例外或保留：第2条第（3）款。

《巴黎公约》第2条第（3）款是有关国民待遇例外或保留方面的规定。在1925年海牙修订会议以前，这一内容体现在《巴黎公约》1883年文本的附件议定书之中。在海牙文本中，该内容正式被纳入公约原文，成为《巴黎公约》第2条第（3）款的内容。

(3) 条文语句的适当修改。

除上述两个条款的补充外，国民待遇原则在条文的具体语句上也有所修改。此类修改有两处，一处对《巴黎公约》第3条进行的修改。是在第3条"非本同盟成员国的国民，在本同盟一个成员国的领土内有住所或有真实、有效的工商企业的，都应享有与本同盟成员国国民同样的待遇"中，"真实、有效"的限定在1900年布鲁塞尔修订会议上增加；另一处是在1925年海牙修订会议上第2条第（1）款作出了补充，在该款中增加文句："一切均不应损害本公约特别规定的权利。"

2.《巴黎公约》国民待遇原则的具体适用

(1) 国民待遇的适用主体：《巴黎公约》联盟的国民。

《巴黎公约》中所指的"国民"，既包括联盟内的自然人，也包括法人或其他法律实体。享受国民待遇主体身份的标准可以通过两种方式加以确定：一是国籍；二是住所。根据国籍标准，拥有巴黎联盟成员国国籍的国民可以享受国民待遇。适用国籍标准时，也会出现某些特殊情形。如由于有些国家承认双国籍等特殊情形，如果自然人拥有一个以上的国籍，则只要其中一个国籍国为《巴黎公约》联盟成员国，该自然人就可以享受《巴黎公约》项下的国民待遇。

(2) 国民待遇的适用范围。

《巴黎公约》第2条中明确指出了国民待遇的适用范围，其适用范围可以从两个方面进行理解：一是工业产权保护。其他成员国国民在申请工业产权或者取得工业产权的权利时，应与本国国民享有同样的保护。二是当所保护的工业产权在该成员国遇侵权时，应享有同样的救济途径。按照第 2 条的规定，"只要他国国民遵守其对本国国民的条件与手续，就应享有同样的保护，对侵权行为享有同样的救济手段"。在知识产权的国际立法中纳入国民待遇的主要目的是能够在其他国家地域范围制止侵权，在国际范围内减少知识产权侵权行为发生。

（3）国民待遇的适用例外。

国民待遇原则是相对的，在特定国际条约中有着特定的适用范围。对于显然不适合给予外国国民以国民待遇的领域，国际条约一般会规定例外条款或允许缔约国作出相应的保留。《巴黎公约》第 2 条第（3）款规定了缔约国可以保留的事项，包括各国关于司法和行政程序、管辖权以及选定送达地址或指定代理人等方面的规定，可以不给予国民待遇。

（二）《伯尔尼公约》中的国民待遇原则

《伯尔尼公约》与《巴黎公约》在同一时期确立国民待遇，主要规定版权方面的国民待遇。国民待遇原则同样是《伯尔尼公约》版权保护的重要原则，它支撑起公约版权国际保护的框架。在《伯尔尼公约》制定之前，由于一些国家如美国不对外国国民提供与该国国民同样的版权保护，引起了很多国家之间的分歧。英国作家狄更斯在对美国进行系列访问后，要求国会不得通过立法保护外国作者版权，以和本国作者在国外享有的待遇对等，因为美国允许出版商未经作者同意盗用英国作品。最终的结果是世界主要经济体首次达成一致，制定了版权保护框架——《伯尔尼公约》，确立了基本的国民待遇保证。[1]《伯尔尼公约》有关国民待遇原则的规定主要体现在第 5 条。

《伯尔尼公约》

Article 5

(1) Authors shall enjoy, in respect of worksfor which they are protected under this Convention, in countries of the Union other than the country of origin, the rights which their respective laws do now or may hereafter grant to their nationals, as well as the rights specially granted by this Convention.

(2) The enjoyment and the exercise of these rights shall not be subject to any formality; such enjoyment and such exercise shall be independent of the existence of protection in the country of origin of the work. Consequently, apart from the provisions of this Convention, the extent of protection, as well as the means of redress afforded to the author to protect his rights, shall be governed exclusively by the laws of the country where protection is claimed.

---

[1] KERTH M. The new globalisation of intellectual property rights: Whats new this time? [J]. Australian Economic History Review, 2014 (54): 268.

> (3) Protection in the country of origin is governed by domestic law. However, when the author is not a national of the country of origin of the work for which he is protected under this Convention, he shall enjoy in that country the same rights as national authors.
>
> **第 5 条**
>
> 1. 就享有本公约保护的作品而论，作者在作品来源国以外的本同盟成员国中享有各该国法律现在给予和今后可能给予其国民的权利，以及本公约特别授予的权利。
>
> 2. 享有和行使这些权利不需要履行任何手续，也不论作品来源国是否存在保护。因此，除本公约条款外，保护的程度以及为保护作者权利而向其提供的补救方法完全由被要求给以保护的国家的法律规定。
>
> 3. 来源国的保护由该国法律规定。如作者不是来源国的国民，但其作品受公约保护，该作者在该国仍享有同本国作者相同的权利。

《伯尔尼公约》第5条第4款规定了作品的来源国的确定方式，最主要标准是作品首次出版国。《伯尔尼公约》规定作品的作者在起源国之外应受到同样保护，第5条第1款明确规定了作者在作品保护方面，成员国已给予和今后可能给予本国国民的权利。但《伯尔尼公约》在指南中也指出，《伯尔尼公约》中的国民待遇并非完全相同的待遇，因为各国国家对版权的保护范围并不相同。此外，第5条第1款应当作狭义理解，享有的权利限于"公约特别授予的权利"，也就是说，国民待遇原则要遵循公约给予的最低保护。[1]《伯尼尔公约》第5条第2款、第3款规定了版权的独立保护，无论作品在来源国是否得到保护，都可以在成员国得到保护，对作品如何保护、为作者提供保护的具体权利均由被请求保护国的法律加以确定。

（三）TRIPS 中的国民待遇原则

在 WTO 框架下知识产权领域的国民待遇要求最早体现在1988年《欧共体关于与贸易有关知识产权实体标准协商的指导原则与目标》之中。在该建议案中，欧共体认为，GATT 国民待遇与最惠国待遇两项基本原则处理有关货物的待遇问题，在知识产权协定中也可以处理有关持有者权利的保护。……国民待遇原则可以要求 GATT 缔约方国民或居民应得到不低于进口国国民或居民在类似情形下得到的保护。[2]

TRIPS 有关国民待遇原则的规范主要体现在第3条。

---

[1] Guide to the Berne Convention for the Protection of Literary and Artistic Works (Paris Act, 1971) [M]. Geneva: World Intellectual Property Organization Publication, 1978: 32.

[2] Guideline and Objectives proposed by European Community for the Negotiations on Trade related Aspects of Intellectual Property Rights, Negotiating Group on Trade related Aspects of Intellectual Property Rights, including Trade in Counterfeit Goods, MTN. GNG/NG11/W26 [EB/OL] [2020-01-13]. https://ipmall.law.unh.edu/sites/default/files/hosted_resources/lipa/trips/8.pdf.

TRIPS

Article 3　National Treatment

1. Each Member shall accord to the nationals of other Members treatment no less favourable than that it accords to its own nationals with regard to the protection of intellectual property, subject to the exceptions already provided in, respectively, the Paris Convention (1967), the Berne Convention (1971), the Rome Convention or the Treaty on Intellectual Property in Respect of Integrated Circuits. In respect of performers, producers of phonograms and broadcasting organizations, this obligation only applies in respect of the rights provided under this Agreement. Any Member availing itself of the possibilities provided in Article 6 of the Berne Convention (1971) or paragraph 1 (b) of Article 16 of the Rome Convention shall make a notification as foreseen in those provisions to the Council for TRIPS.

2. Members may avail themselves of the exceptions permitted under paragraph 1 in relation to judicial and administrative procedures, including the designation of an address for service or the appointment of an agent within the jurisdiction of a Member, only where such exceptions are necessary to secure compliance with laws and regulations which are not inconsistent with the provisions of this Agreement and where such practices are not applied in a manner which would constitute a disguised restriction on trade.

第3条　国民待遇

1. 在知识产权保护方面，在遵守《巴黎公约》(1967年)、《伯尔尼公约》(1971年)、《罗马公约》或《关于集成电路的知识产权条约》中各自规定的例外的前提下，每一成员给予其他成员国民的待遇都不得低于给予本成员国民的待遇。就表演者、录音制品制作者和广播组织而言，这一义务仅适用于本协定规定的权利。任何利用《伯尔尼公约》第6条或《罗马公约》第16条第1款(b)项规定的可能性的成员，都应按这些条款中所预想的那样，向TRIPS理事会作出通知。

2. 各成员可利用第1款下允许的在司法和行政程序方面的例外，包括在一成员管辖范围指定送达地址或委派代理人，但是这些例外应为保证遵守与本协定规定发生不相抵触的法律和法规所必需，且这种做法的实施不会对贸易构成变相限制。

通常情况下，在 WTO 法律规范体系下适用 TRIPS 第3条国民待遇会涉及两个国际条约中国民待遇的协调问题，一个是《巴黎公约》，另一个是《关税与贸易总协定》(GATT)。这两个国际条约中均有国民待遇的规范，且都与 TRIPS 有着密切的联系。《巴黎公约》是第一个规范工业产权的国际公约，至今依然发挥着重要的影响力，TRIPS 不仅与《巴黎公约》有重合的规范客体，而且明确规定不减损《巴黎公约》中实质性条款的效力。GATT 与 TRIPS 则同属 WTO 框架下的重要国际条约，共同处理与国际贸易相关的重要问题，WTO 争端解决机构有时需要同时运用两个国际条约中有关国民待遇的规范来处理案件。因此，理解 TRIPS 中的国民待遇，应当首先准确理解其与《巴黎公约》、GATT 相关条款之间的关系，如图 3-2 所示。

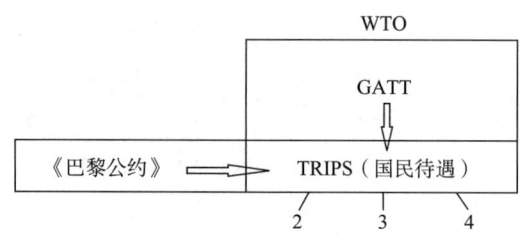

图 3-2 TRIPS、GATT、《巴黎公约》国民待遇关系示意图

1. TRIPS 与《巴黎公约》国民待遇

TRIPS 是对《巴黎公约》的继承和发展。TRIPS 第 2 条中明确规定了其与《巴黎公约》之间的关系："就本协定的第二、第三和第四部分而言，各成员应遵守《巴黎公约》（1967）第 1 条至第 12 条和第 19 条；本协定第一部分至第四部分的任何规定不得背离各成员可能在《巴黎公约》……项下相互承担的现有义务。"这一规定表明，TRIPS 已经包含《巴黎公约》（第 1~12 条、第 19 条）的内容，TRIPS 条款的适用不能背离《巴黎公约》中的内容。规定在《巴黎公约》第 2 条与第 3 条之中的国民待遇规范，也同样应为 TRIPS 所遵守。当然，除《巴黎公约》外，TRIPS 还表明了与其他国际条约之间的关系，主要包括《伯尔尼公约》《罗马公约》和《关于集成电路的知识产权条约》，这也是图 3-1 中所标 2、3、4 代表的公约。

但 TRIPS 中国民待遇规范并不等同于《巴黎公约》中的规范，这主要由以下原因所至。首先，主持 TRIPS 与《巴黎公约》制定的机构不同，在相关规范上的理解也会出现一些区别。《巴黎公约》是 WIPO 管理的知识产权公约，而 TRIPS 则是在 WTO 框架下制定的公约，更多地关注与贸易有关的知识产权问题。因而，在理解 TRIPS 中的国民待遇问题时，不可避免地会考虑与贸易相关的法律规则，国民待遇在该领域的适用范围也可能有所扩大。其次，TRIPS 包含的知识产权类型与《巴黎公约》不同。《巴黎公约》工业产权的保护对象包括专利、实用新型、工业品外观设计、商标、服务标记、厂商名称、货源标记或原产地名称等。而 TRIPS 除专利、工业品外观设计、商标、地理标志外❶，还包括版权、集成电路布图设计、未披露的信息等其他知识产权类型。不同知识产权类型在实践适用中的法律性质差别很大，

---

❶《巴黎公约》参见第 1 条工业产权保护范围；TRIPS 参见第二部分"知识产权的效力、范围与适用标准"。

这也决定了司法实践中对于国民待遇的解释也会存在较大差别。再次，TRIPS 与《巴黎公约》制定的年代不同，相对于《巴黎公约》而言，TRIPS 反映了国际社会对于知识产权保护的更高水平要求。TRIPS 中的内容代表了对《巴黎公约》条款的发展，条款具有"巴黎公约+"的法律属性，国民待遇条款也不例外。基于以上原因，《巴黎公约》与 TRIPS 中的国民待遇的区别主要有以下几点。

(1) 同等待遇与不低于待遇。

依据《巴黎公约》，只要遵守了本国国民应遵守的条件和手续，其他成员国民应得到同等的保护；但依据 TRIPS 第 3 条中国民待遇的规定，是"不得低于给予本国国民的待遇"。回顾一下两个国际条约的英文原文，《巴黎公约》使用"same"一词，而 TRIPS 则使用"no less favourable"，一个是"同等"，另一个则是"不低于"。"不低于"的范围要大于"同等"的范围，依 TRIPS 给予的国民待遇范围要大于依《巴黎公约》中规定的国民待遇。举例说明，A 国在专利权保护方面，为了吸引外国技术，给予外国国民的待遇要高于给予本国国民的待遇，这种情形不符合《巴黎公约》的国民待遇，却符合 TRIPS 的国民待遇标准。同理我们可以理解，依据 TRIPS 标准的国民待遇不仅包括与本国国民"同等"的待遇，还可以包括高于本国国民所能够享受的待遇。因而，其适用范围大于《巴黎公约》。

(2) 国民待遇的适用范围不同。

有关国民待遇的适用范围，除知识产权类型方面差别外，在知识产权的具体保护方面，TRIPS 也不同于《巴黎公约》。《巴黎公约》第 2 条指出了国民待遇的适用范围，包括工业产权保护与侵权救济，但并未对"工业产权保护"加以进一步界定，而是将这一立法空间留给了各成员国内法解决。这两项内容依然是适用 TRIPS 国民待遇的主要对象，但从对 TRIPS 第 3 条及第 4 条关于国民待遇范围的注释来看，TRIPS 国民待遇的适用范围已经超出《巴黎公约》的范围。TRIPS 第 3 条和第 4 条中规定了知识产权保护方面的国民待遇和最惠国待遇，注释 3 对此两条款中提及的知识产权"保护"范围进行了注释。

TRIPS

Footnote 3

For the purposes of Articles 3 and 4, "protection" shall include matters affecting the availability, acquisition, scope, maintenance and enforcement of intellectual property rights as well as those matters affecting the use of intellectual property rights specifically addressed in this Agreement.

注释 3

在第 3 条和第 4 条中，"保护"一词应包括影响知识产权的可获得性、获取、范围、维持和执法的事项，以及本协定专门处理的影响知识产权使用的事项。

按照注释 3，TRIPS 国民待遇的适用范围包含两个方面：一方面指影响知识产权的可获得性、获取、范围、维持和执法的事项；另一方面指影响知识产权使用的事项。"可获得性、获取、范围、维持和执法"与"使用"的用语非常明确。但对于"可获得性、获取、范围、维持和执法"的理解并不确定，应结合 TRIPS 整体内容加以解释，这也符合注释 3 中所指"本协定专门处理"事项的要求。但可以看出，"可获得性、获取、范围、维持和执法"及"使用"的用语与 TRIPS 的整体内容框架基本一致：协定第二部分是关于知识产权"可获得性、范围和使用"的标准；第三部分是知识产权的"执法"；第四部分是知识产权的"获取和维持"及相关当事人之间的程序。国民待遇的适用范围也应与 TRIPS 框架内各部分规定的内容相对应。

2. TRIPS 与 GATT 的国民待遇

GATT 国民待遇条款体现在该协定第 3 条。依据 GATT 第 3 条所规定的国民待遇，"一缔约国领土产品……所享受的待遇应不低于本国相同产品所享受的待遇"。GATT 国民待遇的基本目的在于防止各成员方利用国内税收政策、措施、法规对本国贸易产品进行贸易保护，为产品创造一个平等竞争的空间。为实现这个目标，GATT 要求各成员对进口产品及国内产品施行国内税、费、法规时，不能以为国内生产提供保护为目的[1]，给进口产品较低待遇造成歧视。与《巴黎公约》国民待遇原则规定不同，GATT 国民待遇并未明确体现在 TRIPS 具体条款之中。

TRIPS 与 GATT 中的国民待遇之间的关系，主要表现为 GATT 中有关国民待遇的规范是否可以用来解释 TRIPS 国民待遇适用中出现的问题。对于这一问题，WTO 上诉机构专家组在 2002 年"美国 1998 年综合拨款案"中给予了明确的解释：TRIPS 第 3 条第 1 款的用语与 1994 年 GATT 第 3 条第 4 款中的用语极为相似，GATT 第 3 条第 4 款的司法解释可以用来解释 TRIPS 项下的国民待遇义务。[2] GATT 中的国民待遇适用于货物，而非知识产权权利持有者。WTO 上诉机构指出，GATT 第 3 条要求成员提供为进口货物"同等质量的竞争环境"。在 WTO 成立之前的 GATT 案例中，主要涉及的是有关歧视外国贸易商货物的知识产权保护。TRIPS 有效地将知识产权与货物贸易法融合在一起，解决了同时涉及 TRIPS 与 GATT 国民待遇原则的问题。如欧盟为外国国民寻求地理标志保护方面施加了额外的障碍，就同时违反了 TRIPS 和 GATT 规定的国民待遇，因为它没有提供"平等有效的竞争机会"。GATT 国民待遇要求给予不同的产品以同等的竞争条件，而 TRIPS 则是要求在知识产权保护方面给予不同国民平等有效的机会。[3]

---

[1] 黄东黎，杨国华. 世界贸易组织法：理论·条约·中国案例 [M]. 北京：社会科学文献出版社，2013：166.

[2] United States – Section 211 omnibus appropriations Act of 1998, WT/DS176/AB/R, Report of the Appellate Body, at para 242 [EB/OL]（2002 – 02 – 02）[2020 – 04 – 16]. https://www.wto.org/english/tratop_e/dispu_e/dispu_agreements_index_e.htm.

[3] ANTONY T. A practical guide to working with TRIPS [M]. Oxford：Oxford University Press，2011：82.

二、最惠国待遇原则

(一) GATT 的最惠国待遇

给予最惠国待遇的义务最早可以追溯到中世纪，在 17 世纪时就已经很常见，随后逐步发展成为国际贸易法的核心。数百年来，最惠国待遇原则一直是国际贸易赖以进行的基石，也是 GATT 和 WTO 法律制度理论和现实基础。❶ 国际法委员会在 1978 年年度报告第二章中曾详细介绍了国际贸易法中的最惠国待遇，并给出了最惠国待遇的定义："授权国给予受益国或与该国有特定联系的人或事的待遇，不低于授权国给予第三国或与第三国有同样联系的人或事的待遇。"❷ 作为最重要的国际贸易谈判平台，WTO 在 GATT 中也规定了最惠国待遇原则，最惠国待遇在 GATT 中的定义主要体现在第 1 条第 1 款。

> **GATT**
>
> **Article 1 General Most-Favoured-Nation Treatment**
>
> 1. With respect to customs duties and charges of any kind imposedon or in connection with importation or exportation or imposed on the international transfer of payments for imports or exports, and with respect to the method of levying such duties and charges, and with respect to all rules and formalities in connection with importation and exportation, and with respect to all matters referred to in paragraphs 2 and 4 of Article Ⅲ, any advantage, favour, privilege or immunity granted by any contracting party to any product originating in or destined for any other country shall be accorded immediately and unconditionally to the like product originating in or destined for the territories of all other contracting parties.
>
> **第 1 条 一般最惠国待遇**
>
> 1. 在对输出或输入、有关输出或输入及输出入货物的国际支付转账所征收的关税和费用方面，在征收上述关税和费用的方法方面，在输出和输入的规章手续方面，以及在本协定第 3 条第 2 款及第 4 款所述事项方面，一缔约国对来自或运往其他国家的产品所给予的利益、优待、特权或豁免，应当立即无条件地给予来自或运往所有其他缔约国的相同产品。

按照 GATT 第 1 条的规定，当一成员给予第三方的优惠高于其他成员时，依据最惠国待遇原则，其他成员可以自动享有此种优惠。成员给予的这种优惠应当是"立即无条件"，但限于"相同产品"。当然，其他成员在享受此种最惠国待遇时，

---

❶ 李双元，蒋新苗. 世贸组织规则研究：理论与案例 [M]. 2 版. 武汉：武汉大学出版社，2016：196.
❷ United Nations. Report of the International Law Commission on the Work of Its Thirtieth Session [EB/OL]. [2020-03-28]. http://www.un.org/law/ilc/index.htm.

本国也同时承担给予最惠国待遇的对等义务。GATT 除第 1 条外，第 13 条、第 19 条也规定了最惠国待遇原则。但第 1 条规定了一般性的最惠国待遇原则，可以作为整个 GATT 的指导性原则。GATT 中的最惠国待遇原则不仅适用于货物贸易，还适用于 WTO 的新领域，如服务贸易和与贸易有关的知识产权等，因此是贯穿于 WTO 多边贸易体制各个领域的一项总的指导性原则。

（二）TRIPS 最惠国待遇

尽管最惠国待遇早已出现在国际贸易法领域，早期的国际知识产权公约中并未规定最惠国待遇原则，直到在 WTO 框架之下制定 TRIPS。因此，TRIPS 是首次将知识产权与贸易联系在一起的国际条约，也是第一个纳入最惠国待遇原则的国际知识产权条约，这同时也是 TRIPS 的创新之处。这一原则反映了 GATT 对于 TRIPS 的直接影响，它要求 WTO 成员有义务将特权立即无条件地授予其他成员。[1] TRIPS 中规定最惠国待遇原则的目的是通过确保所有优惠待遇在成员之间都能得到平等对待，来进一步支撑协定中的国民待遇。《巴黎公约》和《伯尔尼公约》规定了国民待遇原则，以加强对外国国民的知识产权保护，TRIPS 在此基础上规定了最惠国待遇原则，为外国国民提供了更强保护。除国民待遇外，TRIPS 成员还必须对知识产权保护提供最惠国待遇。依据最惠国待遇，成员任何法规或政策上的变化都必须平等适用于所有 WTO 其他成员。TRIPS 规定的最惠国待遇主要体现在第 4 条。

TRIPS

Article 4　Most – Favoured – Nation Treatment

With regard to the protection of intellectual property, any advantage, favour, privilege or immunity granted by a Member to the nationals of any other country shall be accorded immediately and unconditionally to the nationals of all other Members. Exempted from this obligation are any advantage, favour, privilege or immunity accorded by a Member:

(a) deriving from international agreements on judicial assistance or law enforcement of a general nature and not particularly confined to the protection of intellectual property;

(b) granted in accordance with the provisions of the Berne Convention (1971) or the Rome Convention authorizing that the treatment accorded be a function not of national treatment but of the treatment accorded in another country;

---

[1] PATRICK F J M, etc. The World Trade Organization: Legal, Economic and Political Analysis [M]. Berlin: Springer Science Business Media, 2005: 1068.

(c) in respect of the rights of performers, producers of phonograms and broadcasting organizations not provided under this Agreement;

(d) deriving from international agreements related to the protection of intellectual property which entered into force prior to the entry into force of the WTO Agreement, provided that such agreements are notified to the Council for TRIPS and do not constitute an arbitrary or unjustifiable discrimination against nationals of other Members.

第 4 条 最惠国待遇

对于知识产权保护，成员对任何其他国家国民给予的任何利益、优惠、特权或豁免，都应立即无条件地给予所有其他成员的国民。成员给予的属下列情况的任何利益、优惠、特权或豁免，都免除这一义务：

（a）源自一般性的、并非专门限于知识产权保护的关于司法协助或法律执行的国际协定；

（b）依照《伯尔尼公约》（1971 年）或《罗马公约》的规定所给予，此类规定允许所给予的待遇不属国民待遇性质而属在另一国中给予待遇的性质；

（c）关于本协定项下未作规定的有关表演者、录音制品制作者以及广播组织的权利；

（d）源自《WTO 协定》生效之前已生效的有关知识产权保护的国际协定，只要此类协定向 TRIPS 理事会作出通知，并对其他成员的国民不构成任意的或不合理的歧视。

按照 TRIPS 的最惠国待遇规定，成员给予其他国家国民有关知识产权保护的任何利益、优惠、特权或豁免，应立即无条件地给予所有其他成员的国民。TRIPS 第 4 条也同样规定了最惠国待遇适用的例外。第一种例外是第（a）款规定的有关国际协定中关于司法协助或法律执行的一般义务；第二种例外是第（b）款规定的《伯尔尼公约》或《罗马公约》中包含的互惠特权；第三种例外是第（c）款规定的有关表演者、录音制品制作者以及广播组织的权利，因为这些权利 TRIPS 并未作出特别规定，也不要求成员在此方面承担给予最惠国待遇的义务；第四种例外是第（d）款规定的在 TRIPS 生效之前缔结的国际协定中的义务。这些协定中的条款又被称为 TRIPS 的"祖父条款"，成员基于之前这些协定承担的义务，可以不面向 TRIPS 的其他成员。但条件是这类协定要向 TRIPS 理事会发出通知，并且不会对其他成员的国民构成随意或不合理的歧视。在符合 TRIPS 规定例外的情形下，成员可以免除给予其他成员最惠国待遇的义务。

（三）后 TRIPS 最惠国待遇的影响

TRIPS 中确立的最惠国待遇对于 TRIPS 之后的国际知识产权规则进程有着实际的影响。TRIPS 之后缔结的双边或多边贸易协定中，出现了保护标准高于 TRIPS 标准的条款,这些条款由于仅出现在双边或区域 FTA 之中,只有有限的影响力。但由于 TRIPS 的最惠国待遇,TRIPS 两个成员之间缔结的双边贸易协定要给对方缔约方提供更高标准的保护,这种高水平保护利用最惠国待遇就会扩展到其他成员,否则可能造成与 TRIPS 要求提供最惠国待遇的义务不符。加之,TRIPS 最惠国待遇有"立即无条件"的要求,这些提高的标准会自动适用于所有 WTO 成员,随着 FTA 的扩大,必然造成提升全球标准的趋势。❶ 这种由双边或区域 FTA 衍化成长的国际知识产权规则具有一定的优势,但也存在弊端。在双边协定的协商中,缔约方很容易受到实力更强缔约方的压力,对于高标准知识产权规则的接受有时并非基于知识产权规则本身的合理性。此类知识产权规则利用最惠国待遇原则逐步形成具有国际影响的规则,可能损害其他成员的利益,也可能损害相关的公共利益。从这一角度来看,在国际知识产权法具体原则的适用上,还缺少相关的调整适用规范,尤其是限制最惠国待遇适用的条件与规范,以保证国际知识产权规则遵循利益平衡的基本原则促进各国经济的共同发展。

三、优先权原则

知识产权体系中的优先权可以分为国际优先权和国内优先权,国内优先权主要适用于国内立法体系,国际优先权主要指国际知识产权体系中规定的优先权。本书所指的优先权特定为国际优先权。在国际层面,优先权原则是指权利人在其他国家申请取得知识产权时,可以原属国在先确立日期为申请日享有在其他缔约国的优先保护,以防止权利人在其他国家知识产权无法得到有效保护。

优先权原则最早确立于《巴黎公约》,是《巴黎公约》中一项值得赞誉的创新原则。在《巴黎公约》制定时期,国家之间的知识产权立法差异较大,国际知识产权保护协调规范初步形成。知识产权的独立性保护要求各国尊重彼此的立法,一缔约国对于知识产权的确立、撤销或无效等行为并不产生在其他成员国的效力。这种情形给需要政府授权取得的知识产权则带来一定的问题,权利人可能从根本上丧失在其他成员国内取得有效知识产权的机会。举例说明,A 国的甲若想在 B 国取得专利授权,必须在 B 国重新进行专利申请。由于各国一般均将新颖性作为取得专利授权的必要条件,即在专利申请前,没有与该发明相同或近似的技术存在。甲在 A 国申请专利后,再去 B 国申请专利时,在 B 国就可能遇到该发明不具备新颖性的障碍。为了申请人能够在其他国家同样取得保护,《巴黎公约》中确立了优先权原则。

(一)优先权的界定

《巴黎公约》中的优先权原则早在 1883 年就已经确立,随后 1911 年修改在适用范围上扩大到实用新型和权利继受人。有关优先权的具体界定体现在《巴黎公约》

---

❶ KERTH M. The New Globalisation of Intellectual Property Rights: Whats New This Time? [J]. Australian Economic History Review, 2014, 54 (3).

第4条。

《巴黎公约》

Article 4　A to I. Patents, Utility Models, Industrial Designs, Marks, Inventors' Certificates: Right of Priority. – G. Patents: Division of the Application

A. —

(1) Any person who has duly filed an application for a patent, or for the registration of a utility model, or of an industrial design, or of a trademark, in one of the countries of the Union, or his successor in title, shall enjoy, for the purpose of filing in the other countries, a right of priority during the periods hereinafter fixed.

(2) Any filing that is equivalent to a regular national filing under the domestic legislation of any country of the Union or under bilateral or multilateral treaties concluded between countries of the Union shall be recognized as giving rise to the right of priority.

(3) By a regular national filing is meant any filing that is adequate to establish the date on which the application was filed in the country concerned, whatever may be the subsequent fate of the application.

B. —Consequently, any subsequent filing in any of the other countries of the Union before the expiration of the periods referred to above shall not be invalidated by reason of any acts accomplished in the interval, in particular, another filing, the publication or exploitation of the invention, the putting on sale of copies of the design, or the use of the mark, and such acts cannot give rise to any third–party right or any right of personal possession. Rights acquired by third parties before the date of the first application that serves as the basis for the right of priority are reserved in accordance with the domestic legislation of each country of the Union.

第4条　A 至 I. 专利、实用新型、外观设计、商标、发明人证书：优先权——G. 专利：分案申请

A. ——

(1) 已经在本联盟的一个国家正式提出专利、实用新型注册、外观设计注册或商标注册的申请的任何人，或其权利继受人，为了在其他国家提出申请，在以下规定的期间内应享有优先权。

(2) 依照本联盟任何国家的本国立法，或依照本联盟各国之间缔结的双边或多边条约，与正规的国家申请相当的任何申请，应被承认为产生优先权。

(3) 正规的国家申请是指在有关国家中足以确定提出申请日期的任何申请，而不问该申请以后的结局如何。

B. ——因此，在上述期间届满前在本联盟的任何其他国家后来提出的任何申

> 请，不应由于在这期间完成的任何行为，特别是另外一项申请的提出、发明的公布或利用、外观设计复制品的出售或商标的使用而成为无效，而且这些行为不能产生任何第三人的权利或个人占有的任何权利。第三人在作为优先权基础的第一次申请的日期以前所取得的权利，依照本联盟每一国家的国内法予以保留。

依据《巴黎公约》第 4 条第 A 款的规定，优先权适用的客体范围包括专利、实用新型、外观设计和商标。在制定该款时，《巴黎公约》尚未对服务标记提供保护，服务标记是在 1958 年里斯本修订会议上开始得到保护的，因此可以认为该款所称的商标不包括服务标记在内。[1] 对于优先权适用的主体范围，《巴黎公约》规定享有优先权的主体除申请人外，还包括权利的继受人。这表明，《巴黎公约》认可相关工业产权在进行申请后可以进行转让，当该申请转让给第三方时，依据第一次申请取得的优先权也会随该申请的转让而随之转让。

获得优先权的前提条件是申请人在《巴黎公约》联盟任何成员国内向该国提交正式申请，该申请是确定随后在其他国家进行申请的基础，即首次申请。该申请确定的申请日是优先权日，也是《巴黎公约》规定的优先权期间的起算日。但如果该申请不是发生在公约的缔约国境内，则不会为公约其他缔约国所承认。只要该申请满足有效申请在形式上的要求，是在国家机构正式确立的申请，其后的申请就可以依此享有优先权，不受该申请是否得到最终授权的限制。首次申请的有效性依据申请国的立法加以确定。

《巴黎公约》第 4 条第 B 款主要对首次申请之后的申请进行规定。在首次申请之后，该发明、实用新型、外观设计或商标在其他国家的随后申请，不会因为存在申请人之外其他申请的提出、发明的公布或利用、外观设计复制品的出售或商标的使用等行为而无效。如前例中甲在 A 国进行了专利申请，首次申请日为 2020 年 2 月 1 日，甲在 B 国提交专利申请的日期是 2020 年 5 月 1 日，甲在 B 国进行的申请就是随后的申请。假定在 B 国有第三方在 2020 年 3 月 1 日提交另外一项申请，或者该第三方的发明在 3 月 1 日被公布，这些行为都不会导致甲在 B 国的申请无效。因为甲在 B 国的申请日是基于其首次申请即在 A 国的申请日而确立。如果第三方的申请与甲的申请存在冲突，应当驳回第三方的申请。基于此，尽管甲在 B 国的申请晚于第三方，甲专利申请的新颖性也不会被破坏，因为 B 国应当认定的申请日是甲享有优先权的首次申请日。如果甲申请的是商标注册，其在 A 国确立首次申请日，在 B 国使用商标产生法律效力，甲在 B 国就不会因为首次申请日之后的他人使用而影响商标的注册申请。优先权在申请人确立首次申请日起取得。

---

[1] BODENHAUSEN G H C. Guide to the Application of the Paris Convention for the Protection of Industrial Property [M]. Revised At Stockholm, 1967: 37.

（二）优先权的期间与例外

《巴黎公约》

Article 4　A to I. Patents, Utility Models, Industrial Designs, Marks, Inventors'Certificates: Right of Priority. – G. Patents: Division of the Application

C. —

(1) The periods of priority referred to above shall be twelve months for patents and utility models, and six months for industrial designs and trademarks.

(2) These periods shall start from the date of filing of the first application; the day of filing shall not be included in the period.

(3) If the last day of the period is an official holiday, or a day when the Office is not open for the filing of applications in the country where protection is claimed, the period shall be extended until the first following working day.

(4) A subsequent application concerning the same subject as a previous first application within the meaning of paragraph (2), above, filed in the same country of the Union shall be considered as the first application, of which the filing date shall be the starting point of the period of priority, if, at the time of filing the subsequent application, the said previous application has been withdrawn, abandoned, or refused, without having been laid open to public inspection and without leaving any rights outstanding, and if it has not yet served as a basis for claiming a right of priority. The previous application may not thereafter serve as a basis for claiming a right of priority.

第4条　A至I. 专利、实用新型、外观设计、商标、发明人证书：优先权——G. 专利：分案申请

C. ——

(1) 上述优先权的期间，对于专利和实用新型应为12个月，对于外观设计和商标应为6个月。

(2) 这些期间应自第一次申请的申请日开始；申请日不应计入期间之内。

(3) 如果期间的最后一日在请求保护地国家是法定假日或者是主管局不接受申请的日期，期间应延至其后的第一个工作日。

(4) 在本联盟同一国家内就第(2)项所称的以前第一次申请同样的主题所提出的后一申请，如果在提出该申请时前一申请已被撤回、放弃或拒绝，没有提供于公众，也没有遗留任何权利，而且如果前一申请还没有成为要求优先权的基础，应认为是第一次申请，其申请日应为优先权期间的开始日。在这以后，前一申请不得作为要求优先权的基础。

1. 优先权的保护期间

《巴黎公约》对于不同类型的工业产权给予不同的优先权保护期间。专利和实用新型的优先权期间是 12 个月，外观设计和商标的优先权期间为 6 个月。所有的优先权期间均从首次申请日起算，因此首次申请日也被称为"优先权日"。申请人只有在优先权期间在其他成员国内提出同样申请，才能享有以第一次申请日为该国申请日的优先权，但申请日不计入优先权期间之内。如果优先权期间的最后一日在请求保护地国家是法定假日或者是主管局不接受申请的日期，则该期间应顺延至其后的第一个工作日。在此种规定下，首次申请日的确立是享有优先权的关键。

2. 首次申请确立优先权的例外

优先权确立的一般原则是只有同样主题的首次申请日才能确立优先权。也就是说，依据《巴黎公约》第 4 条第 A 款的规定，只有第一次申请日能确立优先权，其后的申请不能重新作为优先权日，这样才能防止优先权期间不会被无端延长。举例说明，甲于 2020 年 2 月 1 日在 A 国申请后，分别在 2020 年 3 月 1 日在 B 国、5 月 1 日在 C 国提出同样的申请。那么，只有 2 月 1 日可以作为首次申请日，尽管甲在 B 国 2020 年 3 月 1 日的申请也在 C 国申请之前，该日期也不能作为其在 C 国申请的优先权日。只有首次申请日（2 月 1 日）可以作为甲以同样主题在其后所有成员国享有优先权的基础。

但这一原则也会产生问题，主要是在专利和实用新型领域。发明人可能在第一次申请后，基于原有发明又有更好的构思，发明人可以对原申请进行修改。但按照享有优先权的一般原则，申请人在其他成员国内只能对原申请内容享有优先权。在第一次申请没有充分反映申请人的真实意愿时，尤其是专利的情形，申请人应当有机会以更好的申请取代其第一次提出的申请。为此，《巴黎公约》在第 C（4）款规定了这一原则的例外，允许申请人依在后申请日计算优先权期间，在后申请可以成为享有优先权的基础。但若要以"在后申请"作为享有优先权的基础，《巴黎公约》规定必须满足一定的条件。这些条件包括：①进行在后申请时，前一申请已被撤回、放弃或拒绝；②进行在后申请时，前一申请没有被提供给公众，也没有遗留任何权利；③确立在后申请为优先权基础后，不得再要求将前一申请作为优先权的基础。

（三）主张优先权的程序

《巴黎公约》

Article 4　A to I. Patents, Utility Models, Industrial Designs, Marks, Inventors'Certificates：Right of Priority. – G. Patents：Division of the Application

D. —

(1) Any person desiring to take advantage of the priority of a previous filing shall be required to make a declaration indicating the date of such filing and the country in

which it was made. Each country shall determine the latest date on which such declaration must be made.

(2) These particulars shall be mentioned in the publications issued by the competent authority, and in particular in the patents and the specifications relating thereto.

(3) The countries of the Union may require any person making a declaration of priority to produce a copy of the application (description, drawings, etc.) previously filed. The copy, certified as correct by the authority which received such application, shall not require any authentication, and may in any case be filed, without fee, at any time within three months of the filing of the subsequent application. They may require it to be accompanied by a certificate from the same authority showing the date of filing, and by a translation.

(4) No other formalities may be required for the declaration of priority at the time of filing the application. Each country of the Union shall determine the consequences of failure to comply with the formalities prescribed by this Article, but such consequences shall in no case go beyond the loss of the right of priority.

(5) Subsequently, further proof may be required.

Any person who avails himself of the priority of a previous application shall be required to specify the number of that application; this number shall be published as provided for by paragraph (2), above.

第4条 A至I. 专利、实用新型、外观设计、商标、发明人证书：优先权——G. 专利：分案申请

D. ——

(1) 任何人希望利用以前提出的一项申请的优先权的，需要作出声明，说明提出该申请的日期和受理该申请的国家。每一国家都应确定必须作出该项声明的最后日期。

(2) 这些事项应在主管机关的出版物中，特别是应在专利和有关专利的说明书中予以载明。

(3) 本联盟国家可以要求作出优先权声明的任何人提交以前提出的申请（说明书、附图等）的副本。该副本应经原受理申请的机关证实无误，不需要任何认证，并且无论如何都可以在提出后一申请后3个月内随时提交，不需缴纳费用。本联盟国家可以要求该副本附有上述机关出具的载明申请日的证明书和译文。

(4) 对提出申请时要求优先权的声明不得规定其他的手续。本联盟每一国家都应确定不遵守本条约规定的手续的后果，但这种后果决不能超过优先权的丧失。

> (5) 以后，可以要求提供进一步的证明。任何人利用以前提出的一项申请的优先权的，都必须写明该申请编号；该编号应依照上述第（2）项的规定予以公布。

优先权并不自动享有。若要在其他成员国就同样专题的申请享有优先权，必须作出明确的声明，并且该声明要在申请优先权国家法律规定的期间之内作出；否则，申请人将丧失享有优先权的机会。在申请优先权时，申请人需要提交首次申请日确实成立的相关证明文件，如经首次申请国加以证实的申请说明书、附图等文件的副本。由于不同国家之间语言的差异，《巴黎公约》允许成员要求同时提交相关证明文件的翻译件。

（四）同一主题申请不同类别的优先权

> **《巴黎公约》**
>
> Article 4　A to I. Patents, Utility Models, Industrial Designs, Marks, Inventors' Certificates：Right of Priority. —G. Patents：Division of the Application
>
> E. —
>
> (1) Where an industrial design is filed in a country by virtue of a right of priority based on the filing of a utility model, the period of priority shall be the same as that fixed for industrial designs.
>
> (2) Furthermore, it is permissible to file a utility model in a country by virtue of a right of priority based on the filing of a patent application, and vice versa.
>
> 第4条　A 至 I. 专利、实用新型、外观设计、商标、发明人证书：优先权——G. 专利：分案申请
>
> E. ——
>
> (1) 依靠以实用新型申请为基础的优先权而在一个国家提出工业品外观设计申请的，优先权的期间应与对工业品外观设计规定的优先权期间一样。
>
> (2) 进一步依靠以专利申请为基础的优先权而在一个国家提出实用新型的申请是许可的，反之亦然。

根据《巴黎公约》第4条第C（1）款，对于不同类别知识产权提供的优先权保护期间并不相同，专利和实用新型的优先权期间为12个月，外观设计和商标的优先权期间为6个月。在不同国家申请知识产权授权时，申请人可能会就同一主题变更申请知识产权的类别，这时会遇到优先权期间如何确定的问题。如在首次申请国申请的知识产权类别是实用新型，而在随后其他成员国申请时，变更为专利申请。对于这一问题，首先应当明确的问题是《巴黎公约》是否允许进行此类的变更。根

据《巴黎公约》第 E（1）和（2）款的规定，允许的情形是：首次基础申请为实用新型，在其他成员国内申请工业品外观设计；首次基础申请为专利，在其他成员国内申请实用新型；首次基础申请为实用新型，在其他成员国申请专利。对于优先权期间的确定，《巴黎公约》第 E（1）款规定，如果首次基础为实用新型，在其他成员国在后申请类别为工业品外观设计的优先权期间，按照外观设计的期间确定，也就是 6 个月。对于专利与实用新型变更的优先权期间，《巴黎公约》没有另行规定，因为两者的优先权期间相同，均为 12 个月。

关于此种情形优先权期间确定存在的一个问题就是，如果首次基础申请为工业品外观设计，在其他成员国的在后申请为实用新型时，应当如何确定？因为外观设计的优先权期间是 6 个月，而实用新型的优先权期间为 12 个月。对于这一情形，《巴黎公约》第 E（1）款并没有如第 E（2）款一样作明确的反向规定。在现实中，实用新型很少能够与外观设计进行变换，因为各国一般对实用新型的要求是新颖性，而对外观设计的要求是外在的美感。但考虑到不同国家对于知识产权类别的不同设定，《巴黎公约》还是规定了两种类别的变更。但对于基础申请为外观设计，而在后申请为实用新型的优先权期间如何确定，确实没有进行明确的规定。但这一可能性却在《巴黎公约》海牙修订会议最初的提案中有所提及，只是在最后文本中被删除了。[1] 这也许反映了当时各国会议代表对于这一问题没有达成一致。尽管《巴黎公约》没有对这一情形的优先权确定作出规定，但各国国内法对于这一问题可以自由加以确定。因此，在实践中遇到此种情形时，我们应当关注申请授权国国内立法的相关规定。

（五）专利优先权的特别规定

《巴黎公约》第 4 条第 F 款起是专门对专利优先权进行的规定，这些条款基本自 1925 年海牙文本中开始出现。

1. 多项与部分优先权

《巴黎公约》

Article 4　　A to I. Patents, Utility Models, Industrial Designs, Marks, Inventors' Certificates：Right of Priority. – G. Patents：Division of the Application

F.—No country of the Union may refuse a priority or a patent application on the ground that the applicant claims multiple priorities, even if they originate in different countries, or on the ground that an application claiming one or more priorities contains one or more elements that were not included in the application or applications whose priority is claimed, provided that, in both cases, there is unity of invention within the

---

[1] SAM R. The Paris Convention for the protection of industrial property：a commentary [M]. Oxford：Oxford University Press，2015：380.

meaning of the law of the country.

With respect to the elements not included in the application or applications whose priority is claimed, the filing of the subsequent application shall give rise to a right of priority under ordinary conditions.

第4条 A 至 I. 专利、实用新型、外观设计、商标、发明人证书：优先权——G. 专利：分案申请

F.——

本联盟的任何国家都不得由于申请人要求多项优先权（即使这些优先权产生于不同的国家），或者由于要求一项或几项优先权的申请中有一个或几个要素没有包括在作为优先权基础的申请中，而拒绝给予优先权或拒绝专利申请，但以在上述两种情况中都有该国法律所规定的发明单一性为限。

关于作为优先权基础的申请中所没有包括的要素，以后提出的申请应该按照通常条件产生优先权。

在审核专利申请时，各国往往要求一项申请中的数个发明应当彼此紧密联系，属于一项发明或一个总的发明构思，这一要求也被称为"单一性要求"。一项发明首次申请后，在其他国家在此进行申请时，发明人很可能又有新的改进，并进行独立申请。在这种情况下，发明人就会基于改进的发明申请独立的优先权。这些优先权与首次申请取得的优先权合并在一起，被称为多项优先权。如果一项发明首次申请后在其他国家再次进行申请时，如果在后申请中包含前一申请中没有的新要素，在后申请中这些新要素部分就可以单独取得优先权，也被称为部分优先权。对于此问题，《巴黎公约》规定成员国不能拒绝申请人要求优先权或拒绝专利申请。

2. 分案申请与优先权

《巴黎公约》

Article 4　A to I. Patents, Utility Models, Industrial Designs, Marks, Inventors'Certificates: Right of Priority. – G. Patents: Division of the Application

G. —

(1) If the examination reveals that an application for a patent contains more than one invention, the applicant may divide the application into a certain number of divisional applications and preserve as the date of each the date of the initial application and the benefit of the right of priority, if any.

(2) The applicant may also, on his own initiative, divide a patent application and preserve as the date of each divisional application the date of the initial application and

the benefit of the right of priority, if any. Each country of the Union shall have the right to determine the conditions under which such division shall be authorized.

H. —Priority may not be refused on the ground that certain elements of the invention for which priority is claimed do not appear among the claims formulated in the application in the country of origin, provided that the application documents as a whole specifically disclose such elements.

第4条　A至I. 专利、实用新型、外观设计、商标、发明人证书：优先权——G. 专利：分案申请

G. ——

（1）如果审查发现一项专利申请包含一个以上的发明，申请人可以将该申请分成若干分案申请，保留第一次申请的日期为各该分案申请的日期，如果有优先权，并保有优先权的利益。

（2）申请人也可以主动将一项专利申请分案，保留第一次申请的日期为各该分案申请的日期，如果有优先权，并保有优先权的利益。本联盟各国有权决定允许这种分案的条件。

H. ——不得以要求优先权的发明中的某些要素没有包含在原属国申请列举的权利要求中为理由，拒绝给予优先权，但以申请文件从整体来看已经明确地写明这些要素为限。

如果依据某成员国内立法，一项发明申请可以分为两项以上发明分别进行专利申请时，就会出现分案申请的情况。在分案申请的情况下，分开部分中的每个部分都必须满足授予专利的法律条件，以便可能授予专利，首次申请日应当作为所有分案申请的申请日。在分案申请的情况下，通常都会涉及优先权的问题，因此《巴黎公约》将分案申请问题规定在第4条第G款。但第G款中有一句表述"如果有优先权，并保有优先权的利益"，这一补充暗示了在分案申请的情况下，申请人也许没有要求优先权。那么，即使在申请人没有要求优先权的情况，按照《巴黎公约》的规定，第一次申请日依然可以作为分案申请的申请日。

《巴黎公约》第4条第H款规定了享有优先权的一定灵活性。由于各国立法对于可以获得专利授权的要求差别很大，申请人在不同国家进行专利申请时，往往会按照不同的立法要求对专利申请的内容进行调整。如有些国家要求在专利申请中必须记载某一种权利要求，而在其他国家则没有此种要求。在这种情况下，第一次专利申请与在后申请的内容会有一定差别，可能有些在第一次申请中出现的要素，在随后申请中却并未出现。为此，《巴黎公约》第4条第H款规定，成员国不能以发明中的某些要素没有包含在原属国申请列举的权利要求中为理由，拒绝给予优先权。

（六）发明人证书与优先权

> **《巴黎公约》**
>
> Article 4　A to I. Patents, Utility Models, Industrial Designs, Marks, Inventors'Certificates：Right of Priority. – G. Patents：Division of the Application
>
> I. —
>
> （1）Applications for inventors'certificates filed in a country in which applicants have the right to apply at their own option either for a patent or for an inventor's certificate shall give rise to the right of priority provided for by this Article, under the same conditions and with the same effects as applications for patents.
>
> （2）In a country in which applicants have the right to apply at their own option either for a patent or for an inventor's certificate, an applicant for an inventor's certificate shall, in accordance with the provisions of this Article relating to patent applications, enjoy a right of priority based on an application for a patent, a utility model, or an inventor's certificate.
>
> **第4条　A 至 I. 专利、实用新型、外观设计、商标、发明人证书：优先权——G. 专利：分案申请**
>
> I. ——
>
> （1）在申请人有权自行选择申请专利或发明人证书的国家提出发明人证书的申请，应产生本条规定的优先权，其条件和效力与专利的申请一样。
>
> （2）在申请人有权自行选择申请专利或发明人证书的国家、发明人证书的申请人，根据本条关于专利申请的规定，应享有以专利、实用新型或发明人证书的申请为基础的优先权。

《巴黎公约》第4条第Ⅰ款是在1967年斯德哥尔摩修订会议上增加的。该款主要考虑有些国家为发明的申请人提供选择，可以选择取得专利，也可以选择取得发明人证书。如果选择取得发明人证书，实施发明的权利属于国家，但发明人可以取得从国家获得报酬的权利。《巴黎公约》作出第4条第Ⅰ款的规定就是为使选择发明人证书的申请人，在优先权方面可以与选择取得专利的申请人一样，享有同等的法律地位。还有一些国家，仅授予申请人发明人证书，而不授予专利。在这些国家的发明人显然得不到足够的保护，如果其本国提供授予专利的机会，就会产生不对等情况。为此，《巴黎公约》第4条第Ⅰ（2）款规定，只有在申请人有权自行选择申请专利或发明人证书的国家，优先权的规定才能够适用。申请人可以根据第4条的规定，享有以专利、实用新型或发明人证书的首次申请为基础的优先权。发明人证书的申请与专利申请一样，在同等条件下，可以享有优先权。而对于只颁发发明人证书而不授权专利的国家，第 I 款的规定将得不到适用。在此类国家提交的发明人证书申请在其他成员国内无法享有优先权，而且也不能基于在其他国家进行的首次申请要求优先权。

第四章 国际专利法律规则

第一节 概述

一、国际专利法律规则的发展

最早的国内专利法于 1474 年在威尼斯颁布，它规定任何人建造之前没有的新颖巧妙的设备，都可以提出申请，授权后可以享有 10 年的独占权。随后，各国不断建立保护技术发明独占权的专利法律法规。基于专利的地域属性，并没有具有统一国际效力的专利但有对专利进行统一保护的国际法律规则存在。直到 1883 年《巴黎公约》签订之前，并没有出现有关专利的国际统一法律规则，跨国性的专利法律问题一般通过双边协定加以解决。《巴黎公约》生效后经过数次修改，在 1994 年缔结 TRIPS 时，《巴黎公约》的 1967 年文本内容被纳入协定，继续发挥统一国际知识产权法的作用。专利方面的法律规则是《巴黎公约》和 TRIPS 内容中较为重要的一部分。

在国际专利法律规则的发展方面，程序性专利规则较早出现专门性的国际条约，如《专利合作条约》《专利法条约》等，且在程序规则一体化方面取得较大的进步。实体性的国际专利法律规则，则主要体现在综合性国际条约之中，本章主要阐述实体性国际专利法律规则的内容。《巴黎公约》中确立了国际专利法律规则体系的初步架构，TRIPS 在第二部分中设立第 5 节，专门规定专利法律规则，对《巴黎公约》中的专利法律规则进行补充和完善。TRIPS 中的专利法律保护水平并没有完全满足一些技术发达国家的利益，为了进一步提高专利法律保护标准，专利法律规则成为 TRIPS 之后一些双边或区域自由贸易协定知识产权章中的重点规范内容。TRIPS 后国际专利法律规则的发展虽然只具有区域性的影响力，但潜在影响着未来国际专利法律规则的发展走势。因此，理解国际专利法律规则，除应了解《巴黎公约》及 TRIPS 中的具体内容外，还需要掌握以美国、欧盟为核心缔结的双边或区域自由贸易协定中的专利法律规则内容。这些协定中的专利法律规则在 TRIPS 之上有较多发展和变化，并在国际贸易中发挥着实际的影响。

二、专利的含义与类型

国际知识产权法律规则的一体化建立在各国国内知识产权法基础之上，专利法律规则也不例外。各国国内法关于专利含义和类型的规定差异较大，国际专利法律规则并没有试图对此进行统一，而是留给各国国内法确定。因此，在国际专利法律规则中并没有明确定义专利，对于专利类型的规定采取狭义的界定，仅指发明。

中国《专利法》中的专利分为三种类型，即发明、实用新型和外观设计。但在国际专利法律规则体系中，并未将这三种类型合并，而是分别独立规定。如《巴黎公约》第4条对于优先权的规定，其标题为"专利、实用新型、外观设计、商标、发明人证书：优先权"。显然，在专利的界定中，并未包含实用新型和外观设计。《巴黎公约》没有将实用新型、外观设计归入专利范畴，一方面是因为实用新型、外观设计都具有自身的特征，另一方面是因为许多国家都将实用新型和外设计单独立法加以规定。例如，日本分别制定了日本专利法、日本实用新型法和日本外观设计法，韩国、德国等国家也有类似的立法。从目前国际知识产权法的立法现状来看，发明专利始终是重点规范的对象，外观设计次之，最后是实用新型。

TRIPS在第二部分第4节专门规定了对外观设计的保护，第5节规定了关于专利的保护，并没有提及对实用新型的保护。第5节第27条明确表明保护的客体是"发明"，实用新型显然也并没有包含在第5节规定的专利范畴之内。TRIPS没有规定实用新型的原因是各国立法对于实用新型保护的性质和内容差异太大，有些国家有专门的实用新型立法，而有些国家甚至没有对实用新型进行保护的立法，如美国、英国和加拿大。在国际层面，实用新型在《巴黎公约》中得到认可，但公约并没有规定实用新型的定义和范围，只是确认国民待遇和优先权原则同样适用于实用新型。[1] TRIPS尽管没有提及对于实用新型的保护，但其与《巴黎公约》有着密切的联系，要求成员遵守《巴黎公约》有关实体性义务的条款。因此，应当认为TRIPS也认可实用新型的法律保护，至少在某种程度上提供了相当于《巴黎公约》的法律保护。

三、国际专利法律规则基本内容

国际条约是不同国家对于特定问题进行磋商、协调并最终达成一致的法律结果。国际条约的此种限制决定了国际专利法律规则不会和国内规则一样具体详细，而是具有一定的抽象性和灵活性，以保证所有缔约国都能够在本国立法中实施条约中的内容。

---

[1] UMA S. Utility models and innovation in developing counties [L/OL]. International Centre for Trade and Sustainable Development (ICTSD) & United Nations Conference on Trade and Development (UNCTAD), 2006: 3. https：//unctad.org/system/files/official-document/iteipc20066_en.pdf.

（一）《巴黎公约》的内容

《巴黎公约》初步确定了国际专利法律规则的内容，主要体现在第 4 条和第 5 条。

第 4 条确立了专利的优先权；

第 4 条之二确立了专利的独立保护原则；

第 4 条之三确立了发明人的署名权；

第 4 条之四规定了法律限制销售情形下的可享专利性。

第 5 条规定了专利权的限制——强制许可；

第 5 条之二规定了专利费的宽限期和专利的恢复；

第 5 条之三规定了专利侵权的例外情形；

第 5 条之四规定了专利方法制造产品的进口。

（二）TRIPS 的内容

TRIPS 在《巴黎公约》基础之上，对国际专利法律规则进行了补充和完善，增加了实体性保护的条款。TRIPS 形成了基本完善的国际专利法律规则体系，从客体到权利限制均进行了规定，主要体现在 TRIPS 第 27～34 条。

其基本内容包括可专利客体、授予的权利、专利申请人的条件、授予权利的例外、未经权利持有人授权的其他使用（强制许可）、专利撤销、保护期限与方法专利。

（三）双边或区域自由贸易协定中的内容

TRIPS 之后缔结的双边或区域自由贸易协定中，对于国际专利法律规则有进一步的发展。如果缔约国为 WTO 成员，均需要遵守 TRIPS 的基本内容，双边或区域自由贸易协定中的专利法律规则没有对已有的法律规则进行重述，而是对 TRIPS 规则之外或提高标准的规则进行了规定。因此，双边或区域自由贸易协定中专利法律规则呈现特色化规定。由于双边或区域自由贸易协定主要由美国和欧盟推动，以两者为核心缔结的协定也有相对固定的结构。

以美国为核心的双边或区域自由贸易协定中专利法律规则的内容主要包括可专利客体、宽限期、专利撤销、权利的例外、专利申请的公布以及专利不合理延迟的期间调整等；以欧盟为核心缔结的双边或区域自由贸易协定中专利法律规则的内容主要包括专利和公共健康、行政授权、药品市场准入的补充保护等。

第二节 可专利客体

专利通过法定程序授权才能取得，只有符合专利法要求条件的客体才能得到专利法律规则的保护。因此，可专利客体是专利权成立的前提条件，也是国际专利法律规则首要规定的问题。

一、TRIPS 可专利客体的原则与条件

TRIPS 可专利客体规定的逻辑思路是：可专利性的原则性要求→可专利性的一般例外→可专利性的具体例外。TRIPS 后的双边或区域自由贸易协定中有关可专利客体的规定虽然有所发展，但都以 TRIPS 的一般结构为基准，变化较大的内容集中在可专利性的具体例外条款，主要是有关植物品种的可专利性问题。

TRIPS
Article 27　Patentable Subject Matter

1. Subject to the provisions of paragraphs 2 and 3, patents shall be available for any inventions, whether products or processes, in all fields of technology, provided that they are new, involve an inventive step and are capable of industrial application. Subject to paragraph 4 of Article 65, paragraph 8 of Article 70 and paragraph 3 of this Article, patents shall be available and patent rights enjoyable without discrimination as to the place of invention, the field of technology and whether products are imported or locally produced.

2. Members may exclude from patentability inventions, the prevention within their territory of the commercial exploitation of which is necessary to protect *ordre public* or morality, including to protect human, animal or plant life or health or to avoid serious prejudice to the environment, provided that such exclusion is not made merely because the exploitation is prohibited by their law.

3. Members may also exclude from patentability:

(a) diagnostic, therapeutic and surgical methods for the treatment of humans or animals;

(b) plants and animals other than micro-organisms, and essentially biological processes for the production of plants or animals other than non-biological and microbiological processes. However, Members shall provide for the protection of plant varieties either by patents or by an effective sui generis system or by any combination thereof. The provisions of this subparagraph shall be reviewed four years after the date of entry into force of the WTO Agreement.

第 27 条　可专利客体

1. 在遵守第 2 款和第 3 款规定的前提下，专利可授予所有技术领域的任何发明，无论是产品还是方法，只要它们具有新颖性、创造性，并可供工业应用。在遵守第 65 条第 4 款、第 70 条第 8 款和本条第 3 款规定的前提下，对于专利的获得和专利权的使用不因发明地点、技术领域、产品是进口的还是当地生产的而受到歧视。

> 2. 各成员可拒绝对某些发明授予专利权,如在其领土内阻止对这些发明的商业利用是维护公共秩序或道德,包括保护人类、动物或植物的生命或健康或避免对环境造成严重损害所必需的,只要此种拒绝授予并非仅因为此种利用为其法律所禁止。
>
> 3. 各成员可拒绝对下列内容授予专利权
> (a) 人类或动物的诊断、治疗和外科手术方法。
> (b) 除微生物外的植物和动物,以及生产植物和动物的生物方法,非生物和微生物除外。但是,各成员应规定通过专利或一种有效的特殊制度或通过这两者的组合来保护植物品种。本项的规定应在《WTO 协定》生效之日起 4 年后进行审议。

(一)所有技术领域任何发明均可专利原则

TRIPS 中有关可专利的原则性要求的规定,是多数成员专利立法中的已有规定。基于这些基本问题的重要性,TRIPS 依然将这些原则性要求列为专利法律规则体系的第一个条款,使其成为国际专利法律规则的统一最低标准,也是 TRIPS 以后国际知识产权协定或条约的订立基础。

TRIPS 第 7 条规定协定的目标中这样阐述:"知识产权的保护和执法应有助于促进技术创新及技术转让和传播,有助于技术知识的创造者和使用者相互受益,并以增进社会和经济福利的方式,有助于权利和义务的平衡。"这表明,促进技术创新是制定 TRIPS 的根本目标。因此,在确定可专利性的基本原则时,TRIPS 第 27 条第 1 款首先明确原则上所有技术领域的一切发明都可以依据专利法律规则申请专利。其中的一切发明应当既包括方法发明,也包括产品发明。这也是 TRIPS 对专利权不歧视原则的体现,即要求各成员在专利授权后,对于专利权及其运用不得因发明的地点、技术领域或产品是进口还是本地生产而进行歧视。

(二)可专利性的基本条件

TRIPS 第 27 条第 1 款还规定了可专利性需具备的基本条件。若要取得专利授权,一项发明必须符合三项基本条件,即"具有新颖性、创造性,并可供工业应用"。TRIPS 成员对于可申请专利三项条件的用语并不完全一致,如美国法律中类似"创造性"的要求是"非显而易见性"。为了统一这些不同的用语,TRIPS 在注释中明确,成员可视协定中的术语"创造性"和"可供工业应用",与其他相关术语"非显而易见性""实用性"为同义语。中国《专利法》中的新颖性、创造性和实用性要求与 TRIPS 的三项基本条件一致。

> **TRIPS**
>
> **Footnote 5**
>
> For the purposes of this Article, the terms "inventive step" and "capable of industrial application" may be deemed by a Member to be synonymous with the terms "non-obvious" and "useful" respectively.
>
> **注释 5**
>
> 为本条的目的，成员可将"创造性步骤"和"可供工业应用"这两项术语分别理解为与"非显而易见性"和"实用性"同义。

至于这三项基本条件的具体界定，TRIPS 并没有进行进一步解释，而是将其留给各成员立法进行规定。

二、可专利性的例外

（一）可专利性的一般例外

专利权人在取得专利授权后，在一定期间内享有独占权，除非有法律明确规定的例外，可以排除任何人未经其同意利用其获得专利的客体。为了保证一定范围内的利益平衡，在可专利性的原则性要求之后，TRIPS 规定了获得专利授权的一般例外和具体例外。TRIPS 第 27 条第 2 款规定了可专利性的一般例外。一般例外可以适用于所有技术发明，在遇到特殊情况时，各成员可以不授予专利权。TRIPS 规定的一般例外主要是指公共秩序和道德例外。在一些特殊情形下，授予专利权使其进行商业性利用也可能会对公共秩序或道德造成威胁。TRIPS 规定了两种维护公共秩序与道德的情形，一是为了保护人类、动物或植物的生命或健康，二是为了避免对环境造成严重损害。在这两种情形下，成员可以不授予专利权。

（二）可专利性的具体例外

TRIPS 第 27 条第 3 款规定成员可专利性的具体例外。可专利性的具体例外是基于专利权的极强排他性，对一些不适合授予专利权的发明规定的具体例外。TRIPS 第 27 条第 3 款规定的两种具体例外分别是：第一，人类或动物的诊断、治疗和外科手术方法；第二，除微生物外的植物和动物，以及生产植物和动物的生物方法，非生物和微生物除外。

TRIPS 对人类或动物的诊断、治疗和外科手术方法以及动植物品种排除在可专利性之外。对于此种客体的不可专利性，各国的态度较为一致，但规定的方式略有差别。TRIPS 对此两种情形的规定是"各成员可拒绝对下列内容授予专利权"，其潜在的表达是这两种情形属于可专利客体，但成员也可以不对其授予专利权。相比 TRIPS 的表述方式，《欧洲专利公约》的态度更为严格，并未将与此相关的内容作为可以"可专利客体"的范畴进行规定，而是认为其不具备专利性。参见《欧洲专利公约》第 53 条规定。

> **《欧洲专利公约》**
> **Article 53　Exceptions to patentability**
> European patents shall not be granted in respect of:
> (a) inventions the commercial exploitation of which would be contrary to "ordre public" or morality; such exploitation shall not be deemed to be so contrary merely because it is prohibited by law or regulation in some or all of the Contracting States;
> (b) plant or animal varieties or essentially biological processes for the production of plants or animals; this provision shall not apply to microbiological processes or the products thereof;
> (c) methods for treatment of the human or animal body by surgery or therapy and diagnostic methods practised on the human or animal body; this provision shall not apply to products, in particular substances or compositions, for use in any of these methods.
>
> **第 53 条　可专利性的例外**
> 欧洲专利不得授予:
> (a) 实施商业利用与公共秩序或道德相悖的发明；如仅因为一些缔约国法律或法规所禁止，此种实施并不认为与之相悖；
> (b) 植物或动物品种或生产植物或动物的实质生物方法；该款并不适用于微生物方法或产品；
> (c) 人体或动物体用外科或治疗方法，以及在人体及动物体上实行的诊断方法；该款不适用于为使用上述方法所用的产品，尤其是物质或合成。

可见，欧盟同样认为诊治人类或动物的诊断方法、治疗方法不能授予专利权加以保护，但是将其作为不可专利的"发明"，从源头上排除其成为专利的可能性。而 TRIPS 则并未完全否定对这两种情形授予专利权的可能。对于植物品种的保护方式，TRIPS 作出了一项补充规定，即各成员可以规定通过专利或一种有效的特殊制度或通过这两者的组合来保护植物品种。换言之，成员可以通过专利的法律途径保护植物新品种，也可以通过特别法的形式保护，成员也可以同时适用专利保护和特别法两种保护途径，只要能够达到有效保护的目标即可。这一条款是 TRIPS 中比较有争议的条款。在 TRIPS 生效之前，有关植物的知识产权保护并不是新事物。1930 年，美国就为满足新兴种业的需要出台了《植物专利法》(Plant Patent Act)，为无性繁殖品种提供专利保护。[1] 1961 年缔结了有关植物品种保护的《国际植物新品种

---

[1] CARLOS M C. Trips – related patent flexibilities and food security: Options for developing countries [EB/OL]. [2019 – 11 – 25]. https://www.ictsd.org/sites/default/files/downloads/2012/10/trips – related – patent – flexibilities – and – food – security.pdf.

保护公约》(UPOV)。鉴于当时对于植物保护模式的不统一，TRIPS 最后作出了灵活性规定，没有强行要求成员按照 UPOV 的模式进行保护。但由于植物的保护既可能涉及植物本身的保护，也可能涉及植物基因等组成部分的保护，而 TRIPS 的规定实际上免除了成员使用专利进行保护的义务，以致成为各成员后期争议的焦点问题。

二、可专利客体规则的后期发展

尽管 TRIPS 后国际专利法律规则呈现超出 TRIPS 保护水平的上升式发展，但可专利客体的原则性地位没有改变，基本规定没有改变。后期发展变化较大的是可专利客体中有关植物保护的规定，双边或区域自由贸易协定中也对植物品种的专利保护加以特别强调。

（一）植物品种本身的专利保护

在一些欧洲及北美国家，植物品种的专利保护和育种者权是共存的。在欧洲，非专利植物品种和可专利植物品种、植物繁殖方法之间是有区别的。美国将植物品种的专利保护扩展到标准专利和生物技术。[1] 美国在与智利、摩洛哥、秘鲁、巴拿马等国签订的自由贸易协定中，均对植物品种的专利保护提出明确且基本一致的要求。以 2012 年美国-巴拿马自由贸易协定第 15 章为例，第 15.9 条第 2 款规定了可专利客体。

美国-巴拿马自由贸易协定

Article 15.9 Patents

......

2. Nothing in this Chapter shall be construed to prevent a Party from excluding inventions from patentability as set out in Articles 27.2 and 27.3 of the TRIPS Agreement. Notwithstanding the foregoing, any Party that does not provide patent protection for plants by the date of entry into force of this Agreement shall undertake all reasonable efforts to make such patent protection available. Any Party that provides patent protection for plants or animals on or after the date of entry into force of this Agreement shall maintain such protection.

第15.9条 专利

......

2. 本节不应解释为阻碍缔约方按照 TRIPS 第 27.2 条及第 27.3 条的规定排除发明的可专利性。但在本协定生效之日起，任何没有为植物品种规定专利保护的缔约方，都应进行合理的努力使其可以取得专利保护。任何已经为植物品种规定专利保护的缔约方，在协定生效后，都应继续维持此种保护。

---

[1] HANNS U. Trips plus 20: from trade rules to market principles [M]. BerlinHeidelberg: Springer, 2016: 395.

美国的这种规定本质上与 TRIPS 第 27 条第 3 款存在一定冲突，它改变了 TRIPS 对于植物新品种保护模式的规定，会产生实际上消除 TRIPS 提供三种模式进行选择的法律效果。强制性专利保护产生的问题是可能对后续创新者和农民可获得植物遗传资源造成的阻碍。因此，在各国实践中也存在一定的分歧。

（二）植物组成部分的专利保护

按照 TRIPS 第 27 条第 3 款的规定，对于植物新品种，成员可以通过专利的方式保护，可以通过有效特别法的形式保护，也可以同时适用专利保护和特别法保护的方式。这种灵活性规定可以使部分成员直接回避对植物新品种的专利保护，也包括对植物组成部分的专利保护。随着基因技术的发展，要求植物基因得到专利保护成为一些国家的迫切需求，并体现在双边或区域自由贸易协定的专利法律规则之中。以 2020 年 7 月生效的《美国-墨西哥-加拿大协定》（USMCA）为例，可专利客体主要规定在第 20 章第 20.36 条。

> **USMCA**
>
> **Article 20.36　Patentable Subject Matter**
>
> ……
>
> 3. A Party may also exclude from patentability plants other than microorganisms. However, consistent with paragraph 1 and subject to paragraph 2, each Party confirms that patents are available at least for inventions that are derived from plants.
>
> **第 20.36 条　可专利客体**
>
> ……
>
> 3. 缔约方可以将微生物之外的植物排除可专利性，但在与第 1 款及第 2 款一致的条件下，各缔约方应确保至少对于源自植物的发明能够得到专利保护。

可以看出，按照《美国-墨西哥-加拿大协定》第 20.36 条的规定，缔约国不能排除对于微生物的专利性要求。这一规定并未在国际社会取得一致认可，既出于对于微生物基因技术发展的局限性，也存在对此项规定可能引发的法律不确定性的忧虑。2017 年美国退出 TPP 后，2018 年 12 月生效的 CPTPP 冻结了与美国-墨西哥-加拿大协定第 20.36 条第 3 款基本一致条款（CPTPP 第 18.37 条第 4 款）的规定，这也反映了其他国家对待此问题的立法态度。

第三节 授予专利的权利内容

一、权利内容表现

(一) TRIPS 第 28 条之规定

有关各国所授予专利的权利内容,《巴黎公约》更大程度上留给各国立法自由加以确定,除规定发明人有权要求在专利中记载自己是发明人外,并没有详细列明专利权人可以享有的具体权利。尽管《巴黎公约》在第 5 条 A 项中提到了有关进口的权利,但该条款的目的主要是对境外制造专利产品的认可。在《巴黎公约》缔结 110 年后,TRIPS 首次对专利权利内容进行详细的规定,完善了对专利权人的独占保护,作为成员必须遵守的最低标准,规定在第 28 条。该条款是目前各成员授予专利权人独占权的法律基础,在 TRIPS 后期的国际知识产权或贸易协定中也得以尊重。

> **TRIPS**
>
> **Article 28　Rights Conferred**
>
> 1. A patent shall confer on its owner the following exclusive rights:
>
> (a) where the subject matter of a patent is a product, to prevent third parties not having the owner's consent from the acts of: making, using, offering for sale, selling, or importing for these purposes that product;
>
> (b) where the subject matter of a patent is a process, to prevent third parties not having the owner's consent from the act of using the process, and from the acts of: using, offering for sale, selling, or importing for these purposes at least the product obtained directly by that process.
>
> 2. Patent owners shall also have the right to assign, or transfer by succession, the patent and to conclude licensing contracts.
>
> **第 28 条　授予的权利**
>
> 1. 专利授予其所有权人下列专有权利:
>
> (a) 如专利的客体是产品,则阻止第三方未经所有权人同意而进行制造、使用、许诺销售、销售或为这些目的而进口该产品的行为;
>
> (b) 如专利的客体是方法,则阻止第三方未经所有权人同意而使用该方法的行为,并阻止使用、许诺销售、销售或为这些目的而进口至少以该方法直接获得产品的行为。
>
> 2. 专利所有权人还有权转让或以继承方式转移其专利并订立许可合同。

按照 TRIPS 第 28 条的规定,对于产品专利,专利权人享有禁止第三方未经其许可制造、使用、许诺销售、销售及进口专利产品的权利；对于方法专利，方法专利权人享有禁止第三方使用该方法，及使用、许诺销售、销售或为这些目的进口至少是以该方法直接获得产品的权利。TRIPS 第 28 条是授予专利权利人的独占性权利，是 WTO 成员必须遵守的最低标准义务。

（二）进口权的理解与适用

"进口权"的规定最早见于《巴黎公约》第 5 条第 A（1）款，该条款也是 1883 年缔结《巴黎公约》时的原始条款。❶

> **《巴黎公约》**
>
> **Article 5　A. Patents：Importation of Articles**
>
> (1) Importation by the patentee into the country where the patent has been granted of articles manufactured in any of the countries of the Union shall not entail forfeiture of the patent.
>
> **第 5 条　A. 专利：物品的进口**
>
> （1）专利权人将在本联盟任何国家内制造的物品进口到对该物品授予专利的国家的，不应导致该项专利的取消。

依据《巴黎公约》的规定，对于专利权人进口的在其他国家制造的产品，缔约国必须予以承认，这是对专利权人进口权的最早认可。值得一提的是，在 1958 年《巴黎公约》的里斯本修订会议上，瑞士政府提出了一项修正案，是有关方法专利可能会被进口产品侵权的影响问题，认为进口销售或使用在国外利用该方法制造的产品会构成侵权。这项提议得到一些国家支持，但也有国家明确反对，如美国，因为彼时美国法中并没有此种情况的侵权规定。最后经讨论，《巴黎公约》没有将该规定适用于境外使用方法制造的进口产品。❷

TRIPS 第 28 条规定的权利内容中，包含"进口"的权利。TRIPS 对于进口权的规定在《巴黎公约》中含义基础之上，主要是为了规定专利权人有权禁止第三方未经其同意进口专利产品。TRIPS 第 28 条中禁止进口的专利产品，是否可以适用于权利人及其被许可方在境外销售或授权许可销售的专利产品，在实践中分歧较大。如果禁止此类产品进口，该产品并非是专利侵权产品，是经权利人同意在境外制造的专利产品；如果允许此类专利产品进口至权利人所在成员，可能对专利权人的独占利益造成损害。这一问题也被称为平行进口，主要涉及进口权与专利权利穷竭之间

---

❶ BODENHAUSEN G H C. Guide to the application of the Paris Convention for the protection of industrial property [M]. Geneva：United International Bureaux for the Protection of Intellectual Property (BIRPI)，1967：67.

❷ SAM R. The Paris Convention for the protection of industrial property：a commentary [M]. Oxford：Oxford University Press，2015：415 – 416.

的关系。专利权利穷竭又称为专利权利用尽,是指专利产品或依据专利方法直接获得的产品在产品首次销售后,产品之上的专利独占权利用尽,专利权人不再享有排他权。对于专利穷竭原则的适用,不同成员之间的立法态度差别较大。有的成员承认国际范围内的权利穷竭,则专利产品在境外的销售构成权利穷竭,专利权人无权禁止此类产品的进口。反之,有的成员只承认国内范围内的权利穷竭,专利产品在本国境外销售不构成权利穷竭,则专利权人在本国依然可以行使禁止他人进口的独占权。对此问题,TRIPS 第 28 条再一次明确立法态度,对于"进口权",与协定授予的其他权利一样,应遵守第 6 条的规定。TRIPS 制定之时并没有成功协调法系之间的差别,TRIPS 第 6 条明确规定,"本协定的任何规定,不得用于处理知识产权的权利用尽问题"。这就意味着,相关权利用尽的规定由各成员立法自行确定,在发生国际知识产权争端时,不得援引 TRIPS 中的任何条款对权利穷竭问题进行解释。TRIPS 第 6 条明确不处理权利穷竭问题,对于专利产品的进口权也一样,TRIPS 将是否授予专利权人此项"进口权"交由成员国内立法确定。

二、专利独占权的例外

尽管直到 TRIPS 制定国际知识产权规则才出现对专利权人具体独占权权利内容的规定,但在国际层面,很早就意识到对于专利权人享有的独占权应当加以限制,国际立法对于专利独占权的限制主要表现为有关独占权"权利例外"方面的规定。

(一)《巴黎公约》中规定的例外情形

《巴黎公约》对于专利独占权规定的例外主要体现在第 5 条之三,在该条中规定了不应认为是侵犯专利权的具体情形。

《巴黎公约》

Article 5ter Patents: Patented Devices Forming Part of Vessels, Aircraft, or Land Vehicles

In any country of the Union the following shall not be considered as infringements of the rights of a patentee:

(1) the use on board vessels of other countries of the Union of devices forming the subject of his patent in the body of the vessel, in the machinery, tackle, gear and other accessories, when such vessels temporarily or accidentally enter the waters of the said country, provided that such devices are used there exclusively for the needs of the vessel;

(2) the use of devices forming the subject of the patent in the construction or operation of aircraft or land vehicles of other countries of the Union, or of accessories of such aircraft or land vehicles, when those aircraft or land vehicles temporarily or accidentally enter the said country.

第 5 条之三　专利：构成船舶、飞机或陆上车辆一部分的专利器械

在本联盟任何国家内，下列情况不应认为是侵犯专利权人的权利：

（1）本联盟其他国家的船舶暂时或偶然地进入上述国家的领水时，在该船的船身、机器、船具、装备及其他配件上使用构成专利对象的器械，但以专为该船的需要而使用这些器械为限；

（2）本联盟其他国家的飞机或陆上车辆暂时或偶然地进入上述国家时，在该飞机或陆上车辆的构造或操作中，或者在该飞机或陆上车辆配件的构造或操作中使用构成专利对象的器械。

《巴黎公约》作出第 5 条之三的例外规定，主要是为了维护国际交通运输的自由。《巴黎公约》分为两种情形对此进行规定，一种是船舶进入领水，另一种是飞机和陆上车辆进入他国境内。

1. 船舶例外的适用

《巴黎公约》第 5 条之三第 1 款对于船舶通过领水情形下的专利侵权例外进行了规定。对于此种例外的适用，需要清楚对"船舶""领水"及具体使用行为的界定。首先，《巴黎公约》中适用此种例外的船舶是指外国船舶，不包括本国船舶，外国船舶主要指悬挂其他国家船旗的船舶。对于"船舶"的具体界定，《巴黎公约》交由缔约国国内立法进行确定，但《巴黎公约》明确排除了浮动钻探设备；其次，《巴黎公约》所指的"领水"主要指领海和内河，也指包括码头在内的全部港口；最后，对于具体使用行为是指船舶"暂时或偶然"进入他国领水的行为。"暂时"进入是指定期进入，"偶然"进入是指因过失或船舶事故导致的偶然进入他国领水。使用的范围主要指在包含专利保护客体的船身、机器、船具、装备及其他配件上使用，而不包括船舶之上其他物品对于专利的使用，可以使用的装备或器械既可以是专利产品，也可以是依据专利方法制造的产品。

2. 飞机和陆上车辆例外的适用

《巴黎公约》第 5 条之三第 2 款规定了飞机和陆上车辆进入他国情形时的专利侵权例外。对于这两种交通工具例外的界定相对简单，《巴黎公约》将对"飞机或陆上车辆"的界定交由缔约国国内立法加以确定。《巴黎公约》规定的例外情形主要指在飞机或陆上车辆的构造或操作中，或者在该飞机或陆上车辆配件的构造或操作中，使用构成专利对象的器械。

（二）TRIPS 的"有限例外"

在《巴黎公约》基础之上，TRIPS 也明确表明专利权人的独占权并非是绝对性的。对于《巴黎公约》中已经明确规定的例外，TRIPS 成员可以在本国立法中加以规定，对专利权人的独占权加以限制。但《巴黎公约》中规定例外情形较少，并不能满足各成员在实际中遇到的问题。为此，TRIPS 对于成员国内立法可以规定的例外进行了一般性规定。也就是说，只要符合 TRIPS 规定的一般性条件，TRIPS 成员在本国立法中就可以创设对专利权人独占权的限制性规定，即在例外的情形下不授予权利人 TRIPS 第 28 条授予的独占权。

TRIPS 对于独占权规定的例外直接体现为第 30 条的"有限例外"，该条款中规定具体的条件也是为了防止成员国内立法的随意性对专利权人独占利益造成消极影响。按照 TRIPS 第 30 条的规定，对于第 28 条规定的权利人独占权，成员可以结合本国具体情形规定对专利所授予独占权的有限例外。

> **TRIPS**
>
> **Article 30　Exceptions to Rights Conferred**
>
> Members may provide limited exceptions to the exclusive rights conferred by a patent, provided that such exceptions do not unreasonably conflict with a normal exploitation of the patent and do not unreasonably prejudice the legitimate interests of the patent owner, taking account of the legitimate interests of third parties.
>
> **第 30 条　授予权利的例外**
>
> 各成员可对专利授予的专有权规定有限的例外，只要此类例外不会对专利的正常利用发生不合理冲突，也不会不合理损害专利所有权人的合法利益，同时考虑到第三方的合法利益。

对于制造、使用、许诺销售、销售及进口等权利的具体内容，成员有进行进一步解释的灵活性。TRIPS 生效以来，WTO 争端解决机构基于 TRIPS 第 28 条、第 30 条解决了一些知识产权争端。第 28 条所授予的权利是 WTO 成员必须遵守的最低标准义务，但在适用第 28 条解决国际知识产权争端时，一般要结合 TRIPS 第 30 条"授予权利的例外"共同解释。WTO 在裁决案件时所作的解释较为细致，有助于我们对 TRIPS 具体权利内容的进一步理解。

三、WT/DS114：加拿大药品专利保护案

在世界贸易组织 WT/DS114"加拿大药品专利保护案"中，涉及对 TRIPS 第 28 条规定专利权利内容与有限例外条款的解释。1997 年 12 月，欧共体成员提出与加拿大举行磋商，主要涉及加拿大专利法对药品领域发明的保护问题。1998 年，双方的磋商没有达成满意的结果，欧共体要求成立专家组解决相关事项。2000 年，专家组对该案作出裁决。在该案中，加拿大专利法的规定涉及两个主要问题：一是提前生产仿制药品用以储存，是否违背 TRIPS 第 28 条所授予的独占权；二是在专利有效期间，允许仿制药生产商提前生产专利药品以进行药品市场审批程序，是否违背 TRIPS 第 28 条所授予的独占权。对于本国立法与 TRIPS 第 28 条不一致，加拿大并不否认，但其认为本国专利法规定的这两种情形符合 TRIPS 第 30 条关于成员可以制

定"有限例外"的规定。专家组对于加拿大专利法关于专利权人独占权的例外规定，是否符合 TRIPS 第 30 条规定的条件进行了裁决。第二个问题与医药知识产权联系紧密，对于该问题的分析参见第八章。

（一）加拿大药品专利保护案的"仓储例外"问题

加拿大专利法规定了药品专利权人独占权的例外情形——"仓储例外"，主要体现在加拿大专利法第 55.2（2）条：

> Section 55.2 (2): It is not an infringement of a patent for any person who makes, constructs, uses or sells a patented invention in accordance with subsection (1) to make, construct or use the invention, during the applicable period provided for by the regulations, for the manufacture and storage of articles intended for sale after the date on which the term of the patent expires.
>
> 第 55.2（2）条：任何人制造、建造、使用或销售与第（1）款相符的专利发明，只要物品的制造和存储是为了在专利到期后销售，就不侵犯专利权。

根据加拿大生产和存储专利药品条例，加拿大专利法第 55.2（2）条规定的可适用期间是专利到期日前 6 个月。也就是说，按照加拿大专利法的规定，药品专利权人之外的第三方只要是为了专利到期后的销售，在专利到期前 6 个月内制造存储专利产品，就不视为专利侵权，为此该条款被称为专利权的"仓储例外"。按照 TRIPS 第 28 条第 1 款的规定，专利权人享有独占权，禁止任何人未经其同意制造专利产品。因此，欧共体起诉其至 WTO，认为加拿大专利法第 55.2（2）条与 TRIPS 第 28 条不一致，违反 TRIPS 的最低标准义务，要求加拿大修改专利法。但依照 TRIPS 第 30 条，各成员立法可对专利授予的专有权规定有限的例外。因此，加拿大主张其专利法规定的"仓储例外"符合 TRIPS 第 30 条规定的有限例外，与 TRIPS 义务并不相冲突。

对此，主要应解决的问题是判断"仓储例外"是否符合 TRIPS 第 30 条"权利例外"规定的条件。如果不符合"权利例外"的条件，则"仓储例外"允许在专利到期日前制造专利产品的行为是专利侵权行为，与 TRIPS 第 28 条不符，加拿大需要修改立法，不允许作出损害专利权人利益的例外规定；反之，则加拿大不必修改本国专利法，可以继续保留对于专利药品的"仓储例外"。

（二）"有限例外"分析

在"加拿大药品专利保护案"中，加拿大专利法规定"仓储例外"的确不符合 TRIPS 第 28 条授予的独占权。但加拿大认为其规定的此种例外符合 TRIPS"有限例外"的条件。按照 TRIPS 第 30 条的规定，构成合法的有限例外需要具备三个条件：①该例外是有限的；②该例外不会与专利的正常使用发生不合理冲突；③该例外不会不合理损害专利所有权人的合法利益，并考虑了第三方的合法利益。显然，该案需要解决的问题是,"仓储例外"是否与TRIPS第30条有限例外的三项要求一致。

对此,该案专家组的观点是,"有限例外"一词必须理解为一种狭义的例外,一种仅使专利权人权利小幅减少的例外。从TRIPS第30条字面理解,应当侧重考虑法定权利被限制的程度,而非经济影响的大小或程度。因此,例外是否有限应当判断专利权人对专利产品"制造"和"使用"的独占权被削弱的程度。TRIPS在专利有效期内除规定了"销售"权之外,还规定了"制造"和"使用"权,就是为了从源头上切断竞争产品的供应,阻止这类产品的取得和使用。而加拿大专利法规定"仓储例外"对产品的数量没有任何限制,仓储例外等于在专利到期前6个月内就剥夺了权利人的保护,在专利有效期内废除了TRIPS规定的这种权利保护。❶ 在确定"仓储例外"不属于有限的例外后,专家组还分析了这种"仓储例外"是否与专利的正常使用存在不合理冲突,是否会不合理损害专利所有权人的合法利益。专家组认为,这要考虑专利权人在专利到期后能取得的市场优势,是否在TRIPS规定独占权利的立法目的范围之内。专家组给出的答案是肯定的,认为无论从理论上还是实践上,这种额外的市场优势都属于TRIPS授予独占权的目的范围之内。从理论上,专利权人的权利一般视为阻止他人的商业竞争行为,为商业销售进行的制造是典型的竞争性商业活动。实践中,给予权利人在专利全部有效期内排他性的"制造"和"使用"权利,就是使权利人能够在专利到期后的短时间内依然能够得到延长的市场独占优势。因此,专家组认为,加拿大专利法第55.2(2)条构成对TRIPS第28.1条授予专利权人独占权的实质性阻碍。❷ 加拿大专利法第55.2(2)条规定的"仓储例外"不符合TRIPS第30条"有限例外"要求的条件。

通过欧共体诉加拿大药品专利保护案,专家组进一步明晰了TRIPS第28条规定的对专利权人授予独占权利的内容界定与意义,从制造权到销售权、进口权形成一个完整的链条,共同实现对专利权人的利益保护。尽管TRIPS第30条规定了有限例外,但这些例外应当满足具体的限定条件。

第四节 专利强制许可

一、《巴黎公约》专利强制许可体系

强制许可是不经专利权人同意,由缔约国政府授权他人实施其专利权的一种制

---

❶ Report of the panel of Canada – patent protection of pharmaceutical products, World Trade Organization, WT/DS114/R, para 7.34. [EB/OL]. (2000 – 03 – 17) [2020 – 03 – 28]. http://www.un.org/law/ilc/index.htm.

❷ Report of the panel of Canada – patent protection of pharmaceutical products, World Trade Organization, WT/DS114/R, para 7.35 – 7.37. [EB/OL]. (2000 – 03 – 17) [2020 – 03 – 28]. http://www.un.org/law/ilc/index.htm.

度。在《巴黎公约》之前，在一些欧洲国家之间的双边贸易、通商等条约虽然出现含有知识产权的条款，但并未涉及强制许可问题。在国际知识产权统一法领域首次规定强制许可的国际条约是《巴黎公约》，主要体现在第 5 条 A 节（2）~（5）项，依此初步形成了国际专利强制许可的规范体系。

（一）专利强制许可的制定背景

18 世纪，一些国家已经制定专利法保护发明，但还不存在对于专利的国际保护。正如斯蒂芬·拉达斯[1]所阐释，《巴黎公约》缔结之前，国家往往要求外国发明人在较短的固定期间内实施专利，且中间不能中断，这使得对外国发明人的保护极不稳定。因为，对于外国发明人而言，在所有国家都实施发明是不可能的。有些国家甚至规定，即使授权许可他人实施发明也不视为履行了实施专利的义务。在 1925 年之前，如果专利权人不实施专利，缔约国唯一可以采取的救济方式就是使其丧失专利。[2] 在法国和土耳其，进口在国外利用发明专利制造的物品甚至也会导致专利的丧失。[3] 对于专利权人而言，使其丧失专利权是当时法律规定的极为严厉的处罚，也给专利权人造成极大损失。

《巴黎公约》虽然缔结于 1883 年，但在原始文本中并没有提及强制许可的规范，直到 1925 年的海牙修订会议之后，才规定了强制许可规范。当时美国是工业比较发达的国家，希望彻底废除缔约国有关"实施"的要求，而一些工业欠发达的国家如日本、南斯拉夫和波兰等则更愿意维持现状。它们担心即使授权给本国的被许可方也没有实际用处，因为缺少利用专利生产产品的能力。[4] 因此，在当时的修订会议上，强制许可是不同利益国家之间妥协的结果。其目的是通过采用强制许可的方式，在使专利权人丧失专利权和保持实施要求之间实现妥协。在实现对专利权人不实施专利行为进行惩罚的同时，也不至于使权利人彻底丧失专利权。最终，形成《巴黎公约》第 5 条有关专利强制许可的规定。

> **《巴黎公约》**
>
> **Article 5　A. patents：Compulsory Licenses**
>
> (1) Importation by the patentee into the country where the patent has been granted of articles manufactured in any of the countries of the Union shall not entail forfeiture of the patent.

---

[1] 斯蒂芬·拉达斯（Stephen Ladas），1920 年从希腊移民至美国，美国 Ladas & Parry LLP 知识产权律师事务所合伙人，曾参与《巴黎公约》1958 年修订，1976 年去世。

[2] MICHAEL H. Regulating patent holders：Local working requirements and compulsory licences at international law [J]. Osgoode Hall Law Journal, 1997, 35 (2)：266.

[3] PETER K. YU. Currents and crosscurrents in the international intellectual property regime [J]. Loyola of Los Angeles Law Review, 2004, 323 (38)：344 - 345.

[4] ANDERFELT U. International patent legislation and developing countries [M]. Martinus Nijhoff, 1971：80, 89.

(2) Each country of the Union shall have the right to take legislative measures providing for the grant of compulsory licenses to prevent the abuses which might result from the exercise of the exclusive rights conferred by the patent, for example, failure to work.

(3) Forfeiture of the patent shall not be provided for except in cases where the grant of compulsory licenses would not have been sufficient to prevent the said abuses. No proceedings for the forfeiture or revocation of a patent may be instituted before the expiration of two years from the grant of the first compulsory license.

(4) A compulsory license may not be applied for on the ground of failure to work or insufficient working before the expiration of a period of four years from the date of filing of the patent application or three years from the date of the grant of the patent, whichever period expires last; it shall be refused if the patentee justifies his inaction by legitimate reasons. Such a compulsory license shall be non-exclusive and shall not be transferable, even in the form of the grant of a sub-license, except with that part of the enterprise or goodwill which exploits such license.

第5条 A. 专利：强制许可

（1）专利权人将在本联盟任何国家内制造的物品进口到对该物品授予专利的国家的，不应导致该项专利的丧失。

（2）本联盟各国都有权采取立法措施规定授予强制许可，以防止由于行使专利所赋予的专有权而可能产生的滥用，例如：不实施。

（3）除强制许可的授予不足以防止上述滥用外，不应规定专利的取消。自授予第一个强制许可之日起两年届满前不得提起没收或撤销专利的诉讼。

（4）自提出专利申请之日起四年届满以前，或自授予专利之日起三年届满以前，以后满期的期间为准，不得以不实施或不充分实施为理由申请强制许可；如果专利权人的不作为有正当理由，应拒绝强制许可。这种强制许可是非独占性的，而且除与利用该许可的部分企业或商誉一起转让外，不得转让，甚至以授予分许可证的形式也在内。

按照《巴黎公约》第5条A（1）项，要求缔约国不得因专利权人将在《巴黎公约》联盟其他国家内制造的物品进口到本国，而导致其专利的丧失。基于第5条A（1）项的立法目的，"丧失"的含义是指所有对于专利权人进口的专利产品终止专利权的措施，也可以称其为没收、撤销、废除或废止。[1] 按照《巴黎公约》第5条A（2）项的规定，明确指明对于专利权人的"不实施"行为，缔约国只能采取

---

[1] BODENHAUSEN G H C. Guide to the application of the Paris Convention for the protection of industrial property [M]. Geneva: United International Bureaux for the Protection of Intellectual Property (BIRPI), 1967: 69.

强制许可的处罚措施，不能再剥夺专利权人的专利权。同时 A（3）项规定，只有在强制许可不足以阻止专利权的滥用时，才能废除专利权。

由此，《巴黎公约》承认专利应当在授予专利的国家境内得以实施，不能仅仅作为一项可以阻止实施并控制进口的独占权。❶ 如果专利权人存在滥用行为，缔约国可以授予强制许可的方式限制专利权，但应当满足法定的授予条件。

（二）专利权滥用："不实施"的理解

按照《巴黎公约》第5条A（2）项的规定，各缔约国实施强制许可的目的应为"防止由于行使专利所赋予的专有权而可能产生的滥用"。何为专利权滥用？《巴黎公约》没有作出说明，但给出了示例——"不实施"。既然"不实施"是对可能产生滥用的示例，那就意味着行使专利权可能产生的滥用范围并不局限于"不实施"的行为。《巴黎公约》第5条A（2）~（4）项关于强制许可的规定可以作为一个较为完整的体系看待，彼此之间也呈现这种法律上的逻辑性。按照第5条A（4）项的规定，在满足一定的期间限制条件之前，各缔约国"不得以不实施或不充分实施为理由申请强制许可"，与"不实施"行为并列的还包括"不充分实施"行为。这表明按照《巴黎公约》的规定，专利权滥用行为至少还应当包括"不充分实施"的行为。至于其他构成滥用的行为，《巴黎公约》没有具体说明，交由各缔约国进行规定。对专利权滥用的限制，在 TRIPS 中也得到了继承。"不实施"是《巴黎公约》界定专利权滥用的重要示例，理解"实施"的含义对于各国对"专利权滥用"立法的指导有重要意义。如果按照《巴黎公约》制定时的情形，"实施"更大程度上应当指对产品的制造行为或对专利方法的直接利用行为，单纯在一国境内对产品的销售很难被认定为已经实施专利。随着全球经济的发展，商品在世界范围内自由流动成为全球经济一体化的必然需求，简单认定只有制造行为才符合"实施"的要求，已经无法满足时代发展的需求。《巴黎公约》条文本身并未对不实施进行明确说明，但世界知识产权组织发布的《保护工业产权巴黎公约适用指南》（*Guidelines for the Application of the Paris Convention for the Protection of Industrial Property*，以下简称《巴黎公约适用指南》）中给出了进一步的解释："对于如何理解'不实施'，缔约国可以自由加以界定"。

按照《巴黎公约》第5条A（3）项的规定，如果强制许可无法实现阻止专利权滥用，缔约国可以规定废除专利。但强制许可是否起到阻止专利权滥用的作用，需要一定期间进行验证。因此，《巴黎公约》规定自授予第一个强制许可之日起两年内，不得在该国提起撤销该专利的诉讼。

（三）授权强制许可的限制条件

按照《巴黎公约》第5条A（4）项规定，对于专利权人的专利权滥用行为，

---

❶ BODENHAUSEN G H C. Guide to the application of the Paris Convention for the protection of industrial property [M]. Geneva: United International Bureaux for the Protection of Intellectual Property (BIRPI), 1967: 70.

缔约国可以授权强制许可，但应当满足一定的条件。

1. 法定期间届满

以不实施或不充分实施专利为理由申请强制许可，必须满足一定的期间。该期间为专利权人自提出专利申请之日起届满四年，或自授予专利之日起已届满三年，哪一个期间后到期，以哪一个期间标准为准。《巴黎公约》作出此规定，是为了给专利权人实施其专利预留足够准备时间。该期间是申请人申请强制许可的前提条件，并不是到期后就必然对专利权授权强制许可。

2. 无正当理由

除满足法定期间的条件外，专利权的不实施或不充分实施行为还应当不存在正当理由，才可以授权强制许可。如果专利权人有正当理由，如存在不可抗力或该国政府控制等原因等，则缔约国应拒绝授予强制许可。

3. 非独占且不可转让

在满足以上条件的情况下，缔约国所授权的强制许可应当是非独占的许可。非独占许可又称为普通许可，与独占许可相对，意为强制许可申请人无权独占使用该专利权，专利权及其许可的其他当事人依然有权继续使用及许可该项专利权。

《巴黎公约》第5条A（4）项还规定，除与利用该许可的部分企业或商誉一起转让外，强制许可不得转让，包括以授予分许可的形式。该条款中的"转让"不能理解为对专利使用权的转让，因为《巴黎公约》前款已经强调，强制许可不同于专利权的废除，并不剥夺专利权人对专利的所有权，许可的对象仅是其专利的使用权。因此，《巴黎公约》第5条A（4）项所指的强制许可不得"转让"，应当包括两种情形：一种情形是申请人不得将其申请得到的强制许可转让给他人，由其他人使用专利。但有例外情况，就是申请人的企业和商誉部分或全部发生转让时，基于专利技术与企业设备的不可分性，其可以将获得的专利强制许可与企业一并转让；另一种情形是申请人在自己实施的同时，将强制许可取得的专利再许可给其他第三方使用。对于这种形式，《巴黎公约》将其包括在转让范畴之内，予以明确禁止。以上两种情形表明，对于强制许可，《巴黎公约》只允许申请人自行实施。

二、TRIPS 规定的强制许可："未经权利持有人授权的其他使用"

专利强制许可是 TRIPS 中比较重要的内容。按照 TRIPS 第2条的规定，其成员必须遵守《巴黎公约》1967年文本第1～12条及第19条的规定。《巴黎公约》第5条有关强制许可的规定在该范畴之内，《巴黎公约》中已有的条款在 TRIPS 中虽然没有再行列明，如授予强制许可的期间条件等，但也是成员必须遵守的规定。《巴黎公约》制定强制许可主要是为了避免专利权人专有权的丧失，TRIPS 规定强制许可则是为了尽量限制成员对强制许可的适用，主要是关于各成员适用强制许可的限制性条件规定。因此，与《巴黎公约》相比，尽管 TRIPS 有关强制许可的内容扩充数倍，但基本为限制强制许可适用的程序性规定。TRIPS 更关注的是确保成员适用强制许可时遵循其规定的程序，而不是规定应当对哪些客体进行许可。❶ 这也是 TRIPS 关于强制许可条款的名称为"未经专利权人授权的其他使用"而未使用"强制许可"这一用语的原因。TRIPS 专利强制许可条款中所称的"使用"一词，其含义均为强制许可之意。TRIPS 关于专利强制许可的规定，主要体现在第 31 条及第 31 条之二。

TRIPS

Article 31　Other Use Without Authorization of the Right Holder

Where the law of a Member allows for other use of the subject matter of a patent without the authorization of the right holder, including use by the government or third parties authorized by the government, the following provisions shall be respected:

(a) authorization of such use shall be considered on its individual merits;

(b) such use may only be permitted if, prior to such use, the proposed user has made efforts to obtain authorization from the right holder on reasonable commercial terms and conditions and that such efforts have not been successful within a reasonable period of time. This requirement may be waived by a Member in the case of a national emergency or other circumstances of extreme urgency or in cases of public non-commercial use. In situations of national emergency or other circumstances of extreme urgency, the right holder shall, nevertheless, be notified as soon as reasonably practicable. In the case of public non-commercial use, where the government or contractor, without making a patent search, knows or has demonstrable grounds to know that a valid patent is or will be used by or for the government, the right holder shall be informed promptly;

(c) the scope and duration of such use shall be limited to the purpose for which it was authorized, and in the case of semi-conductor technology shall only be for public non-commercial use or to remedy a practice determined after judicial or administrative process to be anti-competitive;

(d) such use shall be non-exclusive;

(e) such use shall be non-assignable, except with that part of the enterprise or goodwill which enjoys such use;

(f) any such use shall be authorized predominantly for the supply of the domestic

---

❶ RUTH L. O, MARGO A B. Patent law in global perspective [M]. Oxford: Oxford University Press, 2014: 497.

market of the Member authorizing such use;

(g) authorization for such use shall be liable, subject to adequate protection of the legitimate interests of the persons so authorized, to be terminated if and when the circumstances which led to it cease to exist and are unlikely to recur. The competent authority shall have the authority to review, upon motivated request, the continued existence of these circumstances;

(h) the right holder shall be paid adequate remuneration in the circumstances of each case, taking into account the economic value of the authorization;

(i) the legal validity of any decision relating to the authorization of such use shall be subject to judicial review or other independent review by a distinct higher authority in that Member;

(j) any decision relating to the remuneration provided in respect of such use shall be subject to judicial review or other independent review by a distinct higher authority in that Member;

(k) Members are not obliged to apply the conditions set forth in subparagraphs (b) and (f) where such use is permitted to remedy a practice determined after judicial or administrative process to be anti – competitive. The need to correct anti – competitive practices may be taken into account in determining the amount of remuneration in such cases. Competent authorities shall have the authority to refuse termination of authorization if and when the conditions which led to such authorization are likely to recur;

(l) where such use is authorized to permit the exploitation of a patent ("the second patent") which cannot be exploited without infringing another patent ("the first-patent"), the following additional conditions shall apply:

(i) the invention claimed in the second patent shall involve an important technical advance of considerable economic significance in relation to the invention claimed in the first patent;

(ii) the owner of the first patent shall be entitled to a cross – licence on reasonable terms to use the invention claimed in the second patent; and

(iii) the use authorized in respect of the first patent shall be nonassignable except with the assignment of the second patent.

第31条 未经权利持有人授权的其他使用

如一成员的法律允许未经权利持有人授权即可对一专利的客体作其他使用,包括政府或经政府授权的第三方的使用,则应遵守下列规定:

(a) 授权此种使用应一事一议;

(b) 只有在拟使用者在此种使用之前已经按合理商业条款和条件努力从权利持有人处获得授权，但此类努力在合理时间内未获得成功，方可允许此类使用。在全国处于紧急状态或在其他极端紧急的情况下，或在公共非商业性使用的情况下，一成员可豁免这一要求。尽管如此，在全国处于紧急状态或在其他极端紧急的情况下，应尽快通知权利持有人。在公共非商业性使用的情况下，如政府或合同方未作专利检索即知道或有显而易见的理由知道一有效专利正在或将要被政府使用或为政府而使用，则应迅速告知权利持有人。

(c) 此类使用的范围和期限应仅限于被授权的目的，如果是半导体技术，则仅能用于公共非商业性使用，或用于补救经司法或行政程序确定为限制竞争的行为；

(d) 此种使用应是非专有的；

(e) 此种使用应是不可转让的，除非与享有此种使用的那部分企业或商誉一同转让；

(f) 任何此种使用的授权应主要为供应授权此种使用的成员的国内市场；

(g) 在充分保护被授权人合法权益的前提下，如导致此类使用的情况已不复存在且不可能再次出现，则有关此类使用的授权应终止。在收到有根据的请求的情况下，主管部门有权审议这些情况是否继续存在；

(h) 在每一种情况下应向权利持有人支付适当报酬，同时考虑到授权的经济价值；

(i) 与此种使用有关的任何决定的法律效力应经过司法审查或经过该成员中上一级主管部门的独立审查；

(j) 任何与就此种使用提供的报酬有关的决定应经过司法审查或该成员中上一级主管部门的独立审查；

(k) 如允许此类使用以补救司法或行政程序后确定限制竞争行为，则各成员无义务适用（b）项和（f）项所列条件。在确定此类情况下的报酬数额时，可考虑纠正限制竞争行为的需要。如导致授权的条件可能再次出现，则主管部门有权拒绝终止授权。

(l) 如授权此项使用以允许利用一专利（第二专利），而该专利在不侵害另一专利（第一专利）的情况下不能被利用，则应适用下列附加条件：

(i) 与第一专利中要求的发明相比，第二专利中要求的发明应包含有相当经济意义的重大技术进步；

(ii) 第一专利的所有权人有权以合理的条件通过交叉许可使用第二专利主张的发明；以及

(iii) 就第一专利授权的使用不得转让，除非与第二专利一同转让。

（一）强制许可的授予条件

成员对强制许可授权前进行的审查应当满足 TRIPS 规定的条件，否则不应授予强制许可。

1. 个案审查

按照 TRIPS 第 31（a）条的规定，对于专利强制许可的审查应当一事一议。成员不能针对某一类行为或某一类产品授权强制许可，必须针对具体案件予以处理。换句话说，成员不能对客体的全部授予一揽子强制许可。但只要遵守 TRIPS 有关强制许可的其他要求，各成员就有自由对任何专利产品授权许可。❶

2. 与专利权人在先谈判

成员审查申请人提出的强制许可申请时，应当审查申请人在提出申请之前，是否已经就该专利的使用，依据合理的商业条款与专利权人进行事先的谈判。如果申请人没有先与专利权人商谈，则无权就该专利直接提出强制许可的申请。

在特殊例外情形下，成员可以排除与专利权人的在先谈判要求。TRIPS 规定了三种例外情形，分别是"紧急状态、其他极端紧急情况或公共非商业性使用情况"。当成员处于紧急状态、其他极端紧急情况或公共非商业性使用情况时，可以豁免申请人与专利权人的在先谈判要求，直接授权强制许可。对于如何确定一国的紧急状态或其他极端紧急情况，WTO 在 2001 年《多哈宣言》中给予了进一步的明确，成员可以自行确定何种情况构成紧急状态或其他极端紧急情况。公共卫生危机包括与艾滋病毒/艾滋病、结核病、疟疾和其他流行病有关的危机，可以理解为国家紧急情况或其他极端紧急情况。❷ 尽管 TRIPS 规定在三种例外情形下，豁免了申请人与专利权人的事先谈判义务，但为成员规定了通知义务。按照 TRIPS 第 31（b）条的规定，如果成员是在全国处于紧急状态或在其他极端紧急情况下授权强制许可，成员应规定尽快通知专利权持有人；如果成员在公共非商业性使用的情况下授权强制许可，有显而易见的理由知道专利正在或将要被政府使用或为政府而使用，应迅速告知权利持有人。显然，对于不同例外情形，TRIPS 要求通知义务的程度有所不同。对于紧急状态或在其他极端紧急情况下授权强制许可，是要求成员在合理可行的范围内尽快（as soon as reasonably practicable）通知。而对于公共非商业性使用情况下的授权强制许可，则要求立即（promptly）通知。

（二）强制许可的限制

在确定对某项专利授权强制许可后，申请人对于强制许可的使用也应受到相应的限制。

---

❶ RUTH L O, MARGO A B. Patent law in global perspective [M]. Oxford: Oxford University Press, 2014: 497.

❷ Declaration on the TRIPS Agreement and Public Health. World Trade Organization, para 5 (c) [EB/OL]. (2001-11-14) [2019-08-09]. https://www.who.int/medicines/areas/policy/tripshealth.pdf.

1. 强制许可的范围与期间

TRIPS 对强制许可的期间与范围限制规定在第 31（c）条，第（c）项要求使用强制许可的范围和期间应仅限于被授权的目的。但 TRIPS 并没有明确规定具体的期间或范围，在这方面成员国内立法有较大的灵活性。

2. 强制许可的性质

按照 TRIPS 第 31（d）条的规定，强制许可的性质是非独占许可，即普通许可，这一规定与《巴黎公约》第 5 条 A 项相同。

3. 强制许可的转让限制

按照 TRIPS 第 31（e）条的规定，强制许可的使用不得转让，除非连同部分企业或商誉共同转让，这一规定也与《巴黎公约》第 5 条 A 项相同。

4. 强制许可的地域限制

按照 TRIPS 第 31（f）条的规定，强制许可的授权应当主要为供应授予国的国内市场。作为对专利权的特别使用方式，强制许可需要受限于专利的地域性限制，申请人取得的强制许可只能在授权国地域范围内使用。举例说明，如果获得强制许可的申请人 Y 在 A 国取得专利权人 X 的强制许可，其在 A 国生产的专利产品只能在 A 国销售，不能出口，无论 X 在 A 国境外是否就同一项技术拥有专利权。Y 的产品既不能出口至 X 已经就同一技术获得专利授权的 B 国，也不能将产品出口至 X 未获得专利的 C 国。如果 Y 将利用强制许可生产的产品出口至 B 国，则会因 X 在 B 国拥有专利权构成专利侵权；如果 Y 将同样产品销售至 C 国，尽管 C 国没有 X 的有效专利，但会因此丧失其在 A 国取得专利强制许可的合法基础，在 A 国的制造行为构成专利侵权。因此，强制许可只能在授权国地域范围之内使用。

5. 强制许可的使用费

按照 TRIPS 第 31（h）条的规定，强制许可授权应当向专利权人支付报酬。TRIPS 规定了向专利权人支付报酬的原则性标准，即考虑到申请人依赖强制许可授权能够取得经济价值的充分报酬。

（三）专利权人的救济

对于通过审查后作出的强制许可授权，应当给予专利权人相应的救济。为此，TRIPS 在规定申请强制许可的条件和限制的同时，也从专利权人利益平衡的角度为其提供了相应的救济途径，主要体现在第 31 条的（g）、（i）、（j）项。

TRIPS 第 31（g）条规定了强制许可的终止条件，规定为充分保护专利权人合法权益，如果导致强制许可的情况已经不再存在，且不可能再次出现，专利权人可以向主管机关申请终止有关强制许可的授权。成员主管机关在收到专利权人有根据请求的情况下，应有权审议专利权人提出的情况是否继续存在。如果确实已经不再存在，应当终止强制许可授权。

TRIPS 第 31（i）条规定，对于有关强制许可有效性的决定，专利权人应当有权提起质疑,并有机会将该决定提交到该成员的司法机构或者作出决定机关的上一级主管机关进行独立审查。(j) 项对强制许可使用费的决定进行了单独规定,要求成员对于强制许可使用费的决定,为专利权人提供与 (i) 项规定的同样的质疑和审查机会。

(四) 限制竞争与强制许可

对专利权人实施限制竞争的行为授权强制许可,是对成员国内市场竞争秩序的一种救济手段。专利权所代表的合法垄断权和垄断地位对市场自由竞争秩序的威胁始终是专利法平衡的难点。TRIPS 肯定了维护自由竞争秩序的重要地位和价值,并明确规定在第 8 条"原则"之中。第 8 条第 2 款规定,"成员可以采取适当措施以防止知识产权权利持有人滥用知识产权或采取不合理地限制贸易或对国际技术转让造成不利影响的做法"。TRIPS 第 8 条规定了禁止滥用知识产权的原则,并在第 31 条规定出现专利权人限制竞争行为时,成员可以采取强制许可的措施。

TRIPS 限制竞争行为可以适用强制许可的规定体现在第 31 (k) 条。按照 (k) 项的规定,成员以专利权人限制竞争为理由授权强制许可应当满足一定的条件,即司法程序或行政程序已经作出明确认定限制竞争行为成立。没有司法或行政程序的决定,不能随意授权专利强制许可。如因专利权人的限制以竞争行为授权强制许可,成员可以不再适用第 31 条 (b) 项和 (f) 项的规定,即申请人不必与专利权人进行事先谈判,也不必受限于产品供应国内市场的要求。

(五) 第二专利与强制许可

TRIPS 第 31 (l) 条规定了有关第二专利实施产生的强制许可。第二专利又称依存专利或改进专利,第二专利是 TRIPS 中使用的比较简单易懂的概念。按照 (l) 项的定义,第二专利是指不侵犯其他专利就无法实施的专利。此处的其他专利即指基础专利,TRIPS 又称其为第一专利。

第二专利在第一专利基础之上改进而成并得到专利授权,如果不实施第一专利,就无法实施第二专利。TRIPS 第 31 (l) 条规定的第二专利具有两个特点:一是第二专利实施必须依赖第一专利的实施;二是第一专利的专利权人不同于第二专利的专利权人,且第一专利权人不同意第二专利权人使用其专利,这两项是 (l) 项得以适用的前提条件。在这种情形下,第二专利权人如果不借助强制许可方式,将无法实现其所拥有专利的实施目的。由于第二专利强制许可的情形比较特殊,第 31 (l) 条又为此种强制许可规定了特殊的限定条件。在适用第 31 (l) 条规定的强制许可条件时,应当注意 TRIPS 并无意排除此种情形下第 31 (a) ~ (k) 条的适用。因此,可以认为 TRIPS 为此种情形的强制许可规定了额外的条件,属于双重的限制条件。[1] TRIPS 对此种情形规定双重限制的原因在于,被申请强制许可的第一专利并没

---

[1] ULLRICH H, et al. TRIPS plus 20:from trade rules to market principles [M]. Berlin Heidelberg:Springer-Verlag, 2016:583.

有违法行为存在，如不实施或不充分实施专利，也非国家紧急状态或限制竞争原因需要授权强制许可。第二专利权人意图申请强制许可的原因在于，不实施第一专利就无法实施其拥有的第二专利；而授权此种强制许可的原因在于，不授权使用第一专利则无法真正促进创新技术的使用与传播。为此，TRIPS 对此种类型强制许可的授权规定了特别的限定条件。

1. 第二专利具有相当经济意义的重大技术进步

尽管为了促进改进技术实施和创新技术的传播，有必要在第二专利无法取得第一专利权利人同意的情形下介入强制许可制度，以实现第二专利的实施，但在为第二专利授权强制许可时，也同样必须考虑第一专利权利人的利益。如果片面地强调第二专利的价值授权强制许可，就可能打击第一专利权利人的创新积极性。为此，TRIPS 在为第二专利提供实施的救济途径时，也对其取得强制许可的条件进行了限定，即与第一专利相比，第二专利必须具有相当经济意义的重大技术进步。至于如何确定第二专利构成"相当经济意义的重大技术进步"，则体现了 TRIPS 的灵活性，留给各成员国内立法进行规定。

2. 第一专利取得交叉许可

在第二专利取得第一专利的强制许可授权后，为了维护第一专利权利人的经济利益，TRIPS 在第 31（1）（ⅱ）条中规定，第一专利的所有权人有权以合理的条件通过交叉许可的方式取得第二专利权利人的专利。第一专利权利人对第二专利的使用可以通过协商谈判的方式取得，在第二专利权利人不同意授权或未就使用条件达成一致时，也同样有权申请取得第二专利的强制许可授权。这样，第一专利就形成了与第二专利的交叉许可，共同利用两项专利技术实现市场经济价值。

3. 与第二专利的一并转让

TRIPS 第 31（1）（ⅲ）条规定，就第一专利发出的授权使用，除与第二专利一并转让外，不得转让。根据此款内容，第二专利权利人对第一专利取得的强制许可，在转让第二专利时，必须将第一专利与第二专利合并一起共同转让，不能单独转让第一专利。此处需要明确的就是（ⅲ）项中"转让"的含义。此处的"转让"不能理解为专利所有权的转让，只能理解为使用权的转让，即许可转让。依据 TRIPS 第 31 条（d）项和（e）项的规定，"此种使用应是非专有的""此种使用应是不可转让的，除非与享有此种使用的那部分企业或商誉一同转让"，意味着第 31 条规定的任何类型强制许可都应当是普通许可，且无权向第三方发放许可。第（1）（ⅲ）项中的"转让"含义应当综合 TRIPS 第 31 条其他条款共同理解。第 31 条中共有两处使用了"转让"一词，从 TRIPS 英文原文看，这两处的"转让"都使用 assignment❶ 一词。根据牛津法律词典，assignment 主要指无形财产的转让，尤其是权利的

---

❶ 根据牛津法律词典释义，assignment 主要指无形财产的转让，既包括合同权利的转让，也包括诉权的转让，但在适用于知识产权时，并没有限制是所有权转让还是使用权转让。

转让。在同一条文中，该词应当表达相同的法律含义。另一处使用"转让"一词的条款是第 31（e）条："此种使用应是不可转让的，除非与享有此种使用的那部分企业或商誉一同转让"，该款中的"转让"应与（l）(iii) 项"就第一专利授权的使用不得转让，除非与第二专利一同转让外"具有相同的含义。结合第（e）(项) 的理解，第 31（l）(iii) 条的"转让"应首先指专利普通许可实施权的转让。其次，当第二专利权人企业整体转让的情形时，第二专利权人可以将所取得的第一专利普通许可实施权转让，但必须与第二专利的实施权一并转让，而不能仅转让其取得的第一专利普通许可实施权。

第五节　专利保护期间

专利权的保护期间既是法律对专利权人独占实施权的保障期间，也是法律对专利权人独占权的限制期间。在专利权保护期间之内，除特殊情形外，任何人不得未经专利权人同意使用其专利技术。在专利权保护期间届满后，专利技术进入共有领域。在国际知识产权法律领域，对于专利权保护期间，需要在国际范围内进行统一，以保障专利产品在进行跨国流动时，可以在不同国家得到同样的独占期间保护。

一、TRIPS 专利保护期间

TRIPS

Article 33　Term of Protection

The term of protection available shall not end before the expiration of a period of twenty years counted from the filing date.

第 33 条　保护期间

保护期间不得在自申请之日起计算的 20 年期满前结束。

按照 TRIPS 第 33 条的规定，专利权的保护期间是自申请日起 20 年的期间。尽管在订立 TRIPS 之初还有成员与该期间不一致，但目前 WTO 成员对于专利保护期间的规定已经达成一致，给予专利权人自申请日起 20 年的独占保护期间。

二、WT/DS170：美国－加拿大专利保护期间案

WTO 涉及 TRIPS 关于专利保护期间的规定的案件是，美国于 1999 年对加拿大提出的 WT/DS170"美国－加拿大专利保护期间案"。该案涉及 TRIPS 第 33 条"保护期间"和第 70 条"对现有客体的保护"的解释和适用。

（一）"美国－加拿大专利保护期间案"的主要问题

依据 TRIPS 第 33 条的规定，成员对专利权人提供自申请日起 20 年的专利保护

期间,这是成员应当遵守的最低标准保护义务。但在加拿大专利法(1985年)第44条、第45条中,作出了与此不一致的规定。

"44. Subject to section 46, where an application for a patent is filed under this Act on or after October 1, 1989, the term limited for the duration of the patent is twenty years from the filing date.

45. Subject to section 46, the term limited for the duration of every patent issued under this Act on the basis of an application filed before October 1, 1989 is seventeen years from the date on which the patent is issued."

按照加拿大专利法第44条及第45条的规定,除第46条另有规定外,依据该法1989年10月1日及其后提交的专利申请,专利保护期间为自申请日起20年。在1989年10月1日之前的专利申请,专利保护期间为自专利授权为专利授权日起17年。对此,美国认为,按照加拿大的立法,大量在1989年10月1日前申请取得的专利得不到充分的保护,加拿大没有为这些专利提供TRIPS要求的期间保护。加拿大并不认可美国的质疑,其反对意见大致可以分为两点:其一,对于1989年之前的"旧法"专利,按照加拿大立法提供的专利保护期间与TRIPS第33条规定的保护期间相比,是一致的,甚至高于第33条提供的保护期间;其二,加拿大提出了TRIPS第70条的规定,认为按照TRIPS第70条第1款的规定,TRIPS第33条对于1996年1月1日之前的专利申请并没有溯及力。基于此,加拿大认为本国专利法并未违背TRIPS的最低标准义务。

尽管该案中涉及的情形现在已经不再存在,但该案中专家组对两个问题的解释仍然具有价值。第一个问题是,专利保护期间的起算点如果从授权日起算,是否与TRIPS第33条的义务相符;第二个问题是,TRIPS第70条中提到的"现有客体"应当如何理解和适用。

(二)"美国-加拿大专利保护期间案"问题分析

1. 有效专利保护期间的分析

加拿大之所以认为本国专利法符合TRIPS第33条的规定,是因为其认为第33条规定的20年保护期间由于专利申请程序期间被包含在内,专利申请人并不能真正实际享有。在加拿大,专利审查程序的平均时间是5年。如果按照TRIPS第33条的计算方法,专利申请人实际只能享有15年的有效期间。而按照加拿大专利法第45条的规定,专利申请人可以得到17年的独占权有效保护期间。[1] 因此,并不违背TRIPS规定的最低标准义务。对于这一解释,专家组并不认同。专家组认为,加拿大是否对专利权人独占权提供有效保护的标准是,加拿大专利法第45条是否能够提供TRIPS第33条规定的同等保护期间。按照加拿大专利审查程序的平均期间,加拿

---

[1] Report of the Panel of Canada – term of patent protection. WT/DS170/R, para 6.65 [EB/OL]. (2000 – 05 – 05) [2020 – 03 – 28]. http://www.un.org/law/ilc/index.htm.

大专利法第 45 条的确能够提供相同或高于 TRIPS 第 33 条的保护期间。但还有部分专利申请的审查时间低于平均期间，甚至低于 3 年期间。按照美国的观点，只要有一项专利申请不能得到 TRIPS 第 33 条规定的 20 年保护期间，加拿大专利法第 45 条的规定就不符合 TRIPS 要求的最低标准义务。专家组对此观点予以支持，并提出 TRIPS 第 1 条第 1 款的规定对其结论给予支撑。

> **TRIPS**
>
> **Article 1　Nature and Scope of Obligations**
>
> 1. Members shall give effect to the provisions of this Agreement. Members may, but shall not be obliged to, implement in their law more extensive protection than is required by this Agreement, provided that such protection does not contravene the provisions of this Agreement. Members shall be free to determine the appropriate method of implementing the provisions of this Agreement within their own legal system and practice.
>
> **第 1 条　义务的性质和范围**
>
> 1. 各成员应实施本协定的规定。各成员可以，但并无义务，在其法律中实施比本协定要求更广泛的保护，只要此种保护不违反本协定的规定。各成员有权在其各自的法律制度和实践中确定实施本协定规定的适当方法。

TRIPS 第 1 条第 1 款规定的是 TRIPS 成员的最低标准义务，成员没有义务实施比 TRIPS 更高标准的保护，但应实施协定规定的最低标准义务。如果在加拿大的专利申请人不能得到 TRIPS 规定的最低保护，就意味着其法律没有符合 TRIPS 的规定。

2. "现有客体"的范围分析

TRIPS 第 70 条"对现有客体的保护"规定，对于协定适用之前（1996 年 1 月 1 日）发生的行为不产生义务。除专利有效保护期间符合 TRIPS 第 33 条的抗辩之外，加拿大还认为，对于 1989 年 10 月 1 日之前的专利申请，因为发生在 TRIPS 适用之前，可以不产生实施 TRIPS 第 33 条的义务。对于加拿大的观点，美国认为应当结合 TRIPS 第 70 条第 2 款对"现有客体"的范围进行确定。按照 TRIPS 第 70 条第 2 款，加拿大主张的 1989 年 10 月 1 日之前的专利申请依然属于受保护"现有客体"的范围。我们可以对照一下 TRIPS 第 70 条第 1 款和第 2 款的规定，然后再加以分析。

> **TRIPS**
>
> **Article 70　Protection of Existing Subject Matter**
>
> 1. This Agreement does not give rise to obligations in respect of acts which occurred before the date of application of the Agreement for the Member in question.
>
> 2. Except as otherwise provided for in this Agreement, this Agreement gives rise to obligations in respect of all subject matter existing at the date of application of this Agreement

for the Member in question, and which is protected in that Member on the said date, or which meets or comes subsequently to meet the criteria for protection under the terms of this Agreement. In respect of this paragraph and paragraphs 3 and 4, copyright obligations with respect to existing works shall be solely determined under Article 18 of the Berne Convention (1971), and obligations with respect to the rights of producers of phonograms and performers in existing phonograms shall be determined solely under Article 18 of the Berne Convention (1971) as made applicable under paragraph 6 of Article 14 of this Agreement.

第 70 条 对现有客体的保护

1. 对于在本协定对所涉成员适用之日前发生的行为，本协定不产生义务。

2. 除非本协定另有规定，否则本协定对于在本协定对所涉成员适用之日已存在的、在上述日期在该成员中受到保护或符合或随后符合根据本协定条款规定的保护标准的所有客体产生义务。就本款及第 3 款和第 4 款而言，关于现有作品的版权义务应仅根据《伯尔尼公约》（1971 年）第 18 条确定，关于录音制品制作者和表演者对现有录音制品享有权利的义务应仅按照根据本协定第 14 条第 6 款适用的《伯尔尼公约》（1971 年）第 18 条确定。

按照美国的观点，在加拿大进行的 1989 年 10 月 1 日之前的专利申请属于"协定适用之日已存在的、在上述日期在该成员中受到保护或符合或随后符合根据本协定条款规定的保护标准的客体"，协定条款规定标准对这些客体依然产生义务。专家组认为，对于 TRIPS 适用之日起就存在的所有客体，都会产生第 70 条第 2 款规定的义务，只要这些"受保护客体"符合 TRIPS 规定的保护标准。TRIPS 第二部分规定了保护客体的范围，其中第 5 节对专利保护的部分中，第 27 条就包括"可专利客体"。第 27 条第 1 款规定"专利可授予任何发明"，可见发明是专利的客体。[1] 因此，TRIPS 第 70 条第 1 款并不能覆盖第 2 款，满足 TRIPS 第 27 条第 1 款的可专利性的发明属于第 2 款意义上的"客体"，加拿大专利法应当履行 TRIPS 要求的义务。[2]

通过专家组对于 TRIPS 第 33 条与相关条款关系的阐释，包括 TRIPS 第 1 条第 1 款，第 70 条第 1 款、第 2 款等，可以使我们更为清晰地理解 TRIPS 具体条款的适用范围，以及可能产生的争议问题。当然，专家组的解释也并非绝对准确，对于专家组的裁决结果也存在异议观点，如对于"现有客体"的适用范围等。但熟悉 WTO 框架下与知识产权相关的具体案例，了解 WTO 专家组对于 TRIPS 具体问题的阐释和观点，有助于我们进一步理解和分析国际知识产权法中的具体法律规则。

---

[1] Report of the Panel of Canada – term of patent protection, para 6.34.
[2] Report of the Panel of Canada – term of patent protection, para 6.56.

三、后期发展：专利期间调整

对于 TRIPS 专利保护期间的规定，在国际范围内并无太多分歧，这一条款也始终被遵守执行。但在 TRIPS 之后，对于特殊情形下专利保护期间的调整有所发展，此类条款主要体现在以美国为核心缔结的自由贸易协定之中，以欧盟为核心缔结的部分自由贸易协定中也有类似条款。自由贸易协定中的专利保护期间调整条款基本一致，主要目的是延长特殊的保护期间，形成国际知识产权法专利规则在区域范围内的发展。

专利保护期间延长的原因是在专利独占保护期间内，由于特殊程序期间的存在而造成专利原有独占保护期间的缩短。在 TRIPS 后期发展的自由贸易协定中，设定延长专利保护期间的情形有两种：一是由于专利申请审查程序的延迟而导致的专利期间缩短；二是由于特殊产品市场审批程序而导致的专利独占期间缩减。

（一）专利审查程序迟延的专利期间调整

目前，世界各国日益重视专利技术对本国综合实力的影响，国内加强对于专利的保护与激励。专利申请的大量涌现为各国专利审查机构带来了较大的审查压力，加之不同国家面临的各种不同问题，一项发明从申请到专利授权往往需要数年的时间。而专利独占保护期间的起算时间是自专利申请之日起的 20 年期间，专利审查占用的时间越长，专利权人可以享有的专利独占保护期间就越短。为此，一些国家很早便在缔结的双边自由贸易协定中尝试推进延长专利期间的规定，以求在更大程度上保护专利权人的利益，使专利权保护期间减少因专利审查程序延迟带来的不确定性。美国较早在双边 FTA 中规定专利审查程序延迟需要延长专利保护期间是在 2004 年缔结的《美国－智利双边自由贸易协定》知识产权专章中。

美国－智利自由贸易协定知识产权专章

Article 17.9　Patents

……

6. Each Party shall provide for the adjustment of the term of a patent, at the request of the patent owner, to compensate for unreasonable delays that occur in granting the patent. For the purposes of this paragraph, an unreasonable delay shall be understood to include a delay in the issuance of the patent of more than five years from the date of filing of the application in the Party, or three years after a request for examination of the application has been made, whichever is later, provided that periods of time attributable to actions of the patent applicant need not be included in the determination of such delays.

第 17.9 条　专利

……

> 6. 各缔约方应规定，应专利所有人的请求，对专利权期间进行调整，以补偿在专利授权过程中发生的不合理迟延。基于本款之目的，不合理迟延是指在缔约方自专利申请之日起到专利授权公布超过5年形成的迟延，或者自对专利申请进行实质审查请求后3年形成的迟延，以居后者为准，如果该期间的延迟是由于专利申请人行为造成的，则不包含在此期间之内。

美国在2004年与智利缔结的双边自由贸易协定中，对专利保护期间的调整仅规定了因专利审查造成专利期间缩减需要延长这一种情形，主要体现在《美国-智利自由贸易协定》第17章"知识产权"第17.9条第6款之中。该协定规定，如果缔约方在进行专利审查过程中存在过分延长的情形，应当对专利权人给予专利独占期间上的补偿，并分别列出了两种计算方法：一是专利审查程序自专利申请之日起到专利授权公布超过5年；二是自专利申请人请求进行实质审查之日起超过3年。对于这些期间之后形成的迟延，应当延长专利权人的保护期间。美国在之后的双边及区域自由贸易协定中规定了类似的条款，要求贸易伙伴国予以接受。单从以美国为核心缔结的自由贸易协定发展来看，专利期间调整条款并没有太大变化，变化主要表现在给予缔约国的固定专利审查期间有所波动。如2009年的美国-秘鲁自由贸易协定有关专利期间调整的规定与美国-智利自由贸易协定保持一致，而同一年的美国-阿曼自由贸易协定却开始将专利审查期间调整为"自专利申请之日起到专利授权公布超过4年，或者自对专利申请进行实质审查请求后2年形成的迟延"。但在该协定之后，美国有关该期间的规定在不断回归最初的限定。2012年与韩国缔结的自由贸易协定中，美国将有关专利审查期间迟延规定为"自专利申请之日起到专利授权公布超过4年，或者自对专利申请进行实质审查请求后3年形成的迟延"。在美国退出前参与的CPTPP（美国参与时称TPP）以及在2019年与墨西哥、加拿大缔结的新自由贸易协定中都回到了最初的要求"自专利申请之日起到专利授权公布超过5年，或者自对专利申请进行实质审查请求后3年形成的迟延"。只是，在CPTPP中，在美国退出后，其余的缔约国已经将该专利期间调整条款予以冻结。由此可见，在以美国为核心缔结的双边及区域自由贸易协定中始终保持有关专利保护期间调整的确定，虽然中间曾意图压缩该期间，但也考虑到其他缔约国的专利审查制度及能力。

从以欧盟为核心缔结的相关贸易协定来看，并没有美国那样重视专利期间调整的规定，几乎没有有关专利审查程序迟延的期间调整规定。

（二）上市审批程序有关的专利期间调整

一般而言，所有专利权人均可以享有法律规定的20年独占保护期间。但由于一些产品的特殊性，如药品，在发明得到专利授权后，专利产品需要经相关上市审批程序批准后才能上市销售。这些特殊产品的上市审批程序所需期间发生在专利独占保护期间之内，造成对专利保护期间的占用，也相应缩短了专利权人的独占期间。

为了保证这些特殊产品不受上市审批程序的影响,在 TRIPS 后期缔结的自由贸易协定中,出现了对药品等特殊产品专利期间调整的规定。以美国为核心缔结的自由贸易协定则往往将有关药品等特殊产品的专利保护期间调整与其他措施如试验数据独占保护等并行适用。因此,有的协定不单独规定该种类型的期间调整,有的协定尽管规定了此类专利保护期间调整,但不作固定期间的规定,如美国 2012 年与韩国签订的自由贸易协定就是这种类型。

美国-韩国自由贸易协定

Article 18.8 [Patents]

......

6. (b) With respect to patents covering a new pharmaceutical product that is approved for marketing in the territory of the Party and methods of making or using a new pharmaceutical product that is approved for marketing in the territory of the Party, each Party, at the request of the patent owner, shall make available an adjustment of the patent term or the term of the patent rights of a patent covering a new pharmaceutical product, its approved method of use, or a method of making the product to compensate the patent owner for unreasonable curtailment of the effective patent term as a result of the marketing approval process related to the first commercial use of that pharmaceutical product in the territory of that Party. Any adjustment under this subparagraph shall confer all of the exclusive rights, subject to the same limitations and exceptions, of the patent claims of the product, its method of use, or its method of manufacture in the originally issued patent as applicable to the product and the approved method of use of the product.

第18.8条 专利

......

6. (b) 在缔约方境内对于已经获准上市的涵盖新药品的专利,以及已经获准上市的制造、使用新药品的方法,各缔约方应专利所有人的请求,应对涉及新药品、批准使用的方法或制造产品方法的专利期限或专利权期限进行调整,以补偿该缔约方境内由于药品首次商业利用上市审批造成的专利所有人有效专利期间的不合理缩短。依据本款进行的调整应包含适用于该产品以及批准产品使用方法原始发布专利中所主张产品、使用方法或制造方法专利的所有独占权利,并遵守同样的限制与例外。

与专利审查程序对专利保护期间延长的态度不同,在以欧盟为核心缔结的自由贸易协定中,有的协定规定了因上市审批程序对专利保护期间的调整,且规定了明确的固定保护期间,如欧盟与韩国缔结的自由贸易协定。

> **欧盟-韩国自由贸易协定**
>
> **Article 10.35　Extension of the duration of the rights conferred by patent protection**
>
> ……
>
> 2. The Parties shall provide, at the request of the patent owner, for the extension of the duration of the rights conferred by the patent protection to compensate the patent owner for the reduction in the effective patent life as a result of the first authorisation to place the product on their respective markets. The extension of the duration of the rights conferred by the patent protection may not exceed five years.
>
> **第10.35条　专利授予权利保护期间的延长**
>
> ……
>
> 2. 应专利所有人的请求，各缔约方应规定专利授予权利保护期间的延长，以补偿专利所有人由于产品首次授权进入相关市场造成的专利有效期间减少。所授予权利的专利保护期间延长不超过5年。

从专利保护期间的后期发展来看，国际层面已经对专利独占期间的调整给予关注。专利审查造成的不合理迟延及市场审批程序造成的专利独占期间缩短，会对专利权人的利益造成一定的损害。由于各国专利审查能力的特殊性，目前很难在国际范围内快速实现统一。因此，有关的专利期间调整应根据各国具体审查能力进行规定，也可以在符合要求的国家之间实现一定程度的统一。特殊产品上市审批程序对专利期间的影响面临同样的问题，但各国对于这一问题的解决方法有所不同，既有试验数据独占保护方式的路径，也有独立的专利权期间调整方式。若要解决这一问题，尚需对各种具体路径进行分析，很难简单通过专利期间调整的方式达成国际范围内的统一。

四、宽限期

在专利有效期间内，专利权人需定期缴纳维持费以维持专利权的有效性。宽限期是对专利权人错过缴纳维持专利有效费用期限时给予的优惠期，以保证专利能够继续维持专利的有效性。《巴黎公约》最早在国际专利法律规则体系中确定了专利权人可以享有的宽限期，规定了权利人可以享有6个月的宽限期。

> **《巴黎公约》**
>
> **Article 5bis　All Industrial Property Rights: Period of Grace for the Payment of Fees for the Maintenance of Rights; Patents: Restoration**
>
> (1) A period of grace of not less than six months shall be allowed for the payment of the fees prescribed for the maintenance of industrial property rights, subject, if the domestic legislation so provides, to the payment of a surcharge.
>
> (2) The countries of the Union shall have the right to provide for the restoration of patents which have lapsed by reason of non-payment of fees.
>
> **第5条之二　一切工业产权：缴纳权利维持费的宽限期；专利：恢复**
>
> (1) 关于规定的工业产权维持费的缴纳，应给予不少于6个月的宽限期，但是如果本国法律有规定，应缴纳附加费。
>
> (2) 本联盟各国对因未缴费而终止的专利有权规定予以恢复。

若维持专利的有效性，需要向国家主管机构缴纳维持专利有效的费用。由于多数国家按年缴纳该费用，这种维持费又被称为年费。各缔约国一般有缴纳维持费的规程，如果专利权人没有在有效期间内缴纳费用，就可能面临专利权的丧失。为了避免专利权人因各种原因错过缴纳费用而导致专利立即失效，《巴黎公约》为专利权人规定了宽限期。如果专利权人在6个月的宽限期内仍然没有完成维持费的缴纳，则专利权不再受法律保护。

第六节　方法专利

一、方法专利的保护范围

专利可以分为产品专利和方法专利，国际专利法律规则中也对方法专利的权利保护进行了特别的规定。对于方法专利，专利法保护的是方法，而非产品。但方法专利中既包括不会产生产品的操作方法，也包括能够制造产品的制造方法。方法专利的保护范围显然包含取得专利的方法本身，但是否包括依据方法专利可以获得产品，是有关方法专利规范的基础问题。对于这一问题，国际专利法律规则中作出了明确的规定，最早体现在《巴黎公约》第5条之四。

> **《巴黎公约》**
>
> Article 5quater　Patents: Importation of Products Manufactured by a Process Patented in the Importing Country
>
> 　　When a product is imported into a country of the Union where there exists a patent protecting a process of manufacture of the said product, the patentee shall have all the rights, with regard to the imported product, that are accorded to him by the legislation of the country of importation, on the basis of the process patent, with respect to products manufactured in that country.
>
> **第5条之四　专利：利用进口国的专利方法制造产品的进口**
>
> 　　一种产品进口到对该产品的制造方法有专利保护的本联盟国家时，专利权人对该进口产品应享有按照进口国法律，其对在该国依照专利方法制造的产品所享有的一切权利。

　　可见，按照《巴黎公约》的规定，各缔约国对于方法专利的保护应当及于依照方法制造的产品。对于在他国依照该方法专利制造的产品，进口到方法专利所有权人所在的国家时，专利所有权人可以对这些产品行使独占权。

　　方法专利的这一保护范围在 TRIPS 中得到了更为明确的规定。按照 TRIPS 第 28 条的规定，可以获得专利保护的专利包括产品专利和方法专利。方法专利规定在第 28 条第 1 款（b）项，对于方法专利，专利权人有权禁止任何第三方未经其同意使用专利方法，或者使用、许诺销售、销售依照该方法直接获得的产品。TRIPS 明确表明，对于方法专利的保护，包括依照该方法直接获得的产品。对于依照专利方法直接获得的产品，方法专利所有权人可以禁止任何第三方未经其同意的使用、许诺销售及销售行为。至于如何界定产品为"依据方法专利直接获得的产品"，由各成员立法加以进一步确定。

二、方法专利的举证责任

　　在专利法领域，专利侵权的判定是最复杂的问题之一，一般由各国国内法加以具体规定。侵权判定中涉及的方法专利举证责任问题更为复杂，它一方面存在适用民事诉讼法"谁主张，谁举证"一般原则的困难，另一方面适用举证责任倒置也会存在使被控侵权人处于不利地位的情形。为了在方法专利举证领域统一各成员做法，TRIPS 第 34 条规定了方法专利的举证责任问题。在该条中，TRIPS 明确了方法专利举证倒置的适用情形和适用条件，该条款也是 TRIPS 理解难点条款之一。

TRIPS

Article 34　Process Patents: Burden of Proof

1. For the purposes of civil proceedings in respect of the infringement of the rights of the owner referred to in paragraph 1 (b) of Article 28, if the subject matter of a patent is a process for obtaining a product, the judicial authorities shall have the authority to order the defendant to prove that the process to obtain an identical product is different from the patented process. Therefore, Members shall provide, in at least one of the following circumstances, that any identical product when produced without the consent of the patent owner shall, in the absence of proof to the contrary, be deemed to have been obtained by the patented process:

(a) if the product obtained by the patented process is new;

(b) if there is a substantial likelihood that the identical product was made by the process and the owner of the patent has been unable through reasonable efforts to determine the process actually used.

2. Any Member shall be free to provide that the burden of proof indicated in paragraph 1 shall be on the alleged infringer only if the condition referred to in subparagraph (a) is fulfilled or only if the condition referred to in subparagraph (b) is fulfilled.

3. In the adduction of proof to the contrary, the legitimate interests of defendants in protecting their manufacturing and business secrets shall be taken into account.

第34条　方法专利：举证责任

1. 就第28条第1款（b）项所指的侵害所有权人权利的民事诉讼而言，如专利客体是获取产品的方法，则司法机关有权责令被告证明其获得相同产品的方法不同于专利方法。因此，各成员应规定至少在下列任一情况下，任何未经专利所有权人同意而生产的相同产品，如无相反的证明，应被视为通过该专利方法获得：

（a）如通过该专利方法获得的产品是新产品；

（b）如存在实质性的可能表明该相同产品是由该方法生产的，而专利所有权人经过合理努力不能确定事实上使用了该方法。

2. 只有在满足（a）项所指条件或满足（b）项所指条件的情况下，成员才可以规定第1款所指的举证责任由被指控侵权人承担。

3. 在引述相反证据时，应考虑被告方在保护其制造和商业秘密方面的合法权益。

（一）举证责任倒置的原因

TRIPS第34条涉及方法专利的侵权诉讼中被控侵权人的举证责任倒置问题。按照TRIPS第34条的规定，适用该条款应符合其设定的适用条件。首先需要明确的是，第34条规定的方法专利并不囊括所有方法专利，它仅对能够获取产品的方法专利适用。也就是说，方法专利既包括能够制造产品的制造方法，也包括不会产生产品的纯粹作业或使用方法，第34条仅适用于可以制造产品的制造方法。

在方法专利的侵权诉讼中，如果方法专利权人主张被控侵权人侵犯其方法专利，按照民事诉讼法的一般举证原则，应当由专利权人证明侵权行为的成立。一般而言，专利权人通常能够取得的是相关产品。但对于被控侵权产品，其制造方法可能与方法专利相同，也可能不同。如果被控侵权人使用不同于专利权人专利的方法制造相同产品，则其实质上并不侵犯专利权人的方法专利。而这一点如果由专利权人来证明可操作性很差，甚至是不可能完成的，如在商业秘密的情形下。基于此，TRIPS第34条规定"司法机关有权责令被告证明其获得相同产品的方法不同于专利方法"，即由被控侵权人承担举证责任。确定这一举证责任的原则性规定意味着，如果被告没有实现充分的证明责任，即未证明其所使用的技术不同于方法专利，司法机关将判定被告承担侵权的不利后果，举证责任倒置，由专利权人转向施加于被告。这里需要考虑的问题是，就直接将举证责任倒置施加于被告，如果被告不能充分举证，就直接判定侵犯方法专利权，对于被告是否公平？对于这个问题，TRIPS给予了考虑，结合TRIPS条款分析，其给出的答案是，只有在符合特定条件的情形下，才能实行举证责任倒置。TRIPS第34条第1款设定了被告承担举证责任的两项条件："（a）如通过该专利方法获得的产品是新产品；（b）如存在实质性的可能表明该相同产品是由该方法生产的，而专利所有权人经过合理努力不能确定事实上使用了该方法。"TRIPS第34条第2款再次明确了这两项条件的作用，"只有在满足（a）项所指条件或满足（b）项所指条件的情况下，成员才可以规定第1款的举证责任由被指控侵权人承担"。结合第34条第1款与第2款可以确定，方法专利权人只有在满足第1款规定的两项条件中的任何一项时，司法机关才能将举证责任施加于被告，并由其承担举证不能的侵权不利后果。

（二）举证责任倒置适用条件分析

对于TRIPS设定两项条件的理解，我们可以通过对被告不利影响的具体情形分析得出。相对于专利权人的方法专利，被告使用的技术大致有三种类型，即公知技术、专利技术和保密技术。首先，专利技术几无可能，即使是改进专利，也需要方法专利权人许可，否则构成侵权，可予以排除。然后，将被告使用的技术分为两种情形分析——公知技术和保密技术。这两种情形可以分别引发不同的侵权判定结果，具体分析如图4-1所示。

无论被告使用的技术是公知技术还是保密技术，我们都可以将其进一步细分为"早于方法专利使用的技术"和"晚于方法专利出现的技术"。如果被告使用的是晚于方法专利出现的技术，就意味着与被告制造的产品相比，方法专利权人利用方法专利制造的产品是"新产品"。通过对被告使用技术的8种情形分析，我们可以看

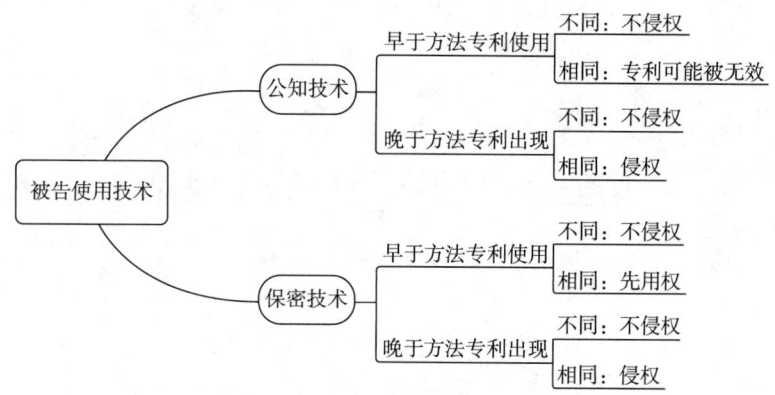

图 4-1 方法专利被告举证责任分析

出,无论何种情形,只要被告使用的技术不同于方法专利,均不构成侵权。但分析剩余相同的 4 种情形,我们会发现,如果被告不能举证证明,司法机关直接推定其使用与方法专利相同的技术,作出侵权判定对被告并不公平。在被告早于方法专利使用相同技术制造产品的情形下,如被告在方法专利申请之前处于保密状态,在方法专利授权后,按照各国的专利法均构成先用权使用例外,可以形成对专利侵权的合法抗辩;如被告在方法专利之前使用的是公知技术,构成对专利的现有技术抗辩。但如果被告晚于方法专利使用相同技术制造产品,方法专利所有权人生产的为"新产品",则可以确定被告行为构成专利侵权。由此我们可以得出结论,在方法专利所有权人证明其产品是新产品时,可以推定由被告承担举证不能的不利后果。这也是 TRIPS 第 34 条规定由被告承担不利后果的第一种情形:通过该专利方法获得的产品是新产品。对于"新产品"的具体界定标准,TRIPS 留给各成员立法进行确定。有时,"新产品"难以证明,TRIPS 为此给出了第二种选择方案。在"新产品"难以证明的情形下,司法机关要面对技术相同的 4 种情形进行推定。对此,TRIPS 第 34 条第 1 款(b)项规定的第二种选择方案中增加了两项限定条件:一是专利权人应证明存在实质性的可能表明该相同产品是由该方法生产的;二是专利权人经过合理的努力仍无法证明。如果同时满足这两项条件,司法机关就可以将举证责任施加于被告,由其承担举证不能的不利后果。TRIPS 规定对于这两项条件,成员可以选择其一进行适用,也可以共同适用。

如被告使用的是保密技术,在承担证明其使用技术不同于方法专利时,需要向司法机关公布其保密的技术方案,以摆脱侵权指控。为此,TRIPS 第 34 条第 3 款规定了成员的保密义务,规定在引述相反证据时,成员应考虑被告在保护其制造和商业秘密方面的合法权益。

第五章 国际版权法律规则

第一节 概述

一、国际版权法律规则的历史发展

（一）国际版权法律规则的形成

国际版权法律规则发展于18世纪末19世纪初期，一些欧洲国家开始在双边协定中根据互惠原则，在本国给予外国作者著作权法律保护。但由于各国均侧重对本国作者的保护，版权规则在跨国层面并未得到实质性的发展。对早期国际版权法起到推动作用的当属法国，法国在1852年的立法中率先规定对外国作者给予和本国作者同样的保护，且不要求任何互惠待遇。法国的这一规定使其在国际版权立法进程中的地位脱颖而出，成为"世界上对文学财产保护最重要的国家"。在随后的10年，法国与其他国家签订了24项双边协定，并积极推动多边谈判的进程。[1] 1878年，法国在巴黎召集了国际文学大会，法国著名作家维克多·雨果担任会议主席，并最终成立了国际文学与艺术协会（International Literary and Artistic Association, ALAI）。经过几年的磋商后，ALAI的10个国家于1886年在瑞士伯尔尼召开大会，并缔结了第一个国际版权条约——《伯尔尼公约》。这10个国家包括比利时、法国、德国、意大利、海地、利比里亚、西班牙、瑞士、突尼斯和英国。[2]《伯尔尼公约》在1886年缔结后先后经历了6次修改，最近的修改是在1971年。时至今日，《伯尔尼公约》依然是最重要的国际知识产权条约之一，它确定了国际版权法律保护的基本原则和各成员国内立法应遵从的最低标准。

（二）近代国际版权法律规则的代表——TRIPS

1994年，继《伯尔尼公约》之后，在WTO组织下缔结了TRIPS。TRIPS遵循

---

[1] ZORINA B K. An economic history of copyright in Europe and the United States [EB/OL]. [2020-05-03]. https://eh.net/encyclopedia/an-economic-history-of-copyright-in-europe-and-the-united-states/.

[2] DANIEL C K C, EDWARD L. International intellectual property: Problems, cases, and materials [M]. 2th ed, Opperman: West A Thomson Busniess, 2012: 87.

《伯尔尼公约》中的基本原则，TRIPS 第 2 条明确规定将《伯尔尼公约》1971 年巴黎文本中的部分条款纳入 TRIPS 的内容，要求成员不得违背《伯尔尼公约》项下应当承担的既有义务。TRIPS 第 9 条明确规定了协定与《伯尔尼公约》的关系。

> **TRIPS**
> **Article 9　Relation to the Berne Convention**
> 1. Members shall comply with Articles 1 through 21 of the Berne Convention (1971) and the Appendix thereto. However, Members shall not have rights or obligations under this Agreement in respect of the rights conferred under Article 6bis of that Convention or of the rights derived therefrom.
>
> **第 9 条　与《伯尔尼公约》的关系**
> 1. 各成员应遵守《伯尔尼公约》（1971 年）第 1 条至第 21 条及其附录的规定。但是，对于该公约第 6 条之二授予或衍生的权利，各成员在本协定项下不享有权利或义务。

TRIPS 第 9 条规定了成员应遵守《伯尔尼公约》的具体内容，是《伯尔尼公约》（1971 年）的第 1 条至第 21 条及其附录。《伯尔尼公约》（1971 年）共 38 条，从第 22 条开始主要是关于公约大会召集与表决程序、行政任务执行、经费、公约加入及退出等方面的规定。结合 TRIPS 第 2 条的规定，TRIPS 纳入的主要是有关知识产权保护的相关实质性规定。

在《伯尔尼公约》的基础之上，TRIPS 对国际版权保护的法律规则进行了较为细致的规定，主要体现在第二部分"有关知识产权的效力、范围及利用标准"的第一节内容之中，包含 6 个条款，主要包括计算机程序与数据的汇编、出租权、保护期、限制与例外以及对录音制品和广播组织的扩充保护等内容。到目前为止，《伯尔尼公约》和 TRIPS 共同构成国际版权法律规则的重要渊源。TRIPS 的谈判以"与贸易有关的"知识产权为重点，在 TRIPS 谈判的后期，互联网和其他数字媒体发展在国际商务中的重要作用日益显现。因此，TRIPS 签署的墨迹未干就已经落后于全球经济的发展。❶

（三）数字化时代国际版权法律规则的应对

20 世纪的国际版权法律规则虽然已经确定，但开始面临互联网和数字技术发展对传统版权规则的挑战。由此，数字环境下国际版权规则的磋商提上议程，这一磋商在 WIPO 管理下展开。

为了应对 TRIPS 未规定的数字环境下的版权保护，1996 年，WIPO 在日内瓦缔

---

❶ 弗雷德里克·M. 阿伯特，托马斯·科蒂尔，弗朗西斯·高锐. 世界经济一体化进程中的国际知识产权法 [M]. 王清，译，北京：商务出版社，2014：747.

结了《世界知识产权组织版权公约》（WCT）和《世界知识产权组织表演和录音制品条约》（WPPT）。WCT 是《伯尔尼公约》所指的特别条约，主要涉及数字环境中对作品及作品作者的保护。任何缔约方均要遵守《伯尔尼公约》（1971 年）的实质性规定。WCT 要求对计算机程序和数据或其他资料汇编（数据库）进行保护。除《伯尔尼公约》规定的权利外，WCT 为作者规定了发行权、出租权及向公众传播权。WCT 在 2002 年正式生效。[1] WPPT 规定了数字环境下表演者和录音制品制作者两种受益人的知识产权。由于条约授予表演者的大部分权利都是与其录制的、纯粹有声的表演相关的权利，WPPT 将表演者和录音制品制作者权在条约中一同规定。WPPT 也于 2002 年正式生效。[2] 由此，《伯尔尼公约》、TRIPS 结合数字环境下制定的 WCT 和 WPPT 两项条约，共同构成现代国际知识产权版权规则的基本构架。

在 TRIPS 及 WCT、WPPT 之后，国际版权法律规则也在一些发达国家缔结的双边或区域自由贸易协定中有所发展。虽然这些双边或区域自由贸易协定中的版权规则并未在国际层面上达成一致，甚至有些条款还存在较大的分歧，但也对国际版权规则的发展有着较为重要的影响。

二、国际版权法律规则的特征

国际版权法律规则在体系结构方面，与国际知识产权法律规则体系的基本结构保持一致，在国民待遇原则的基础之上，制定了有关版权客体、排他性权利、权利限制及保护期间等具体权利义务规则，作为缔约国应当遵守的最低义务标准。但由于版权具有自身的法律属性，在国际版权法律规则的内容及发展方面体现出不同于其他知识产权客体的特征。

（一）基本内容为实体性规则

国际知识产权法律规则包括实体性规则和程序性规则，国际版权法律规则主要体现为实体性的国际规则。这一点与国际专利法律规则和国际商标法律规则体系不同，后两者的规则体系既包括实体性国际规则，也包括程序性国际规则。国际版权法律规则的这一特征与版权取得的法律属性有关，版权不需要通过国家相关行政机构审查批准授权取得，版权可以得到自动保护，即使是在国际层面，版权自动保护原则也得到一致承认。版权自动保护原则是《伯尔尼公约》中确立的一项重要原则，主要体现在《伯尔尼公约》第 5 条第（2）款。

---

[1] Summary of the WIPO Copyright Treaty（WCT）[EB/OL]. [2019-11-28]. https：//www.wipo.int/treaties/en/ip/wct/summary_wct.html.

[2] Summary of the WIPO Performances and Phonograms Treaty（WPPT）[EB/OL]. [2019-11-28]. https：//www.wipo.int/treaties/en/ip/wppt/summary_wppt.html.

> **《伯尔尼公约》**
>
> **Article 5**
>
> ...
>
> (2) The enjoyment and the exercise of these rights shall not be subject to any formality; such enjoyment and such exercise shall be independent of the existence of protection in the country of origin of the work.
>
> **第 5 条**
>
> ……
>
> (2) 享有和行使这些权利不需要履行任何手续，也不论作品起源国是否存在保护。因此，除本公约条款外，保护的程度以及为保护作者权利而向其提供的补救方法完全由被要求给以保护的国家的法律规定。

根据版权自动保护原则，版权取得不需要履行任何手续，也不需要出版。无论在作品的起源国还是在起源国之外的其他缔约国，都可以获得版权保护。因此，在国际版权法律规则体系中，不需要对在其他缔约国取得知识产权进行申请、审查或注册程序方面的国际协调。相应地，也就没有关于这方面的程序性国际规则。

（二）邻接权一体化规则发展迅速

广义的版权体系包括版权与邻接权，邻接权是指作者之外的主体对作品之外的客体享有的权利，主要是在版权成果传播利用过程中产生的权利，如表演者权、录音制品制作者权及广播组织权等。在国际版权规则体系中，发展较为突出的一体化规则内容主要是有关邻接权的一体化规则。自《伯尔尼公约》之后，实现一体化的规则多数是规范邻接权的国际规则，如《罗马条约》《世界知识产权组织表演和录音制品条约》及《北京条约》等。

国际版权领域主要是对版权及邻接权规则的一体化，反映了国际版权法律规则与国际贸易的密切联系。版权保护客体在其他国家可以自动取得保护，不需要履行手续，这使得版权国际贸易更加便捷和频繁，从而对于邻接权国际规则的需求更加迫切。邻接权国际规则的一体化也促进了作品在国际范围的传播和利用。随着科技的发展，高附加值文化创意产品的商业价值越来越大，版权利用方面国际规则的一体化程度势必会强于其他领域的国际规则。

（三）以经济权利保护规范为主

版权所有人享有的版权可以分为经济权利和精神权利，经济权利是指以版权所有人依法利用作品并获取经济回报的权利，精神权利主要是与作者人身权密切相关的体现作者精神利益的权利。两大法系对于精神权利的重视程度有较大差别，大陆法系重视保护作者所享有的精神权利，认为精神权利是作者的天赋人权，不可转让。大陆法系中持"一元论"的国家甚至规定，作者享有版权中的经济权利也同样不可转让。在这种背景下,版权规则在精神权利领域进一步实现国际一体化的难度较大。

19世纪《伯尔尼公约》制定之时,处于国际版权规则领导地位的国家是法国。作为大陆法系国家的代表,法国非常重视版权精神权利的保护,在《伯尔尼公约》的磋商过程中也纳入了对精神权利的讨论,在《伯尔尼公约》中制定了有关精神权利保护的规范。但在《伯尔尼公约》之后的国际版权法律规则中,对版权所有人享有的权利内容的规范则主要体现为对经济权利的保护,TRIPS对《伯尔尼公约》的合并内容并未包含精神权利方面的规定。但精神权利依然是国际版权规则体系的重要组成部分,尽管两大法系对于精神权利的立法态度有较大分歧,也存在对于精神权利共同认可的规定,如精神权利的不可转让性等。在WPPT和《北京条约》中也规定了表演者的精神权利,但总体而言,依然以对权利人的经济权利保护为主要规范内容。

第二节 版权保护的客体

版权保护的客体是指版权法中权利义务关系所指向的对象,一般指符合法定条件的文学和艺术作品。版权保护客体的类型与条件是国际版权法律规则需要明确的重点内容,无论在《伯尔尼公约》还是TRIPS中,均有明确的界定。随着社会的发展,版权保护客体的类型也在不断发展,一些重要国际版权公约的出现往往伴随着对新类型版权客体的界定。

一、《伯尔尼公约》的版权保护客体

《伯尔尼公约》第2条第(1)款列举了联盟成员国可以取得版权保护的作品条件和类型。

> **《伯尔尼公约》**
>
> **Article 2**
>
> (1) The expression "literary and artistic works" shall include every production in the literary, scientific and artistic domain, whatever may be the mode or form of its expression, such as books, pamphlets and other writings; lectures, addresses, sermons and other works of the same nature; dramatic or dramatico-musical works; choreographic works and entertainments in dumb show; musical compositions with or without words; cinematographic works to which are assimilated works expressed by a process analogous to cinematography; works of drawing, painting, architecture, sculpture, engraving and lithography; photographic works to which are assimilated works expressed by a process analogous to photography; works of applied art; illustrations, maps, plans, sketches and three-dimensional works relative to geography, topography, architecture or science.

> **第 2 条**
> （1）"文学和艺术作品"一词包括文学、科学和艺术领域内的一切成果，不论其表达形式或方式如何，诸如书籍、小册子和其他文字作品；授课、演讲、布道和其他同类性质作品；戏剧或音乐戏剧作品；舞蹈艺术作品和哑剧；配词或未配词的乐曲；电影作品和以类似摄制电影的方法表现的作品；图画、油画、建筑、雕塑、雕刻和版画作品；摄影作品和以类似摄影的方法表现的作品；实用艺术作品；与地理、地形、建筑或科学有关的插图、地图、设计图、草图和立体作品。

（一）《伯尔尼公约》版权保护客体的类型

1. 作品类型

《伯尔尼公约》第 2 条第（1）款对客体的表现进行列举，按照版权保护的客体大致包括：①文字作品（书籍、小册子等）；②口述作品（授课、演讲、布道等）；③戏剧作品；④舞蹈作品；⑤音乐作品；⑥电影作品和以类似摄制电影方法创作的作品；⑦美术作品（图画、油画、建筑、雕塑、雕刻和版画等）；⑧摄影作品；⑨实用艺术作品；⑩图形作品和立体作品（插图、地图、设计图、草图等）。

2. 演绎作品

演绎作品是指在已有作品基础之上进行创作形成的作品。尽管演绎作品是根据原有作品创作产生的，但只要具备作品保护的法定条件，也应同样受到版权法的保护。《伯尔尼公约》第 2 条第（3）款明确了对演绎作品的保护，"翻译、改编、乐曲改编以及对文学或艺术作品的其他变动应得到与原作品同等的保护，但不得损害原作的版权"。演绎作品作者不得损害原作者的版权，对原作品进行改编、翻译等改动时应当取得原作品作者的许可。其他第三方在利用演绎作品时，也要取得原作者和演绎作品作者的双重授权。

《伯尔尼公约》第 2 条第（5）款还规定了一种特别的演绎作品类型，即百科全书和选集等文学或艺术作品的汇编作品。《伯尔尼公约》之所以将汇编作品单独进行规定是因为此种汇编作品的独创性不如其他演绎作品明显，往往是对已有作品或作品节选的编制。为此，《伯尔尼公约》规定，"百科全书或选集等文学或艺术作品的汇编，如果因其内容的选择和编排构成智力创作成果，应受到相应的保护"。这表明，只有符合《伯尔尼公约》条件的汇编成果，才可以使作品得到版权法律保护，且汇编成果中包含的各件作品之版权不受影响。

（二）《伯尔尼公约》版权客体保护的条件

《伯尔尼公约》第 2 条第（1）款表明了受版权保护客体的基本条件，即"表达"。但《伯尔尼公约》并未限制"表达"的形式，规定作品可以任何形式表达，

也可以任何方式向公众公开，无论是以书面还是口头形式。❶

作品的"表达"涉及对作品是否要求以某种有形形式固定的问题。各国对于是否需要将固定作为作品保护条件的规定并不一致，有些国家要求以固定作为作品保护的条件，甚至直接规定作品的首次固定之时为作品的创作产生之时。而有的国家并不要求以固定作为作品得到保护的条件，只要其可以被固定下来，就满足作品保护的条件。面对成员国之间的这种差异性规定，《伯尔尼公约》有必要明确其所持有的立场。《伯尔尼公约》认为，对于存在的现有差异，只要对知识创造性的表现给予保护，成员国可以自行确定是否保持立法现状。《伯尔尼公约》对此问题不施加任何立场，不进行任何解释，由成员国自由决定是否以某种形式的固定作为作品保护的条件。❷

二、TRIPS 的版权保护客体

（一）一般保护客体

基于《伯尔尼公约》对版权保护客体的基础性规定，TRIPS 采取了原则性规定与新增作品类型相结合的规范方式。TRIPS 第 9 条第 2 款规定了对于版权保护客体的原则性规定，即版权保护仅延伸至表达，而不延伸至思想、程序、操作方法或数学概念等。

TRIPS

Article 9　Relation to the Berne Convention

1. Members shall comply with Articles 1 through 21 of the Berne Convention (1971) and the Appendix thereto. However, Members shall not have rights or obligations under this Agreement in respect of the rights conferred under Article 6bis of that Convention or of the rights derived therefrom.

2. Copyright protection shall extend to expressions and not to ideas, procedures, methods of operation or mathematical concepts as such.

第 9 条　与《伯尔尼公约》的关系

1. 各成员应遵守《伯尔尼公约》（1971 年）第 1 条至第 21 条及其附录的规定。但是，对于该公约第 6 条之二授予或派生的权利，各成员在本协定项下不享有权利或义务。

2. 版权的保护仅延伸至表达，而不延伸至思想、程序、操作方法或数学概念本身。

---

❶ World Intellectual Property Organization. Guide to the Berne Convention for the Protection of Literary and Artistic Works (Paris Act, 1971), WIPO Publication, 1978: 13.

❷ Guide to the Berne Convention for the Protection of Literary and Artistic Works (Paris Act, 1971), p18.

TRIPS 规定的这一原则对可保护客体与不可保护客体划定了基本的界限：版权只延及表达，而不延及其潜在的思想。随着技术的发展，作品表达形式也日益多样化，表达与思想之间界限的划分也越来越复杂。根据条约的解释，成员和国内法院可以决定与表达相对应的不受保护程序、操作方法等概念的含义和构成。❶

（二）计算机程序和数据汇编

1. TRIPS 的规定

TRIPS 第 10 条规定《伯尔尼公约》未明确的两种新作品类型——计算机程序和数据汇编。美国是最早对计算机程序法律保护模式展开讨论的国家。1974 年，美国成立美国版权作品新技术应用全国委员会（National Commission on New Technological Uses of Copyrighted Works，CONTU），研究类似计算机软件这种新技术的特性，并对知识产权法的修订提出适当的建议，CONTU 倾向于认为版权是计算机软件保护的最适合模式。❷ 因此，1971 年修订的《伯尔尼公约》版权保护客体中还未规定计算机程序的作品类型。到 TRIPS 制定之时，对计算机程序这种作品类型进行了补充，规定对于计算机程序，无论是源代码还是目标代码，都作为《伯尔尼公约》（1971年）文本项下的作品加以保护，由此确立了计算机程序在国际版权法律规则中的正式法律地位。除计算机程序外，TRIPS 第 10 条规定了数据汇编的版权保护，"数据汇编或其他资料的汇编，无论机器可读还是其他形式，只要由于对其内容的选取或编排而构成智力创作，即应作为智力创作加以保护"。《伯尔尼公约》中已经规定对汇编作品的版权保护，并提出"内容选择与编排"具有独创性的保护要求。广义而言，TRIPS 对数据汇编的版权保护也是汇编作品的一种，但其与《伯尔尼公约》的汇编作品有所区别。《伯尔尼公约》对汇编作品的界定限于对"作品"的汇编，并不包含对非作品的"数据"汇编。TRIPS 则明确了对于不构成作品的数据或其他材料的汇编，只要满足"内容选择与编排"具有独创性的要求，就应当得到版权的法律保护。对数据汇编成果的保护，补充了《伯尔尼公约》有关汇编作品的规定，但也同时规定对数据汇编成果的保护并延及数据或其他材料本身，也不得损害数据或其他材料本身已有的版权。

2. WCT 的规定

在《世界知识产权组织版权条约》（WCT）中，对于计算机程序和数据汇编作出了与 TRIPS 基本一致的规定，只是在对计算机程序用语的界定时有所区别。我们可以对两个国际条约的相应条款加以对比。

---

❶ PATRICK F J M, et al. The world trade organization：Legal，economic and political analysis [M]．Berlin-Heidelberg：Springer，2005：1083．

❷ SINHA M K, MAHALWAR V. Copyright Law in the digital world [M]．Singapore：Springer Nature Singapore Pte Ltd，2017：189．

> **TRIPS 与 WCT 对比**
>
> TRIPS Article 10: Computer programs, whether in source or object code, shall be protected as literary works under the Berne Convention (1971).
>
> WCT Article 4: Computer programs are protected as literary works within the meaning of Article 2 of the Berne Convention. Such protection applies to computer programs, whatever may be the mode or form of their expression.
>
> TRIPS 第 10 条:计算机程序,无论是源代码还是目标代码,应作为《伯尔尼公约》(1971 年)项下的文学作品加以保护。
>
> WCT 第 4 条:计算机程序作为《伯尔尼公约》第 2 条意义下的文学作品受到保护。此种保护适用于各计算机程序,而无论其表达方式或表达形式如何。

可以看出,WCT 在对计算机程序规定中用语变化最大的是将 TRIPS 中"无论源代码还是目标代码"的界定修改为"无论其表达方式或表达形式如何",这一修改体现了 WCT 立法者在立法水平上的提高。TRIPS 以计算机领域中的语言进行界定,一方面会在法学领域造成理解上的一定困难,另一方面这种技术性语言也会随着时代的发展而发生较大变化,并不适宜使用在法律条文之中。稳定性是法律的最重要特点,WCT 中使用在法律上更清楚的界定,并为计算机程序未来的技术发展预留空间。WCT 在对数据汇编的规定中也有类似的修改,如 TRIPS 对数据汇编的界定是"无论机器可读还是其他形式",在 WCT 中的表达修改为"无论以任何形式"。另外,WCT 对保护计算机程序的法律依据进行了进一步的明确,即以《伯尔尼公约》第 2 条意义中的文学艺术作品进行保护。这一规定与 TRIPS 一致,只是增加了《伯尔尼公约》第 2 条的具体条文依据,这一修改对于国际条约的理解会更为清晰。TRIPS 原使用的表达"protected as literary works",对于"literary works"理解的范围过于宽泛,如在我国有些 TRIPS 文本的翻译中就将这一概念译为"文字作品"。WCT 界定了《伯尔尼公约》的具体条款后,《伯尔尼公约》第 2 条对"literary and artistic works"(文学与艺术作品)作出的定义保证了概念理解的准确性。明确"literary works"的来源后,我们在中文中就不会再轻易将这一概念理解为除文学艺术作品之外的其他含义,可以减少理解上的歧义。因此,这一修改虽然微小,但具有一定的意义。

第三节 精神权利

版权的权利内容由两部分组成,即精神权利和经济权利。各国对于精神权利的分歧较大。大陆法系国家强调对作者精神权利的保护,认为这是作者应当享有的自然权利,强调精神权利是作品之上体现作者独特人格印记的特征。而英美法系国家则更加强调经济权利的保护,甚至忽略精神权利的保护,认为精神权利的行使会阻碍经济权利的实现。因此，国际版权法律规则中对于精神权利的统一内容较为有限，本章以国际条约的历史发展为主线，将对精神权利的保护一并阐述。

一、《伯尔尼公约》的精神权利

《伯尔尼公约》第 6 条之二对精神权利进行了明确的界定，要求成员国提供精神权利的保护。一些英美法系国家随后在立法中补充了有关精神权利保护的内容，但有的国家依然排斥对于精神权利的保护，甚至为此迟迟不愿加入《伯尔尼公约》，如美国，其直到 1988 年才加入《伯尔尼公约》。基于此，精神权利在国际知识产权规则的发展中也具有较为特殊的处境，虽然在《伯尔尼公约》中得以规定，却在 TRIPS 中明确豁免了成员遵守《伯尔尼公约》第 6 条之二精神权利的义务。

《伯尔尼公约》

Article 6bis

（1）Independently of the author's economic rights, and even after the transfer of the said rights, the author shall have the right to claim authorship of the work and to object to any distortion, mutilation or other modification of, or other derogatory action in relation to, the said work, which would be prejudicial to his honour or reputation.

（2）The rights granted to the author in accordance with the preceding paragraph shall, after his death, be maintained, at least until the expiry of the economic rights, and shall be exercisable by the persons or institutions authorised by the legislation of the country where protection is claimed. However, those countries whose legislation, at the moment of their ratification of or accession to this Act, does not provide for the protection after the death of the author of all the rights set out in the preceding paragraph may provide that some of these rights may, after his death, cease to be maintained.

（3）The means of redress for safeguarding the rights granted by this Article shall be governed by the legislation of the country where protection is claimed.

第 6 条之二

（1）不受作者经济权利的影响，甚至在上述经济权利转让之后，作者仍保有要求其作品作者身份的权利，并有权反对对其作品的任何有损其声誉的歪曲、割裂或其他更改，或其他损害行为。

（2）根据以上第（1）款给予作者的权利，在其死后应至少保留到作者经济权利期满为止，并由被要求给予保护的国家本国法所授权的人或机构行使之。但在批准或加入本公约文本时其法律中未包括有保证在作者死后保护以上第（1）款承认的全部权利的各国，有权规定对这些权利中某些权利在作者死后不予保留。

（3）为保障本条所承认的权利而采取的补救方法由被要求给予保护的国家的法律规定。

(一) 精神权利的主要内容

《伯尔尼公约》第 6 条之二是关于精神权利的规定，但这一条款并非在 1886 年缔结之初便已规定，而是在 1928 年罗马修订会议之上增加而成。第 6 条之二第 (1) 款明确规定了作者可以享有的以下两项精神权利。

1. 主张作者身份权

1978 年，世界知识产权组织在对《伯尔尼公约》进行解释的指南中，对公约规定的主张作者身份权给予比较详细的解释。作者的身份权可以依其意愿行使，甚至可以以一种消极的方式行使，如使用化名或者匿名。作者也可以随时改变心意，不再使用化名或者放弃匿名。作者可以禁止他人将自己的名字用于非其创作的作品之上，任何人也不应窃取别人的名字添加在其未创作的作品之上。[1]

《伯尔尼公约》第 10 条第 (1) 款和第 (2) 款规定了两种对使用作品的限制，包括引用报纸文章和新闻稿，以教学示例方法使用作品。《伯尔尼公约》第 10 条第 (3) 款要求，尽管可以按照第 (1) 款和第 (2) 款的限制合理使用作品，但如果作品上署有作者的姓名，就必须在使用时提及作者的姓名。这一款被认为构成主张作者身份权的另一项内容。

2. 禁止歪曲篡改权

按照《伯尔尼公约》的规定，作者可以禁止任何对作品的歪曲篡改或其他损害行为。对于何种行为可被界定为歪曲或损害行为，公约并没有作进一步的规定，而是留给各成员国立法加以明确。这一项权利在我国的《著作权法》中被称为"保护作品完整权"。

在 1928 年的罗马修订会议上，曾有代表提议增加"决定作品是否公之于众的权利"，即发表权，作者可以有独占的权利决定是否或以何种方式将其作品公之于众。发表权可以保护作者，比如在债权诉讼中，作者可以防止因为未缴房租而征收其书稿出版。但由于观点上的分歧，一些国家法律明确承认这一权利，而有些国家则将其交由法院裁决，导致公约修订大会上的这一议案被搁置，后期的修订会议上也未再提出。[2]

(二) 精神权利的保护

各成员国对于精神权利的保护应当独立于经济权利，精神权利的行使不受经济权利的影响。按照《伯尔尼公约》的规定，即使在作者将经济权利转让以后，作者仍然可以要求对其精神权利加以保护。

《伯尔尼公约》对精神权利的保护期间规定了最低标准，要求成员国在作者去世后，至少在经济权利保护期间要同样保护精神权利。这就意味着精神权利的保护

---

[1] Guide to the Berne Convention for The Protection of Literary and Artistic Works (Paris Act, 1971), p41.
[2] Guide to the Berne Convention for The Protection of Literary and Artistic Works (Paris Act, 1971), p43.

期间至少等同于经济权利的保护期间,并且不排除成员国根据本国立法给予更长时间的保护,如永久性保护。在作者去世后,作者精神权利的维护主体根据被请求保护国的立法确定。对于在精神权利保护期间,侵害精神权利的救济方法,《伯尔尼公约》第6条之二第(3)款规定可以由成员国法律加以确定。

二、TRIPS:精神权利的排除

对于《伯尔尼公约》中有关版权保护的实体规定,几乎都被并入 TRIPS 之中。只有对于《伯尔尼公约》第6条之二规定的精神权利保护,TRIPS 第9条第1款进行了明确的排除,"各成员应遵守《伯尔尼公约》(1971年)第1条至第21条及其附录的规定。但是,对于该公约第6条之二授予或衍生的权利,各成员在本协定项下不享有权利或义务"。

在 TRIPS 的谈判中,美国毫无疑问是拥有最强谈判能力的国家。但美国在版权法进程中更加强调对经济权利的保护,认为精神权利的行使会阻碍经济权利的实现,典型案例如在法国审理的涉及美国影片的 Huston 案。为此,直到1988年美国才加入《伯尔尼公约》。而其加入《伯尔尼公约》并非因为改变对精神权利的态度,而是为了通过利用《伯尔尼公约》中的国民待遇原则,为本国作品在海外提供更强的保护。在 TRIPS 制定过程中,美国说服了 WTO 的其他成员,将《伯尔尼公约》第6条之二款从 TRIPS 中排除出去。❶ 尽管 TRIPS 排除了《伯尔尼公约》第6条之二,但并不意味着第6条之二规定的精神权利可以不被保护。《伯尔尼公约》的规定依然应当被遵守,有关精神权利的规定也依然是各成员需要达到的最低保护标准。只是在国际法层面,《伯尔尼公约》第6条之二与其他义务条款一样属于"无牙齿"的伯尔尼义务。❷ 所谓"无牙齿",就是即使成员国违背《伯尔尼公约》的义务,《伯尔尼公约》本身并没有相应的机制予以惩罚。TRIPS 则不同,如果成员违背 TRIPS 规定的义务,WTO 体制下设有争端解决机制,可以对不符合要求的成员施加贸易制裁或相应惩罚,就是为知识产权保护安装了"牙齿"。正因如此,WTO 的争端解决机制也被称为 WTO 王冠上的明珠。因此,TRIPS 对于《伯尔尼公约》第6条之二的排除豁免了成员"依据 TRIPS 对精神权利所有的权利和义务",只是精神权利在争端解决机制适用上的排除。

三、邻接权精神权利保护

尽管在 TRIPS 中并没有对精神权利进行特别规定,但在 TRIPS 之后的国际版权

---

❶ ELIZABETH S. Where is the Morality? Moral rights in international intellectual property and trade law [J]. Fordham International Law Journal, 2018, 41(3): 779.

❷ GRAEME W A. The Berne Convention as a canon of construction: moral rights after dastar [J]. NYU Annual Survey Of American Law, 2005(61): 115.

条约中，有关邻接权保护的规则对邻接权人的精神权利主要是表演者的精神权利进行规定。这是因为，表演者权与音像制品制作者权及广播组织权相比，具有更强的人身属性。这些条约包括《世界知识产权组织表演和录音制品条约》（WPPT）和《北京条约》。

（一）WPPT 表演者精神权利保护

与之前的国际条约相比，WPPT 在邻接权精神权利保护方面作出较大的进步。WPPT 在第二章"表演者的权利"第 5 条明确规定了"表演者的精神权利"。

将 WPPT 的条款与《伯尔尼公约》第 6 条之二对比，可以看出基本是比照《伯尔尼公约》对于精神权利保护的规定而制定的，除保护的客体外，在措辞上没有太多变化。但 WPPT 并非作出与《伯尔尼公约》同样的规定，因为《伯尔尼公约》第 6 条之二是赋予作者的精神权利。由于 WPPT 第 5 条主要是模仿《伯尔尼公约》第 6 条之二，《伯尔尼公约》第 6 条之二可以作为解释 WPPT 第 5 条有关措辞的指导原则。[1] WPPT 第 5 条第（1）款确立了一项有关表演者精神权利的基本原则，即"精神权利独立原则"。精神权利独立是指表演者的精神权利独立于经济权利而存在，不因经济权利的转让而转让或转移。表演者即使在将经济权利转让给第三方之后，依然可以主张对其精神权利的保护。WPPT 对于表演者精神权利的保护期间是要求至少与经济权利的保护期间一致，缔约国也可以作出长于经济权利保护期间的规定。

WPPT 保护的表演者精神权利主要包括两项——表明表演者身份权和保护表演的完整权。但对于表明表演者身份权作出一定的限定，即对于一些特殊的表演的方式，就既可以不具体表明表演者，也可以不表明表演者身份。这种情形主要发生在一些大型演出活动中，实际情形不适合一一表明表演者的身份。保护表演的完整权是指表演者有权保护自己的表演不受歪曲、篡改或其他修改。

（二）《北京条约》精神权利保护

《北京条约》对表演者权精神权利的保护客体作出进一步的扩大。WPPT 保护的表演仅包括现场表演和录音制品之上的表演，《北京条约》将其扩大到现场表演及以视听制品录制的表演。除保护客体外，从形式上看，《北京条约》对于精神权利的规定沿袭了《伯尔尼公约》第 6 条之二及 WPPT 第 5 条的模式，对表演者的精神权利规定了两项——表明表演者身份权和保护表演的完整权。

《北京条约》

Article 5　Moral Rights

（1）Independently of a performer's economic rights, and even after the transfer of those rights, the performer shall, as regards his live performances or performances fixed

---

[1] 约格·莱茵伯格，西尔克·冯·莱温斯基. WIPO 因特网条约评注［M］. 万勇等，译. 北京：中国人民大学出版社，2008：375.

in audiovisual fixations, have the right:

(i) to claim to be identified as the performer of his performances, except where omission is dictated by the manner of the use of the performance; and

(ii) to object to any distortion, mutilation or other modification of his performances that would be prejudicial to his reputation, taking due account of the nature of audiovisual fixations.

(2) The rights granted to a performer in accordance with paragraph (1) shall, after his death, be maintained, at least until the expiry of the economic rights, and shall be exercisable by the persons or institutions authorized by the legislation of the Contracting Party where protection is claimed. However, those Contracting Parties whose legislation, at the moment of their ratification of or accession to this Treaty, does not provide for protection after the death of the performer of all rights set out in the preceding paragraph may provide that some of these rights will, after his death, cease to be maintained.

(3) The means of redress for safeguarding the rights granted under this Article shall be governed by the legislation of the Contracting Party where protection is claimed.

第5条 精神权利

(1) 不依赖于表演者的经济权利，甚至在这些权利转让之后，表演者仍应对于其现场表演或以视听录制品录制的表演有权：

(i) 要求承认其系表演的表演者，除非因使用表演的方式而决定可省略不提其系表演者；以及

(ii) 反对任何对其表演进行的将有损其声誉的歪曲、篡改或其他修改，但同时应对视听录制品的特点予以适当考虑。

(2) 根据本条第(1)款授予表演者的权利在其死亡后应继续保留，至少到其经济权利期满为止，并可由被要求提供保护的缔约方立法所授权的个人或机构行使。但批准或加入本条约时其立法尚未规定在表演者死亡后保护上款所述全部权利的国家，则可规定其中部分权利在表演者死亡后不再保留。

(3) 为保障本条所授予的权利而采取的补救方法应由被要求提供保护的缔约方立法规定。

对于表明表演者身份权，《北京条约》的规定与 WPPT 基本一致。但对于保护作品完整权，与 WPPT 相比，《北京条约》则进行了实质上的修改。对表演者视听录制品的表演，《北京条约》根据视听录制品的特殊性，增加了一项限定条件。表演者在行使禁止对作品进行歪曲、篡改及其他修改的权利时，应当考虑到视听录制

品的特性以及制作发行。在表演者授权使用过程中,对表演的特定修改(包括以任何媒介及任何形式进行的编辑、压缩、配音或格式化)本身,不能被看作对表演者精神权利的侵犯。这一限定性条件与 WPPT 相比,表演者享有的保护表演完整权被实质性降低了。[1] 因此应当说,在表演者精神权利保护方面,《北京条约》并非是 WPPT 的翻版,而是具有实质性的变化。

第四节 经济权利

国际版权法律规则中的经济权利是指作者利用作品获取经济报酬的权利。在国际层面,版权中经济权利的规定在《伯尔尼公约》中开始确立,随后在 TRIPS 等国际知识产权条约中不断得以补充。国际版权法律规则中的经济权利也可以分为不同的类型,不同的经济权利在行使过程中适用于不同的法律情形。与国内版权法中经济权利有所区别的是,国际版权法律规则的出现体现出跨国的特性,如最早规范的是与作品跨国贸易有关的翻译权等。国际版权条约中列明经济权利的具体界定往往由国内法确定,国际版权法律规则仅仅规定最低标准的权利义务。

一、《伯尔尼公约》确立的经济权利

(一)翻译权

> 《伯尔尼公约》
>
> **Article 8**
> Authors of literary and artistic works protected by this Convention shall enjoy the exclusive right of making and of authorising the translation of their works throughout the term of protection of their rights in the original works.
>
> **第 8 条**
> 受本公约保护的文学艺术作品作者,在对原作享有权利的整个保护期内,享有翻译和授权翻译其作品的专有权利。

毫无疑问,在版权的所有经济权利中,最重要且最早出现的是复制权。因此,在各国国内法中复制权都占据首要的地位。但在《伯尔尼公约》中,1886 年的原始文本中首先规定的是"翻译权"。作品的跨越国界流动必然涉及用不同的语言欣赏作品,作者对翻译的独占性权利控制成为国际版权法律规则最为关注的问题。翻译

---

[1] THE INTERNATIONAL FEDERATION OF ACTORS. A FIA guide to the WIPO Beijing Treaty on audiovisual performances [EB/OL]. (2015 - 12 - 15) [2020 - 06 - 19]. https://beijingtreaty.com/fileadmin/user_upload/Pages/Beijing_Treaty/Documents/BTAP_Manual_landscape_EN.pdf.

权体现在《伯尔尼公约》第 8 条，规定在作品的有效保护期间之内，作者有权决定是否翻译或者授权他人翻译其作品。

（二）复制权

《伯尔尼公约》

Article 9

(1) Authors of literary and artistic works protected by this Convention shall have the exclusive right of authorising the reproduction of these works, in any manner or form.

(2) It shall be a matter for legislation in the countries of the Union to permit the reproduction of such works in certain special cases, provided that such reproduction does not conflict with a normal exploitation of the work and does not unreasonably prejudice the legitimate interests of the author.

(3) Any sound or visual recording shall be considered as a reproduction for the purposes of this Convention.

第 9 条

(1) 受本公约保护的文学艺术作品的作者，享有授权以任何方式和采取任何形式复制这些作品的专有权利。

(2) 本同盟成员国法律得允许在某些特殊情况下复制上述作品，只要这种复制不损害作品的正常使用，也不致无故侵害作者的合法利益。

(3) 所有录音或录像均应视为本公约所指的复制。

《伯尔尼公约》最早在条文中涉及复制权是关于电影作品的复制权规定，在 1908 年的柏林修订大会上加入《伯尔尼公约》文本，具体体现在《伯尔尼公约》第 14 条第（1）款，规定"作者拥有将作品改编为电影作品并对这些电影作品进行复制的专有权"。第 14 条第（1）款虽然涉及作者的复制权，但仅针对改编后电影作品的复制，而非所有作品类型。因此，不属于有关复制权的一般性规定，这种情形直到 1967 年斯德哥尔摩修订会议上才得以改变。

复制权作为一般性经济权利，在《伯尔尼公约》1967 年斯德哥尔摩会议上得以规定，距离 1886 年《伯尔尼公约》缔结已经有相当长的一段时间。复制权的规定主要体现在《伯尔尼公约》第 9 条，第 9 条规定后可以涵盖第 14 条关于电影作品复制的特别规定。《伯尔尼公约》之所以在如此长的时间内没有对版权最重要的经济权利加以规定，是因为不同成员国对于复制权范围界定存在分歧，这种分歧主要源于技术进步所引发的不同类型复制模式的确定。《伯尔尼公约》第 9 条第（1）款用更广泛的保护方式解决了这一范围问题，规定复制权包含"以任何方式和采取任何形式"对作品进行的复制。❶《伯尔尼条约》第 9 条第（3）款还特别明确对于作品的录音和录像均包含在复制权的范畴之内。

（三）公开表演权

> **《伯尔尼公约》**
>
> **Article 11**
> (1) Authors of dramatic, dramatico - musical and musical works shall enjoy the exclusive right of authorising:
> (i) the public performance of their works, including such public performance by any means or process;
> (ii) any communication to the public of the performance of their works.
> (2) Authors of dramatic or dramatico - musical works shall enjoy, during the full term of their rights in the original works, the same rights with respect to translations thereof.
>
> **第 11 条**
> (1) 戏剧作品、音乐戏剧作品和音乐作品的作者享有下列专有权利：
> (i) 公开表演作品，包括任何方式和方法进行公开表演；
> (ii) 向公众播送其对作品的表演。
> (2) 戏剧作品或音乐戏剧作品的作者，在其原作的权利期间，对其作品的翻译享有同等权利。

《伯尔尼公约》在翻译权、复制权后规定的第三项经济权利是公开表演权，在 1928 年罗马修订会议上得以确定。公开表演权规定在公约的第 11 条，主要适用于戏剧作品、音乐戏剧作品和音乐作品三种类作品类型。按照第 11 条第（1）（i）款的规定，这三种作品的作者享有授权他人以任何方式或方法公开表演其作品的权利。"以任何方式或方法"意味着既包括对作品的现场表演，也包括以录制品的方式对外表演，即现场表演和机械表演。第 11 条第（1）（ii）款的规定涉及有关广播权的内容，在后文广播权中阐述。

按照公约对翻译权的规定，作者有权授权对其作品进行翻译。第 11 条第（2）款规定了戏剧作品或音乐戏剧作品的作者，对于戏剧作品或音乐戏剧作品的翻译作品也同样享有授权公开表演的权利。这一规定表明，戏剧作品或音乐戏剧作品的翻译作品的公开表演不仅要取得译作作者的同意，还应取得原作作者的授权。

---

❶ DENIEL C K C, EDWARD L. International intellectual property: problems, cases, and materials [M]. 2th ed. Opperman: West A Thomson Busniess, 2012: 167.

(四) 广播权

> 《伯尔尼公约》
>
> **Article 11bis**
>
> (1) Authors of literary and artistic works shall enjoy the exclusive right of authorising:
>
> (i) the broadcasting of their works or the communication thereof to the public by any other means of wireless diffusion of signs, sounds or images;
>
> (ii) any communication to the public by wire or by rebroadcasting of the broadcast of the work, when this communication is made by an organisation other than the original one;
>
> (iii) the public communication by loudspeaker or any other analogous instrument transmitting, by signs, sounds or images, the broadcast of the work.
>
> 第11条之二
>
> (1) 文学艺术作品作者有权授予下列专有权利：
>
> (i) 广播其作品或以任何其他无线传送符号、声音或图像的方式向公众传播其作品；
>
> (ii) 由原广播机构以外的另一机构通过有线传播或转播的方式向公众传播广播的作品；
>
> (iii) 通过扩音器或其他任何传送符号、声音或图像的类似工具向公众传播广播的作品。

1896年，古列尔莫·马可尼（Guglielmo Marconi）取得了无线电报的方法专利。1914年，第一次世界大战在欧洲爆发，这场战争刺激了广播技术的发展，欧洲和美国的创新者开发了由真空管提供的双向"无线电电话"。1920年，匹兹堡广播电台广播了美国总统选举的结果。到1921年，美国已经有32家广播电台获得许可进行广播，无线网络随后席卷全球。[1] 在那个年代，音乐占据广播的大部分内容，也正是在此背景下，流行音乐文化逐步兴起。

正如WIPO在《伯尔尼公约指南》中所阐明的，《伯尔尼公约》的这项规定就其术语而言显得有些混乱，规定的条文和当时的广播技术一样，还处于雏形时期。1948年布鲁塞尔修订会议对这一主题进行了充分的讨论，考虑到可以利用这项权利

---

[1] ATKINSON B, FITZGERALD B. A short history of copyright [M]. Switzerland: Springer International Publishing, 2014: 61.

的不同技术和方式,将此项权利分成了不同的方面。❶ 广播权是《伯尔尼公约》规定的第四项经济权利,在1928年罗马修订会议上首次确定,承认作者可以授权通过广播和电视向公众传播作品。按照布鲁塞尔会议上的分解,作者享有的广播权可以分为三项权利。第一项是广播或者以其他无线传送符号、声音或图像的方式向公众传播作品。这种利用作品的方式主要是以无线方式公开播送作品。第二项权利是在进行第一项播送后对广播内容加以后续利用的权利,即作者可以授权原广播机构以外的另一机构通过有线传播或转播的方式向公众传播广播的作品。第三项权利面向的对象范围更加有限,一般指可以确定的各种对象,如咖啡馆里的消费者等,是作者可以授权通过扩音器或其他任何传送符号、声音或图像的类似工具向公众传播广播作品的权利。

在理解《伯尔尼公约》对广播权的规定时,应当与公约使用的与播送有关的另外两种报送方式的用语加以区分,才能够准确界定不同作品享有的经济权利内容。《伯尔尼公约》在表达传播这一权利时,使用三种不同的用语,分别是"广播"(broadcasting)、"向公众有线传播"(communication to the public by wire)和"以任何方式向公众传播"(any communication to the public)。例如,《伯尔尼公约》第11条之二规定,文学艺术作品作者享有"广播权";第14条之二规定,电影作品作者除复制等权利外,还享有"向公众有线传播""广播"等权利;第11条之三规定,对于作品的朗诵,作者可以"以任何方式向公众传播"。这些不同的用语界定权利内容有所不同,《伯尔尼公约》第11条之二对于广播的界定是以任何无线传送符号、声音或图像的方式向公众传播,也包括其后的有线或扩音器等方式传播。基于此,我们可以理解与此相对的"向公众有线传播"强调以有线的方式传播,而"以任何方式向公众传播"则既包括无线方式也包括有线方式的传播。由此可见,按照《伯尔尼公约》的规定,电影作品和作品公开朗诵的作者既可以控制对作品的有线传播,也可以控制对作品的无线传播。而对于其他文学艺术作品作者而言,只能控制对作品的无线传播及无线传播后的有线广播。

(五) 公开朗诵权

《伯尔尼公约》

Article 11ter

(1) Authors of literary works shall enjoy the exclusive right of authorising:

(i) the public recitation of their words, including such public recitation by any means or process;

(ii) any communication to the public of the recitation of their works.

(2) Authors of literary works shall enjoy, during the full term of their rights in the

---

❶ Guide to the Berne Convention for The Protection of Literary and Artistic Works, p66.

original works, the same rights with respect to translations thereof.
第 11 条之三
(1) 文学作品的作者享有下列专有权利：
(i) 公开朗诵其作品，包括用各种手段或方式公开朗诵；
(ii) 用各种手段公开播送其作品的朗诵。
(2) 文学作品作者在对其原作享有权利的整个期间，应对其作品的翻译享有同等的权利。

从广义而言，《伯尔尼公约》第 11 条之三规定的公开朗诵权可以包含在公开表演权的范畴之内，很多成员国的国内法也确实进行了这样的规定。按照《伯尔尼公约》的规定，公开朗诵权只属于文学作品的作者，但《伯尔尼公约》并未对文学作品进行进一步界定。文学作品的作者可以授权他人对其作品以及作品的翻译以任何方式对其作品进行公开朗诵和公开播送对其作品进行的朗诵。

（六）改编权

《伯尔尼公约》

Article 12

Authors of literary or artistic works shall enjoy the exclusive right of authorising adaptations, arrangements and other alterations of their works.

第 12 条
文学艺术作品的作者享有授权对其作品进行改编、编曲和其他变动的专有权利。

《伯尔尼公约》第 12 条规定了第六项经济权利"改编权"。改编权最早在 1908 年的柏林会议上拟定，但在 1948 年的布鲁塞尔会议上进行比较大的修改，将其作为作者可以对其作品变更成果进行控制的一项专有权。《伯尔尼公约》第 8 条规定的翻译权，也有国家将其规定在广义的"演绎权"范畴之内，如美国等。

在利用改编作品时，不仅要取得改编作品作者的同意，还要取得原作者的许可。对于这一点，《伯尔尼公约》第 14 条第（2）款对电影作品的改编特别进行明确，"将文学艺术作品及其衍生的电影作品改编成任何其他形式，在不妨碍电影作品作者授权的情况下，仍须经原作作者授权"。

（七）追续权

> **《伯尔尼公约》**
>
> **Article 14ter**
>
> (1) The author, or after his death the persons or institutions authorised by national legislation, shall, with respect to original works of art and original manuscripts of writers and composers, enjoy the inalienable right to an interest in any sale of the work subsequent to the first transfer by the author of the work.
>
> (2) The protection provided by the preceding paragraph may be claimed in a country of the Union only if legislation in the country to which the author belongs so permits, and to the extent permitted by the country where this protection is claimed.
>
> (3) The procedure for collection and the amounts shall be matters for determination by national legislation.
>
> **第14条之三**
>
> (1) 对于艺术作品原作和作家与作曲家的手稿，作者或作者死后由国家法律所授权的人或机构享有不可剥夺的权利，在作者第一次转让作品之后对作品进行的任何出售中分享利益。
>
> (2) 只有在作者本国法律承认这种保护的情况下，才可在本同盟的成员国内要求上款所规定的保护，而且保护的程度应限于被要求给予保护的国家的法律所允许的程度。
>
> (3) 分享利益之方式和比例由各国法律确定。

追续权最早由法国发展而来。由于一些艺术作品的价值可能在第一次转让时并未得到充分体现，法国设立追续权允许作者在作品的再次转售价格中分享部分利益，以对原作品的作者给予经济上的补偿。追续权的设定，为一些艺术家的付出作出后续补偿，体现了人文关怀。从法律上说，也是对版权权利穷竭原则作出的一种突破。《伯尔尼公约》中的"追续权"在1948年的布鲁塞尔会议上纳入，体现在第14条之三项下。按照《伯尔尼公约》的规定，追续权主要涉及美术作品，也包括文字、乐曲等作品。依据追续权，作品首次出售后的任何转售所获取的利益，原作者都有权分享。享有追续权的主体并不限于原作者本人，还包括其继承人等其他主体，即《伯尔尼公约》规定的成员国"法律所授权的人或机构"。在作者去世后，其继承人可以依追续权享受作品带来的利益。

但《伯尔尼公约》对于追续权并未作出强行性的最低标准规定，对于追续权是否保护，在何种程度上加以保护，均由成员国自由加以确定，且需要根据国家之间是否存在互惠待遇而要求行使。因此，只有被请求保护国规定了这项权利且存在互惠，相应的主体才能在该国主张追续权的行使。以《伯尔尼公约指南》中的示例加以说明，一位英国艺术家打算在比利时主张追续权，如果英国没有追续权，即使比利时规定有追续权，这位艺术家也可能无法享受追续权带来的利益。

二、TRIPS 经济权利补充：出租权

对版权经济权利的保护，TRIPS 并入了《伯尔尼公约》的实体条款，《伯尔尼公约》规定的作者经济权利，TRIPS 成员也应当予以保护。除《伯尔尼公约》已有的经济权利外，TRIPS 补充了两类作品的出租权。

TRIPS

Article 11　Rental Rights

In respect of at least computer programs and cinematographic works, a Member shall provide authors and their successors in title the right to authorize or to prohibit the commercial rental to the public of originals or copies of their copyright works. A Member shall be excepted from this obligation in respect of cinematographic works unless such rental has led to widespread copying of such works which is materially impairing the exclusive right of reproduction conferred in that Member on authors and their successors in title. In respect of computer programs, this obligation does not apply to rentals where the program itself is not the essential object of the rental.

第 11 条　出租权

至少就计算机程序和电影作品而言，一成员应给予作者及其合法继承人准许或禁止向公众商业性出租其有版权作品的原件或复制品的权利。一成员对电影作品可不承担此义务，除非此种出租已导致对该作品的广泛复制，从而实质性减损该成员授予作者及其合法继承人的专有复制权。就计算机程序而言，如该程序本身不是出租的主要标的，则这一义务不适用于出租。

TRIPS 补充的出租权仅针对计算机软件和电影作品这两种作品类型，授权作者拥有向公众进行商业性出租的权利。但 TRIPS 对于两种类型作品的保护程度有所区别，对于电影作品的保护力度要弱于计算机软件。按照 TRIPS 第 11 条的规定，只有在对电影作品的出租已导致对作品的广泛复制并实质上损害权利人的复制权时，成员才有义务赋予作者出租权。TRIPS 作出这样的规定，就表明它无意增强对电影作品在出租行业的保护，仅是通过对特定情形下出租行为的控制，避免对相应作品的复制权造成更大的损害。对于计算机软件的主要限制是，如果计算机程序本身不是出租的主要标的，则不适用出租权。计算机软件出租权中提及的"主要标的"，意味着出租权至少涉及除计算机软件以外的另一项标的的出租，从租赁者的租赁目的可以判断其中哪一种标的才是其进行租赁的主要目的。我国关于出租权的规定体现

在《著作权法》第 10 条第 7 款，"出租权，即有偿许可他人临时使用视听作品、计算机软件的原件或者复制件的权利，计算机软件不是出租的主要标的的除外"。从我国著作权法对出租权的界定来看，并未对电影作品出租权的行使进行损害程度的限制，总体看对于电影作品的保护水平要高于 TRIPS 有关出租权的规定。对于计算机软件的规定，基本与 TRIPS 一致。

对于 TRIPS 关于出租权的规定，值得一提的是，TRIPS 第 14 条有意给予录音制品相关权利人以出租权。录音制品制作者属于邻接权的主体，第 14 条第 4 款规定，如果一成员已经规定，对于录音制品，相关主体可以进行出租，但应当向版权权利持有人支付公平的报酬，则成员可维持该制度，只要录音制品的商业性出租不会对权利持有人的专有复制权造成实质性减损即可。根据 TRIPS 第 14 条第 4 款的规定，可以享有出租权的录音制品的相关权利人，不仅包括录音制品制作者，还包括按照成员立法确定可以对录音制品享有权利的其他权利持有人，如表演者等。显然，该款并非强制性条款，更偏近于对录音制品相关权利人出租权的一种承认。

三、经济权利的保护期间

（一）版权经济权利保护期间

《伯尔尼公约》为经济权利的保护期间确立了基本的原则性要求，在各缔约国日后立法中基本得到遵循。《伯尔尼公约》对经济权利的保护期间区分了不同的类型，主要体现在《伯尔尼公约》第 7 条。

《伯尔尼公约》

Article 7

(1) The term of protection granted by this Convention shall be the life of the author and fifty years after his death.

(2) However, in the case of cinematographic works, the countries of the Union may provide that the term of protection shall expire fifty years after the work has been made available to the public with the consent of the author, or, failing such an event within fifty years from the making of such a work, fifty years after the making.

(3) In the case of anonymous or pseudonymous works, the terms of protection granted by this Convention shall expire fifty years after the work has been lawfully made available to the public. However, when the pseudonym adopted by the author leaves no doubt as to his identity, the term of protection shall be that provided in paragraph (1). If the author of an anonymous or pseudonymous work discloses his identity during the above-mentioned period, the term of protection applicable shall be that provided in paragraph (1). The countries of the Union shall not be required to protect anonymous or pseudonymous works in respect of which it is reasonable to presume that their author has

been dead for fifty years.

(4) It shall be a matter for legislation in the countries of the Union to determine the term of protection of photographic works and that of works of applied art in so far as they are protected as artistic works; however, this term shall last at least until the end of a period of twenty-five years from the making of such a work.

第7条

(1) 本公约给予保护的期限为作者有生之年及其死后50年内。

(2) 但就电影作品而言，本同盟成员国有权规定保护期在作者同意下自作品提供于公众后50年期满，如自作品完成后50年内尚未提供公众，则自作品完成后50年期满。

(3) 至于不具名作品和匿名作品，本公约给予的保护期自其合法提供于公众之日起50年内有效。但根据作者采用的假名可以毫无疑问地确定作者身份时，该保护期则为第一款所规定的期限。如不具名作品或假名作品的作者在上述期间内公开其身份，所适用的保护期为第一款所规定的保护期限。本同盟成员国没有义务保护有充分理由推定其作者已死去50年的不具名作品或假名作品。

(4) 摄影作品和作为艺术作品保护的实用艺术作品的保护期限由本同盟各成员国的法律规定；但这一期限不应少于自该作品完成之后算起的25年。

对于一般意义的作品，《伯尔尼公约》规定的保护期间是作者有生之年及其死后50年，这一期间是缔约国作品保护的最低义务要求，缔约国可以在此基础之上增加版权的保护期间，如欧盟有些国家规定作品的保护期间为作者有生之年以及死后70年。

由于电影作品难以以作者的生存判断节点，因此《伯尔尼公约》第7条第(2)款将提供于公众之日作为电影作品保护期间的起算点。在该款中使用的概念是"提供于公众"（make available to the public），并未使用"发行"一词。表明电影作品保护期间的起点不以正式发行计算，而是在它提供给公众时起算，"提供于公众"的保护起点一般要早于"发行"的起算点，但电影作品的提供给公众必须得到作者的同意。如果电影作品自作品完成后50年内还没有提供给公众，则保护期间自作品完成后50年期满。

《伯尔尼公约》第7条第(3)款规定了不具名作品和匿名作品的保护期间。此类作品因为作者不披露身份，无法以自然人真实生存时间计算保护期间。因此《伯尔尼公约》规定，如果作者公开身份，则按照一般规定计算保护期间。如果作者没有公开身份，则对于有充分理由推定其作者已死去50年的作品，缔约国可以不再保护。

《伯尔尼公约》规定的第三类特殊保护期间是关于摄影作品和实用艺术品的保

护。对于这两类作品,《伯尔尼公约》提供了比一般保护期间较短的保护,即自作品创作产生之日起25年。对于这两类作品的保护,在《伯尔尼公约》磋商之时已经产生争议,最终条款也是对这些差异达成妥协的一个结果。[1] 最终在《世界知识产权组织版权条约》(WCT)中,各国达成一致,提高了《伯尔尼公约》的摄影作品保护期间。《伯尔尼公约》后,TRIPS没有改变《伯尔尼公约》关于保护期间的规定,但对于保护期间的具体计算进行补充。TRIPS规定,除摄影作品或实用艺术作品外,只要作品的保护期间不以自然人的生命为基础计算,则该期限自作品经授权出版之年年底计算,即不得少于50年,或如果该作品在创作后50年内未经授权出版,则为自作品完成之年年底起计算的50年。

WCT关于版权保护期间规定的变化,主要体现在对摄影作品保护期间的修改。WCT延长摄影作品的保护期间,在第9条专门对摄影作品的保护期限进行了规定。

> **WCT**
> **Article 9 Duration of the Protection of Photographic Works**
> In respect of photographic works, the Contracting Parties shall not apply the provisions of Article 7 (4) of the Berne Convention.
> **第9条 摄影作品的保护期间**
> 对于摄影作品,缔约各方不得适用《伯尔尼公约》第7条第(4)款的规定。

WCT没有明确规定摄影作品的保护期间,而是通过规定各缔约方不得适用《伯尔尼公约》第7条第(4)款,对摄影作品的保护期限间接进行规定。WCT的规定对《伯尔尼公约》第7条第(4)款不适用,含义是排除《伯尔尼公约》第7条第(4)款关于摄影作品的特殊规定,适用第7条关于保护期间的一般规定。也就是说,对于摄影作品保护期间应该适用《伯尔尼公约》第7条的一般性原则规定,即作者有生之年以及死后50年,提高了对于摄影作品保护期间的规定。

(二)邻接权经济权利保护期间

《罗马公约》规定了邻接权经济权利保护的最低期间,对录音制品和录制在录音制品上的节目,为自录制之年年底起20年;对没有录制成录音制品的表演,为表演之年年底起20年;对广播节目,为开始广播之年年底起20年。《罗马公约》使用"至少"的措辞,表明规定的20年保护期间是最低义务,各缔约国可以提高保护标准。《罗马条约》之后,各国有关邻接权保护的期间都有所提高,在1996年《世界知识产权组织表演和录音制品条约》(WPPT)中延长了邻接权的保护期间。

---

[1] Guide to the Berne Convention for The Protection of Literary and Artistic Works (1971), p49.

WPPT

Article 17　Term of Protection

(1) The term of protection to be granted to performers under this Treaty shall last, at least, until the end of a period of 50 years computed from the end of the year in which the performance was fixed in a phonogram.

(2) The term of protection to be granted to producers of phonograms under this Treaty shall last, at least, until the end of a period of 50 years computed from the end of the year in which the phonogram was published, or failing such publication within 50 years from fixation of the phonogram, 50 years from the end of the year in which the fixation was made.

第17条　保护期

(1) 依本条约授予表演者的保护期，应自表演以录音制品录制之年年终算起，至少持续到50年期满为止。

(2) 依本条约授予录音制品制作者的保护期，应自该录音制品发行之年年终算起，至少持续到50年期满为止；或如果录音制品自录制完成起50年内未被发行，则保护期应自录制完成之年年终起至少持续50年。

WPPT对于表演和录音制品保护期间的计算，与《罗马条约》相比有所不同：对于表演的规定更符合实际需要，为自表演以录音制品录制之年年终起算，至少50年；对于录音制品，WPPT规定保护期间自录音制品发行之年年终起算，而非录制之年年终。如果录制完成起50年内没有发行，就按照录制之年年终起算50年。

《北京条约》对表演者给予的保护期，与WPPT规定相同，也是自表演录制之年年终起算，至少持续50年，具体规定在第14条。但《北京条约》的保护范围要大于WPPT，保护的不仅是以录音制品录制的表演，而是涵盖所有以视听制品录制的表演。

《北京条约》

Article 14　Term of Protection

The term of protection to be granted to performers under this Treaty shall last, at least, until the end of a period of 50 years computed from the end of the year in which the performance was fixed.

第14条　保护期

依本条约给予表演者的保护期，应自表演录制之年年终算起，至少持续到50年期满为止。

第五节 邻接权保护规则

邻接权或相关权指与著作权邻接或相关的权利。两大法系国家对待邻接权的态度差异较大，大陆法系国家将邻接权作为促进作品传播过程中需要保护的一种权利，认为其本身并不是版权，而是与版权相关的权利。版权应当是具有人格独特印记的智力成果，仅仅与工业行为有关，不能成为版权的保护客体。由于其与版权的密切联系以及本身所具有的价值，在版权法中衍生"邻接权"的概念，将邻接权在版权法中与其他版权共同规范。英美法系国家对于独创性的要求没有大陆法系国家那样高，也并不侧重对精神权利的保护，一般并不单独区分邻接权，认为在录音录像制品等工业属性较强的成果中同样包含一定程度的原创性，将它们作为版权的权利客体一并保护。

一、《伯尔尼公约》与邻接权

由于两大法系国家对于邻接权认识存在巨大的差距，在《伯尔尼公约》历次磋商及修订过程中，成员国之间没有取得对邻接权保护的一致性态度。如英国曾经提议保护录音制品，公约的相关委员会拒绝了这一提案，理由是：这些事项被认为（尤其是法国）不属于《伯尔尼公约》的涵盖范围。[1] 加之对于新技术手段的影响还没有充分的认识，《伯尔尼公约》明确将一些客体排除在公约的保护范围之外，这其中包括录音制品、广播、现场表演以及作品名称。这些客体的性质各有不同，它们被排除出《伯尔尼公约》保护范围的理由也各不相同。就录音制品而言，反对将其纳入公约保护范围的理由是，其是具有"工业性质"的产品，不构成文学艺术创作物；就广播而言，它通常是由大型公共机构制作，难以确定作者；就现场表演而言，其问题是表演或表现他人作品是否会构成作品；就作品名称而言，其问题是是否充分体现了独创性。[2] 由于对邻接权客体提出要求的往往是从事录音录像、广播等大型商业主体，目标也是为了收回在版权领域的投资并获取利润，大陆法系的一些成员国几乎是有些武断地认为这不属于《伯尔尼公约》议题，拒绝在修订中增加对邻接权客体的保护。

这种情况一直持续到"二战"结束之后的布鲁塞尔修订会议。越来越多的国家认为，应当对录音制品制作者、广播组织等主体享有的权利进行保护，但如何保护仍然未达成一致。根据大陆法系的著作权法体系传统，很难承认其是作者。在布鲁塞尔修订会议上，根据大多数代表团的意见，不再在《伯尔尼公约》框架下讨论表

---

[1] 西尔克·冯·莱温斯基. 国际版权法律与政策[M]. 万勇, 译. 北京：知识产权出版社, 2017：79.
[2] 山姆·里基森, 简·金斯伯格. 国际版权与邻接权：伯尔尼公约及公约以外的发展：下卷[M]. 2版. 郭寿康, 等, 译. 北京：中国人民大学出版社, 2016：1068.

演者、录音制品制作者和广播组织的保护，设立常设机构，单独开展邻接权的研究和国际保护工作。[1] 布鲁塞尔会议结束后，这项工作在保护知识产权联合国际局、国际劳工组织及联合国教科文组织共同主持下开展。1951年起，伯尔尼联盟、国际劳工组织和联合国教科文组织召开一系列专家会议，为起草国际条约进行准备。1961年，在海牙举行专家会议，提出《保护表演者、唱片制作者和广播组织的国际公约》草案。同年，第一个规定邻接权的国际条约《罗马公约》在罗马通过，并于1964年生效。

二、《罗马公约》的邻接权保护

《罗马公约》共为三种特定主体规定相应的邻接权保护，分别是表演者、录音制品制作者和广播组织。

（一）表演者

1. 表演者的界定

按照《罗马公约》第3条有关定义的界定，"表演者"是指表演、歌唱、演说、朗诵、演奏或以其他方式表演文学或艺术作品的演员、歌唱家、音乐家、舞蹈家及其他人员。从该定义可以看出，只有表演"文学或艺术作品"的人员，才能被界定为表演者。如果表演的客体不是作品，则不属于《罗马公约》界定的表演者。相对于其后的邻接权国际公约及成员国内立法，《罗马公约》对表演者的界定较为狭窄，这与《罗马公约》是有关邻接权分歧调和的首个条约有关，为了表明将邻接权置于版权法律框架的合理性，将表演者的界定与"作品"紧密联系在一起。

《罗马公约》意识到对于表演者界定存在的局限性，在第9条规定了对表演者界定的扩充可能性。按照《罗马公约》第9条的规定，"任何缔约国均可根据国内法律和规章，将本公约提供的保护扩大到不是表演文学或艺术作品的艺术家"。第9条的规定表明，《罗马公约》本身对于表演者的界定是成员国的最低标准义务，各成员国在本国的法律中，可以将对表演者的界定扩大到非表演文学艺术作品的人员。

2. 表演者的权利内容

表演者享有的权利主要规定在《罗马公约》第7条。

《罗马公约》

Article 7 Minimum Protection for Performers: 1. Particular Rights; 2. Relations between Performers and Broadcasting Organizations

1. The protection provided for performers by this Convention shall include the possibility of preventing:

---

[1] 山姆·里基森，简·金斯伯格. 国际版权与邻接权：伯尔尼公约及公约以外的发展：下卷 [M]. 2版. 郭寿康，等，译. 北京：中国人民大学出版社，2016：81.

(a) the broadcasting and the communication to the public, without their consent, of their performance, except where the performance used in the broadcasting or the public communication is itself already a broadcast performance or is made from a fixation;

(b) the fixation, without their consent, of their unfixed performance;

(c) the reproduction, without their consent, of a fixation of their performance:

(i) if the original fixation itself was made without their consent;

(ii) if the reproduction is made for purposes different from those for which the performers gave their consent;

(iii) if the original fixation was made in accordance with the provisions of Article 15, and the reproduction is made for purposes different from those referred to in those provisions.

第7条 表演者的最低保护：1. 特定权利；2. 表演者与广播组织的关系

1. 本公约为表演者提供的保护应当包括阻止发生的下列情况：

(a) 未经其同意，广播和向公众传播其表演，但是如该表演本身就是广播或来自固定媒介。

(b) 未经其同意，固定其未固定过的表演。

(c) 未经其同意，复制其表演的原始固定媒介：

(i) 如果原始固定媒介是未经其同意制作的；

(ii) 如果制作复制品的目的不同于表演者同意的目的；

(iii) 如果原始固定媒介是根据第15条规定录制的，而制作复制品的目的与此条规定的目的不同。

从第7条首句的措辞可以看出，《罗马公约》对于表演者赋予的权利并不是成员国的强制性义务，而是提供阻止特定行为的可能性即满足条约义务，具体的规定留给成员国国内立法自由加以确定。

《罗马公约》第7条第1款第 (a) 项提供的第一项权利是未经表演者同意，阻止对其表演进行广播或向公众传播。向公众传播指通过扬声器或有线方式将表演（如音乐厅的独奏）传输给不在大厅内的其他公众。[1] 其例外情形有两种，一是该表演本身就是广播，然后进行转播，这种情形属于国内法规范的事项；二是表演来自固定媒介，意思是已制作成唱片或光盘的表演。这两种例外情形的排除意味着《罗马公约》对于表演者权利的保护仅限于尚未确定或进行广播的表演。

《罗马公约》第7条第1款第 (b) 项提供的第二项权利是阻止对现场表演通过

---

[1] Guide to the Rome Convention and to the Phonograms Convention [EB/OL]. [2020-06-18]. https://www.wipo.int/edocs/pubdocs/en/copyright/617/wipo_pub_617.pdf.

录音、录像等方式进行固定的权利。WIPO 在《罗马公约与录音制品条约指南》(*Guide to the Rome Convention and the Treaties on Phonograms*) 中说明了"固定"一词的含义，是声音、图像或两者兼具的有形表现形式，这种有形形式非短暂持续，而是在一定期间内具有足够的永久性或稳定性，使声音、图像得以被感知、复制，并能够再现或以其他方式进行传播。

《罗马公约》第 7 条第 1 款第（c）项提供的第三项权利是阻止对已经录制表演的固定媒介，如唱片、光盘等进行复制的权利。第三项复制权中规定了三种例外情形，第一种例外是指对表演者表演的首次固定为经其同意，如首次录制为得到表演者的同意，则表演者有权制止对这些录音制品的复制行为。第二种例外是制作复制品的目的与表演者同意的目的不同。对于这种情形，WIPO 在《罗马公约与录音制品条约指南》中给出了一个很好的示例加以说明：如果一个表演者同意对其表演进行录制，其理解并同意的目的是由于大量的商业销售。如果录制者将这种录制下来的音乐用于电影配乐，就不符合表演者同意的目的；如果进行电影配乐需要另行取得表演者的同意。第三种例外情形涉及《罗马公约》第 15 条，原始固定媒介根据第 15 条规定录制，而制作复制品的目的与第 15 条规定的目的不同。《罗马公约》第 15 条规定，"成员国可以依其国内法律与规章，在四种情况下对条约规定的保护作出例外规定：（1）私人使用；（2）在时事报道中少量引用；（3）广播组织为了自己的广播节目利用自己的设备暂时录制；（4）仅用于教学和科学研究目的的录制"。这四种情形成员国可以自由规定，如果复制品是依据这四种情形的任何情形进行制作的，其使用就应符合相应的目的，否则表演者可以禁止对这些录音品进行复制。

（二）录音制品制作者

1. 录音制品制作者及其复制权

《罗马公约》

Article 10　Right of Reproduction for Phonogram Producers

Producers of phonograms shall enjoy the right to authorize or prohibit the direct or indirect reproduction of their phonograms.

第 10 条　录音制品制作者的复制权

录音制品制作者应当有权授权或禁止直接或间接复制其录音制品。

按照《罗马公约》第 3 条的定义，录音制品是指任何对表演声音和其他声音的专门固定，对这些声音进行首次固定的自然人或者法人就是录音制品制作者。

对于录音制品制作者的复制权，《罗马公约》规定了强制性的最低标准义务，要求所有成员国保证录音制品制作者有权授权或禁止直接或间接复制其录音制品。

录音制品制作者可以阻止直接录制，也可以阻止间接录制，间接录制一般指录制包含其录音制品的其他广播或电视节目。录音制品制作者同样可以阻止对其制品的全部录制或部分录制。与《罗马公约》其后的条约相比，如《录音制品条约》，《罗马公约》并未赋予录音制品制作者其他独占权，如进口权等。

2. 录音制品的二次使用

> **《罗马公约》**
>
> **Article 12　Secondary Uses of Phonograms**
>
> If a phonogram published for commercial purposes, or a reproduction of such phonogram, is used directly for broadcasting or for any communication to the public, a single equitable remuneration shall be paid by the user to the performers, or to the producers of the phonograms, or to both. Domestic law may, in the absence of agreement between these parties, lay down the conditions as to the sharing of this remuneration.
>
> **第12条　录音制品的第二次使用**
>
> 如果为商业目的发行的录音制品或此类录音制品的复制品直接用于广播或任何向公众的传播，使用者则应当付一笔总的合理的报酬给表演者，或给录音制品制作者，或给二者。如有关各方之间没有协议，国内法律就可以提出分享这些报酬的条件。

二次使用主要指为了向公众传播或广播对产品进行的使用。有关录音制品二次使用的条款被认为是《罗马公约》最重要的条款，也是条约讨论中最为困难的条款。[1] 录音制品完成后，主要适用于向公众传播或广播，这种二次使用带来的问题主要是如何支付以及向哪一主体支付报酬的问题。对于这一问题，《罗马公约》体现了极大的灵活性。录音制品的二次使用者可能有三种支付方式：①向表演者支付；②向录音制品制作者支付；③同时向表演者和录音制品制作者支付。按照《罗马公约》的规定，无论何种支付方式，这种支付都应当是一次性支付，不同的主体可以通过合同或其他方式对报酬进行分享。但《罗马公约》并没有在三种支付方式中确定任何一种，而是将其作为可以选择的类型提供给成员国，由成员国本国立法加以确定。即使如此，《罗马公约》第16条还规定了成员国可以对第12条规定的适用限制。

---

[1] Guide to the Rome Convention and to the Phonograms Convention.

《罗马公约》

Article 16　Reservations

1. Any State, upon becoming party to this Convention, shall be bound by all the obligations and shall enjoy all the benefits thereof. However, a State may at any time, in a notification deposited with the Secretary – General of the United Nations, declare that: (a) as regards Article 12: (i) it will not apply the provisions of that Article; (ii) it will not apply the provisions of that Article in respect of certain uses; (iii) as regards phonograms the producer of which is not a national of another Contracting State, it will not apply that Article; (iv) as regards phonograms the producer of which is a national of another Contracting State, it will limit the protection provided for by that Article to the extent to which, and to the term for which, the latter State grants protection to phonograms first fixed by a national of the State making the declaration; however, the fact that the Contracting State of which the producer is a national does not grant the protection to the same beneficiary or beneficiaries as the State making the declaration shall not be considered as a difference in the extent of the protection;

第16条　保留

1. 任何国家成为本公约的成员，就应当履行本公约的所有义务，同时享受本公约的所有权益。但是，任何国家可以在任何时候在递交联合国秘书长的通知书中声明：

（a）关于第12条

（i）它将不执行该条规定。

（ii）它将就某些使用不执行该条规定。

（iii）如制作者不是另一缔约国国民的录音制品，不执行该条规定。

（iv）对其制作者是另一缔约国国民的录音制品，它将根据该缔约国给予发表声明的国家的国民首次录制的录音制品的保护范围与期限，对此条规定的保护范围与期限作出相应限制。但是，录音制品制作者为其国民的缔约国，对同一个或同一伙受益人不像发表声明的国家那样给予保护的事实，不能认为是保护范围的不同。

按照《罗马公约》第16条的规定，成员国可以对第12条的规定进行保留，拥有极大的灵活性。成员国可以设定条件加以保留，如录音制品制作者不是缔约国的国民，也可以根据声明限制保护范围和期限；可以就特定使用不执行第12条，也可以完全排除第12条的适用。从《罗马公约》对二次使用规定的情况可以看出，对于这一问题存在的多重利益分歧，在《罗马公约》制定之时还很难协调一致。

(三) 广播组织

1. 广播的界定

按照《罗马公约》第 3 条的定义,"广播"是指"以无线方式向公众提供声音或声音与图像接收的传播"。从对广播的传输方式界定来看,《罗马公约》沿袭了《伯尔尼公约》的规定。"转播"是一广播组织同时广播另一广播组织的广播。可见,转播强调的是不同广播主体的存在,要求所传送的广播应当是同时发生的。如果广播不是同时传送,则不是《罗马公约》意义上的转播。

2. 广播组织权

> **《罗马公约》**
>
> **Article 13 Minimum Rights for Broadcasting Organizations**
>
> Broadcasting organisations shall enjoy the right to authorize or prohibit:
>
> (a) the rebroadcasting of their broadcasts;
>
> (b) the fixation of their broadcasts;
>
> (c) the reproduction:
>
> (i) of fixations, made without their consent, of their broadcasts;
>
> (ii) of fixations, made in accordance with the provisions of Article 15, of their broadcasts, if the reproduction is made for purposes different from those referred to in those provisions;
>
> (d) the communication to the public of their television broadcasts if such communication is made in places accessible to the public against payment of an entrance fee; it shall be a matter for the domestic law of the State where protection of this right is claimed to determine the conditions under which it may be exercised.
>
> **第 13 条 广播组织的最低权利**
>
> 广播组织应当有权授权或禁止:
>
> (a) 转播其广播;
>
> (b) 录制其广播;
>
> (c) 复制:
>
> (i) 未经其同意而对其广播进行固定;
>
> (ii) 根据第 15 条规定对其广播进行固定,但复制的目的不符合该条规定的目的。
>
> (d) 向公众传播电视节目,如果此类传播是在公共场所进行且收取费用。行使这种权利的条件就由被要求保护的缔约国的国内法律确定。

《罗马公约》第 13 条规定了广播组织可以享有的最低标准权利。广播组织拥有的第一项权利是转播权,即未经其许可其他广播组织不得截取信号,对节目进行转播。第二项权利是对广播的录制权,未经广播组织许可,不得对其广播的内容进行录制固定。第三项权利是复制权,广播组织有权禁止对未经其许可固定的录制品进行复制。与录音制品相同,如果第三方以第 15 条规定的四种情形为由对广播加以固定,使用广播的目的也必须符合第 15 条的规定。否则,广播组织有权禁止对这些录制品进行复制。第 13 条第(d)款规定的第四项权利是禁止向公众传播电视节目的权利。囿于时代,这项权利在今日已经意义不大,它主要限制在除家庭之外的公众场所播放电视节目,如饭店、咖啡馆等,并要以此收取费用,才符合该款限制的对象。与前三项权利相比,该项权利较为特殊,《罗马公约》明确规定可以由缔约国国内法加以确定行使这项权利的条件。

三、TRIPS 对表演者、录音制品制作者及广播组织的保护

TRIPS 第 14 条有关表演者、录音制品制作者及广播组织权利的规定,建立在《罗马公约》基础之上,与《罗马公约》规定的三种邻接权主体也基本一致。TRIPS 第 2 条已明确规定,第一至第四部分的所有规定不得有损于成员之间依照《巴黎公约》《伯尔尼公约》《罗马公约》及《集成电路知识产权条约》已经承担的现有义务。《罗马公约》中有关表演者、录音制品制作者及广播组织的权利显然得到尊重,但 TRIPS 在此基础之上进行了补充。

TRIPS

Article 14　Protection of Performers, Producers of Phonograms (Sound Recordings) and Broadcasting Organizations

1. In respect of a fixation of their performance on a phonogram, performers shall have the possibility of preventing the following acts when undertaken without their authorization: the fixation of their unfixed performance and the reproduction of such fixation. Performers shall also have the possibility of preventing the following acts when undertaken without their authorization: the broadcasting by wireless means and the communication to the public of their live performance.

2. Producers of phonograms shall enjoy the right to authorize or prohibit the direct or indirect reproduction of their phonograms.

3. Broadcasting organizations shall have the right to prohibit the following acts when undertaken without their authorization: the fixation, the reproduction of fixations, and the rebroadcasting by wireless means of broadcasts, as well as the communication to the public of television broadcasts of the same. Where Members do not grant such rights to broadcasting organizations, they shall provide owners of copyright in the subject matter of broadcasts with the possibility of preventing the above acts, subject to the provisions of the Berne Convention (1971).

4. The provisions of Article 11 in respect of computer programs shall apply mutatis mutandis to producers of phonograms and any other right holders in phonograms as determined in a Member's law. If on 15 April 1994 a Member has in force a system of equitable remuneration of right holders in respect of the rental of phonograms, it may maintain such system provided that the commercial rental of phonograms is not giving rise to the material impairment of the exclusive rights of reproduction of right holders.

5. The term of the protection available under this Agreement to performers and producers of phonograms shall last at least until the end of a period of 50 years computed from the end of the calendar year in which the fixation was made or the performance took place. The term of protection granted pursuant to paragraph 3 shall last for at least 20 years from the end of the calendar year in which the broadcast took place.

6. Any Member may, in relation to the rights conferred under paragraphs 1, 2 and 3, provide for conditions, limitations, exceptions and reservations to the extent permitted by the Rome Convention. However, the provisions of Article 18 of the Berne Convention (1971) shall also apply, mutatis mutandis, to the rights of performers and producers of phonograms in phonograms.

第14条 对表演者、录音制品（唱片）制作者和广播组织的保护

1. 就将其表演固定在录音制品上而言，表演者应有可能防止下列未经其授权的行为：固定其未曾固定的表演和复制该录音制品。表演者还应有可能阻止下列未经其授权的行为：以无线广播方式播出和向大众传播其现场表演。

2. 录音制品制作者应享有准许或禁止直接或间接复制其录音制品的权利。

3. 广播组织有权禁止下列未经其授权的行为：录制、复制录制品、以无线广播方式转播以及将其电视广播向公众传播。如各成员未授予广播组织此类权利，则在遵守《伯尔尼公约》（1971年）规定的前提下，应给予广播的客体的版权所有权人阻止上述行为的可能性。

4. 第11条关于计算机程序的规定在细节上作必要修改后应适用于录音制品制作者和按一成员法律确定的录音制品的任何其他权利持有人。如在1994年4月15日，一成员在录音制品的出租方面已实施向权利持有人公平付酬的制度，则可维持该制度，只要录音制品的商业性出租不对权利持有人的专有复制权造成实质性减损。

5. 本协定项下表演者和录音制品制作者可获得的保护期限，自该固定或表演完成的日历年年底计算，应至少持续至50年年末。按照第3款给予的保护期限，自广播播出的日历年年底计算，应至少持续20年。

6. 任何成员可就第1款、第2款和第3款授予的权利，在《罗马公约》允许

的限度内，规定条件、限制、例外和保留。但是，《伯尔尼公约》（1971 年）第 18 条的规定在细节上作必要修改后也应适用于表演者和录音制品制作者对录音制品享有的权利。

（一）表演者

TRIPS 第 14 条第 1 款对表演者就其表演享有的最低限度权利作了规定。与《罗马公约》一样，它只是给予表演者"防止可能发生"特定行为的权利，而并非完整的专有权。[1] TRIPS 给予表演者的固定未曾固定表演的权利、复制录制品权、以无线广播方式播出和向大众传播其现场表演权，与《罗马公约》基本一致。

（二）录音制品制作者

TRIPS 第 14 条第 2 款给予录音制品制作者的权利与《罗马公约》基本一致。有关出租权的特殊规定，参见经济权利中有关出租权的阐述。

（三）广播组织

TRIPS 第 14 条第 3 款给予广播组织的专有权利与《罗马公约》也基本一致。但在该款的后面补充一句，"如各成员未授予广播组织此类权利，则在遵守《伯尔尼公约》（1971 年）规定的前提下，应给予广播的客体的版权所有权人阻止上述行为的可能性"。这句话的含义是，如果 WTO 的成员给予广播的客体——作品以充分保护，使其版权所有人可以按照《伯尔尼公约》享有一系列专有权，则可以免除给予广播组织专有权利的义务。这一限定相当于不要求成员对广播组织的专有权作出强制性规定。

尽管 TRIPS 对邻接权权利内容并未作大的调整，但延长了邻接权的保护期间。按照 TRIPS 第 14 条第 5 款的规定，给予表演者和录音制品制作者的保护期限，自固定或表演完成的之年年底起 50 年。而《罗马公约》只给予 20 年的保护期间。对于广播组织权的保护，TRIPS 保持其在专有权规定中限制性态度的一致性，提供了较弱的保护，与《罗马公约》一样，给予自广播播出之日起的 20 年保护期间。

TRIPS 同时规定，对第 14 条第 1 款、第 2 款和第 3 款授予的权利，成员可在《罗马公约》允许的限度内规定条件、限制、例外和保留。同时 TRIPS 提及 "《伯尔尼公约》第 18 条的规定在细节上作必要修改后也应适用于表演者和录音制品制作者对录音制品享有的权利"。《伯尔尼公约》第 18 条的规定是，公约提供的保护应适用于公约生效时尚未因保护期满在起源国进入公有领域的作品，如果作品因原来的保护期已满在请求保护国已经进入公有领域，则不再受到保护。TRIPS 第 14 条第 6 款的含义是《伯尔尼公约》第 18 条的规定可以同理适用于表演者和录音制品制作

---

[1] 西尔克·冯·莱温斯基. 国际版权法律与政策 [M]. 万勇, 译. 北京：知识产权出版社, 2017: 266.

者对录音制品享有的权利,尽管邻接权在《伯尔尼公约》中尚未得到保护。这就意味着,在 TRIPS 生效时保护期间尚未届满进入公有领域的表演和录音制品,可以享受协定提供的保护。这一规定可以使表演和录音制品享有在保护期间方面取得优势,如成员依据《罗马公约》给予录音制品 20 年的保护期间,只要在 TRIPS 生效时该保护期间尚未届满,该录音制品就可以享受 TRIPS 规定的 50 年保护期间。

四、WPPT

WPPT 的最大特点从第1条第(3)款中的表述可以看出,"本条约不得与任何其他条约有任何关联,亦不得损害依任何其他条约的任何权利和义务"。这表明,WPPT 与 TRIPS 不同,它并不建立在任何公约基础之上,具有独立性。但 WPPT 在第 1 条第(1)款表明了与《罗马公约》的关系,即不减损缔约国之间依据《罗马公约》已承担的现有义务。该款规定已将 WPPT 在某种程度上与《罗马公约》建立了联系。因为依据《罗马公约》第 22 条的规定,允许缔约国之间签订特别协定,条件是这种特别协定给予表演者、录音制品制作者和广播组织比《罗马公约》更广泛的权利,或者不包含与《罗马公约》相反的条款。总体而言,WPPT 的条款还是尽力保持与《罗马条约》及 TRIPS 中条款的一致。

WPPT 增强了对邻接权的保护,被认为是迄今为止对邻接权的国际保护取得的最大成就。WPPT 对邻接权保护比之前条约有所增强,增加了《罗马公约》及 TRIPS 中没有规定的权利内容,如表演者的精神权利等。此外,WPPT 还承担了解决数字技术为版权规则引发问题的任务。

(一)表演者

1. 表演者的界定

WPPT

Article 2　Definitions

For the purposes of this Treaty:

(a) "performers" are actors, singers, musicians, dancers, and other persons who act, sing, deliver, declaim, play in, interpret, or otherwise perform literary or artistic works or expressions of folklore;

……

第 2 条　定义

在本条约中:

(a) "表演者"指以表演、歌唱、演说、朗诵、演奏、表现或其他方式表演文学或艺术作品或民间文学艺术的演员、歌唱家、音乐家、舞蹈家及其他人员;

……

WPPT 对于表演者的界定体现在第 2 条第（a）款，"表演者"指以表演、歌唱、演说、朗诵、演奏、表现或其他方式表演文学或艺术作品或民间文学艺术表达的演员、歌唱家、音乐家、舞蹈家及其他人员。从这一定义可以看出，WPPT 对于表演客体的界定在与《罗马公约》保持一致的基础上，范围要宽于《罗马公约》，在"文学或艺术作品"基础之上，还包括民间文学艺术。除对作品的表演者外，对于民间文学艺术的表演人员也属于 WPPT 界定的表演者。从 WPPT 的表述可以看出其并未将民间文学艺术归入作品的范畴，但如果基于民间文学艺术形成作品，则可以归入作品类别。至于民间文学艺术的具体含义，各成员国可以在国内立法中确定。WPPT 对于表演者的界定限于演员、歌唱家、音乐家、舞蹈家等自然人，并提供了对表演者的精神权利保护。

2. 表演者的精神权利

WPPT

Article 5 Moral Rights of Performers

(1) Independently of a performer's economic rights, and even after the transfer of those rights, the performer shall, as regards his live aural performances or performances fixed in phonograms, have the right to claim to be identified as the performer of his performances, except where omission is dictated by the manner of the use of the performance, and to object to any distortion, mutilation or other modification of his performances that would be prejudicial to his reputation.

(2) The rights granted to a performer in accordance with paragraph (1) shall, after his death, be maintained, at least until the expiry of the economic rights, and shall be exercisable by the persons or institutions authorized by the legislation of the Contracting Party where protection is claimed. However, those Contracting Parties whose legislation, at the moment of their ratification of or accession to this Treaty, does not provide for protection after the death of the performer of all rights set out in the preceding paragraph may provide that some of these rights will, after his death, cease to be maintained.

(3) The means of redress for safeguarding the rights granted under this Article shall be governed by the legislation of the Contracting Party where protection is claimed.

第 5 条 表演者的精神权利

(1) 不依赖于表演者的经济权利，甚至在这些权利转让之后，表演者仍应对于其现场有声表演或以录音制品录制的表演有权要求承认其系表演的表演者，除非根据使用表演的方式可省略；并有权反对任何对其表演进行将有损其声誉的歪曲、篡改或其他修改。

(2) 根据本条第 (1) 款授予表演者的权利在其死后应继续保留，至少到其

> 经济权利期满为止,并应可由被要求提供保护的缔约方立法所授权的个人或机构行使。如果批准或加入本条约时,缔约方立法没有为表演者死后享有前款所述权利提供保护,可规定其中部分权利在表演者死后不再保留。
>
> (3) 为保障本条所授予的权利而采取的补救办法应由被要求提供保护的缔约方立法规定。

有关表演者精神权利的规定是 WPPT 在国际知识产权规则层面作出的突出贡献,在此之前尚未有国际条约承认表演者的精神权利。前有《伯尔尼公约》关于精神权利规定的成熟经验,WPPT 在对表演者精神权利的条款设定方面基本与《伯尔尼公约》一致。

(1) 表明身份权与保护表演完整权。

表演者根据 WPPT 享有的精神权利包括表明作者身份权和保护表演完整的权利。对于表演者表明自己身份的权利,WPPT 给出一项限制条件,即"除非根据使用表演的方式可省略"。意为如果根据表演的方式不适合表明表演者的身份,则可以不表明其身份。这种情形多发生在集体表演或表演人数较多的情形,如使用广播或现场传送,不适合表明所有表演者的身份,则可以不列明。表演者可以禁止其他人对其表演进行歪曲、篡改或其他修改,如改换表演的背景、速度、音调等。WPPT 关于保护作品完整权的条款与《伯尔尼公约》同款规定略有不同,省略了《伯尔尼公约》第 6 条之二中的一个词语。WPPT 禁止的是有损其"声誉"(reputation) 的歪曲、篡改,而《伯尔尼公约》中的表述是有损其"荣誉或声誉"(honor or reputation) 的歪曲、篡改。与"声誉"相比,"荣誉"代表更高的价值和来自社会的敬重,对于表演者省略"荣誉"一词,表明 WPPT 对表演者精神权利的保护要低于《伯尔尼公约》对于作者精神权利的保护。

与《伯尔尼公约》一致,表演者经济权利的转让不影响其精神权利的行使。

(2) 精神权利保护期间。

按照 WPPT 第 5 条第 (2) 项的规定,对于精神权利的保护期间与《伯尔尼公约》规定也基本一致,要至少到其经济权利期满为止。在其经济权利期满后,可以由缔约国法律规定的个人或机构行使其精神权利。按照 WPPT 第 17 条关于表演者经济权利保护期间的规定,授予表演者的保护期,自表演以录音制品录制之年年终起算 50 年。这一保护期间实际上可能远少于作者经济权利的保护期间,至少是作者有生之年加去世后 50 年。表演者经济权利自表演录制之年起算 50 年,很有可能在经济权利结束之时,表演者尚在世。这种情形就会造成在表演者在世之时,其经济权利保护期间已经届满,如果精神权利保护期间与经济权利期间一致,表演者在世时就无法维护其精神权利。为此,WPPT 第 5 条第 (2) 项规定,缔约国如果批准或加入本条约时,本国立法没有为表演者死后享有精神权利提供保护,则应当至少可以使表演者在去世之前享有精神权利。

3. 表演者的经济权利

（1）对未固定表演的权利。

> **WPPT**
>
> **Article 6　Economic Rights of Performers in their Unfixed Performances**
>
> Performers shall enjoy the exclusive right of authorizing, as regards their performances:
>
> (i) the broadcasting and communication to the public of their unfixed performances except where the performance is already a broadcast performance; and
>
> (ii) the fixation of their unfixed performances.
>
> **第6条　表演者对未固定表演的经济权利**
>
> 表演者应享有专有权，对于其表演授权：
>
> (i) 广播和向公众传播其尚未固定的表演，除非该表演本身已属广播表演；及
>
> (ii) 固定其尚未固定的表演。

WPPT第6条表演者关于"未固定表演"经济权利的规定，包括广播和向公众传播其尚未固定的表演的权利，与《罗马公约》中给予表演者的经济权利基本一致，但保护强度要大于《罗马公约》。《罗马公约》中对成员国的要求是提供阻止特定行为的可能性，而在WPPT中则明确表明"表演者应享有专有权"，成为成员国应当提供的最低标准义务。理解WPPT规定的广播和向公众传播表演的权利，还要准确了解"广播"和"向公众传播"的含义。WPPT第2条第（f）项中对"广播"的定义是"无线方式向公众提供能接收声音、或图像和声音、或图像和声音的传送"，第（g）项对"向公众传播"的定义是"通过除广播以外的任何媒介向公众传播表演的声音或以录音制品录制的声音或声音表现形式"。这两个定义除无线或有线传播的技术方式外，明显还包含另外一点区别，广播的客体包括"声音或图像"，而向公众传播的客体只包括"声音"或声音的类似表现形式。这就意味着，以向公众传播的形式传播图像，不在WPPT保护范围之内，而《罗马条约》则没有这一限制。这一限定也同样适用于WPPT第6条第（ii）项对表演的固定权，按照WPPT第2条第（c）项对"固定"的定义，是指"指对声音或声音表现形式通过某种装置以可感知、复制或传播的方式得以体现"。可见，对于表演的固定也是限于声音或声音的表现形式。

(2) 复制权。

> **WPPT**
>
> **Article 7　Right of Reproduction**
>
> Performers shall enjoy the exclusive right of authorizing the direct or indirect reproduction of their performances fixed in phonograms, in any manner or form.
>
> **第 7 条　复制权**
>
> 表演者应享有授权以任何方式或形式对其以录音制品录制的表演直接或间接地进行复制的专有权。

复制权是作者享有的一项重要权利，对于表演者而言也同样是比较重要的权利，表演者复制权的客体是"已经固定的表演"。因此，将复制权与"未固定表演"的权利分开规定以示说明。《罗马公约》和 TRIPS 都对表演者的复制权进行了规定，但都只要求成员赋予表演者阻止对其已固定表演的可能性即可。WPPT 显然采取更为强化的态度，明确要求成员国授予表演者复制专有权。

(3) 发行权。

> **WPPT**
>
> **Article 8　Right of Distribution**
>
> (1) Performers shall enjoy the exclusive right of authorizing the making available to the public of the original and copies of their performances fixed in phonograms through sale or other transfer of ownership.
>
> (2) Nothing in this Treaty shall affect the freedom of Contracting Parties to determine the conditions, if any, under which the exhaustion of the right in paragraph (1) applies after the first sale or other transfer of ownership of the original or a copy of the fixed performance with the authorization of the performer.
>
> **第 8 条　发行权**
>
> (1) 表演者应享有授权通过销售或其他所有权转让形式向公众提供其以录音制品固定的表演原件或复制件的专有权。
>
> (2) 对于在已固定表演的原件或复制件经表演者授权被首次销售或其他所有权转让之后，适用本条第 (1) 款中权利的用尽所依据的条件（如有此种条件），本条约任何内容均不影响缔约方确定该条件的自由。

WPPT 是首次赋予表演者发行权的国际条约，《罗马公约》和 TRIPS 中均未规定此项权利。根据发行权，表演者享有决定以销售或其他方式是否向公众提供其表演录音制品的专有权，发行权的客体是其表演的有形载体，按照 WIPO 的声明，第 8

条第（1）款所指的原件或复制件专指可作为有形物品投放流通的固定的复制品[1]，但这些复制品限定为"以录音制品"固定的表演。WPPT 第 8 条第（1）款规定，发行权的行使方式是销售或其他转让所有权的形式，重点在于对所有权转让的强调，以表示与出租权的区分。

第 8 条第（2）款对表演者发行权的权利用尽问题进行了规定。与 TRIPS 中对权利用尽的总体态度基本一致，成员国有对权利用尽进行规范的立法自由。但 WPPT 第 8 条第（2）款却对表演者权利用尽设定了一项有效条件，即"在已固定表演原件或复制件经表演者授权被首次销售或其他所有权转让之后"。换言之，成员国对于此项表演者发行权规定权利用尽的自由，是复制件被首次销售之后是否产生权利用尽的自由，在首次销售之前不应作出此类规定。按照第（2）款的立法本意，此条件应当是一项必须遵守的绝对性条件。

（4）出租权。

WPPT

Article 9　Right of Rental

（1）Performers shall enjoy the exclusive right of authorizing the commercial rental to the public of the original and copies of their performances fixed in phonograms as determined in the national law of Contracting Parties, even after distribution of them by, or pursuant to, authorization by the performer.

第 9 条　出租权

（1）表演者应按缔约各方国内法中的规定享有授权将其以录音制品录制的表演的原件和复制件向公众进行商业性出租的专有权，即使该原件或复制件已由表演者发行或根据表演者的授权发行。

按照 TRIPS 第 14 条第 4 款的规定，尽管该款不是强制性义务，但已经涵盖表演者对固定其表演的录音制品的出租权。按照 TRIPS 的规定，表演者是否能够享有出租权，取决于被请求保护国是否在立法中将表演者确定为录音制品的权利人。如果没有将其确定为录音制品的权利人，则也不能取得出租权的专有权。从这一意义上来讲，WPPT 中对表演者规定的出租权具有实际价值，明确赋予表演者对固定其表演的录音制品的出租权，有权禁止对该录音制品的原件或复制件进行商业性出租。WPPT 第 9 条第（1）款中提及的"即使该原件或复制件已由表演者发行或根据表演者的授权发行"，表明了出租权与发行权的关系。WPPT 第 8 条规定的发行权，在表演者行使发行权之后，依然可以行使出租权。这就意味着，第 8 条规定的首次销售

---

[1] Agreed Statements Concerning WIPO Performances and Phonograms Treaty［EB/OL］.（1996－12－20）［2020－04－28］. https://www.wipo.int/edocs/lexdocs/treaties/en/wppt/trt_wppt_002en.pdf.

或其他所有权转让的录音制品之上的发行权在权利穷竭后,并不影响出租权的行使,不会导致出租权的权利穷竭。

(5) 提供权。

> **WPPT**
>
> **Article 10　Right of Making Available of Fixed Performances**
>
> Performers shall enjoy the exclusive right of authorizing the making available to the public of their performances fixed in phonograms, by wire or wireless means, in such a way that members of the public may access them from a place and at a time individually chosen by them.
>
> **第 10 条　提供已固定表演的权利**
>
> 表演者应享有专有权,授权通过有线或无线的方式向公众提供其以录音制品固定的表演,使该表演可为公众中的成员在其个人选定的地点和时间获得。

WPPT 第 10 条规定的提供已固定表演权中,使用"在个人选定地点和时间"的表述,这表明知识产权规则体系在国际层面上中对数字传播方式的承认。此处规定的向公众提供已固定表演,应当排除广播的方式,因为广播方式无法使个人在选定的时间或地点获取该表演。该权利也不同于第 8 条规定的发行权,发行权的客体是已固定表演的录音制品的有形载体,而该条提供已固定表演则是通过有线或无线的传送方式向公众提供。

(二) 录音制品制作者

依据 WPPT 第 2 条第 (d) 项的定义,"录音制品制作者"指首次主动负责将表演的声音、其他声音或声音表现物录制下来的自然人或法人。与 WPPT 将表演者界定为自然人不同,录音制品制作者既可以是自然人,也可以是法人。因此,WPPT 并未对录音制品制作者提供精神权利的保护,而只规定了经济权利。

1. 复制权

> **WPPT**
>
> **Article 11　Right of Reproduction**
>
> Producers of phonograms shall enjoy the exclusive right of authorizing the direct or indirect reproduction of their phonograms, in any manner or form.
>
> **第 11 条　复制权**
>
> 录音制品制作者应享有授权以任何方式或形式直接或间接对其录音制品进行复制的专有权。

录音制品制作者对录音制品的复制专有权对于保护权利人利益具有重要意义,这一复制权在《罗马公约》和 TRIPS 中均对此种专有权进行了规定。如《罗马公约》第10条规定"录音制品制作者应当有权授权或禁止直接或间接复制他们的录音制品"。WPPT赋予录音制品制作者的复制权与前两项国际条约中的规定相比，基本一致，只是增加了"以任何方式或形式"的表述。这种表述显然是有意添加，其模式保持与《伯尔尼公约》对作品作者复制权规定的一致。《伯尔尼公约》第9条第（1）款规定，作者享有"授权以任何方式和形式复制作品的专有权利"。"以任何方式或形式"的表述明显扩大了权利的范围，例如，以电子媒介方式对录音制品的存储也构成复制。复制包括将录音制品上传或下载到计算机上的行为，也包括将录音制品转为数字化形式。WPPT在提案中使用《伯尔尼公约》第9条第（1）款中作者享有复制权的"以任何方式或形式"表述，就是明确表达对于录音制品制作者而言，其享有的复制权与作者没有区别。❶

2. 发行权、出租权与提供权

WPPT

Article 12　Right of Distribution

（1）Producers of phonograms shall enjoy the exclusive right of authorizing the making available to the public of the original and copies of their phonograms through sale or other transfer of ownership.

Article 13　Right of Rental

（1）Producers of phonograms shall enjoy the exclusive right of authorizing the commercial rental to the public of the original and copies of their phonograms, even after distribution of them, by or pursuant to, authorization by the producer.

Article 14　Right of Making Available of Phonograms

Producers of phonograms shall enjoy the exclusive right of authorizing the making available to the public of their phonograms, by wire or wireless means, in such a way that members of the public may access them from a place and at a time individually chosen by them.

第12条　发行权

（1）录音制品制作者应享有授权通过销售或其他所有权转让形式向公众提供其录音制品的原件或复制件的专有权；

第13条　出租权

（1）录音制品制作者应享有授权对其录音制品的原件和复制件向公众进行商业性出租的专有权，即使该原件或复制件已由录音制品制作者发行或根据录音制

---

❶ Basic proposal for the substantive provisions of the treaty for the protection of the rights of performers and producers of phonograms to be considered by the diplomatic conference，WIPO，CRNR/DC/5，note 14.06 ［EB/OL］. （1996 - 08 - 20）［2020 - 04 - 18］. https：//www.wipo.int/edocs/mdocs/diplconf/en/crnr_dc/crnr_dc_5-toc1.html.

品制作者的授权发行。

> **第 14 条 提供录音制品权**
> 录音制品制作者应享有专有权,以授权通过有线或无线的方式向公众提供其录音制品,使该录音制品可为公众中的成员在其个人选定的地点和时间获得。

WPPT 是首次以国际条约的形式对录音制品制作者的发行权进行规定。WPPT 对录音制品制作者发行权、出租权与提供权的规定,与表演者享有的相对应权利基本一致。

五、《北京条约》

《北京条约》于 2012 年在北京缔结,2020 年 4 月 28 日生效,主要涉及表演者对视听表演知识产权的保护。《北京条约》针对数字化时代对《罗马公约》(1961 年)中对歌唱家、音乐家、舞蹈家及演员的保护进行了现代化更新。在《北京条约》之前的 WPPT 曾更新对表演者和录音制品制作者的保护,但《北京条约》的更新侧重数字时代需求,构成了进一步的补充。[1]

(一)表演者权保护客体的补充

表演是表演者权的保护客体。作为邻接权的客体,表演者的表演可以分为未录制的表演和已录制的表演。未录制的表演是指现场表演,是尚未被录制的表演;已录制的表演是指机械表演,是已被录制到音像制品上的表演。对于这两种表演,表演者都可以享有一定的邻接权保护,可以控制他人未经表演者同意的使用行为。

不同的国际版权条约对于表演者权保护客体的规定基本一致,但也有细微区别。这些差别虽小,但会直接影响表演者所能够获取的经济利益。《罗马公约》对表演者权保护的表演既包括现场表演,也包括已被录制在录音制品和录像制品上的表演。但《罗马公约》对表演的界定较为狭窄,只有对文学艺术作品的表演,才是受公约保护的表演。TRIPS 只规定了对现场表演的保护。WPPT 对于表演者的界定范围有所扩大,包括对民间文学艺术作品进行的表演,但对于所保护表演的界定范围要窄于《罗马公约》。综合 WPPT 第 6 条和第 7 条的规定,可以看出 WPPT 保护的表演包括现场表演和录制在录音制品之上的表演。显然,其保护范围没有包括录制在录像制品之上的表演。在以上国际条约中,对表演者邻接权进行的国际保护都有一定缺憾。为此,2020 年生效的《北京条约》对此方面的保护进行了补充。

---

[1] Main Provisions and Benefits of the Beijing Treaty on Audiovisual Performances [EB/OL]. (2016-05-26) [2020-04-18]. https://www.wipo.int/edocs/pubdocs/en/wipo_pub_beijing_flyer.pdf.

> **《北京条约》**
>
> **Article 6　Economic Rights of Performers in their Unfixed Performances**
>
> Performers shall enjoy the exclusive right of authorizing, as regards their performances:
>
> (i) the broadcasting and communication to the public of their unfixed performances except where the performance is already a broadcast performance; and
>
> (ii) the fixation of their unfixed performances.
>
> **Article 7　Right of Reproduction**
>
> Performers shall enjoy the exclusive right of authorizing the direct or indirect reproduction of their performances fixed in audiovisual fixations, in any manner or form.
>
> **第 6 条　表演者对其尚未录制的表演的经济权利**
>
> 表演者应享有专有权,对于其表演授权:
>
> (i) 广播和向公众传播其尚未录制的表演,除非该表演本身已属广播表演;和
>
> (ii) 录制其尚未录制的表演。
>
> **第 7 条　复制权**
>
> 表演者应享有授权以任何方式或形式对其以视听录制品录制的表演直接或间接地进行复制的专有权。

《北京条约》第 6 条规定经济权利的客体是"尚未录制的表演",第 7 条复制权客体是录制的表演。可见,《北京条约》中表演者权的保护客体既包括现场表演,也包括以视听录制品录制的表演。"以视听录制品录制的表演"既包括以录音制品,也包括以录像制品录制的表演。《北京条约》对表演的界定与 WPPT 保持一致,比《罗马公约》的保护范围有所扩大。在保护客体方面增加了 WPPT 未包含的以录像制品录制的表演,也扩大了保护范围,整体上强化了对表演者权的保护。

(二) 表演者的二次获酬权

《北京条约》规定了表演者享有的精神权利,包括表明表演者身份权和保护表演完整不受歪曲的权利。《北京条约》也提供了经济权利保护,对表演者已经以视听录制品录制的表演,规定了四种经济权利,分别是复制权、发行权、出租权和提供权。对未录制的现场表演,《北京条约》为表演者规定了三种经济权利,即广播权、向公众传播的权利和录制权。这些权利的规定与 WPPT 的表述基本类似。《北京条约》中比较特殊的规定是关于表演者的二次获酬权,主要体现在第 12 条。

> **《北京条约》**
>
> **Article 12　Transfer of Rights**
>
> (1) A Contracting Party may provide in its national law that once a performer has consented to fixation of his or her performance in an audiovisual fixation, the exclusive rights of authorization provided for in Articles 7 to 11 of this Treaty shall be owned or exercised by or transferred to the producer of such audiovisual fixation subject to any contract to the contrary between the performer and the producer of the audiovisual fixation as determined by the national law.
>
> (2) A Contracting Party may require with respect to audiovisual fixations produced under its national law that such consent or contract be in writing and signed by both parties to the contract or by their duly authorized representatives.
>
> (3) Independent of the transfer of exclusive rights described above, national laws or individual, collective or other agreements may provide the performer with the right to receive royalties or equitable remuneration for any use of the performance, as provided for under this Treaty including as regards Articles 10 and 11.
>
> **第 12 条　权利的转让**
>
> (1) 缔约方可以在其国内法中规定，表演者一旦同意将其表演录制于视听录制品中，本条约第 7 条至第 11 条所规定的进行授权的专有权应归该视听录制品的制作者所有，或应由其行使，或应向其转让，但表演者与视听录制品制作者之间按国内法的规定订立任何相反合同者除外。
>
> (2) 缔约方可以要求，对于依照其国内法的规定制作的视听录制品，此种同意或合同应采用书面形式，并应由合同当事人双方或由经其正式授权的代表签字。
>
> (3) 不依赖于上述专有权转让规定，国内法或者具有个人性质、集体性质或其他性质的协议可以规定，表演者有权依照本条约的规定，包括第 10 条和第 11 条的规定，因表演的任何使用而获得使用费或合理报酬。

表演者的二次获酬权主要体现在《北京条约》第 12 条第（3）款，指表演者在转让其独占权后，可以对其表演在其后的任何使用获得使用费或合理报酬。这种取得报酬的情形发生在表演者转让经济权利之后，因此又被称为二次获酬权。但对于表演者的二次获酬权，缔约国可以选择是否在国内法中加以规定。

按照《北京条约》第 12 条第（1）款的规定，当表演者的表演被录制到视听录制品中后，表演者的经济权利归视听录制品制作者所有，或由其行使，或向其转让。在视听表演在利用过程中会同时涉及表演者权与视听制品制作者权，这一规定主要是为了权衡这种权利主体之间的关系。这一规定同样具有选择性，表演者与视听录制品制作者可以订立合同，对此作出不同的约定。

第六节 国际版权规则的限制与例外

自《伯尔尼公约》开始，国际版权规则已经确立基于公共利益对版权的独占权利进行限制的传统，这种限制主要体现为版权法律规则中的合理使用、强制许可等限制与例外条款。限制与例外条款是国际版权体系中对私人权利与公共利益进行平衡的重要机制，也是相对较为灵活的规范。对于各国立法中已经存在的例外条款，《伯尔尼公约》第9条第（2）款规定了进行合法性解释三项条件，即"三步检验法"，并在 TRIPS 后发展为解释所有经济权利的一般性方法。一般情形下不再规定例外的具体情形，而是设定缔约国国内立法例外条款应当遵守的一般性条件，以此限定版权保护例外的范围。

一、混合例外与"三步检验法"确立

（一）混合例外的类型组成

《伯尔尼公约》是有关版权保护第一项国际公约，它规定了某些情形下对版权行使的限制。这些限制散列于《伯尔尼公约》的不同条款之中，如第2条之二、第10条、第9条、第11条之二及第13条等。这些条款分别对客体、权利使用等情形设定了限制条款，共同构成对版权行使的限制与例外。与 TRIPS 的规定相比，《伯尔尼公约》在形式上是一种初级阶段的混合限制与例外。

1. 受保护作品的例外

《伯尔尼公约》明确将某些特定类型的作品排除在受保护范围之外，主要包括立法、行政、司法性质的公文及其译本、日常新闻或纯属报刊消息性质的社会新闻。这些例外主要规定在《伯尔尼公约》第2条第（4）款及第（8）款。《伯尔尼公约》第2条之二还规定，成员国的立法可以将政治演讲和诉讼过程中的演讲排除在保护范围之外。与前两个条款的规定不同，《伯尔尼公约》第2条之二的排除保护主要与对口述作品的保护有关，允许各成员国规定口述作品的保护范围，特别是允许对政治演讲和法官及律师在诉讼中演讲全部或部分排除。这一规定在1928年罗马修订会议上纳入，而后并未修改。其合理性是基于信息自由，另外，作者有将作品汇编进行出版的专有权。❶ 对于其他公开发表的演讲、演说或同类性质的作品，缔约国立法可以规定在特定条件下，以提供信息目的进行刊登、广播及向公众传播，使公众能够方便地获取信息并参与评价。

2. 经济权利使用例外

《伯尔尼公约》规定了特定情形下对作品经济权利的使用为法律许可的合理利

---

❶ Guide to the Berne Convention for The Protection of Literary and Artistic Works (1971), p24.

用，这种使用主要出于对非经济性的公共利益的优先考量。《伯尔尼公约》第 10 条第（1）款和第（2）款规定，缔约国可以规定，出于教学目的，可以通过出版、广播或录音录像等方式使用文学艺术作品，只要在该目的的正当需要范围内，就符合合理使用的要求。《伯尔尼公约》第 10 条之二规定，允许通过报刊、广播或对公众有线传播，复制发表在报纸、期刊上的讨论经济、政治或宗教的时事性文章，或具有同样性质的已广播作品，但以对这种复制、广播或有线传播并未明确予以保留的为限。《伯尔尼公约》第 11 条之二第（3）款允许法律对具有特殊文献性质的录制品批准由国家档案馆保存。

3. 强制许可

《伯尔尼公约》的强制许可主要体现在第 11 条之二第（2）款对广播权的强制许可及第 13 条第（1）款对录音制品规定的强制许可。强制许可相对于其他条款中绝对例外而言，要符合一定的条件才能实施。在广播权的强制许可例外情形下，《伯尔尼公约》允许成员国用强制许可替代作者的专有权，条件是不损害作者的精神权利，并需要向作者支付合理的报酬。根据《伯尔尼公约》第 13 条对音乐作品录制的强制许可，授予强制许可的条件是音乐作品的作者已经同意（如果配词另有作者，要同时取得两者的授权）对音乐作品进行录制。

（二）"三步检验法"的确立

《伯尔尼公约》第 9 条对复制权的规定中，专门在第（2）款中规定了复制权的"例外"，该条款被认为是国际版权法律规则合理使用例外"三步检验法"的最早架构。

> 《伯尔尼公约》
>
> **Article 9**
>
> ……
>
> (2) It shall be a matter for legislation in the countries of the Union to permit the reproduction of such works in certain special cases, provided that such reproduction does not conflict with a normal exploitation of the work and does not unreasonably prejudice the legitimate interests of the author.
>
> **第 9 条**
>
> ……
>
> （2）本同盟成员国法律得允许在某些特殊情况下复制上述作品，只要这种复制不损害作品的正常使用也不致不合理地侵害作者的合法利益。

《伯尔尼公约》要求成员国对复制权规定的例外需要符合三个层次的条件：第一，在某些特殊情况下；第二，不损害作品的正常使用；第三，不会不合理地损害作者的合法利益。这三个层次的规定从 TRIPS、WCT 及 WPPT 中得到借鉴，并在理论研究中发展为判断版权例外是否与国际条约相符的"三步检验法"。但在《伯尔尼公约》中,该"三步检验法"还仅适用于作者的复制权,只针对作者复制权的行使加以限制。《伯尔尼公约》之所以专门限定复制权的例外,是因为该项权能在1967年斯德哥尔摩修订会议上才被纳入公约文本。复制权是作者经济权利中最为重要的一项权利内容,在复制权被纳入《伯尔尼公约》之前,无论在公约文本还是成员国的已有立法中,均已出现允许为合理使用目的的复制规定。如大多数国家允许在进行个人或科学研究使用时,对作品进行复制且无须支付费用,这种规定给立法和司法机构保留了较大的自由空间。❶《伯尔尼公约》要规定复制权,就必须确保该规定不致损害各成员国立法中业已存在的例外规定,另外,也要确保不损害新规定的复制权。❷ 由此,《伯尔尼公约》第9条第(2)款的规定应运而生。成员国立法中的例外要符合《伯尔尼公约》的要求,必须满足第9条第(2)款规定的三项条件。

二、限制与例外条款的国际发展

除《伯尔尼公约》外,规范限制与例外的"三步检验法"还体现在另外四个国际条约中,分别是 TRIPS、《罗马公约》、WCT 和 WPPT。TRIPS 第13条、《罗马公约》第15条第(2)款、WCT 第10条及 WPPT 第16条与《伯尔尼公约》的第9条第(2)款共同构成国际版权规则中的限制与例外规范体系。

(一) TRIPS 与 WCT 的限制与例外规范

TRIPS

Article 13　Limitations and Exceptions

Members shall confine limitations or exceptions to exclusive rights to certain special cases which do not conflict with a normal exploitation of the work and do not unreasonably prejudice the legitimate interests of the right holder.

第13条　限制与例外

各成员对专有权作出的任何限制或例外规定仅限于某些特殊情况,且与作品的正常利用不相冲突,也不得无理损害权利持有人的合法权益。

WCT

Article 10　Limitations and Exceptions

(1) Contracting Parties may, in their national legislation, provide for limitations of or exceptions to the rights granted to authors of literary and artistic works under this Treaty in certain special cases that do not conflict with a normal exploitation of the work

---

❶ Guide to the Berne Convention for The Protection of Literary and Artistic Works (1971), p79, 56.

❷ 山姆·里基森,简·金斯伯格. 国际版权与邻接权:伯尔尼公约及公约以外的发展:下卷[M]. 2版. 郭寿康,等,译. 北京:中国人民大学出版社,2016:672.

and do not unreasonably prejudice the legitimate interests of the author.

(2) Contracting Parties shall, when applying the Berne Convention, confine any limitations of or exceptions to rights provided for therein to certain special cases that do not conflict with a normal exploitation of the work and do not unreasonably prejudice the legitimate interests of the author.

第 10 条 限制与例外

(1) 缔约各方在某些不与作品的正常利用相抵触、也不无理地损害作者合法利益的特殊情况下，可在其国内立法中对依本条约授予文学和艺术作品作者的权利规定限制或例外。

(2) 缔约各方在适用《伯尔尼公约》时，应将对该公约所规定权利的任何限制或例外限于某些不与作品的正常利用相抵触、也不无理地损害作者合法利益的特殊情况。

在 TRIPS 的缔结过程中，"三步检验法"成为在一般意义上对作者权利的限制与例外进行评价的有效且普遍接受的标准。[1] TRIPS 第 13 条基本较为完整地复制了《伯尔尼公约》第 9 条第（2）款有关复制权例外条款的规定，限制与例外正当性的三项条件没有变化。但在 TRIPS 框架下，该项限制与例外不再限于复制权，而是面向整体版权规则体系，适用于《伯尔尼公约》中的所有经济权利。TRIPS 规定的三项条件应累积适用，仅满足其中一项条件，并不符合 TRIPS 第 13 条对例外条款的要求。对一项版权例外条款进行合法性审查时，TRIPS 建立的"三步检验法"逐步发展为一项重要的解释工具，尽管进行具体解释时也产生较多分歧。

TRIPS 第 13 条所采取的方法为国际社会普遍接受，它对 WCT 第 10 条的制定起了决定性的作用。[2] WCT 第 10 条的规定包括两个分款，针对的是两种类型的权利，第 10 条第（1）款适用于所有 WCT 条约本身所授予的权利，而第 10 条第（2）款适用于《伯尔尼公约》中所规定的权利。WCT 是《伯尔尼公约》的专门协定，不得减损《伯尔尼公约》中规定的现有义务。WCT 中规定的一些权利，并非《伯尔尼公约》中包含的权利，如 WCT 第 6 条规定的发行权。如果 WCT 不单独增设第（1）款适用条约本身规定的权利，就会在适用限制与例外条款时，将《伯尔尼公约》中未规定的这些权利排除在外。除《伯尔尼公约》规定的经济权利外，WCT 第 10 条第（2）款还特别规定了"三步检验法"也适用于《伯尔尼公约》"规定权利的任何限制或例外"。也就是说，除《伯尔尼公约》的经济权利外，其本身已经

---

[1] 约格·莱茵伯格，西尔克·冯·莱温斯基. WIPO 因特网条约评注 [M]. 万勇，等，译. 北京：中国人民大学出版社，2008：163.

[2] 约格·莱茵伯格，西尔克·冯·莱温斯基. WIPO 因特网条约评注 [M]. 万勇，等，译. 北京：中国人民大学出版社，2008：164.

规定的一些例外情形,也可以适用"三步检验法"的检测。这一规定也表明两个公约中规定的限制与例外条款应当具有一致性,可以在共同的检测标准之下得以适用。

WCT 第 10 条第(2)款规定的限制与例外可以在数字环境下适用,解决数字化条件下版权限制与例外的适用标准。这一点在 WCT 的议定声明中已经得到承认,其第 10 条规定允许各缔约方将其国内法中依《伯尔尼公约》接受的限制与例外继续适用并适当延伸到数字环境中,这些规定应被理解为允许缔约方制定对数字网络环境适宜的新的例外与限制。[1]

(二)《罗马公约》与 WPPT 中的限制与例外

《罗马公约》

Article 15　Permitted Exceptions：2. Equivalents with copyright

……

2. Irrespective of paragraph 1 of this Article, any Contracting State may, in its domestic laws and regulations, provide for the same kinds of limitations with regard to the protection of performers, producers of phonograms and broadcasting organisations, as it provides for, in its domestic laws and regulations, in connection with the protection of copyright in literary and artistic works. However, compulsory licences may be provided for only to the extent to which they are compatible with this Convention.

第 15 条　允许的例外：2. 与版权效力相同

……

2. 尽管有本条第 1 款,任何缔约国对于表演者、录音制品制作者和广播组织的保护,可以在其国内法律与规章中做出与它在国内法律和规章中对文学和艺术作品版权保护的同样的限制。但只有在与本公约一致的范围内可以规定强制许可。

WPPT

Article 16　Limitations and Exceptions

(1) Contracting Parties may, in their national legislation, provide for the same kinds of limitations or exceptions with regard to the protection of performers and producers of phonograms as they provide for, in their national legislation, in connection with the protection of copyright in literary and artistic works.

(2) Contracting Parties shall confine any limitations of or exceptions to rights provided for in this Treaty to certain special cases which do not conflict with a normal exploitation of the performance or phonogram and do not unreasonably prejudice the legitimate

---

[1] Agreed Statements Concerning the WIPO Copyright Treaty. Concerning Article 10 [EB/OL]. (1996-12-20) [2020-03-28]. https：//www.wipo.int/treaties/en/text.jsp?file_id=295456.

interests of the performer or of the producer of the phonogram.

> **第 16 条 限制与例外**
>
> （1）缔约各方在其国内立法中，可在对表演者和录音制品制作者的保护方面规定与其国内立法中对文学和艺术作品的版权保护所规定的相同种类的限制或例外。
>
> （2）缔约各方应将对本条约所规定权利的任何限制或例外限于某些不与录音制品的正常利用相抵触、也不无理地损害表演者或录音制品制作者合法利益的特殊情况。

《罗马公约》和 WPPT 对有关邻接权的限制与例外均进行了规定。

《罗马公约》第 15 条并没有复述限制与例外条款的三项条件，但在第（2）款中规定，应该对表演者、录音制品制作者及广播组织的权利适用与版权同样的限制与例外。但对于此规定，《罗马公约》仅是提供各成员国一项选择，而非强制性义务，只是希望成员国在此方面平等对待版权和邻接权，并考虑不再分别单列不同的例外条款。[1]

WPPT 在条约中没有提供其他的例外情形，所有的限制与例外适用第 16 条的规定。按照 WPPT 第 16 条第（1）款的规定，有关表演者和录音制品制作者的权利例外适用与作品版权保护规定的相同的限制或例外。除有关强制许可的限定外，该条款基本与《罗马公约》第 15 条第（2）款一致。WPPT 第 16 条第（2）款规定，任何成员国规定的限制或例外应符合三项条件：第一，不与录音制品的正常利用相抵触；第二，没有不合理地损害表演者或录音制品制作者合法利益；第三，限于某些特殊情形之下。根据第（2）款的规定，对 WPPT 中所保护权利规定的限制与例外都应当符合这三项条件。与此前的条约相比，WPPT 第 16 条规定的限制与例外在适用领域上有所延伸，该例外完全可以适用于数字环境，尤其是以数字形式使用表演和录音制品的情形。[2]

三、"三步检验法"的解释：美国版权法第 110（5）条案

1999 年 5 月，WTO 就欧共体要求针对美国版权法（Copyright Law of the United States of America）第 110（5）条进行磋商的案件组成专家组。该案件主要涉及 1976 年美国版权法（1998 年修正）第 110（5）条，该条款对涉及特定表演版权人之专有权进行了限制。

---

[1] Guide to the Rome Convention and to the Phonograms Convention，p59.

[2] Agreed Statements Concerning WIPO Performances and Phonograms Treaty. Concerning Articles 7, 11 and 16 [EB/OL]．（1996-12-20）[2020-03-28]．https：//www.wipo.int/treaties/en/text.jsp?file_id=295690.

美国版权法（1976年）第110（5）条

专有权的限制：对于特定表演与展示的豁免

尽管有第106条的规定，下列行为不视为版权侵权行为：

……

（5）（A）除非（B）款另有规定，在私人住宅中通常使用的单独接收设备上通过公共接收传播其所传送的作品的表演和展示，除非

（a）进行了直接收费观看或收听该传送；或

（b）将接收到的传送又再次传播给公众；

（B）对由联邦通信委员会许可的广播电台或电视台播出的体现非戏剧音乐作品的表演或展示，或者是有线或卫星进行的视听传输，进行旨在为一般公众所接收的传送与转播，如果

（Ⅰ）如在餐饮以外场所进行，传播场所的空间总面积小于2000平方英尺❶（不包括用于客户停车和用于其他目的的空间），或者传播场所的空间总面积为2000平方英尺或以上（不包括用于客户服务的空间并且没有其他目的），且

（i）如果仅通过音频表演，则表演通过总共不超过6个扬声器进行传播，其中在任何1个房间或相邻的室外空间中不超过4个扬声器；或者

（ii）如果表演或展示是通过视听手段进行的，则任何视觉表演或表演的一部分通过总计不超过4个视听设备进行传播，其中在任何1个房间中不超过1个视听设备，并且此类视听设备的屏幕尺寸均不超过55英寸，演出或表演的任何音频部分通过不超过6个扬声器进行通信，其中在任何1个房间或相邻的室外空间中，不超过4个扬声器；

（Ⅱ）如为餐饮场所，传播场所总空间少于3750平方英尺（不包括用于客户停车和用于其他目的的空间），或者传播场所总建筑面积为3750平方英尺或以上（不包括已使用的空间且无其他目的），且

（i）如果仅通过音频表演，则表演通过总共不超过6个扬声器进行传播，其中在任何1个房间或相邻的室外空间中不超过4个扬声器；或者

（ii）如果表演或展示是通过视听手段进行的，则任何视觉表演或表演的一部分通过总计不超过4个视听设备进行传播，其中在任何1个房间中不超过1个视听设备，并且此类视听设备的屏幕尺寸均不超过55英寸，演出或表演的任何音频部分通过不超过6个扬声器进行通信，其中在任何1个房间或相邻的室外空间中，不超过4个扬声器；

（Ⅲ）没有对传送或转播的观看或收听进行直接收费；

（Ⅳ）没有在接收传送或转播的场所之外再进行进一步的传播；

（Ⅴ）此种对作品公开表演或展示进行的传播得到了版权人的许可。

---

❶ 1英尺=0.3048米，2000平方英尺等于185.8平方米。——编辑注

美国版权法第110（5）条第（A）款规定了私人住宅使用的例外，属于"家庭豁免"（home-style exemption），适用于所有类型的作品；第（B）款规定的是家庭使用之外场所进行的传播，属于"商业豁免"（business exemption），主要针对的是非戏剧音乐作品。欧共体认为，美国版权法第110（5）条第（A）款和第（B）款的规定违反了美国依据TRIPS应当承担的义务，不符合TRIPS及《伯尔尼公约》中有关明示或默示限制与例外规定的标准。由此，TRIPS第13条是解决该案件的核心。第13条中允许的"限制与例外"条件（包括：①仅限于某些特定情形；②与作品的正常利用不相冲突；③没有不合理地损害权利持有人的合法权益）是判定美国版权法第110（5）条例外合法性的重要标准，成为专家组进行解释的重点问题。

1. 某些特定情形

"某些特定情形"是TRIPS第13条限制与例外规定的第一项条件。专家组认为，对于特殊情形的分析应当根据其目的和上下文考虑条款的一般含义。"例外"是指对国内立法规定专有权在某些方面的减损，而"限制"指对此种权利在某种程度上的扣减。某些特定情形下，意味着国内立法的例外和限制必须清晰界定，保证充分的法律确定性。"特定"是指"具有单独或有限的适用或目的""包含细节、精确、特定""在某种程度上不同于寻常"，限制和例外在数量和质量方面必须是狭义的。"某些特定情形"不能简单等同于"特殊目的"。按照该条件，TRIPS第13条要求成员国内立法中的限制与例外应当进行清晰界定，并不宜在范围上过宽。限制与例外即使追求的是在某种意义上无法识别合法性的特殊目的，也可能与第一项条件相符。❶适用于美国版权法第110（5）条案是否符合TRIPS第13条的第一项条件，专家组就要判断其第（A）款和第（B）款规定的例外是否被清晰界定，以及例外允许的范围是否属于较小的范围。这就需要考虑餐饮场所和其他商业零售场所根据第（B）款获益的比例，以及家庭使用利用第（A）款的比例。专家组据此考察了美国的实际情况，得出结论认为，美国版权法第110（5）条第（B）款规定的商业例外豁免了美国近一半的餐饮和零售场所，因此不符合TRIPS第13条规定"某些特定情形"的第一项条件。❷对于美国版权法第110（5）条第（A）款的家庭例外，专家组综合考察了美国的相近判例，认为其对例外进行了数量及面积上的限制，在范围上进行了清晰界定，适用范围较小，在TRIPS第13条某些特定情形的范畴之内。

2. 不与作品的正常利用相冲突

TRIPS第13条要求的第二个条件是限制与例外不能与作品的正常利用相冲突。

---

❶ The Report of the panel on United States – section 110（5）of the US Copyright Act，WT/DS160/R，note 6.109-6.112［EB/OL］.（2000-06-15）［2020-07-24］. http：//www.un.org/law/ilc/index.htm.

❷ The Report of the panel on United States – section 110（5）of the US Copyright Act，note 6.133.

专家组认为，对这一条件的解释必须明确作品"利用"的含义，确定何种行为构成正常利用，且与对作品的减损不发生冲突。

专家组认为，对音乐作品的"利用"应当指版权所有人使用法律授予的专有权，以从作品经济权利中获取经济价值的活动。"正常"的含义一般被界定为"构成或符合某种标准；常规或普通"，这些界定反映了两个含义，一是表现出的经验性；二是表现的非动态的规范性。根据《维也纳协定》第31条，专家组认为应对"正常"的两个含义给出协调一致的解释。TRIPS和《伯尔尼公约》为版权所有人规定了专有权，这些专有权可以通过商业活动从作品中获取经济价值，是利用作品的法定方式。TRIPS第13条的第二个条件没有提及特定专有权，因此，该例外条款应当适用于TRIPS赋予作品的所有专有权。如果"正常"利用是对所授予所有版权的充分利用，那么TRIPS第13条的例外条款将毫无意义。

《伯尔尼公约》第11条之二第（1）款对作品的广播权规定了三项分权利（参见前文《伯尔尼公约》的广播权内容），第三项分权利即是利用扬声器对作品的广播进行传播，"正常利用"应当假定权利持有人有可能分别行使这三项权利。如果仅对第三项分权利允许法定豁免，实践中第一项和第二项权利的行使就会取得最大份额使用费，那么，三项分权利可以单独行使的"正常利用"就会受到损害。在餐饮或其他商业场所利用扬声器播放广播音乐，即使消费者不需要直接为此付费，这种行为也具有商业属性。也许从单独场所看这种行为对使用费收入的影响不大，但具有累积效应。❶ 如果版权所有人可以对这些行为收取商业费用，将是一笔不菲的报酬。而按照《伯尔尼公约》第11条之二第（1）款第（iii）项，显然已经为版权所有人提供此种权利。"正常利用"应当指在正常情况下，可以合理期待的版权所有人利用作品的方式。对此，专家组认为在1967年斯德哥尔摩修订大会上，瑞典政府和国际知识产权保护联盟提出的观点具有说服力："为了特定目的，基于特定条件对专有权进行限制，这种使用不应与作品形成经济竞争"。评估作品正常利用，应当对作品专有权的商业利用进行经济分析。据评估，美国大约有74%的餐馆会播放不同来源的音乐。专家组认为，美国版权法第110（5）条第（B）款与《伯尔尼公约》第11条之二第（1）款第（ii）项和第（iii）项授予专有权的"正常利用"相冲突。对"家庭使用"的豁免，一个用户可以收听广播或观看电视的场所，则不在版权覆盖范围之内，也不在作品的正常利用范围之内，版权所有人不会对家庭使用收取许可费。因此，专家组认为，美国版权法第110（5）条第（A）款的家庭豁免与TRIPS第13条中的第二个条件"正常利用"不相冲突。

3. 没有不合理损害权利持有人的合法利益

没有不合理地损害权利持有人的合法利益是TRIPS第13条判断限制与例外合法

---

❶ The Report of the Panel on United States – Section 110（5）of the US Copyright Act, note 6. 133.

性的第三个条件。判断美国版权法第110（5）条是否符合第三个条件，首先需要界定什么是权利持有人的利益，其次要明确如何能构成"合法"，最后要对"损害"进行解释，达到何种程度为不合理损害。"利益"通常指对财产的法定权利、使用财产或可以基于财产获益，"利益"的概念不必限于实际或潜在的经济利益或损害。"合法"的含义包括"符合，有法律授权、正当、正确""正常、定期、符合公认的标准类型"。合法利益是版权专有权的经济价值，可以通过对权利的许可使用进行评估，但这并不意味着合法利益仅限于经济利益。如果例外与限制会对版权所有人的收入造成潜在的不合理损失，对合法利益的损害就达到不合理的程度。❶

对录制音乐或商业背景音乐的使用可以轻易地为所广播音乐的扩音器所取代。数字广播和有线广播增加了对不同类型音乐广播的传送。如果一种音乐来源是免费的，而另一种就可能触发版权侵权责任，这种现象会对运营商采用何种来源的音乐、对于受到保护的音乐怎样付费产生重要的影响。因此，权利持有人除会损失依据美国版权法第110（5）条第（B）款新豁免的用户费用以外，商业豁免还可能造成本应从餐饮及零售场所使用唱片或商业背景音乐取得收入的损失。在对国内法的例外适用TRIPS第13条的三个条件时，例外的潜在影响和实际影响都具有相关性。特别是对于第三个条件，如果只考虑实际损失，就可能忽略新纳入权利的范围，权利持有人之前没有有效手段行使该权利，或权利持有人因为没有建立所需的集体管理未行使权利，就会使一项专有权的新例外被认定为正当化。在这种情况下，引入新的例外会使权利持有人遭受额外的经济损失，而且可能永远无法再期待从这些权利行使中获取收益。如果这种解释能够成立，就会破坏TRIPS所体现的最低限度的知识产权范围保护和约束力。❷ 因此，美国版权法第110（5）条第（B）款规定商业例外不能满足TRIPS第13条第三个条件的要求。家庭豁免涉及小型场所对音乐的播放不是重要的收入来源，基于对权利持有人合法利益造成不合理损害评估的目的，权利持有人的潜在损失也具有相关性。但专家组认为没有具有说服力的数据说明会发生具有实质重大的潜在经济影响，并足以造成对权利持有人合理利益的不合理损害。最终认为，美国版权法第110（5）条第（A）款包含的家庭例外不会对权利持有人的合理利益造成TRIPS第13条意义上的不合理损害。

第七节　TRIPS后数字化国际版权规则发展

从《伯尔尼公约》到TRIPS，属于传统版权规则的国际化演进过程。在TRIPS之后的双边、区域及国际知识产权条约或自由贸易协定中，开始逐步解决数字化版权规则面临的新问题。从WCT、WPPT开始，国际版权条约中逐渐纳入有关技术保

---

❶ The Report of the Panel on United States – Section 110 (5) of the US Copyright Act, note 6.214 – 6.229.
❷ The Report of the Panel on United States – Section 110 (5) of the US Copyright Act, note 6.241 – 6.271.

护措施、权利管理信息等规则,在双边及多边自由贸易协定中也不断增加新的数字化版权规则。这些数字化版权规则代表版权规则未来发展的趋势,尽管很多规则尚未在国际范围内达成一致,但数字化规则对传统版权规则的挑战将不可避免。

一、WCT 与 WPPT 中的数字化版权规则

(一)技术措施

WCT

Article 11　Obligations concerning Technological Measures

Contracting Parties shall provide adequate legal protection and effective legal remedies against the circumvention of effective technological measures that are used by authors in connection with the exercise of their rights under this Treaty or the Berne Convention and that restrict acts, in respect of their works, which are not authorized by the authors concerned or permitted by law.

第 11 条　涉及技术措施的义务

缔约各方应规定适当的法律保护和有效的法律补救办法,制止规避由作者为行使本条约或《伯尔尼公约》所规定的权利而使用的、对就其作品进行未经该有关作者许可或未由法律准许的行为加以约束的有效技术措施。

WPPT

Article 18　Obligations concerning Technological Measures

Contracting Parties shall provide adequate legal protection and effective legal remedies against the circumvention of effective technological measures that are used by performers or producers of phonograms in connection with the exercise of their rights under this Treaty and that restrict acts, in respect of their performances or phonograms, which are not authorized by the performers or the producers of phonograms concerned or permitted by law.

第 18 条　涉及技术措施的义务

缔约各方应规定适当的法律保护和有效的法律救济,制止规避由表演者或录音制品制作者为行使本条约所规定的权利而使用的、对就其表演或录音制品进行未经该有关表演者或录音制品制作者许可或未由法律准许的行为加以约束的有效技术措施。

数字技术的发展使作品很容易以数字化的方式复制并向公众传播。由于技术的发展快于规则的转变,很多版权权利人采取技术措施应对数字化技术对作品复制与传播带来的风险,使用技术措施解决作品的盗版问题。但单凭技术无法实现对版权的保护,数字技术的发展可以同样很快破解版权权利人通过技术措施对作品进行的

"封锁"。这就需要数字化版权规则的介入，解决数字化环境下版权权利行使的合法性问题，对版权权利人的技术保护措施给予立法支持和保障。对技术措施给予立法保护的目的是：①确保这些技术措施得以被尊重；②阻止对这些技术措施的破坏，否则可能侵犯所保护内容所有者的权利。❶ WCT 第 11 条和 WPPT 第 18 条承认技术保护措施对版权保护的必要性，共同完成对版权和邻接权的技术措施保护，但两个公约并未通过对技术措施的保护为权利人创设某种新型的实体性权利。

按照 WCT 第 11 条的规定，成员国应当对作者保护作品的技术措施提供法律保护和有效的法律救济。第 11 条也同时对技术措施的保护规定了条件。首先，使用技术措施的主体是作者（authors）。应当如何理解 WCT 第 11 条中使用的"作者"一词，是否仅限定创作作品的作者才可以行使技术保护措施？这一概念的范围需要结合《伯尔尼公约》第 2 条第（6）款进行解释，第 2 条第（6）款对版权保护的主体范围进行了界定，规定作品在成员国内享受的保护是指为了作者及其权利继承人利益而进行的保护。WCT 第 1 条明确说明该条约是《伯尔尼公约》第 20 条意义下的专门协定，因此"作者"一词的解释也应当按照《伯尔尼公约》的规定适当进行扩大界定。这不仅符合《伯尔尼公约》的界定，也符合 WCT 为版权技术措施提供保护的实际目的。其次，采取技术措施的行为是为了行使 WCT 和《伯尔尼公约》中规定的权利，既包括经济权利也包括精神权利。最后，作者采取的技术措施应当是有效的（effective）技术措施。此处技术措施的有效性应当是针对采取技术的目的而言，作者采取技术的目的是防止未经其许可对作品的利用，只有可以实现这一目标的技术措施，才能认为是有效技术措施。在作者采取的技术满足以上条件的情形下，成员国应当予以保护，禁止对该技术措施进行规避。

WPPT 中保护的邻接权并未出现在《伯尔尼公约》之中，加之 WPPT 独立性的界定，对于技术措施保护的客体仅限于该条约提供保护的权利。WPPT 中对于技术措施的规定与 WCT 基本一致，技术措施行使的主体是表演者和录音制品制作者，也规定了禁止规避技术措施的一般原则。

（二）权利管理信息

WCT

Article 12　Obligations concerning Rights Management Information

(1) Contracting Parties shall provide adequate and effective legal remedies against any person knowingly performing any of the following acts knowing, or with respect to

---

❶ MARKS S, BRUCE H T. Technical protection measures: the intersection of technology, law and commercial licenses, Workshop on Implementation Issues of The WIPO Copyright Treaty (WCT) and the WIPO Performances and Phonograms Treaty (WPPT) [EB/OL]. (1999 - 12 - 03) [2020 - 05 - 28]. https://view.officeapps.live.com/op/view.aspx? src = https% 3A% 2F% 2Fwww.wipo.int% 2Fedocs% 2Fmdocs% 2Fcopyright% 2Fen% 2Fwct _ wppt _ imp%2Fwct_wppt_imp_3.doc.

civil remedies having reasonable grounds to know, that it will induce, enable, facilitate or conceal an infringement of any right covered by this Treaty or the Berne Convention:

(i) to remove or alter any electronic rights management information without authority;

(ii) to distribute, import for distribution, broadcast or communicate to the public, without authority, works or copies of works knowing that electronic rights management information has been removed or altered without authority.

(2) As used in this Article, "rights management information" means information which identifies the work, the author of the work, the owner of any right in the work, or information about the terms and conditions of use of the work, and any numbers or codes that represent such information, when any of these items of information is attached to a copy of a work or appears in connection with the communication of a work to the public.

第 12 条　涉及权利管理信息的义务

（1）缔约各方应规定适当和有效的法律补救办法，制止任何人明知或就民事救济而言有合理根据知道其行为会诱使、促成、便利或包庇对本条约或《伯尔尼公约》所涵盖的任何权利的侵犯而故意从事以下行为：

（i）未经许可去除或改变任何权利管理的电子信息；

（ii）未经许可发行、为发行目的进口、广播或向公众传播明知已被未经许可去除或改变权利管理电子信息的作品或作品的复制品。

（2）本条中的用语"权利管理信息"系指识别作品、作品的作者、对作品拥有任何权利的所有人的信息，或有关作品使用的条款和条件的信息，和代表此种信息的任何数字或代码，各该项信息均附于作品的每件复制品上或在作品向公众进行传播时出现。

WPPT

Article 19　Obligations concerning Rights Management Information

(1) Contracting Parties shall provide adequate and effective legal remedies against any person knowingly performing any of the following acts knowing, or with respect to civil remedies having reasonable grounds to know, that it will induce, enable, facilitate or conceal an infringement of any right covered by this Treaty:

(i) to remove or alter any electronic rights management information without authority;

(ii) to distribute, import for distribution, broadcast, communicate or make available to the public, without authority, performances, copies of fixed performances or phonograms knowing that electronic rights management information has been removed or altered without authority.

(2) As used in this Article, "rights management information" means information which identifies the performer, the performance of the performer, the producer of the phonogram, the phonogram, the owner of any right in the performance or phonogram, or information about the terms and conditions of use of the performance or phonogram, and any numbers or codes that represent such information, when any of these items of information is attached to a copy of a fixed performance or a phonogram or appears in connection with the communication or making available of a fixed performance or a phonogram to the public.

第 19 条　涉及权利管理信息的义务

(1) 缔约各方应规定适当和有效的法律补救办法，制止任何人明知或就民事救济而言有合理根据知道其行为会诱使、促成、便利或包庇对本条约所涵盖的任何权利的侵犯而故意从事以下行为：

(i) 未经许可去除或改变任何权利管理的电子信息；

(ii) 未经许可发行、为发行目的进口、广播、向公众传播或提供明知已被未经许可去除或改变权利管理电子信息的表演、录制的表演或录音制品的复制品。

(2) 本条中的用语"权利管理信息"系指识别表演者、表演者的表演、录音制品制作者、录音制品、对表演或录音制品拥有任何权利的所有人的信息，或有关使用表演或录音制品的条款和条件的信息，和代表此种信息的任何数字或代码，各该项信息均附于录制的表演或录音制品的每件复制品上或在录制的表演或录音制品向公众提供时出现。

随着数字化技术的发展，版权及邻接权权利人的相关信息开始采取电子方式进行识别。传统上的识别系统，例如书籍使用的 ISBN 编码已经部分融入新研发出来的识别系统之中，例如 DOI。许可条款或条件的信息可被用作技术保护措施的基础，甚至可能影响其操作。例如，它可以注明只允许制作一个复制品，或者在一天的某些时间内允许为教育目的而使用。另外，这种信息也可以用作按照使用频率来收取报酬的基础。[1] 这种数字权利管理信息可以有效阻止对数字版权内容的复制和利用，是对版权进行管理的一种方式。WCT 第 12 条和 WPPT 第 19 条首先对版权的权利管理信息给予保护，除所规定的具体对象外，两个公约条文的规定基本一致。"权利管理信息"对于版权而言，是指识别作品、作品的作者、对作品拥有任何权利的所有人，以及有关作品使用条款和条件的信息；对于邻接权而言，是指识别表演者、表演者的表演、录音制品制作者、录音制品、对表演或录音制品拥有任何权利的所

---

[1] 约格·莱茵伯格，西尔克·冯·莱温斯基. WIPO 因特网条约评注 [M]. 万勇，等，译. 北京：中国人民大学出版社，2008：535.

有人，以及有关使用表演或录音制品条款和条件的信息。除以上信息外，还包括代表以上所有信息的任何数字或代码。这些权利管理信息附于作品的所有复制件之上或者会在作品向公众进行传播时呈现出来。这也表明，这些电子权利管理信息需要与有形载体结合，附着于有形复制件之上或者利用有形复制件进行传播时，才能体现对电子权利管理信息进行规范的必要性。

违反 WCT 和 WPPT 相关权利管理信息规定的行为包括：①未经许可去除或改变电子权利管理信息。这种情形禁止未经权利人许可去除电子权利管理信息，即完全消除有关版权、邻接权的信息；还包括禁止改变相关的电子权利管理信息，即对已有的权利管理信息进行部分删除、更改等行为。②明知是已被消除或改变权利管理信息的作品、表演、录制的表演或录音制品，依然发行、以发行为目的进口、广播或向公众传播。这两种情形都要求"故意"的主观状态，WCT 第 12 条和 WPPT 第 19 条均规定了"明知或就民事救济而言有合理根据知道其行为会诱使、促成、便利或包庇"所禁止的相应行为。如过失将权利管理信息改变的复制件进行发行或向公众传播，则不属于条约禁止并要求承担责任的行为。对于诱使、促成、便利或包庇行为的界定，由成员国内立法予以解决。

WCT 和 WPPT 的贡献在于从国际知识产权规则层面对数字化版权规则予以纳入并认可。如对技术措施的规避行为可以分为两种情形，一种是对含有版权或邻接权内容进行访问的规避行为。能够操作计算机的一般用户就可以实施这种行为，破解技术措施后实现对拟获取内容的访问。另一种是通过制造、销售可以实现对技术措施进行破解的设备等行为，对版权或邻接权等技术措施实施规避。和前一种实施行为相比，虽然其没有直接访问相关内容，但显然危害性更大。WCT 和 WPPT 仅从原则性的角度进行规定，并未进行具体的行为划分和责任设定，这些内容在后期的区域知识产权协定及自由贸易协定中得到进一步发展。

二、《北京条约》中的数字化版权规则

《北京条约》中对技术措施和权利管理信息的规定与 WCT 和 WPPT 的规定大体一致，只是对权利管理信息的规定进行了适当调整。《北京条约》相关权利管理信息的规定主要体现在第 16 条。

《北京条约》

Article 16　Obligations concerning Rights Management Information

(1) Contracting Parties shall provide adequate and effective legal remedies against any person knowingly performing any of the following acts knowing, or with respect to civil remedies having reasonable grounds to know, that it will induce, enable, facilitate, or conceal an infringement of any right covered by this Treaty：

(ⅰ) to remove or alter any electronic rights management information without authority;

(ⅱ) to distribute, import for distribution, broadcast, communicate or make available to the public, without authority, performances or copies of performances fixed in audiovisual fixations knowing that electronic rights management information has been removed or altered without authority.

(2) As used in this Article, "rights management information" means information which identifies the performer, the performance of the performer, or the owner of any right in the performance, or information about the terms and conditions of use of the performance, and any numbers or codes that represent such information, when any of these items of information is attached to a performance fixed in an audiovisual fixation.

第 16 条 相关权利管理信息义务

(1) 缔约各方应规定适当和有效的法律补救办法,制止任何人明知,或就民事补救而言,有合理根据知道其行为会诱使、促成、便利或包庇对本条约所规定的任何权利的侵犯,故意从事以下行为:

(ⅰ) 未经许可去除或改变任何权利管理的电子信息;

(ⅱ) 未经许可发行、为发行目的进口、广播、向公众传播或提供明知未经许可而被去除或改变权利管理电子信息的表演或以视听录制品录制的表演的复制品。

(2) 本条中的用语"权利管理信息"系指识别表演者、表演者的表演或对表演拥有任何权利的所有人的信息,或有关使用表演的条款和条件的信息,以及代表此种信息的任何数字或代码,各该项信息均附于以视听录制品录制的表演上。

与 WPPT 对比,《北京条约》在该条款的措辞方面与其基本一致。但在保护客体方面,《北京条约》比 WPPT 保护范围有所扩大,这一点也体现在对权利管理信息的规定上。WPPT 禁止未经许可为发行目的进口、广播、向公众传播或提供明知未经许可而被去除或改变权利管理电子信息的"表演、录制的表演或录音制品的复制品",而《北京条约》的对象则是"表演或以视听录制品录制的表演的复制品"。同样,对于权利管理信息的界定也扩大到附于视听录制品录制表演上的各项信息。

三、区域贸易协定中的数字化版权规则

在 WCT 和 WPPT 条约之后,数字化版权规则在双边自由贸易协定中有所发展,如美韩自由贸易协定等。这些协定中呈现出对有关技术保护措施及权利管理信息禁止行为的扩张及对实施者承担责任的加重趋势,协定中的相关条款成为随后区域贸易协定中相关条款的范本。对数字化版权规则进行规范的典型区域贸易协定是《反假冒贸易协定》(ACTA)和 CPTPP。

（一）ACTA：数字环境中的知识产权执法

ACTA 从知识产权执法的角度对有关版权的数字化规则进行了规范。ACTA 第 27 条提出，如果版权相关权利人提出侵权并提供证据，缔约方可根据自身的法律法规规定，为这些权利寻求信息。这些信息就包括数字信息，即要求主管机关命令网络服务提供商向权利持有人及时披露足以识别账户涉嫌用于进行侵权行为的用户信息。此外，ACTA 对于技术措施和权利管理信息也作出比 WCT 和 WPPT 更为具体的规范。

1. 技术措施

ACTA 给出了技术措施的定义，并对"有效"技术措施进行了界定。技术措施指涉及其正常使用以阻止或者限制作者、表演者或者录音制品制作者对其作品、表演或录音制品未授权行为的任何技术、设备或组件。在不影响缔约方法律规定的版权或相关权利范围前提下，如被保护作品、表演和录音制品的使用是由作者、表演者或录音制品制作者通过相关访问控制或者保护手段进行控制时，如加密或加扰或复制控制手段，该技术措施应被视为有效的技术措施。从 ACTA 对技术措施的定义可以看出，其规范重点落在实施规避行为的技术、设备及相关组件之上。

遵循 WCT 和 WPPT 对技术措施的原则性要求，ACTA 规定，对于作者、表演者或录音制品制作者为行使权利限制他人未经其许可访问其作品、表演和录音制品而使用的技术措施，缔约方应提供充分有效的法律保护和救济措施。在此基础之上，ACTA 第 27 条第 6 款对规避行为进行了具体界定：

ACTA

6. In order to provide the adequate legal protection and effective legal remedies referred to in paragraph 5, each Party shall provide protection at least against：

（a）to the extent provided by its law：

（i）the unauthorized circumvention of an effective technological measure carried out knowingly or with reasonable grounds to know; and

（ii）the offering to the public by marketing of a device or product, including computer programs, or a service, as a means of circumventing an effective technological measure; and

（b）the manufacture, importation, or distribution of a device or product, including computer programs, or provision of a service that：

（i）is primarily designed or produced for the purpose of circumventing an effective technological measure; or

（ii）has only a limited commercially significant purpose other than circumventing an effective technological measure.

6. 为了能够对权利人提供充分有效法律保护和救济措施，各成员应至少提供

> 保护以禁止下列行为：
> （a）在法律界定的范围内
> （i）明知或有合理理由应知的情况下，在未经授权规避有效技术措施；及
> （ii）通过销售包括计算机程序的产品、设备或服务，向公众提供规避有效技术措施的方式，且
> （b）对包括计算机程序的设备、产品的制造、进口、销售，或提供的服务
> （i）主要为规避有效技术措施而设计或生产；或
> （ii）除规避有效技术措施外，只有有限的商业意义上的目的。

ACTA 认为应予以禁止的规避行为包括两种，一种是在未经授权情形下故意规避有效技术措施的行为；另一种是通过销售包括计算机程序的产品、设备或服务，向公众提供规避有效技术措施方式的行为。但提供规避有效技术措施产品、设备或服务的行为不能都界定为应当禁止的行为，只有在这些设备、产品或服务的设计是为了规避版权及邻接权权利人的有效技术措施，或者除了规避有效技术措施不具有其他商业意义目的时，才能认定为违法。

2. 权利管理信息

ACTA 对权利管理信息的突破不大，基本遵循 WCT 和 WPPT 的规定。

（二）CPTPP：暂停实施的技术措施与权利管理信息

CPTPP 是在 TPP 规则基础之上发展形成的，TPP 对技术措施和权利管理信息作出了最为详尽的规定，它不仅高于以往的双边或区域贸易协定，而且还高于某些国家国内法的已有规定，如美国、澳大利亚等国。这种情形表明，部分国家积极推动通过数字化版权措施，寻求在国际层面上形成更高水平的版权保护规则。但各国信息网络发展的水平有所差异，对于版权及邻接权内容的保护需求也有所不同，因此在美国退出后，CPTPP 冻结了第 18.68 条有关技术保护措施和第 18.69 条相关权利管理信息条款的实施。

1. 技术保护措施：反规避条款的扩张

相对之前的贸易协定来说，CPTPP 中暂停的第 18.68 条第 1 款规定了最为严厉的技术保护措施，其规范的主要行为依然是利用设施对技术措施进行的规避行为。

（1）增加了利用设施进行规避的对象构成。

CPTPP 的技术保护措施条款条约包括两种类型的规避行为，但对其中利用产品、设备的规避行为将规范对象扩展至设施的组成部件，在更大范围内将与技术措施有关的对象纳入规范范畴。

（2）扩大了利用设施实施规避的行为范围。

除制造、进口、销售行为外，CPTPP 还将禁止的规避行为扩大到许诺销售和出租行为。许诺销售将对产品、设备及组件的销售行为提前至要约邀请行为，对出租

行为的禁止将销售的所有权转让行为扩展至产品、设备及组件的使用权转移行为。

(3) 扩张了构成"利用设施规避行为"的认定条件。

ACTA 对利用设施规避行为的认定条件规定了两种情形，即设备、产品或服务的设计目的是规避有效技术措施，以及规避有效技术措施的其他商业目的行为。CPTPP 在这两项条件之外，又增加了第三种情形，实施者为了规避有效技术措施进行广告、宣传和营销，如果满足此项条件，也构成依法禁止的规避行为。

(4) 加重了规避行为实施者承担的责任。

对于规避有效技术措施的行为，除以往协定中规定的民事责任外，CPTPP 还施加了相应的刑事责任。协定要求各缔约方对于以商业盈利为目的的故意规避行为，适用刑事程序和刑事处罚。

为了平衡 CPTPP 第 18.68 条第 1 款规定规避行为扩张带来的消极影响，对于要求各缔约方提供的法律保护和有效救济，CPTPP 规定了 WCT 和 WPPT 两个条约没有规定的例外情形。在第 18.68 条第 4 款规定缔约方在特定情形下，可以在本国立法、监管及行政程序中对第 1 款的实施规定一些限制和例外。

2. 权利管理信息：禁止行为的扩张

CPTPP 对于权利管理信息的界定与之前的贸易协定基本一致，但对于涉及权利管理信息的禁止行为认定也有所扩张。WCT 和 WPPT 两个条约中禁止的相关权利管理信息的行为包括两种：①未经许可去除或改变任何权利管理的电子信息；②未经许可发行、为发行目的进口、广播、向公众传播或提供明知已被未经许可去除或改变权利管理电子信息的复制品。CPTPP 除这两种行为外，在第 18.69 条中还增加了针对权利管理信息本身的销售和以销售为目的进口行为的禁止。

对于故意实施的以商业营利为目的的前三种行为，CPTPP 增加了与技术保护措施同样的刑事责任，要求缔约方提供刑事程序和刑事处罚。

从 WCT 和 WPPT 之后国际协定中有关版权数字化规则的发展来看，数字环境下版权规则的具体化是各国面临的必然选择。版权数字化规则的国际化应当综合考虑国家之间在数字化领域的差别，以及规则可能为各国经济发展带来的影响，从解决最紧迫问题入手，逐步实现数字化版权法律规则的国际一体化。

第六章　国际商标法律规则

商标的出现比较久远，在传统的手工业时期就已经出现，小商户或作坊用特殊的标志将自己与他人的商品或服务相区分。尽管这种区分货物标记的运用历史比较久远，但与商标有关的法律规范出现却较晚，可以追溯到19世纪早期。[1] 在商标诉讼中，一个很重要的问题是商标的所有人每次都需要证明自己是商标的所有权人，这种情况也增加了商标诉讼的法律不确定性。因此，各国商标法陆续确立了商标的注册机制，在国际商标法律规则体系中，商标申请与注册规则的一体化是非常重要的组成内容。本章重点介绍有关商标的国际实体性规则。

对于商标的定义，TRIPS 第 15 条规定，商标是指任何能够将一企业的货物和服务区别于其他企业的货物或服务标记或标记的组合。对商标给予国际保护，对于商品的跨国流通具有直接而重要的影响。《巴黎公约》中确立了对商标进行国际保护的基础规则，有关商标保护的规则主要体现在第 6~12 条。按照 TRIPS 第 2 条第 1 款的规定，"就本协定的第二、第三和第四部分而言，各成员应遵守《巴黎公约》(1967年) 第 1~12 条和第 19 条"。可见，《巴黎公约》有关商标保护的规则均已被纳入 TRIPS 的保护范围。TRIPS 并入《巴黎公约》保护商标的实体法律规则，并在此基础进一步发展了相关规则。

第一节　商标注册的条件

《巴黎公约》没有对商标注册的具体要求进行规定，而是在第 6 条第（1）款中规定，"商标申请与注册的条件，在本联盟由各国法律决定"，《巴黎公约》将商标申请与注册条件的具体确定方法交由各成员国内法律自行确定。TRIPS 则在第 15 条进行了明确的规定。

> **TRIPS**
> **Article 15　Protectable Subject Matter**
> 1. Any sign, or any combination of signs, capable of distinguishing the goods or services of one undertaking from those of other undertakings, shall be capable of consti-

---

[1] DAVID I B. Intellectual property [M]. 4th ed. Financial Times Pitman Publishing, 1999: 524.

tuting a trademark. Such signs, in particular words including personal names, letters, numerals, figurative elements and combinations of colours as well as any combination of such signs, shall be eligible for registration as trademarks. Where signs are not inherently capable of distinguishing the relevant goods or services, Members may make registrability depend on distinctiveness acquired through use. Members may require, as a condition of registration, that signs be visually perceptible.

2. Paragraph 1 shall not be understood to prevent a Member from denying registration of a trademark on other grounds, provided that they do not derogate from the provisions of the Paris Convention (1967).

第 15 条　可保护客体

1. 任何标记或标记的组合，只要能够将一企业的货物和服务区别于其他企业的货物或服务，即能够构成商标。此类标记，特别是单词，包括人名、字母、数字、图案和颜色的组合以及任何此类标记的组合，均应符合注册为商标的条件。如标记无固有的区别有关货物或服务的特征，则各成员可以由通过使用而获得的显著性作为注册的条件。各成员可要求，作为注册的条件，这些标记应为视觉上可感知的。

2. 第 1 款不得理解为阻止一成员以其他理由拒绝商标的注册，只要这些理由不背离《巴黎公约》（1967 年）的规定。

一、可构成商标的标记

（一）构成商标标记的条件

对于构成商标标记的条件，国际规则呈现逐步扩大保护范围的发展趋势，不再局限于 TRIPS 的"视觉可感知"条件，这种范围的扩大主要体现在一些双边及区域贸易协定之中。这就意味着，WTO 成员依然可以按照"视觉可感知"条件对可构成商标的标记进行保护，但一些国际贸易协定的缔约国依据协定的相关特别规定，还要对非"视觉可感知"的标记承担商标保护义务。

TRIPS 第 15 条第 1 款规定，各成员可要求，将标记应为视觉上可感知作为商标注册的条件。"视觉可感知"的注册条件允许成员排除视觉不能感知的可保护客体，如声音、气味等。当然，TRIPS 要求的是商标最低保护的国际义务，第 15 条的规定只是成员将"视觉可感知"作为本国商标注册条件已达到 TRIPS 的最低要求，但并不排斥成员对"非视觉可感知"的客体给予保护。但也同样可以理解为，成员只要对"视觉可感知"商标标记承担保护义务，就符合 TRIPS 的要求。在实践中，一些成员国内法对声音商标、气味商标进行保护，但对"非视觉可感知"客体的保护并不是 TRIPS 规定的强行性义务。但在 TRIPS 生效之后，一些区域及双边或多边自由贸易协定中纳入对"非视觉可感知"客体的保护义务。但不同的协定对于商标标记的具体条件规定也有所不同。如 CPTPP 第 18.18 条规定,"任何一方均不得将商标在视觉上可感知作为注册的条件,不得仅以其构成标志是声音为由拒绝商标注册。此外,各方应尽最大努力注册气味商标"。可见,CPTPP 对声音商标作了义务性要求,缔约国要承担对声音商标进行法律保护的义务,但对气味商标进行妥协,未作强行性规定。而有的贸易协定规定的商标保护范围则进一步扩大,不仅延及于声音商标,还延及于气味商标的保护。如 2018 年澳大利亚－秘鲁自由贸易协定第 17 章中关于知识产权的规定:

> 《澳大利亚－秘鲁自由贸易协定》
> **Article 17.19　Types of Signs Registrable as Trademarks**
> Neither Party shall require, as a condition of registration, that trademarks be visually perceptible, nor deny registration of a trademark solely on the grounds that the sign of which it is composed is a sound or a scent.
> **第 17.19 条　可作为商标注册的标记类型**
> 任何一方均不得要求商标在视觉上可感知,不能仅以构成商标的标志是声音或气味为由拒绝商标注册。

除澳大利亚缔结的自由贸易协定外,以美国为核心缔结的其他双边贸易协定中也有类似的规定。相比较而言,以欧盟为核心缔结的自由贸易协定在知识产权的商标部分中并未特别对商标的可保护客体作出超 TRIPS 的要求,如欧盟与越南、墨西哥等国家缔结的自由贸易协定中,均未对此作出特别规定。

(二) 可构成商标的具体标记类型

《巴黎公约》将商标申请与注册条件的确定方法交由成员国确定,并未规定可构成商标保护的具体标记。TRIPS 第 15 条第 1 款直接规定了构成商标的标记,包括人名、字母、数字、图案和颜色组合以及任何此类标记的组合。

人名、字母、数字是较为常见的商标标记。"图案"在 TRIPS 中对应的英文概念是 figurative elements。如果对 figurative elements 直译,可以译为图形要素,但图形要素在汉语中会产生一些歧义,将重点关注于"要素"一词,不利于从法条整体含义理解这一术语。figurative elements 在英文法律用语中较为常见。按照 WIPO 对 figurative elements 的定义,figurative elements 是指商标的二维图形和图片非语言元素,包括徽标、形状或配色方案。[1] 这一概念更接近汉语中的图案一词,因此,本书中没有采纳一些译本中使用的图形要素或图案的成分等用语,而直接译为图案。《维

---

[1] Handbook on industrial property information and documentation: Recommendations for the electronic management of the figurative elements of trademarks. [EB/OL]. (2012-05-04) [2019-11-13]. https://www.wipo.int/meetings/en/doc_details.jsp? doc_id=129656.

也纳协定》也使用 figurative elements 这一概念，也可以将其理解为图案。该协定基于更加便捷检索的目的，对商标图案进行分类。除行业分类外，将图案分为几何图形、特殊的书写形式、数字及配色等。按照 TRIPS 的规定，颜色的组合可以构成商标的标记，这意味着允许各成员立法不对单一颜色作为商标进行注册。

二、商标的使用要求

对于商标注册之前是否要求对商标的使用，两大法系国家之间的态度有所不同。大陆法系国家的商标保护体系主要基于商标注册，不要求商标在注册之前曾在商业中使用，先申请人取得商标的注册。而普通法系的传统则是商标保护基于商标在之前商业中的使用，最先使用商标的主体有权在特定地域内对商标继续进行使用。但普通法系后期已经开始采取注册机制，使商标使用人可以通过注册获得额外的权利。如依据美国商标法，商标使用人如果注册商标，在美国就可以对抗所有商标在后使用者的诉讼主张，注册授予商标权人与注册商品或服务联系的优先权。鉴于两大法系之间的差异，国际商标法律规则并未对此问题作出一体化要求，但也进行了一定的协调。

（一）《巴黎公约》对注册商标的使用要求

《巴黎公约》

Article 5　C. Marks：Failure to Use

（1）If, in any country, use of the registered mark is compulsory, the registration may be cancelled only after a reasonable period, and then only if the person concerned does not justify his inaction.

第5条　C. 商标：不使用

（1）如果在任何国家，注册商标的使用是强制的，只有经过适当的期间，而且只有当事人不能证明其不使用有正当理由，才可以取消注册。

《巴黎公约》并未在注册商标的使用方面对缔约国作出一致性要求，但在第5条第 C（1）款规定，如果缔约国将使用作为注册商标有效的条件，只有在满足必要条件的情形下，才可以依据不使用撤销商标的注册。《巴黎公约》规定了两项限制条件，一是要经过适当的期间；二是商标的不使用没有正当理由。按照 WIPO 在《巴黎公约适用指南》中的解释，如果相关法律或经济条件阻止在特定国家或地区使用商标，就属于正当理由，例如，有些缔约国对某些产品的进口加以禁止、产品进口受到战争的禁止，或者此类产品没有市场等，通常都可以作为正当理由进行抗辩。[1] 按照《巴黎公约》的规定，缔约国对外国商标保护的条件是该商标已经在其原属国取得合法注册，如果仅在其原属国进行申请，就不能在其他缔约国得到保护。这一规定主要体现在《巴黎公约》第 6 条之五第 A 款。

《巴黎公约》

Article 6quinquies Marks：Protection of Marks Registered in One Country of the Union in the Other Countries of the Union

A.——

(1) Every trademark duly registered in the country of origin shall be accepted for filing and protected as is in the other countries of the Union, subject to the reservations indicated in this Article. Such countries may, before proceeding to final registration, require the production of a certificate of registration in the country of origin, issued by the competent authority. No authentication shall be required for this certificate.

(2) Shall be considered the country of origin the country of the Union where the applicant has a real and effective industrial or commercial establishment, or, if he has no such establishment within the Union, the country of the Union where he has his domicile, or, if he has no domicile within the Union but is a national of a country of the Union, the country of which he is a national.

第 6 条之五　商标：在本联盟国注册的商标在本联盟其他国家所受的保护

A.——

(1) 所有在原属国得到正规注册的商标，除有本条规定的保留外，均应与原属国一样在本联盟其他国家接受申请和给予保护。各该国家在确定注册前可以要求提供原属国主管机关发给的注册证书。该项证书无须认证。

(2) 原属国系指申请人设有真实、有效的工商业营业所的本联盟国家；或者如果申请人在本联盟内没有这样的营业所，则指他设有住所的本联盟国家；或者如果申请人在本联盟内没有住所，但是他是本联盟国家的国民，则指他有国籍的国家。

《巴黎公约》第 6 条之五是在讨论国民待遇原则时形成的，由于国际范围内缺少统一的商标法，各国的现有法律体系差异较大，如何确定商标的适格注册标记就成为《巴黎公约》讨论的重要问题。按照《巴黎公约》第 6 条之五第 A 款，各缔约国可以要求商标注册申请人提交原属国给予商标注册的证书，作为其已经在原属国获得注册的证明。只要确认该商标已经在其原属国取得注册，缔约国就应当按照商

---

[1] BODENHAUSEN G H C. Guide to the application of the Paris Convention for the protection of industrial property [M]. Geneva：United International Bureaux for the Protection of Intellectual Property (BIRPI), 1967：76.

标在原属国的注册原样给予保护。这就意味着，即使商标原属国注册商标不要求该商标的实际使用，只要该商标已经在原属国取得合法注册，就可以在其他缔约国境内得到商标保护，无论这些缔约国本国立法是否对商标申请注册有实际使用要求。基于对商标保护的"原属国依赖性"要求，《巴黎公约》第 6 条之五第 A（2）款明确地确定了判断原属国的标准。对于《巴黎公约》的缔约国，基于对《巴黎公约》第 5 条和第 6 条之五第 A 款规定义务的履行，可能产生这样的情形，按照其本国立法可以对商标注册提出实际使用的要求，但对外国商标的保护则要以其在原属国的注册为依据，而不能作出本国法的实际使用要求。

（二）TRIPS 的使用要求

TRIPS 第 15 条同样没有对先注册或先使用商标体系明确立场，但它要求成员应当提供注册机制以使个体能够注册商标。这就是说，即使商标保护是基于使用的商标体系也应当提供注册机制。[1]《巴黎公约》的相关规定是理解 TRIPS 第 15 条内容的基础，TRIPS 第 15 条第 3 款规定，各成员可以将使用作为商标可注册的条件，但商标的实际使用不得作为提交注册申请的条件。

TRIPS

Article 15　Protectable Subject Matter

……

3. Members may make registrability depend on use. However, actual use of a trademark shall not be a condition for filing an application for registration. An application shall not be refused solely on the ground that intended use has not taken place before the expiry of a period of three years from the date of application.

4. The nature of the goods or services to which a trademark is to be applied shall in no case form an obstacle to registration of the trademark.

5. Members shall publish each trademark either before it is registered or promptly after it is registered and shall afford a reasonable opportunity for petitions to cancel the registration. In addition, Members may afford an opportunity for the registration of a trademark to be opposed.

第 15 条　可保护客体

……

3. 各成员可以根据使用确定商标的可注册性。但不应将商标的实际使用作为提交商标注册申请的条件。不得仅以自申请日起 3 年期满后商标未按原意图使用为由拒绝该申请。

---

[1] DENIEL C K C, EDWARD L. International intellectual property: problems, cases, and materials [M]. 2th ed. Opperman: West A Thomson Busniess, 2012: 449.

> 4. 商标所适用的货物或服务的性质在任何情况下不得形成对商标注册的障碍。
>
> 5. 各成员应在商标注册前或在注册后迅速公布每一商标,并应对注销注册的请求给予合理的机会。此外,各成员可提供机会以便对商标的注册提出异议。

TRIPS 在就商标条款的谈判中并未产生太多争议,唯一有分歧的条款就是关于"商标的使用"。美国和加拿大是当时唯一对商标注册要求实际使用或意在使用的两个国家,而欧盟和日本则反对这一要求。因为按照《巴黎公约》第 6 条之五的规定,"在原属国取得正式注册的商标,除有本条规定的保留外,本联盟其他国家应按照在原属国注册原样接受申请和给予保护",该款的重点是"原样"。因此,美国和加拿大不能要求外国商标在美国或加拿大的使用,也不能在 TRIPS 中主张成员方规定不使用要求就与国际法不符。❶ TRIPS 第 19 条也专门对使用要求进行了规定。

TRIPS

Article 19 Requirement of Use

1. If use is required to maintain a registration, the registration may be cancelled only after an uninterrupted period of at least three years of non-use, unless valid reasons based on the existence of obstacles to such use are shown by the trademark owner. Circumstances arising independently of the will of the owner of the trademark which constitute an obstacle to the use of the trademark, such as import restrictions on or other government requirements for goods or services protected by the trademark, shall be recognized as valid reasons for non-use.

2. When subject to the control of its owner, use of a trademark by another person shall be recognized as use of the trademark for the purpose of maintaining the registration.

第 19 条 使用的要求

1. 如维持注册需要使用商标方可,则只有在至少连续 3 年不使用后方可注销注册,除非商标所有权人根据对商标使用存在的障碍说明正当理由。出现商标人意志以外的情况而构成对商标使用的障碍,例如对受商标保护的货物或服务实施进口限制或其他政府要求,此类情况应被视为不使用商标的正当理由。

2. 在受所有权人控制的前提下,另一人使用一商标应被视为为维持注册而使用该商标。

---

❶ PATRICK F J M, et al. The World Trade Organization: legal, economic and political analysis [M]. Berlin Heidelberg: Springer-Verlag, 2005: 1087.

TRIPS 承认，商标的维持和权利的保护以商标在一定期间内的使用为基础，这一规定与大多数成员的国内法相一致。TRIPS 规定的使用期间为 3 年，商标只有在无正当理由且至少连续 3 年不使用的情形才可被注销。TRIPS 第 19 条同时规定，商标的有效使用应当是处于商标权人有效控制之下的使用。如果不是商标权人本人使用，而是商标权人授权许可的其他当事人使用，也属于 TRIPS 规定的商标有效使用。

三、商标的显著性

商标承载商品或服务的识别功能，因此各国立法一般均要求申请注册的商标应当具有一定的显著性。对商标显著性的要求最早在《巴黎公约》中已经进行规定，对于没有显著性的标记，缔约国可以不予注册或使商标无效。

有关商标显著性的要求，《巴黎公约》与其他情形一起规定为缔约国可以拒绝商标注册或使商标无效的条件。按照《巴黎公约》第 6 条之五第 B 款的规定，缔约国可以对商标申请拒绝注册或者使商标无效的情形共包括三种情形：其一是商标侵犯了第三方的既存权利；其二是商标缺乏显著性或成为通用名称；其三是商标违反道德或公共秩序。第 B 款也确立了商标保护的三项例外原则，但具体既存权利、显著性及公共秩序的界定，由被请求商标保护国国内立法加以确定。

《巴黎公约》

Article 6quinquies　Marks：Protection of Marks Registered in One Country of the Union in the Other Countries of the Union

...

B. —Trademarks covered by this Article may be neither denied registration nor invalidated except in the following cases：

（1）when they are of such a nature as to infringe rights acquired by third parties in the country where protection is claimed；

（2）when they are devoid of any distinctive character, or consist exclusively of signs or indications which may serve, in trade, to designate the kind, quality, quantity, intended purpose, value, place of origin, of the goods, or the time of production, or have become customary in the current language or in the bona fide and established practices of the trade of the country where protection is claimed；

（3）when they are contrary to morality or public order and, in particular, of such a nature as to deceive the public. It is understood that a mark may not be considered contrary to public order for the sole reason that it does not conform to a provision of the legislation on marks, except if such provision itself relates to public order.

This provision is subject, however, to the application of Article 10bis.

第6条之五 商标：在本联盟一个国家注册的商标在本联盟其他国家所受的保护

……

B. 除下列情况外，对本条所适用的商标既不得拒绝注册也不得使注册无效：

（1）在其要求保护的国家，商标具有侵犯第三人的既得权利的性质的；

（2）商标缺乏显著特征，或者完全是由商业中用以表示商品的种类、质量、数量、用途、价值、原产地或生产时间的符号或标记所组成，或者在要求给予保护的国家的现代语言中或在善意和公认的商务实践中已经成为通用的；

（3）商标违反道德或公共秩序，尤其是具有欺骗公众的性质。这一点应理解为不得仅仅因为商标不符合商标立法的规定，即认为该商标违反公共秩序，除非该规定本身同公共秩序有关。

然而，本规定在符合适用第10条之二的条件下，也可以适用。

关于商标缺乏显著性的规定是《巴黎公约》确立的三项例外原则之一，主要规定在第6条之五第B（2）款。但该款规定的并非仅是显著性这一种情况，与其并列的还包括描述性标记和已经成为通用名称的标记。但按照《巴黎公约适用指南》的解释，这三种情况是相互独立的，需要根据各自不同的特点考虑是否对商标进行保护。如缔约国对商标的保护是基于其在原属国的注册进行保护，就无法因商标是仅由数字或字母构成而拒绝注册或保护，但可以根据其是通用名称而拒绝保护。[1]《巴黎公约适用指南》还对构成显著性的具体情形举出示例，如商标过于简单，仅由一个星星或字母构成，或者过于复杂，像是对商品进行介绍的广告，或者标记已经通用等。从指南的解释来看，《巴黎公约》将这三种情况加以独立认定，主要是出于缔约国对于商标原属国注册依赖性原则的实施，并非认为这三种情况完全割裂，这一点从将通用标记认定缺乏显著性的示例就可以看出。对于商标跨国显著性的承认，《巴黎公约》第5条第C（2）款规定，"商标所有人使用的商标，如果在形式上与其在本联盟其他国家所注册商标形式只有一些要素不同，而并未改变其显著性的，不应导致注册无效，也不应减少对商标所给予的保护"。

TRIPS对于商标的显著性规定在第15条，对于有关货物或服务特征无固有区别的标记，各成员可以由通过使用而获得的显著性作为注册的条件。对于有关货物或服务无固有区别，意味着该标记不具有显著性，商标的注册往往会由于不具有显著性而被拒绝注册。按照《巴黎公约》第6条之五的规定，对于缺乏显著特征的商标，如完全是由商业中用以表示商品的种类、质量、数量、用途、价值、原产地或

---

[1] BODENHAUSEN G H C. Guide to the application of the Paris Convention for the protection of industrial property [M]. Geneva: United International Bureaus for the Protection of Intellectual Property (BIRPI), 1967: 115.

生产时间的符号或标记所组成的商标,或者在要求给予保护的国家的当代语言中或在善意公认的商务实践中已经成为通用的商标,可以不予注册或取消注册。但TRIPS作了进一步的规定,如果商品在商业使用过程中使该标记具有显著性,则成员应当对该标记进行商标注册。这表明TRIPS对于"使用"行为可能影响商标注册的一种认可。

四、WT/DS176:1998年美国综合拨款法第211条案

1999年欧共体就1998年美国综合拨款法(Omnibus Appropriations Act of 1998)第211条要求磋商,2001年7月专家组对该案提交最终报告。1998年美国综合拨款法第211条主要处理1959年1月1日以后与被古巴政府没收资产有关的商标、商号和与商标、商号类似的商业名称问题。1998年美国综合拨款法第211条第(a)(1)款规定,按照联邦法规,不得授权或批准任何有关商标、商号、与商标、商号相同或实质类似的商业名称或曾在与没收相关资产上使用商业名称的交易或支付,除非商标、商号或商业名称原所有人或善意继受人明示同意。1998年美国综合拨款法第211条第(a)(2)款规定,对指定国民任何基于普通法权利或已经取得注册被没收商标、商号或商业名称的权利主张,美国法院不得承认、执行或者使其有效。按照1998年美国综合拨款法第211条的规定,凡是1959年被古巴没收的企业,与其使用的商标等相关任何交易都不能得到批准。欧共体认为1998年美国综合拨款法第211条与TRIPS及《巴黎公约》不一致,如1998年美国综合拨款法第211条第(a)(1)款与TRIPS第2条第1款、第15条第1款及《巴黎公约》第6条之五第A(1)款不符,认为这些措施会对商标、商号的合法权利人利益造成损害,也会损害欧共体权利人的权利。共同体指出,为古巴自然人和法人所有的商标,在1998年美国综合拨款法第211条制定之前,这些商标可以向美国专利商标局交注册费,可以将商标许可或转让,可以对抗侵权人;在1998年美国综合拨款法第211条制定后,如果美国商标与古巴革命期间被没收的古巴实体持有的商标有关或类似,相关交易就会被禁止,除非得到商标原所有人的明示同意,这就剥夺了美国现有商标所有人的合法权利。因此认为,1998年美国综合拨款法第211条的规定,违反了美国根据TRIPS应当承担的义务。美国对此予以否认。专家组在该案的裁决中,对TRIPS及《巴黎公约》有关商标、商号等问题进行了较为详细的解释,有助于我们对相关国际商标法律规则的进一步理解。

(一) TRIPS的保护范围是否包括商号?

在1998年美国综合拨款法第211条案中,欧共体要求专家组对1998年美国综合拨款法第211条与TRIPS的不一致情形进行裁决,专家组必然首先考虑欧共体提出的保护对象是否在TRIPS保护范围之内,主要涉及的问题是1998年美国综合拨款法第211条中提及的商号是否属于TRIPS的保护范围。

TRIPS 第二部分明确表明了协定的保护范围，分别体现在第二部分第一节至第七节之中，包括版权和相关权利、商标、专利、工业品外观设计、集成电路布图设计、地理标志及未披露的信息七种类别。TRIPS 第 1 条第 2 款也对"知识产权"给予了明确的界定。

> **TRIPS**
>
> **Article 1　Nature and Scope of Obligations**
> ...
> 2. For the purposes of this Agreement, the term "intellectual property" refers to all categories of intellectual property that are the subject of Sections 1 through 7 of Part II.
>
> **第 1 条　义务的性质和范围**
> ……
> 2. 就本协定而言，"知识产权"指第二部分第 1 节至第 7 节主题知识产权的所有类别。

按照第 1 条第 2 款的规定，也可以看出 TRIPS 所保护的知识产权指第二部分第一节至第七节中规定的所有类别，而"商号"并不在 TRIPS 规定的保护范围之内。对于这一问题，1998 年美国综合拨款法第 211 条案产生了不同的观点，争议也较大，在专家组作出裁决后，上诉机构又推翻了专家组对这一问题的结论，进行了重新解释。

1. 专家组的解释

对于商号是否属于 TRIPS 保护范围的问题，专家组结合 TRIPS 第 2 条第 1 款的规定进行了解释。

> **TRIPS**
>
> **Article 2　Intellectual Property Conventions**
> 1. In respect of Parts II, III and IV of this Agreement, Members shall comply with Articles 1 through 12, and Article 19, of the Paris Convention (1967).
>
> **第 2 条　知识产权公约**
> 1. 就本协定的第二、第三和第四部分而言，各成员应遵守《巴黎公约》(1967 年) 第 1 条至第 12 条和第 19 条。
>
> **《巴黎公约》**
>
> **Article 8　Trade Names**
> A trade name shall be protected in all the countries of the Union without the obligation of filing or registration, whether or not it forms part of a trademark.

> **第 8 条　商号**
> 本联盟所有国家应保护商号，无申请或注册义务，也不论其是否为商标的一部分。

TRIPS 第 2 条第 1 款同样与协定的第二部分建立了连接，依据该款规定，协定的第二部分应与《巴黎公约》第 1 条至第 12 条和第 19 条保持一致。《巴黎公约》第 8 条规定了商号的保护。如果从 TRIPS 第 2 条第 1 款规定来看，TRIPS 的保护范围不仅包括协定自身第二部分规定的内容，还应当与《巴黎公约》中的范围一致。但如果看 TRIPS 第 1 条第 2 款，其含义似乎也极为明确，"就本协定而言，'知识产权'指第二部分第 1 节至第 7 节涉及的知识产权的所有类别"。这一条款中明确使用了"所有"类别这一限定，是一种封闭式阐述，而非一种开放式阐述，其意仅指第二部分所涵盖的范围。那么，对于 TRIPS 的保护范围应当如何判定，如何理解 TRIPS 第 1 条第 2 款与第 2 条第 1 款之间的关系，是必须解决的问题。

专家组回顾了 TRIPS 的谈判历史，在磋商过程的文件中寻找可以进一步解释立法原意的依据。TRIPS 谈判始于 1990 年，美国、欧共体、日本、15 个发展中国家/地区和瑞士共向乌拉圭回合谈判工作组提交了 5 份法律草案文本。[1] 在知识产权的保护范围界定方面，只有瑞士的议案采用开放式的界定，其他 4 份都采取封闭式界定方法，或者限于 TRIPS 第二部分，或者直接列明 7 种具体的保护类型。瑞士的这份议案受到其他代表的质疑，"一些代表认为'所有领域的知识产权'这种表述在不同的法域会有不同含义，他们质疑是否所有代表会对协定涉及的外部限定能有一致的理解。瑞士代表回应称，这种表述主要考虑到知识产权是一个不断演进的领域，国民待遇和最惠国待遇的一般原则也应当适用于未来的知识产权"[2]。谈判的最终结果体现为 TRIPS 第 1 条第 2 款。关于 TRIPS 第 2 条，其第 1 款中提及的"就本协定的第二、第三和第四部分而言"首先出现在 1990 年 11 月的非正式草案文本之中，记录中并没有关于该条款的其他信息。综合 TRIPS 的谈判历史，专家组认为商号不为 TRIPS 所涵盖，TRIPS 的保护范围仅指第 1 条第 2 款中规定的范围。《巴黎公约》第 8 条在某种程度上作为 TRIPS 的组成部分具有相关性，可以影响 TRIPS 保护的知识产权类别。[3] 但 TRIPS 成员没有义务按照 TRIPS 的规定提供对商号的保护。

从 1998 年美国综合拨款法第 211 条案中专家组的分析来看，并不否定商号是知识产权的一种类别，但认为其仅为《巴黎公约》所保护。商号并不是 TRIPS 本身规

---

[1] United States – Section 211 OmnibusAppropriations Act of 1998. Report of the Panel, para 8. 32 [EB/OL]. (2001 – 08 – 06) [2019 – 12 – 16]. https：//www.wto.org/english/tratop_e/dispu_e/dispu_agreements_index_e.htm.

[2] Document MTN. GNG/NG11/21, para. 38.

[3] United States – Section 211 OmnibusAppropriations Act Of 1998. Report of the Panel, para8. 41.

定的知识产权类别，成员可以按照《巴黎公约》第 8 条的规定为商号提供法律保护，但没有义务按照 TRIPS 的条款为商号提供保护。因此，TRIPS 的保护范围不包括商号。

2. 上诉机构的解释

对于专家组报告中的解释，美国和欧共体上诉至 WTO 的上诉机构。其中，欧共体对专家组 TRIPS 保护范围不包括商号的解释提出质疑，要求上诉机构推翻专家组关于这一问题的裁决结果。2002 年 10 月，上诉机构作出裁决。

上诉机构首先确定，商号属于《巴黎公约》的保护范围，因为《巴黎公约》第 8 条特别要求对商号进行保护。然后分析了 TRIPS 第 1 条第 2 款的规定，认为专家组对于该款中"知识产权"范围的解释忽略了第 1 条第 2 款的本身含义，没有考虑到"第二部分第一节至第七节主题"。这一用语不仅指每一节标题所表示的知识产权类别，还包括其他主题。对此，专家组举例加以了说明。如第二部分第 5 节"专利"部分，第 27 条第 3 款第（b）项规定了对植物品种发明以特别权利而非专利加以保护。如果按照专家组所得出的结论推理，植物新品种也不应当属于 TRIPS 的保护范围。[1] 上诉机构认为，专家组对于 TRIPS 第 2 条第 1 款的解释同样没有按照条文的原意进行。第 2 条第 1 款明确规定将《巴黎公约》第 1~12 条和第 19 条纳入 TRIPS，而《巴黎公约》第 8 条仅规定了对商号的保护，并未规定对于其他客体的保护。如果 TRIPS 谈判者意图将商号排除出协定的保护范围，就不会在该条款中将《巴黎公约》第 8 条列入并入 TRIPS 的条款清单。就 TRIPS 第 2 条第 1 款本身的含义和效力而言，其解释应遵循《维也纳公约》的一般解释规则，解释必须赋予条约所有条款以意义和效力，而不能随意采取降低或消除部分条款效力的理解。同时，上诉机构认为专家组引用的谈判历史文件甚至没有提及商号，不具有说服力。

最终，就 TRIPS 保护范围是否包括商号这一问题，上诉机构推翻了专家组报告中的结果，认为 WTO 成员有义务依据 TRIPS 为商号提供法律保护。

（二）《巴黎公约》商标独立性原则的理解

在 1998 年美国综合拨款法第 211 条案中，欧共体认为 1998 年美国综合拨款法第 211 条第（a）（1）款与已并入 TRIPS 的《巴黎公约》第 6 条之五第 A（1）款不符，因为该条阻止注册商标所有人在其他 WTO 成员境内取得和维持注册商标有效。按照《巴黎公约》第 6 条之五第 A（1）款，所有在原属国合法注册的商标均受该款保护，申请人寻求商标注册的缔约国无权质疑所有人已在原属国取得商标的存在。

欧共体提出这一问题，实质上涉及《巴黎公约》商标独立性原则的适用问题。《巴黎公约》规定了商标的独立性原则，但也同时规定了商标保护的原属国依赖性原则。从知识产权独立性原则的绝对性视角来看，这两项规定存在一定的冲突，但

---

[1] United States – Section 211 OmnibusAppropriations Act Of 1998. Report of The Appellate Body, para 335 [EB/OL]. （2002 – 01 – 02）[2020 – 08 – 25］. http：//www. un. org/law/ilc/index. htm.

鉴于商标国际保护的特殊性，这两项原则同时并存于《巴黎公约》体系之内。1998年美国综合拨款法第211条案涉及适用这两项原则的解释问题，注册于古巴的商标在何种程度上影响在美国的商标保护，是否要求美国在各方面都与原属国一样对注册商标进行保护，是专家组需要解释的核心问题。欧共体提出这一质疑的法律依据是《巴黎公约》第6条之五第A（1）款，该款规定"所有在原属国得到正规注册的商标，除有本条规定的保留外，均应与原属国一样在本联盟其他国家接受申请和给予保护"，该款已经并入TRIPS并成为成员应当遵守的义务。对此专家组认为，其他成员在与原属国一样对所有商标接受申请和保护之前，必须满足两个条件：第一个条件是商标已经得到合法注册；第二个条件是已在原属国得到合法注册。只有在原属国存在合法注册商标时，才可以依据《巴黎公约》第6条之五第A（1）款主张权利。[1]"和原属国一样"这一措辞表明，其他缔约国接受商标的"形式"应与其在原属国授权的形式同样。《巴黎公约》第6条之五第C（2）款同时规定，商标中有些要素与在原属国受保护的商标有所不同，但并未改变其显著特征，不影响其与原属国注册的商标形式上的同一性，本联盟其他国家不得仅仅以此为理由而予以拒绝。《巴黎公约》第6条之五第C（2）款与第A（1）款密切相关，都明确表示第6条之五重点关注的是商标的"形式"。

按照1998年美国综合拨款法第211条案专家组的解释，《巴黎公约》第6条第（1）款和第（3）款阐述了两个原则：①联盟所有缔约国的国内法可以确定商标申请和注册的条件；②商标在原属国的申请、注册、更新并不要求其他缔约国接受。换句话说，根据商标的注册国，商标具有"独立性"或"地域限制"。如果将《巴黎公约》第6条之五第A（1）款解释为，在一国注册的所有商标在所有缔约国的各方面都要与原属国一样，会使第6条因超出合理范围降低其有效性，商标的地域性和独立性也会被极大减弱。《巴黎公约》第6条之五显然只是第6条的有限例外，这种例外或限制仅限于因商标形式在一国注册而产生的问题。[2] 基于此，专家组认为《巴黎公约》第6条之五第A（1）款中的"与原属国一样"仅是针对商标的形式。在一国得到合法注册的商标，即使与他国国内立法有关商标形式的条款不一致，也应当对商标接受申请和保护。1998年美国综合拨款法第211条并不涉及商标的形式问题，因此该条款并非与《巴黎公约》第6条之五第A（1）款不一致。[3] 对于专家组的这一结论，在该案的上诉机构报告中也得到维持。

---

[1] United States – Section 211 OmnibusAppropriations Act of 1998, Report of the Panel, para 8.75.
[2] United States – Section 211 OmnibusAppropriations Act of 1998, Report of the Panel, para 8.79.
[3] United States – Section 211 OmnibusAppropriations Act of 1998, Report of the Panel, para 8.83.

第二节　禁止注册商标的标识

除规定可以作为商标进行保护的标识外，国际知识产权条约中还规定了禁止注册为商标的标识。这些标识通常出于公共利益的考虑，被排除在商标国际保护体系之外，这些禁止性规定主要体现在《巴黎公约》之中。

一、《巴黎公约》禁止注册的标志

《巴黎公约》第 6 条之三规定了禁止作为商标进行保护的标识范围。

> 《巴黎公约》
>
> **Article 6ter　Marks: Prohibitions concerning State Emblems, Official Hallmarks, and Emblems of Intergovernmental Organizations**
>
> (1) (a) The countries of the Union agree to refuse or to invalidate the registration, and to prohibit by appropriate measures the use, without authorization by the competent authorities, either as trademarks or as elements of trademarks, of armorial bearings, flags, and other State emblems, of the countries of the Union, official signs and hallmarks indicating control and warranty adopted by them, and any imitation from a heraldic point of view.
>
> (b) The provisions of subparagraph (a), above, shall apply equally to armorial bearings, flags, other emblems, abbreviations, and names, of international intergovernmental organizations of which one or more countries of the Union are members, with the exception of armorial bearings, flags, other emblems, abbreviations, and names, that are already the subject of international agreements in force, intended to ensure their protection.
>
> **第 6 条之三　商标：关于国徽、官方检验印章和政府间组织徽记的禁例**
>
> (1) (a) 本联盟各国同意，对未经主管机关许可，而将本联盟国家的国徽、国旗和其他的国家徽记、各该国用以监督和保证的官方符号和检验印章，以及从徽章学角度看的任何仿制为商标或商标的组成部分，拒绝注册或使其注册无效，并采取适当措施禁止使用。
>
> (b) 上述 (a) 项规定应同样适用于本联盟一个或一个以上国家参加的政府间国际组织的徽章、旗帜、其他徽记、缩写和名称，但已成为保证予以保护的现行国际协定对象的徽章、旗帜、其他徽记、缩写和名称除外。

《巴黎公约》第 6 条之三是在 1925 年海牙修订会议上制定的，在 1934 年伦敦会议和 1958 年里斯本会议上进行了修改，第 6 条之三第 (1) (b) 款就是在里斯本会议上增加的。《巴黎公约》第 6 条之三第（1）（a）款禁止注册的标识主要包括国家的国徽、国旗、其他徽记，以及各国用以监督和保证的官方符号和检验印章等，第（1）（b）款禁止注册的标识包括一个以上国家参加的政府间国际组织的徽章、旗帜、其他徽记、缩写和名称等。《巴黎公约》排除这些标记的使用，是因为这些标记代表主权国家或者国家参加的国际组织，允许在货物上随意使用这些标记，会被公众误认为这些货物的来源与主权国家相关，国家之下一些行政机构的标记则不在公约保护范围之内。❶ 适用《巴黎公约》第 6 条之三时，需要注意两点。第一，按照《巴黎公约》第 6 条之三的规定，禁止注册为商标的标识仅适用于商品商标，并未对服务商标设置强制性义务，但公约并不阻止缔约国通过国内立法将这一规定扩大适用于服务商标；第二，第 6 条之三的规定仅保护《巴黎公约》联盟国家的标识，并未将这种保护延伸至所有国家的官方徽记，当然各缔约国同样可以在国内法中将保护范围扩大到非《巴黎公约》的缔约国。对于与这些标识相同或这些标识构成商标主要部分的商标，《巴黎公约》规定了缔约国应予以禁止的主要方式，主要包括拒绝注册、撤销注册，以及采取适当措施禁止这些商标使用等。

二、《巴黎公约》禁止注册标志使用的例外情形

对于《巴黎公约》第 6 条之三第（1）（b）款规定的禁止注册的标识，公约也规定了适用的例外情形。

（一）已有国际协定保证保护的特定标识

按照《巴黎公约》第 6 条之三第（1）（b）款的规定，已成为保证予以保护的现行国际协定对象的徽章、旗帜、其他徽记、缩写和名称属于公约保护的例外情形。该条款是在 1958 年的里斯本会议上修订加入的，但按照《巴黎公约适用指南》中的说明，里斯本会议并未对加入这一例外的目的进行明确说明。这种例外情形的设置可能是为了防止与其他国际条约中的类似规定造成冲突，而出现重复保护的情况。❷

（二）非相同或类似商品上使用的特定标识

非相同或类似商品上使用的特定标识主要指表明监督、保证的官方符号和检验印章标识，只有当这些标识用于与其监督、保证商品相比的非相同或类似商品上时，这些标识才被禁止使用。否则，应当属于公约保护的例外情形。这一例外规定主要体现在《巴黎公约》第 6 条之三第（2）款。

---

❶ BODENHAUSEN G H C. Guide to the application of the Paris Convention for the protection of industrial property [M]. Geneva: United International Bureaux for the Protection of Intellectual Property (BIRPI), 1967: 96.

❷ Guide to the application of the Paris Convention for the protection of industrial property, p97.

> **《巴黎公约》**
>
> Article 6ter Marks: Prohibitions concerning State Emblems, Official Hallmarks, and Emblems of Intergovernmental Organizations
>
> ...
>
> (2) Prohibition of the use of official signs and hallmarks indicating control and warranty shall apply solely in cases where the marks in which they are incorporated are intended to be used on goods of the same or a similar kind.
>
> 第6条之三 商标：关于国徽、官方检验印章和政府间组织徽记的禁例
>
> ……
>
> (2) 关于禁止使用表明监督、保证的官方符号和检验印章的规定，应该只适用于在相同或类似商品上使用包含该符号或印章的商标的情况。

（三）批准使用的本国国家徽记、符号和检验印章

第三种例外情形是本国国民经批准使用其本国国家徽记、符号和检验印章的情形。在这种情形下，即使批准使用的徽记、符号和检验印章与其他国家的徽记、符号和检验印章类似，依然可以继续使用该标识。这一例外主要规定在《巴黎公约》第6条之三第（8）款。

> **《巴黎公约》**
>
> Article 6ter Marks: Prohibitions concerning State Emblems, Official Hallmarks, and Emblems of Intergovernmental Organizations
>
> ...
>
> (8) Nationals of any country who are authorized to make use of the State emblems, signs, and hallmarks, of their country may use them even if they are similar to those of another country.
>
> 第6条之三 商标：关于国徽、官方检验印章和政府间组织徽记的禁例
>
> ……
>
> (8) 任何国家的国民经批准使用其本国的国家徽记、符号和检验印章者，即使与其他国家的国家徽记、符号和检验印章相类似，仍可使用。

第三节　驰名商标保护规则

一、《巴黎公约》驰名商标保护规则

19世纪，货物的跨国流动比较频繁，货物之上承载的商誉也会随之流动到其本国境外，这就产生了对载有声誉驰名商标的跨国保护问题。《巴黎公约》第6条之二对驰名商标的跨国保护进行了规定，这一条款在1925年的海牙修订大会上被纳入，又分别在1934年的伦敦会议及1958年的里斯本会议上进行了修订。《巴黎公约》尽管规定了对驰名商标的保护，但公约本身并未对驰名商标的界定加以明确。如何判断一个商标是否属于驰名商标，《巴黎公约》留给成员国立法加以决定。

《巴黎公约》

Article 6bis　Marks: Well - Known Marks

(1) The countries of the Union undertake, ex officio if their legislation so permits, or at the request of an interested party, to refuse or to cancel the registration, and to prohibit the use, of a trademark which constitutes a reproduction, an imitation, or a translation, liable to create confusion, of a mark considered by the competent authority of the country of registration or use to be well known in that country as being already the mark of a person entitled to the benefits of this Convention and used for identical or similar goods. These provisions shall also apply when the essential part of the mark constitutes a reproduction of any such well - known mark or an imitation liable to create confusion therewith.

(2) A period of at least five years from the date of registration shall be allowed for requesting the cancellation of such a mark. The countries of the Union may provide for a period within which the prohibition of use must be requested.

(3) No time limit shall be fixed for requesting the cancellation or the prohibition of the use of marks registered or used in bad faith.

第6条之二　商标：驰名商标

(1) 本联盟各国承诺，如本国法律允许，应依职权或依利害关系人的请求，拒绝或撤销注册并禁止使用一项商标，如果商标注册国或使用国主管机关认为商标在该国已经驰名，由有权享有本公约利益人所有且用于相同或类似商品的商标构成复制、仿制或翻译且易于产生混淆。在商标的主要部分构成对上述驰名商标的复制或仿制，易于产生混淆时，这些规定也应适用。

(2) 自注册之日起至少5年的期间内，应允许提出撤销这种商标的请求。本联盟各国可以规定一个期间，在这期间内必须提出禁止使用的请求。

> （3）对于依恶意取得注册或使用的商标提出撤销注册或禁止使用的请求，不应规定时间限制。

（一）驰名商标保护的条件与方式

《巴黎公约》第 6 条之二第（1）款规定了对驰名商标进行保护的三项构成条件：第一，该商标已被商标使用国或注册国的主管机关认定为驰名；第二，驰名商标由有权享有《巴黎公约》利益的人享有；第三，用于相同或类似商品的商标对该驰名商标构成复制、仿制或翻译且易于产生混淆。《巴黎公约》的海牙文本最初只规定对驰名商标的"复制和仿制"；在里斯本文本中增加了两种情形，即"翻译"和在商标的主要部分构成对驰名商标的复制或仿制，易于产生混淆时也适用这一规定。"复制和仿制"主要指对驰名商标的刻意抄袭，包括与驰名商标相同或类似的标记。而"翻译"则将对驰名商标的保护范围延伸至对原有标记进行改变之后的标记，尽管从外形上与驰名商标不相同或类似，但在含义上与驰名商标完全相同。[1]这种对于驰名商标的复制、仿制或翻译应当构成对驰名商标的混淆，《巴黎公约》将混淆的标准留给缔约国国内法加以确定。

《巴黎公约》规定了对驰名商标进行保护的两种途径：一是缔约国管理机关依职权进行；二是依利害关系人的请求进行保护。《巴黎公约》并未对第 6 条之二第（1）款中提及的"利害关系人"进行界定，可以由成员国立法加以确定，但该利害关系人应当是依照公约属于联盟保护的国民或居民。如果用于相同或类似商品的其他商标对一项驰名商标的复制、仿制或翻译容易造成混淆，缔约国可以拒绝、撤销商标注册，并禁止此类商标的使用，以保护已经驰名的商标。

（二）驰名商标的特殊保护

《巴黎公约》对驰名商标的保护，并未要求该商标已经在请求保护国注册或使用。也就是说，尽管该驰名商标没有在请求国通过注册得到保护，也可以阻止与其存在冲突的商标注册或使用。《巴黎公约》认为，对驰名商标的这种特殊保护是合理的，因为在大多数情况下，使用或注册混淆的类似商标会构成不正当竞争行为，也会对被误导的公众利益造成损害。[2]《巴黎公约》第 6 条之二第（2）款规定了提出撤销商标的期间，即至少为注册之日起 5 年之内。海牙文本最初规定的期间为 3 年，在里斯本修订会议上将该期间改为 5 年。但按照《巴黎公约》第 6 条之二第（3）款的规定，对于恶意取得注册或使用的商标，可以不受 5 年的限制。

《巴黎公约》对于驰名商标的保护有三个特点值得注意：一是义务具有"非强

---

[1] SAM R. The Paris Convention for the protection of industrial property: a commentary [M]. Oxford: Oxford University Press, 2015: 554.

[2] BODENHAUSEN G H C. Guide to the application of the Paris Convention for the protection of industrial property [M]. Geneva: United International Bureaux for the Protection of Intellectual Property (BIRPI), 1967: 90 – 91.

制性",这一特点可以从《巴黎公约》条文的表述中看出。《巴黎公约》并未要求成员国"应当"履行保护义务,而仅仅是要各成员国"承诺"在"本国法律允许"的情况下给予保护。对于已经注册的商标,成员国"可以"规定一个固定的期间,在该期间内撤销商标。二是《巴黎公约》对驰名商标保护的规定适用于商品商标,而未包含服务商标在内。《巴黎公约》第6条之二第(1)款的规定已表明这一态度,主管机关仅对用于相同或类似"商品"的商标可以拒绝或撤销注册,并未提及服务商标。当然,尽管《巴黎公约》未将驰名商标的保护延伸到服务商标,但这并不妨碍《巴黎公约》各成员国将对驰名商标的保护,在类似的情况下适用于服务商标,成员国可以在本国立法中对驰名的服务商标同样给予特殊保护;三是《巴黎公约》对驰名商标保护的范围较窄。除不保护服务商标外,《巴黎公约》对于驰名商标的保护还限定在用于相同或类似商品之上的商标。正是由于《巴黎公约》的以上特点,并未实现对驰名商标的切实保护。为此,在 TRIPS 的谈判中对驰名商标的保护范围进行了扩大。

二、TRIPS 驰名商标保护规则

TRIPS 对驰名商标的保护主要体现在第 16 条第 2 款与第 3 款。

TRIPS

Article 16　Rights Conferred

......

2. Article 6bis of the Paris Convention (1967) shall apply, mutatis mutandis, to services. In determining whether a trademark is well-known, Members shall take account of the knowledge of the trademark in the relevant sector of the public, including knowledge in the Member concerned which has been obtained as a result of the promotion of the trademark.

3. Article 6bis of the Paris Convention (1967) shall apply, mutatis mutandis, to goods or services which are not similar to those in respect of which a trademark is registered, provided that use of that trademark in relation to those goods or services would indicate a connection between those goods or services and the owner of the registered trademark and provided that the interests of the owner of the registered trademark are likely to be damaged by such use.

第 16 条　授予的权利

......

2.《巴黎公约》(1967 年)第 6 条之二在细节上作必要修改后应适用于服务。在确定一商标是否驰名时,各成员应考虑相关领域公众对该商标的认知,包括在该成员经营该商标而获得的认知。

> 3.《巴黎公约》(1967年)第6条之二在细节上作必要修改后应适用于与已注册商标的货物或服务不相类似的货物或服务，只要该商标在对货物或服务使用方面表明这些货物或服务与该注册商标所有权人之间存在联系，且此类使用有可能损害该注册商标所有权人的利益。

在《巴黎公约》基础之上，TRIPS加强了对驰名商标的保护力度。TRIPS第16条在适用范围方面扩展了《巴黎公约》对驰名商标的保护。首先，TRIPS第16条第2款明确将《巴黎公约》第6条之二对驰名商标保护的规定适用于服务商标，规定《巴黎公约》(1967年)第6条之二在细节上作必要修改后，应适用于已注册商标的货物或服务；其次，TRIPS将驰名商标的保护延伸至不相类似的货物或服务。按照TRIPS第16条第3款的规定，《巴黎公约》第6条之二应适用于与已注册商标"不相类似"的货物或服务。这表明，一项商标即使处于与驰名商标所代表的货物或服务不相类似的领域，只要符合《巴黎公约》规定的条件，也可能被拒绝或撤销商标的注册。需要注意的是，按照TRIPS的规定，适用于不相类似货物或服务的驰名商标限于"注册商标"。如果某商标为驰名商标，但并未在被请求保护方取得商标注册，则对该商标的保护并不延及不相类似的货物或服务。也就是说，在被请求保护方取得商标注册时，是实现驰名商标跨类保护的限定条件。TRIPS还首次在国际条约中对驰名商标的界定作出原则性的规定，规定在确定商标是否驰名时，各成员应考虑相关领域公众对该商标的认知程度。

三、WIPO关于驰名商标保护规定的联合建议

尽管与《巴黎公约》相比，TRIPS对驰名商标的保护无论从范围还是标准方面均有所提高。但随着经济全球化的发展，各国对于驰名商标具体规则的一体化需求逐步增加。1999年，保护工业产权巴黎联盟大会和世界知识产权组织大会在日内瓦世界知识产权组织成员国大会第34届会议上召开联合会议，通过了关于驰名商标保护规定的联合建议（Joint Recommendation Concerning Provisions on the Protection of Well-Known Marks，以下简称《联合建议》）。《联合建议》是世界知识产权组织为适应知识产权领域变化首次实施的政策，它是考虑了加快共同的国际一体化发展的新方案。❶《联合建议》共分为两部分，第一部分是关于驰名商标的确定，第二部分规定了对驰名商标的保护范围。

---

❶ WIPO. Joint recommendation concerning provisions on the protection of well-known marks [EB/OL]. (2000-10-03) [2019-12-13]. https://www.wipo.int/edocs/pubdocs/en/wipo_pub_833-accessible1.pdf.

（一）驰名商标的确定

1. 考虑的因素

《联合建议》认为，在确定是否为驰名商标时，主管机关应考虑可能判断商标为驰名的所有情况。具体而言，《联合建议》第2条第（b）款详细列出6项确定商标是否驰名应当考虑的具体因素。

WIPO《联合建议》

Article 2　Determination of Whether a Mark is a Well – Known Mark in a Member State

……

(b) In particular, the competent authority shall consider information submitted to it with respect to factors from which it may be inferred that the mark is, or is not, well known, including, but not limited to, information concerning the following:

1. the degree of knowledge or recognition of the mark in the relevant sector of the public;

2. the duration, extent and geographical area of any use of the mark;

3. the duration, extent and geographical area of any promotion of the mark, including advertising or publicity and the presentation, at fairs or exhibitions, of the goods and/or services to which the mark applies;

4. the duration and geographical area of any registrations, and/or any applications for registration, of the mark, to the extent that they reflect use or recognition of the mark;

5. the record of successful enforcement of rights in the mark, in particular, the extent to which the mark was recognized as well known by competent authorities;

6. the value associated with the mark.

第2条　成员国商标是否为驰名商标的确定

……

(b) 主管机关特别应考虑提交给它的能够判断商标是否驰名的相关因素信息，包括但不限于涉及以下信息：

1. 相关领域公众对商标的了解或认知程度；

2. 商标使用的期间、程度和地理范围；

3. 商标推广的期间、程度和地理范围，包括在交易会或展览会上对使用该商标的商品和/或服务所作的广告、宣传及介绍；

4. 商标任何注册和/或任何注册申请的期间和地理范围，只要它们反映商标的使用或识别；

5. 商标权利成功执法的记录，特别是主管机关认可商标为驰名商标的程度；

6. 与商标相关的价值。

TRIPS 中虽然规定驰名商标应为相关公众认可，但并未规定如何具体判断商标是否为驰名商标。《联合建议》则明确给出应当考虑的具体因素，这些因素在一些国家的国内立法中已经有所反映。《联合建议》还对相关公众的认定给出指导，认为相关公众应包括但不限于使用商标同类商品或服务的实际或潜在的消费者，以及使用商标同类商品或服务销售渠道涉及的人员等。《联合建议》同时指出国家法律不得要求的三项因素，分别是：①商标已在该成员国中使用、注册或提出注册申请；②商标在该成员国以外的其他管辖范围驰名、注册或提出注册申请；③商标为该成员国中的全体公众所熟知。

（二）驰名商标的保护

1. 形成冲突的商标

按照《联合建议》的规定，将与驰名商标形成冲突的商标分为两类：一类是在与驰名商标的商品或服务类别相同或近似的商品或服务上使用的商标；另一类是在所有类别的商品或服务上使用的商标。

如果商标或该商标的主要部分构成对驰名商标的复制、仿制、翻译或音译，并可能造成混淆，而商标或商标的实质部分是用来注册商标或申请注册的主题，且用于与驰名商标适用商品或服务相同或类似的商品或服务上，这个商标就会被认为与驰名商标形成冲突。如果不考虑使用商品或服务的类别，则除商标或商标的主要部分构成对驰名商标的复制、模仿、翻译或音译外，还要在满足一定条件的情形下，才会被视为与驰名商标形成冲突。如商标的使用会暗示其所使用、申请注册或注册的商品或服务与驰名商标注册人之间存在某种联系，并且可能使驰名商标注册人的利益受到损害，或者商标的使用会以不正当的方式削弱或淡化驰名商标的显著性特征，或者商标的使用会对驰名商标的显著性进行不正当利用。❶

2. 冲突情形的救济程序

在有商标与驰名商标的使用形成冲突时，《联合建议》为驰名商标提供不同的救济程序。首先，可以请求宣告该注册商标无效，《联合建议》结合《巴黎公约》规定的期间，规定驰名商标所有人可以在该商标注册之日起 5 年之内提起宣告其注册无效程序；其次，驰名商标所有人还可以在 5 年内请求主管机关裁决禁止使用与驰名商标发生冲突的商标；最后，如果该商标注册是恶意的或者注册后从未使用，驰名商标所有人提出无效的程序不受期间的限制。

（三）形成冲突的企业名称

除普通商标外，《联合建议》第 5 条还规定了企业名称可能与驰名商标形成冲突的情形。如果企业名称或该名称的主要部分构成对驰名商标的复制、仿制、翻译

---

❶ WIPO. Joint recommendation concerning provisions on the protection of well – known marks [EB/OL]. (2000 – 10 – 03) [2019 – 12 – 13]. https：//www.wipo.int/edocs/pubdocs/en/wipo_pub_833 – accessible1.pdf.

或音译,并同时具有以下条件之一的,就可能形成与驰名商标的冲突:①企业名称的使用会暗示使用该企业名称的企业与驰名商标注册人之间存在某种联系,并且会使驰名商标注册人的利益受损;②企业名称的使用可能会以不正当的方式削弱或淡化驰名商标的显著性;③企业名称的使用会对驰名商标的显著性进行不正当的利用。

如果企业名称构成与驰名商标的冲突,驰名商标所有人可以在指导该企业名称使用时起 5 年内请求主管机关裁决禁止使用该企业名称。如果该企业名称为恶意使用,则不受期间的限制。

(四)形成冲突的域名

> **WIPO《联合建议》**
>
> **Article 6　Conflicting Domain Names**
>
> (1) [Conflicting Domain Names] A domain name shall be deemed to be in conflict with a well-known mark at least where that domain name, or an essential part thereof, constitutes a reproduction, an imitation, a translation, or a transliteration of the well-known mark, and the domain name has been registered or used in bad faith.
>
> (2) [Cancellation; Transfer] The owner of a well-known mark shall be entitled to request, by a decision of the competent authority, that the registrant of the conflicting domain name cancel the registration, or transfer it to the owner of the well-known mark.
>
> **第 6 条　发生冲突的域名**
>
> (1) [发生冲突的域名] 至少在某域名或该域名的主要部分构成对某驰名商标的复制、模仿、翻译或音译,且该域名是依恶意注册或使用的情况下,应认为该域名与该驰名商标发生冲突。
>
> (2) [撤销;转让] 驰名商标注册人应有权请求主管机关裁决,由对发生冲突的域名进行注册的机构撤销注册,或将其转让给驰名商标注册人。

按照《联合建议》第 6 条的规定,在域名或该域名主要部分构成对驰名商标的复制、仿制、翻译或音译,且该域名是恶意注册或使用的情况下,就应认为域名与驰名商标形成冲突。在域名构成与驰名商标的冲突时,驰名商标所有人可以请求主管机关裁决撤销对域名的注册,或将域名转让给驰名商标所有人。

在 TRIPS 后缔结的一些双边或区域贸易协定中,往往要求缔约方参加特定的国际条约,有的协定要求缔约方承认《联合建议》中规定的重要性,这一点在以美国和欧盟为核心缔结的一系列双边或区域贸易协定中均有所反映。美国为核心缔结的贸易协定以《美国-墨西哥-加拿大协定》(USMCA)第 20.21 条为例。

USMCA

Article 20. 21　Well - Known Trademarks

...

3. The Parties recognize the importance of the Joint Recommendation Concerning Provisions on the Protection of Well - Known Marks as adopted by the Assembly of the Paris Union for the Protection of Industrial Property and the General Assembly of WIPO at the Thirty - Fourth Series of Meetings of the Assemblies of the Member States of WIPO September 20 to 29, 1999.

第 20. 21 条　驰名商标

……

3. 各缔约方应承认1999年9月20日至29日保护工业产权巴黎联盟大会和世界知识产权组织大会在世界知识产权组织成员国大会第34届会议上通过的《关于驰名商标保护规定的联合建议》重要性。

欧盟为核心缔结的贸易协定以2020年欧盟与墨西哥缔结的升级自由贸易协定为例。

《欧盟－墨西哥自由贸易协定》

Article X. 20　Well - known Trademarks

For the purpose of giving effect to protection of well - known trademarks, as referred to in Article 6bis of the Paris Convention and paragraphs 2 and 3 of Article 16 of the TRIPS Agreement, each Party shall apply the Joint Recommendation Concerning Provisions on the Protection of Well - Known Marks adopted by the Assembly of the Paris Union for the Protection of Industrial Property and the General Assembly of the WIPO at the Thirty - Fourth Series of Meetings of the Assemblies of the Member States of WIPO on 20 to 29 September 1999.

第 10. 20 条　驰名商标

为实现对驰名商标的保护，遵循《巴黎公约》第6条之二及TRIPS第16条第2、3款的规定，各成员应适用1999年9月20日至29日保护工业产权巴黎联盟大会和世界知识产权组织大会在世界知识产权组织成员国大会第34届会议上通过的《关于驰名商标保护规定的联合建议》。

欧盟对外缔结的自由贸易协定中也同样包含有关驰名商标保护的规定，但相对来说比较简单，欧盟对外缔结的自由贸易协定主要强调依据《巴黎公约》第6条之二及TRIPS的规定，对驰名商标进行保护，同时也强调了缔约方对《联合建议》的适用。

因此,《联合建议》虽然与国际条约不同,不具有法律上的约束力,仅是对成员国保护驰名商标给出的建议,但依然对于驰名商标的国际保护规则和各国国内立法具有一定的参考价值和影响力。

四、贸易协定中驰名商标保护规则的发展

(一) 消除跨类保护的商标注册要求

在 TRIPS 后的双边、多边或区域贸易协定中,驰名商标国际保护规则有所发展,这种发展主要体现在对 TRIPS 限定条件的突破,尤其对商标只有在被请求保护国注册才能取得跨类保护这一限制条件的明确否定。下面以 2012 年美国与韩国签订的美国 - 韩国自由贸易协定为例进行说明。

《美国 - 韩国自由贸易协定》

Article 18. 2 Trademarks Including Geographical Indications

……

6. Neither Party may require, as a condition for determining that a mark is a wellknown mark, that the mark has been registered in the territory of that Party or in another jurisdiction. Additionally, neither Party may deny remedies or relief with respect to well - known marks solely because of the lack of:

(a) a registration;

(b) inclusion on a list of well - known marks; or

(c) prior recognition of the mark as well - known.

7. Article 6bis of the Paris Convention shall apply, mutatis mutandis, to goods or services that are not identical or similar to those identified by a well - known trademark, whether registered or not, provided that use of that trademark in relation to those goods or services would indicate a connection between those goods or services and the owner of the trademark, and provided that the interests of the owner of the trademark are likely to be damaged by such use.

第 16 条 包含地理标志的商标

……

6. 任何缔约方都不应将商标在成员地域或其他管辖区内注册,作为确定商标为驰名商标的条件。此外,任何缔约方不可对相关驰名商标拒绝补救或救济,仅因缺少:

(a) 注册;

(b) 列入驰名商标清单;

(c) 之前作为驰名商标的认定。

> 7.《巴黎公约》第6条之二经修改后应适用于货物或服务，无论其与驰名商标标识的货物或服务是否相同或类似，无论是否注册，只要与该货物或服务有关商标的使用表明这些商品或服务与商标所有者之间存在联系，且商标所有者的利益可能因此种使用而受到损害。

在美韩签订的自由贸易协定中，明确规定不允许缔约方因为商标没有在所在国注册而否定对驰名商标的保护，包括在同类货物或服务领域可以得到的保护，也包括在不同或不相类似货物或服务领域的保护。美国推动缔结自由贸易协定中有关驰名商标的规定基本一致，除对商标注册限制的突破外，美国还往往要求协定缔约方承认2000年通过的《联合建议》，以取得对驰名商标更为有效的法律保护。

（二）强化对驰名商标救济

TRIPS之后缔结的贸易协定进一步强化了驰名商标所有人可以采取救济措施的方式和范围。一方面取消了驰名商标所有人采取救济措施的期间限制，另一方面将采取救济措施的范围扩大到未来可能造成欺骗性的商标。按照《巴黎公约》和TRIPS的规定，对于可能造成与驰名商标混淆的商标，驰名商标所有人有权采取一定的救济措施，但一般有5年的期间要求。如果超过5年的期间，驰名商标所有人就可能丧失禁止造成混淆商标使用或使该商标无效的救济路径。TRIPS之后缔结的贸易协定中，有些协定取消了驰名商标所有人采取救济措施的期间限制。下面以CPTPP协定关于驰名商标保护的规定为例。

> **CPTPP**
>
> **Article 18.22　Well–Known Trademarks**
>
> ……
>
> 4. Each Party shall provide for appropriate measures to refuse the application or cancel the registration and prohibit the use of a trademark that is identical or similar to a well–known trademark, for identical or similar goods or services, if the use of that trademark is likely to cause confusion with the prior well–known trademark. A Party may also provide such measures including in cases in which the subsequent trademark is likely to deceive.
>
> **第18.22条　驰名商标**
>
> ……
>
> 4. 如果商标的使用可能造成与之前驰名商标的混淆，对于相同或类似的商品或服务，各缔约方应采取适当的措施驳回注册申请或撤销注册并禁止使用与驰名商标相同或类似的商标。对于之后可能造成欺骗的商标，也可以提供此种措施。

第四节 商标权的内容、例外与保护期间

《巴黎公约》有关商标的条款中并未对商标权保护问题作出实质性的规定。而 TRIPS 则作出较大的贡献,对商标权的保护作出比较具体的规定,除商标界定、驰名商标等问题外,还包括商标权授予的权利内容、商标权例外以及商标保护的期间等。尽管在 TRIPS 之前已经缔结关于商标的国际条约,如《马德里协定》等,但 TRIPS 是首个实现对商标保护实体权利义务进行规定的国际条约。

一、商标的权利内容

> **TRIPS**
> **Article 16 Rights Conferred**
> 1. The owner of a registered trademark shall have the exclusive right to prevent all third parties not having the owner's consent from using in the course of trade identical or similar signs for goods or services which are identical or similar to those in respect of which the trademark is registered where such use would result in a likelihood of confusion. In case of the use of an identical sign for identical goods or services, a likelihood of confusion shall be presumed. The rights described above shall not prejudice any existing prior rights, nor shall they affect the possibility of Members making rights available on the basis of use.
>
> **第 16 条 授予的权利**
> 1. 注册商标的所有权人享有专有权,以阻止所有第三方未经该所有权人同意在贸易过程中对与已注册商标的货物或服务的相同或类似货物或服务使用相同或类似标记,如此类使用会导致混淆的可能性。在对相同货物或服务使用相同标记的情况下,应推定存在混淆的可能性。上述权利不得损害任何现有的在先权,也不得影响各成员以使用为基础提供权利的可能性。

TRIPS 之前的国际条约包括《巴黎公约》,并没有对商标权人的实体权利进行规定。TRIPS 第 16 条规定了商标权人可以享有的独占权利,即权利人可以阻止任何第三方在没有取得商标权人同意的情况下在相同或类似的货物或服务上使用可能造成混淆的与其商标相同或类似的标记。TRIPS 第 16 条第 1 款仅涉及注册商标,作出这样的规定,是确保注册商标所有人的权利不会影响在该国领域内已经取得的权利。[1]

---

[1] SAM R. The Paris Convention for the protection of industrial property: a commentary [M]. Oxford: Oxford University Press, 2015: 652.

TRIPS 第 16 条使用的概念是"混淆的可能性"（likelihood of confusion），并未要求造成实际的混淆。TRIPS 并未对如何判断构成"混淆的可能性"作出规定，各成员可以在本国立法中确定。但按照 TRIPS 第 16 条第 1 款，对于在相同货物或服务上使用相同标记的行为，可以直接推定存在混淆可能性，该条款对于商标混淆可能性的构成给予极大的确定性。TRIPS 作出如此明确的规定，有利于配合协定有关知识产权执法方面规定的执行。如 TRIPS 有关临时措施的规定，对于被控侵权的货物，权利人如申请海关采取临时措施，应当提出合理的证据，证明侵权行为正在发生。如果在相同的货物或服务上使用与商标相同的标记，法院就可以直接推定存在混淆的可能性，作出同意采取临时救济措施的裁决。[1]

TRIPS 第 16 条同时也对商标权进行了限制，规定商标权行使不应损害任何已有的在先权利，也不得影响各成员以使用为基础提供权利保护的可能性。在 TRIPS 起草过程中，该条款是后被纳入的，其主要考虑是有些成员依据反不正当竞争法保护未注册的商标，或者其保护基础是在相关市场确立商业信誉的实际使用行为，商标的使用占有重要地位，TRIPS 承认这种以使用为基础对商标权利提供保护的方式。与"混淆的可能性"的界定一样，TRIPS 也没有对在先权的确定进行规定，而是留给各成员自行确定。

二、商标权的例外

（一）TRIPS 商标例外规则

TRIPS

Article 17　Exceptions

Members may provide limited exceptions to the rights conferred by a trademark, such as fair use of descriptive terms, provided that such exceptions take account of the legitimate interests of the owner of the trademark and of third parties.

第 17 条　例外

各成员可对商标所授予的权利规定有限的例外，如合理使用描述性词语，只要此类例外考虑到商标所有权人和第三方的合法权益。

与专利和版权一样，对于商标权的保护，TRIPS 也规定了权利保护的例外，但在具体表述上，与前两种权利的相关规定有所区别。

TRIPS 关于版权例外规定的表述是，"各成员对专有权作出的任何限制或例外规定仅限于某些特殊情况，且与作品的正常利用不相冲突，也不得不合理地损害权利

---

[1] SAM R. The Paris Convention for the protection of industrial property: a commentary [M]. Oxford: Oxford University Press, 2015: 651.

持有人的合法权益"。

TRIPS 对于专利权例外规定的表述是，"各成员可对专利授予的专有权规定有限的例外，只要此类例外不会对专利的正常利用发生无理抵触，也不会无理损害专利所有权人的合法权益，同时考虑到第三方的合法权益"。

而对于商标权的例外规定，TRIPS 仅要求考虑商标所有权人和第三方的合法利益。

根据 TRIPS 第 17 条的规定，成员可以对商标的保护规定一定的例外情形，TRIPS 明确给出了一项可以作为例外的示例，即"合理使用描述性词语"。对于例外的解释，TRIPS 本身并未具体确定，但在 2003 年欧共体商标与地理标志保护案中，专家组对 TRIPS 第 17 条有限例外的相关具体问题进行了阐释，包括"有限的例外""合法利益"的界定等，这些解释有助于对 TRIPS 第 17 条含义的深入理解。

（二）WT/DS290：欧共体商标与地理标志保护案中"有限的例外"的解释

1. 欧共体商标与地理标志保护案的争议问题

2003 年 4 月，就欧共体内部食品和农产品的商标与地理标志保护问题，澳大利亚向欧共体提出磋商。问题主要涉及欧共体 1992 年 7 月 14 日关于保护农产品和食品地理标志和原产地名称的欧洲理事会 2081/92 号条例，其中关于商标的诉求是第 2081/92 号条例第 14（2）条与 TRIPS 第 16 条第 1 款不符，没有为注册商标权利人提供 TRIPS 规定的独占权，阻止了可能与之前注册商标造成混淆可能性地理标志的使用。

欧共体认为，TRIPS 第 24 条第 5 款认可地理标志与在先商标的共存，第 2081/92 号条例第 14（2）条可以视为符合 TRIPS 第 17 条规定的"有限的例外"。第 2081/92 号条例第 14 条规定了共同体法中商标与地理标志的关系，其第 1 款规定，如果商标的使用会侵犯已经依据条例注册的地理标志权利，应当驳回商标申请，以确保已注册的地理标志优于在后的商标。第 2081/92 号条例第 14 条第 2 款规定了与在先商标的关系："根据共同体相关法律，一项商标的使用会发生第 13 条规定的情形之一，且在地理标志提交委员会注册申请之日或在来源国保护日之前，已经通过使用申请、注册或确立，如果在欧共体地域内相关立法善意规定了此种可能性，尽管地理标志已经注册，仍然可以继续使用，只要按照与成员国相关商标法和/或理事会 1993 年 2 月 20 日第 40/94 号指令近似的 1998 年 12 月 21 日第 EEC89/194 号理事会指令规定，不存在无效或可撤销的理由。"第 2081/92 号条例第 14 条第 2 款的商标范围，在时间上限于地理标志在其来源国受到保护之前或在向地理标志委员会提交地理标志注册申请之日之前已经通过使用而申请、注册或确立的商标。按照这一条款，即使商标的使用可能与已注册地理标志的权利发生冲突，在先商标依然可以继续使用。它防止了地理标志注册产生权利的行使对抗特定在先商标的连续使用，是对地理标志和商标可以依据共同体法共存的明确承认，其目的在于实施 TRIPS 第 24 条第 5 款。

> **TRIPS**
>
> **Article 24　International Negotiations; Exceptions**
>
> ……
>
> 5. Where a trademark has been applied for or registered in good faith, or where rights to a trademark have been acquired through use in good faith either:
>
> (a) before the date of application of these provisions in that Member as defined in Part VI; or
>
> (b) before the geographical indication is protected in its country of origin;
>
> **第 24 条　国际谈判：例外**
>
> ……
>
> 5. 如商标的申请或注册是善意的，或如果商标的权利是在以下日期之前通过善意的使用取得的：
>
> (a) 按第六部分确定的这些规定在该成员中适用之日前；或
>
> (b) 该地理标志在其起源国获得保护之前；
>
> 为实施本节规定而采取的措施不得因商标与地理标志相同或类似而损害该商标注册的资格或注册的有效性或商标的使用权。

显然，按照 TRIPS 第 24 条第 5 款的规定，成员不得因商标与地理标志相同或类似而损害该商标注册的资格或注册的有效性或商标的使用权。TRIPS 第 24 条第 5 款同时强调其所指的商标既包括善意申请或注册的商标，也包括通过善意使用取得的商标。

但第 2081/92 号条例第 14 条第 3 款规定，根据商标的名誉、声誉和使用期间的长度，如果地理标志的注册会使消费者对产品的真实来源造成误导，则地理标志不应注册。第 2081/92 号条例的这一规定使得在先使用商标的法律地位优于注册地理标志的在后申请。澳大利亚认为，第 2081/92 号条例第 14 条第 3 款规定的不是"混淆"，而是"误导"。混淆的同义词是迷惑，TRIPS 第 22 条第 2、3 款提到的"误导"使用，是指会积极引起消费者的错误。TRIPS 第 16 条规定的混淆标准是一项独立标准。第 2081/92 号条例第 14 条第 3 款的规定并未排除使用会造成混淆但不必然误导消费者的地理标志注册，第 14 条第 2 款规定的撤销商标理由就可能毫无意义，因为这些包括"地理标志……误导公众"的理由，不同于因存在"混淆的可能性"阻止使用的独占性权利。澳大利亚同时指出，第 2081/92 号条例第 14 条第 3 款对"商标的名誉、声誉和使用期间的长度"的条件限定，也非 TRIPS 第 16 条所要求，没有满足该条件的商标就无法取得 TRIPS 第 16 条第 1 款提供的保护。❶

---

❶ European Communities – protection of trademarks and geographical indications for agricultural products and foodstuffs, WT/DS290/R, para 7.516 – 7.577 [EB/OL]. (2005 – 03 – 15) [2020 – 03 – 28]. http://www.un.org/law/ilc/index.htm.

2. 专家组对相关问题的阐释

通过对双方争议问题的梳理，专家组认为，双方就商标保护争议的焦点问题是，第2081/92号条例第14条第2款适用于某些特定商标之上，是否会导致限制商标所有者制止地理标志使用的权利。一般的商标所有者拥有阻止可能造成混淆标志使用的权利，第2081/92号条例却赋予地理标志一项积极权利，阻止商标所有人对已注册的地理标志实施这一权利。

专家组对于澳大利亚提出的第2081/92号条例第14条第3款对"商标的名誉、声誉和使用期间的长度"条件限定问题认为，很难想象如果不考虑标志与货物之间的相似性，第14条第3款可以如何适用。即使这些因素不是排他的，即使没有要求较高的信誉、广为人知及长期使用，作为最低标准，第2081/92号条例第14条第3款的范围也排除那些没有声誉、信誉或使用的商标。对于第2081/92号条例第14条第3款，专家组认为应考虑，如果地理标志注册后侵害商标，是否可以援引该条款。对此，专家组认为没有证据表明，如果使用地理标志侵犯在先商标，可以在所有情况下依据第2081/92号条例第14条第3款寻求地理标志无效。因此，第2081/92号条例限制了商标所有权人的权利。

随后，专利组分两个步骤考察了一些标记在作为地理标志使用时，TRIPS是否允许成员以商标权制止这些标记。首先是TRIPS第16条第1款为商标权人提供的权利，其次是第24条第5款是否允许对该权利进行限制。对于第一个问题，专家组认为，商标与地理标志显然都是具有显著性的标记。第16条第1款赋予商标权人可以排除任何在类似货物上使用可能造成商标混淆可能性的近似标志，它并未特别排除地理标志的使用。因此，可以对TRIPS第16条独占权规定例外的条款依据是TRIPS第17条。对于欧共体的特殊共存机制，需要考虑其是否符合TRIPS第17条的规定。TRIPS第17条允许有限的例外，条件是这种例外要考虑商标所有权人与第三方的合法利益。这表明例外不仅是"有限的"，还要满足其他特定条件。

（1）有限的例外。

对于有限例外的解释，专家组同意"加拿大药品专利案"中的观点。"例外"本身包含有限的贬损，"有限的"强调例外应当是狭义的，且只能允许少量减少权利。有限的例外适用于赋予商标的权利，但不能适用所有的商标或所有的商标所有者。因此，有必要在个体权利基础上考察例外。原则上，例外可能会减少所有者对第三方、相关货物或服务或标记相似性、混淆可能性等方面的权利，但根本要求是例外必须是"有限的"。TRIPS关于"描述性术语的合理使用"的示例可以作为有限例外的指导，它不限制可能受益的第三方的数量，也不限制使用描述性术语的货物或服务的数量。第2081/92号条例减少了特定货物商标所有者的权利，但不是所有与注册商标相同或类似的货物。因为，非来源于特定地理区域的货物，不会使用地理标志。来源于特定地理区域，但不符合地理标志要求的货物，也不能使用地理标志。因此，商标所有权人禁止其他货物的权利并没有减少。第2081/92号条例减少商标权人禁止特定第三方的权利，但并非所有第三方；第2081/92号条例减少对特定标记商标权人的权利，但并非所有与受保护商标相同或近似的标记。基于以上原因，专家组认为第2081/92号条例的规定符合TRIPS第17条意义上的有限例外。❶

（2）合法利益。

商标权人的合法利益与所赋予商标的权利形成对比，同属于商标权人所有，但合法利益应当不同于商标权人享有的法定权利。从另一个角度也可以说明这一点，第三方也享有合法利益，但显然他们并不享有所赋予的法定权利。这也是TRIPS第17条规定中使用"考虑"（take account of）合法利益，而没有使用"保护"（protect）一词的原因。TRIPS对WTO成员商标保护的适当标准和原则进行了规定，它列出了法定权利的标准，也为WTO成员对商标相关标准或政策的共同理解提供了指导，这些都可以成为商标所有者的合法利益。商标的功能是对货物或服务加以区分，商标所有者对保持显著性或其商标的区分能力方面拥有合法利益。这就意味着，合法利益考虑不仅包括在其所有企业相关商品或服务上使用自己商标的利益，还应当考虑商标权利人因商标代表的质量及声誉所产生经济价值中的利益。

第2081/92号条例规定，对于可能威胁商标的地理标志，可以拒绝注册。第2081/92号条例第14条第3款规定，如果达到特定的条件，考虑到商标的声誉、知名度和使用期间，可以拒绝地理标志注册。这样就解决了在先商标的显著性或识别力问题，以确保在商标所有者合法利益极大可能受到影响时，第2081/92号条例第14条第2款的例外就不会被适用。因此，专家组认为，第2081/92号条例第14条第3款考虑了商标所有者保护其商标显著性的合法利益。专家组同时指出，TRIPS第17条仅要求例外"考虑"商标权人的合法利益，并未像专利、版权相关例外规范那样提及对这些利益的"不合理损害"，这也意味着对于商标权人的合法利益要求较低的标准。基于以上原因，专家组认为，第2081/92号条例规定的例外考虑了TRIPS第17条所要求的商标权人的合法利益。TRIPS第17条规定的"第三方"包括消费者，商标的主要功能是识别货物与服务，该功能不仅服务于商标权人，也服务于消费者，消费者对于避免混淆也具有合法利益。第2081/92号条例第14条第3款规定对会误导消费者的地理标志拒绝注册，明确表达对消费者合法利益的维护。由此，专家组认为，第2081/92号条例考虑了消费者的合法利益，其例外规定考虑了TRIPS第17条所要求的第三方合法利益。❷

---

❶ European Communities – protection of trademarks and geographical indications for agricultural products and foodstuffs，WT/DS290/R，para 7.644 – 7.661 ［EB/OL］.（2005 – 03 – 15）［2020 – 03 – 28］. http：//www. un. org/law/ilc/index. htm.

❷ European Communities – protection of trademarks and geographical indications for agricultural products and foodstuffs，WT/DS290/R，para 7.662 – 7.667 ［EB/OL］.（2005 – 03 – 15）［2020 – 03 – 28］. http：//www. un. org/law/ilc/index. htm.

三、商标的有效期间

与专利权和版权不同,商标权实质上并没有限定的固定保护期间。一般而言,只要代表货物或服务质量的商标仍然处于使用之中,商标权就处于有效保护期间。但出于注册机制下相关法律规范的配套管理,一般要求商标权人需要定期对有效使用的商标期间进行续展。商标有效期间规定主要体现在 TRIPS 第 18 条。

> **TRIPS**
>
> **Article 18   Term of Protection**
> Initial registration, and each renewal of registration, of a trademark shall be for a term of no less than seven years. The registration of a trademark shall be renewable indefinitely.
>
> **第 18 条　保护期间**
> 商标的首次注册及每次续展的期限均不得少于 7 年。商标的注册应可以无限续展。

TRIPS 第 18 条仅对商标首次注册后每次续展的期限作出了最低期间要求,即不得少于 7 年。成员可以在 7 年的基础上自行规定更高标准的续展期间,商标的注册可以无限次加以续展。

有关商标授予的权利、商标的例外及商标期间的规定,在 TRIPS 之后几乎没有变动。但这些条款也会出现在 TRIPS 后的双边及区域贸易协定之中,或者被协定加以援引,成为样板条款,以要求协定的缔约方遵守 TRIPS 规定的法定标准,它们在知识产权专章中仅是对 TRIPS 中法定标准的重述。这些条款的目的是向缔约方强调这些法定标准对于商标所代表企业的重要性。❶

第五节　商标权的许可与转让

一、《巴黎公约》商标转让规则

一般而言,知识产权的转让或许可属于权利人行使私权的范畴,国际知识产权条约很少进行干预,这一领域也很难从国际层面上形成一体化的规则。但当知识产权的转让或许可涉及相关公共利益时,国际知识产权条约会加以指导或调整。商标权的转让同样属于私权行使的范畴,但商标之上承载着其所代表的企业及商品商誉,

---

❶ GRAEME B D, MARK D J. Trademark law and theory: A handbook of contemporary research [M]. Lypiatts: Edward Elgar Publishing Limited, 2008: 236.

商标的转让有可能对消费者造成混淆,造成公众对社会的信赖风险。正因为如此,国家之间对于商标是否可以独立转让,所持的立法态度也有所不同。有的国家基于对消费者利益的保护,不允许商标进行单独转让,而有些国家则允许商标不连同企业进行单独或部分转让。由于各国对商标是否可以转让所持的态度不同,商标在一国进行转让却可能导致商标在他国的无效,商品的跨国流动也必然受到影响。在这种背景下,在《巴黎公约》1934 年伦敦修订会议上对这一问题进行了规定,成为《巴黎公约》第 6 条之四"商标的转让",该条款在此之后几乎没有进行修改。

《巴黎公约》

Article 6quater　Marks: Assignment of Marks

(1) When, in accordance with the law of a country of the Union, the assignment of a mark is valid only if it takes place at the same time as the transfer of the business or goodwill to which the mark belongs, it shall suffice for the recognition of such validity that the portion of the business or goodwill located in that country be transferred to the assignee, together with the exclusive right to manufacture in the said country, or to sell therein, the goods bearing the mark assigned.

(2) The foregoing provision does not impose upon the countries of the Union any obligation to regard as valid the assignment of any mark the use of which by the assignee would, in fact, be of such a nature as to mislead the public, particularly as regards the origin, nature, or essential qualities, of the goods to which the mark is applied.

第 6 条之四　商标:商标的转让

(1) 根据本联盟国家的法律,商标的转让只有在与其所属商业或商誉同时移转才有效时,如该国内的商业或商誉部分连同在该国制造或销售承载被转让商标商品的专有权一起转移给受让人,就应足以承认其转让为有效。

(2) 如果受让人使用受让的商标事实上会具有使公众对使用该商标商品的原产地、性质或基本品质发生误解的性质,上述规定并不使联盟国家负有承认该项商标转让为有效的义务。

由《巴黎公约》第 6 条之四第(1)款的规定可以看出,公约并未完全否定商标的可转让性,其在一般意义上对商标转让的有效性进行规定。《巴黎公约》规定,当商标是连同其相关的企业和商誉共同转让时,商标权应在成员国内被承认进行有效转让。《巴黎公约》要求连同商业和商誉进行整体转让的目的,是保障商标所代表的商品品质不会改变。应当注意,《巴黎公约》并未对商标转让的有效性作出强行性规定,为成员国设定最低的义务标准,仅是作了概括的规定。同样,《巴黎公约》第 6 条之四第(2)款也没有施加给成员关于认可"受让方使用的任何转让商标"为有效商标的义务。因为这样可能会误导公众,尤其是误导货物的来源、性质或品质。如在商标进行部分转让的情况下,所转让的仅是注册商标货物的某些方面,转让人还可以连续使用商标转让没有包含的部分。因此,《巴黎公约》第 6 条之四第（2）款为成员国保留了权利,可以在特殊情况下拒绝承认此种转让的有效性,最为典型的就是部分转让的情况。在这种情形下,即使其依据某些成员国法律为有效,其他缔约国也可以对其效力不予承认。该款默示地承认了商标除指示货物来源外,还有进一步的功能,即保证货物质量,这种保证功能可能因转让而受到损害。[1]

二、TRIPS 的商标许可与转让

《巴黎公约》中仅对商标权的转让进行了规定,并未涉及商标的许可。商标的转让与许可有着较大的差别,商标的转让是指权利人将商标的所有权转让给受让方,受让方取代商标权人的法律地位,原权利人不能再以任何形式行使商标权。而商标的许可则与此相反,并不转让商标的所有权,商标权人依然保留对商标权的控制,仅将商标权在一定期间内许可给受让方行使。商标权被许可方要依据商标许可合同的条件使用商标,可以单独或者与商标权人共同行使商标权。

TRIPS 第 21 条对商标的许可与转让进行了规定。

> **TRIPS**
>
> **Article 21   Licensing and Assignment**
>
> Members may determine conditions on the licensing and assignment of trademarks, it being understood that the compulsory licensing of trademarks shall not be permitted and that the owner of a registered trademark shall have the right to assign the trademark with or without the transfer of the business to which the trademark belongs.
>
> **第 21 条   许可与转让**
>
> 各成员可对商标的许可和转让确定条件,与此相关的理解是,不允许商标的强制许可,且注册商标的所有权人有权将商标与该商标所属业务同时或不同时转让。

与《巴黎公约》相比,TRIPS 在对商标转让的范围和保护方式方面均有所扩大。TRIPS 并没有局限于对商标的所有权转让的规范,而是对商标的所有权"转让"和使用权"许可"同时进行规范。对于商标转让与许可的规范方式,TRIPS 没有沿用《巴黎公约》的方法,对商标转让作一般性的笼统规定,而是采取更为灵活的规范态度。按照 TRIPS 第 21 条的规定,成员可自行确定商标许可与转让的条件,成员可

---

[1] SAM R. The Paris Convention for the protection of industrial property: a commentary [M]. Oxford: Oxford University Press, 2015: 579.

以决定商标转让和许可是否需要连同企业和商誉共同转让。这一规定就禁止了成员要求企业的转让,尤其是将企业资产的转让,作为商标转让的一部分。[1] 当然,成员也可以对商标转让的有效性设定其他条件,如英国 1994 年商标法第 24(3)条规定,注册商标的转让只有在转让人或其代理人以书面形式签订时,才能产生效力。[2] 对于商标的许可,TRIPS 给出了非常明确的态度,禁止对商标给予强制许可。就此规定而言,TRIPS 显然表现出与对专利及版权不同的态度。因为对于专利和版权,TRIPS 并未禁止成员给予强制许可。

---

[1] DENIEL C K C, EDWARD L. International intellectual property: problems, cases, and materials [M]. 2th ed. Opperman: West A Thomson Busniess, 2012: 488.
[2] MARCUS S Q C, NICO L. The law of assignment [M]. 2th ed. Oxford: Oxford University Press, 2013: 467.

第七章 国际地理标志法律规则

第一节 概述

一、国际条约中地理标志的名称与含义

地理标志是与地理名称具有密切联系的标识，但其代表的并非普通意义的地理名称，而是代表与货物特定质量或品质相关联的地理名称。由于早期进行国际贸易的对象主要是农产品，农产品的质量或品质与产地直接相关，确定农产品的地理来源就成为必要。因此，地理标志的出现要早于普通商标，其保护初衷也是为了确定特定质量产品与地理来源之间的真实联系。最早对地理标志进行保护的国际公约是《巴黎公约》，随后国际上陆续出现专门针对地理标志进行保护的国际条约，如《（产地标记）马德里协定》（1891年）、《奶酪命名和原产地名称使用国际公约》（1951年）（*International Convention on the Use of Appellations of Origin and Denominations of Cheeses*）以及《里斯本协定》等。1995年，WTO框架下的TRIPS将"地理标志"作为第二部分的第三节进行专门规定。尽管这些国际条约都提供对地理标志的保护，但在具体保护中所使用的名称有所不同，保护范围也有所不同。

（一）《巴黎公约》的货源标记与原产地名称

在《巴黎公约》中，与地理标志保护有关的术语包括两个名称，即"货源标记"（indications of source）和"原产地名称"（appellations of origin）。《巴黎公约》第1条第（2）款界定保护范围时，就明确提及对货源标记和原产地名称的保护。

> **《巴黎公约》**
> **Article 1　Establishment of the Union; Scope of Industrial Property**
> ...
> (2) The protection of industrial property has as its object patents, utility models, industrial designs, trademarks, service marks, trade names, indications of source or appellations of origin, and the repression of unfair competition.
> **第1条　本联盟的建立；工业产权的范围**
> ……

（2）工业产权的保护对象有专利、实用新型、工业品外观设计、商标、服务标记、商号、货源标记或原产地名称，和制止不正当竞争。

"货源标记"和"原产地名称"这两个概念具有一定区别，按照世界知识产权组织在《巴黎公约适用指南》中的解释，货源标记通常理解为用来指示产品或服务源于某一个或一个以上既定国家或地区的所有标记或表达。原产地名称则界定为用于表示与产品质量或品质有密切联系的来源国家或地区的地理名称，由于该国家或地区的地理环境包括自然因素和人文因素，产品质量或品质具有唯一性或独特性。❶ 但"货源标记"和"原产地名称"这两个概念在一定情形下显然也存在重叠，"原产地名称"在《巴黎公约》制定时被认为是"货源标记"的一种，特点是其质量或品质与地理来源之间的联系。《巴黎公约》制定时也考虑到这种情况。除考虑"原产地名称"属于"货源标记"类别之一这种情况，《巴黎公约》还考虑两个概念的灵活性和将来可能发生的变化，因此，在《巴黎公约》第1条第（2）款中，货源标记和原产地名称之间用了"或"这个词语。❷

由于《巴黎公约》对于货源标记和原产地名称规定的保护有限且标准较低，1891年通过的对地理标志进行保护的《制止虚假或欺骗性货源标记马德里协定》作为《巴黎公约》的专门协定。从该协定的标题就可以看出，《制止虚假或欺骗性货源标记马德里协定》中使用了"货源标记"这一概念。《产地标记马德里协定》并未对货源标记进行特别界定，但作为《巴黎公约》的专门协定，《（产地标记）马德里协定》中货源标记显然采取的是更为广泛的保护范围，与《巴黎公约》一脉相承，其使用的货源标记应当包含"原产地名称"的含义。

（二）《里斯本协定》

《里斯本协定》于1958年缔结，并分别在1967年、1979年进行了修正。《里斯本协定》主要是在协定成员国之间确立原产地名称的国际保护与注册体系。《里斯本协定》中采用"原产地名称"的概念，并在第2条中明确给出"原产地名称"的定义。

《里斯本协定》

Article 2　Definition of Notions of Appellation of Origin and Country of Origin

(1) In this Agreement, "appellation of origin" means the geographical denomination of a country, region, or locality, which serves to designate a product originating therein, the quality or characteristics of which are due exclusively or essentially to the geographical environment, including natural and human factors.

---

❶❷ BODENHAUSEN G H C. Guide to the application of the Paris Convention for the protection of industrial property [M]. Geneva: United International Bureaux for the Protection of Intellectual Property (BIRPI), 1967: 23.

(2) The country of origin is the country whose name, or the country in which is situated the region or locality whose name, constitutes the appellation of origin which has given the product its reputation.

第 2 条 原属国和原产地名称的定义

(1) 在本协定中，原产地名称指一个国家、地区或地方的地理名称，用于指示一项产品来源于该地，其质量或特征完全或主要取决于地理环境，包括自然和人文因素。

(2) 原属国指其名称构成原产地名称而赋予产品以声誉的国家或者地区或地方所在的国家。

《里斯本协定》中所界定的"原产地名称"是能够将产品质量和特征的声誉与地理名称联系起来的标记，排除单纯的产品源自某国或地区生产或制造的标记。地理环境对于产品质量或特征的影响既包括自然因素，也包括人文因素。由于参加《里斯本协定》的国家较少，对于原产地名称界定的影响也相对较小。

(三) WTO 框架下的地理标志定义

到了 20 世纪，在 WTO 框架下，地理标志的国际保护取得较大突破。在 TRIPS 生效之前，WTO 框架下的《关税与贸易总协定》(GATT) 第 9 条已经涉及对特殊地理区域名称的保护。

GATT

Article IX　Marks of Origin

……

6. The contracting parties shall co-operate with each other with a view to preventing the use of trade names in such manner as to misrepresent the true origin of a product, to the detriment of such distinctive regional or geographical names of products of the territory of a contracting party as are protected by its legislation. Each contracting party shall accord full and sympathetic consideration to such requests or representations as may be made by any other contracting party regarding the application of the undertaking set forth in the preceding sentence to names of products which have been communicated to it by the other contracting party.

第 IX 条　原产地标记

……

6. 缔约各国应通力合作制止滥用商品名称假冒产品的原产地，以致使受到当地立法保护的某一缔约国领土产品的特殊区域名称或地理名受到损害。每一缔约国对其他缔约国就业已通知的产品名称适用上述义务问题可能提出的要求或陈述，应予以充分的适当考虑。

GATT 第Ⅸ条使用"原产地标记"的概念,并规定原产地标记的相关问题,但并未对这一概念进行具体界定,也未规定成员在国内保护方面需要满足的具体标准,只是在第Ⅸ条第6款呼吁各成员在特殊区域地理名称领域积极展开合作。

国际法和国内法中对地理标志名称的多样化,一直是国际社会讨论和批评的对象。鉴于欧盟与美国在对待地理标志保护方式方面态度的针锋相对,在 TRIPS 的谈判过程中,地理标志是争议较大的问题,但最终欧洲国家的一些想法成为现实,在 TRIPS 中使用统一的名称,专门规定了对地理标志进行保护的条款。TRIPS 使用"地理标志"的概念,并在第22条第1款中明确给出"地理标志"的定义。

> **TRIPS**
>
> **Article 22　Protection of Geographical Indications**
>
> 1. Geographical indications are, for the purposes of this Agreement, indications which identify a good as originating in the territory of a Member, or a region or locality in that territory, where a given quality, reputation or other characteristic of the good is essentially attributable to its geographical origin.
>
> **第22条　地理标志的保护**
>
> 1. 就本协定而言,地理标志指识别一货物来源于一成员领土或该领土内一地区或地方的标识,该货物的特定质量、声誉或其他特性主要归因于其地理来源。

对比 TRIPS 对"地理标志"和《里斯本协定》对"原产地名称"的概念,会发现两者的界定大致相似,其与《里斯本协定》中对"原产地名称"的货物的特定质量、声誉或其他特性联系表达的含义基本一致。但两者也有区别,如《里斯本协定》中对原产地名称界定的用语为"国家、地区或地方的地理名称",而 TRIPS 界定地理标志的用语是"一成员领土或该领土内一地区或地方的标识"。两者的差别在于 TRIPS 并未使用"地理名称",而使用了"标识","标识"既包括以地理名称表示的标志,也包括非由地理名称表示的标志。显然,TRIPS 对地理标志的保护范围有所扩大。欧盟是支持对地理标志以特别权利方式进行保护的地区,在 TRIPS 生效后,修改相关条例以实现与 TRIPS 规定的一致。欧盟之前的1992年第2081/92号条例❶和2006年欧盟理事会关于保护农产品和食品地理标志和原产地名称的欧共体第510/2006号条例》(COUNCIL REGULATION (EC) No 510/2006 on the Protection of Geographical Indications and Designations of Origin for Agricwltural Products and Food-

---

❶ Council Regulation (EEC) No. 2081/92 on the protection of geographical indications and designations of origin for agricultural products and foodstuffs [EB/OL]. (1992 – 07 – 14) [2019 – 12 – 23]. https：//op. europa. eu/en/publication – detail/ – /publication/7332311d – d47d – 4d9b – 927e – d953fbe79685/language – en.

stuffs，以下简称"第510/2006号条例")❶中使用不同的定义。按照第2081/92号条例第2条第（2）（a）和（b）款和第510/2006号条例第2条第（1）（a）和（b）款，原产地名称和地理标志被界定为"用来描述农产品或食品的一个地区、特定地方或在特殊情形下的国家的名称"。也就是说，只有这一概念才能覆盖地理名称。为了使欧盟关于地理标志的定义与TRIPS第22条第1款保持一致，在第510/2006号条例第2（2）条将可以指示原产地或地理标识的非地理名称纳入条例规范范围之内。第2081/92号条例第2（3）条中非地理名称的原产地标记也被纳入欧盟地理标志保护体系之内。❷

在国际知识产权条约对地理标志的保护过程中，在不同的历史阶段使用不同的名称，这体现了对于地理标志国际保护不断探索的过程，也表明最终确定地理标志的界定应当与产品的特定质量和品质具有密切的联系。在TRIPS中，使用"地理标志"（Geographical Indications，GI）这一名称。由于WTO成员的广泛性，"地理标志"这一概念基本实现了名称的统一。

第二节 地理标志与商标的联系

表明货物来源的地理标记是最早的商标形式。❸对源于特定地理区域商品的最初保护就是因为标志中表明地理来源，与初级货物的质量和特征密切相关。在此之后，才逐渐出现个体权利人的商标。从历史发展过程来看，地理标志的出现要早于商标。而这种标记往往代表的是一种集体的努力，其与普通商标相比，在法律保护上较为特殊和复杂。因此，在对地理标志这种特殊标记的国际保护中出现不同的保护方式，或者作为特殊商标类型进行保护，或者单独加以保护。目前，这两种保护模式在国际知识产权保护体系中均得到认同。在商标法体系中，对地理标志主要利用集体商标或证明商标加以保护。

一、《巴黎公约》的集体商标保护

集体商标的特征是商标由数个产品制造商组成的团体或协会所拥有。正因为它由数个企业共同拥有并使用，其并不识别商品或服务的特定来源，但它可以指明使用商标产品的共同标准、地理来源等。这些商品或服务基于共同的品质而区别于其

---

❶ Council Regulation (EC) No. 510/2006 on the protection of geographical indications and designations of origin for agricultural products and foodstuffs [EB/OL]. (2006-03-20) [2019-12-28]. https://eur-lex.europa.eu/legal-content/EN/TXT/PDF/? uri=CELEX: 32006R0510.

❷ ROLAND K. Geographical indications and their relationship with trade marks in EU law [J]. International Review of Intellectual Property and Competition Law, 2015 (46): 844.

❸ STEIER G, PATEL K K, eds. International food law and policy [M]. Switzerland: Springer International Publishing 2016: 110.

他企业的商品。在《巴黎公约》中已经规定对集体商标的保护。《巴黎公约》1911年的华盛顿修订会议上纳入有关集体商标的保护,并在1934年的伦敦修订会议上进行相关修订。

> **《巴黎公约》**
>
> **Article 7bis Marks: Collective Marks**
>
> (1) The countries of the Union undertake to accept for filing and to protect collective marks belonging to associations the existence of which is not contrary to the law of the country of origin, even if such associations do not possess an industrial or commercial establishment.
>
> (2) Each country shall be the judge of the particular conditions under which a collective mark shall be protected and may refuse protection if the mark is contrary to the public interest.
>
> (3) Nevertheless, the protection of these marks shall not be refused to any association the existence of which is not contrary to the law of the country of origin, on the ground that such association is not established in the country where protection is sought or is not constituted according to the law of the latter country.
>
> **第7条之二 商标:集体商标**
>
> (1) 如果团体的存在不违反其原属国的法律,即使该团体没有工商业营业所,本联盟各国也承诺受理申请,并保护属于该团体的集体商标。
>
> (2) 各国应自行审定关于保护集体商标的特别条件,如果商标违反公共利益,可以拒绝给予保护。
>
> (3) 如果团体的存在不违反原属国的法律,不得以该团体在其要求保护的国家没有营业所,或不是根据该国的法律所组成为理由,拒绝对该团体的这些商标给予保护。

《巴黎公约》并未对集体商标进行明确的界定,而是将其留给各成员国予以确定,但在《巴黎公约》第7条之二中明确指出了集体商标的特征。《巴黎公约》第7条之二第(1)款表明,集体商标的申请人不是团体内部的成员,而是团体自身,集体商标取得注册后,所有人都为该团体。《巴黎公约》使用"团体"一词,意味着商标属于由多个制造商或贸易商组成的集体组织。集体商标注册的目标与普通商标不同,不是为了识别商品或服务的提供者,而是为了表明商品或服务的特定品质或特征。《巴黎公约》条文中并未指明集体商标的功能,但在华盛顿修订会议上提交的建议案中曾表述"集体商标是旨在保证特定的产品源于既定的地域或地区,由特定团体的成员销售或制造"。一般来说,集体商标具有两个功能,一是证明商品具有特定的特征,如特定地理区域的产品;二是产品是由特定团体内的成员所制造。

很多情况下，这两项功能具有重叠性，但它们在概念上还是有所区别的。一些国家还基于此进行分类，将商标分为证明商标和集体商标。但《巴黎公约》第7条之二所使用的术语"集体商标"，覆盖这两种不同的类型。❶ 由此可见，《巴黎公约》对于集体商标的规范属于广义的界定。但《巴黎公约》后续的一些国际条约或协定并未承继这一界定方法，而是根据不同需求对集体商标、证明商标进行分别规定。具体到各国国内商标法，对于集体商标、证明商标的保护方式不同，也有各自不同的界定与分类方法。有的国家立法未对集体商标和证明商标加以区分，认为两者有很多共性，如都为集体所有。但有的国家国内立法将集体商标和证明商标分别加以规范，认为两者存在区别，如集体商标的使用者通常应当是集体中的特定成员，而证明商标则比较开放，符合特定要求的生产者就可以使用证明商标。当地理标志符合集体商标或证明商标所限定的要求时，也可以作为相应的商标类别得到保护。就地理标志本身而言，既可以通过集体商标或证明商标得到保护，也可以单独以地理标志得到独立保护。

二、"新旧世界"地理标志的不同保护模式

对于地理标志的保护，在国际上存在两种不同的保护模式。一类是以美国为代表、被称为"新世界"国家的商标体系保护模式；另一类是以欧盟为代表、被称为"旧世界"国家的保护模式。

欧盟与美国对待地理标志的不同态度与地理标志这种标记的自身特点有关，地理标记本身代表着历史传承的声誉或品质。地理标志的产生较早，往往经过长期的历史积淀而形成声誉，在欧洲出现的时间比普通商标还要早。因此，欧洲作为"旧世界"国家利益的代表，突出强调对地理标志的保护。TRIPS中对于地理标志的保护也是在欧盟推动之下制定而形成的，由此，TRIPS确立了地理标志可以作为与专利、版权、商标并行的一种知识产权类别进行保护的法律地位。这也是"旧世界"欧洲国家所普遍持有的观点，即将地理标志作为独立的形式进行知识产权保护，认为地理标志与其他类别的知识产权不同，其本质上具有包含风土、环境、气候、传统知识、技能、工艺和配料等内在文化和集体属性。与欧洲国家所持观点相反，美国等"新世界"国家则认为地理标志属于商标体系之下的子集，强调基于个体、排他和所有权属的功利主义经济理论，这种观点与集体、文化和风土理念完全对立。❷ 美国相对于欧盟国家来说属于所谓"新世界"国家，对地理标志保护的需求也相对较弱。由于这两种较为对立的地理标志保护理念，TRIPS尽管在欧洲国家的努力和

---

❶ SAM R. The Paris Convention for the protection of industrial property: a commentary [M]. Oxford: Oxford University Press, 2015: 588.

❷ WILLAM V C, CLEARY J, eds. The importance of place: Geographical indications as a tool for local and regional development [M]. Berlin Heidelberg: Springer International Publishing, 2017: 48.

坚持下对地理标志进行独立的保护，但没有对地理标志的保护模式给予建议，也没有强制性要求成员必须采取何种保护方式，而是将这一问题留给各成员自行解决。

这两种不同的态度，也体现在对集体商标和证明商标的立法方面。欧洲国家比较重视地理标志的保护，相应地，对于集体商标和证明商标规范的重视程度较弱。如果以宏观整体视角审视欧洲以及国际商标法的各方面，集体商标和证明商标不仅在数量上很少，而且几乎没有留下什么影响。欧盟也并没有要求成员对证明商标或集体商标的注册作出规定。❶

与欧盟相反，美国很重视对集体商标与证明商标的法律保护，而对地理标志独立保护持可有可无的态度，这种态度在 TRIPS 之后美国对外缔结的双边及区域自由贸易协定中有较为明显的体现。如 2019 年生效替代 NAFTA 的《美国－墨西哥－加拿大协定》（USMCA）知识产权专章第 20.18 条的规定。

> **USMCA**
> **Article 20.18 Marks: Collective and Certification Marks**
> Each Party shall provide that trademarks include collective marks and certification marks. A Party is not required to treat certification marks as a separate category in its law, provided that those marks are protected. Each Party shall also provide that signs that may serve as geographical indications are capable of protection under its trademark system.
>
> **第 20.18 条 集体商标和证明商标**
> 各缔约方应规定商标包含集体商标和证明商标。不要求缔约方将证明商标在立法中独立的类别，只要这些标记能够得到保护即可。各缔约方还应规定可作为地理标识的标记在商标体系中能够得到保护。

USMCA 关于集体商标与证明商标的规定与美国对外签订的其他自由贸易协定相关条款基本一致。可以看出，美国更加重视集体商标和证明商标的保护，将其作为双边或区域贸易协定中的单独条款加以列明。同时，并不要求成员对地理标志给予独立保护，只要地理标志能够在商标法体系下得到相应保护即可。从目前国际立法来看，美国的态度并没有阻碍欧盟国家在国际层面上争取对地理标志的重视与保护。欧盟在其对外缔结的一系列贸易协定中始终强调对于地理标志的保护，将地理标志作为独立的知识产权类别加以规定。下面以欧盟 2019 年与南方共同市场❷缔结的

---

❶ 杰里米·菲利普斯. 商标法实证性分析 [M]. 马强，等，译. 北京：中国人民大学出版社，2014：549.

❷ MERCOSUR，英文为 South American Common Market，是由阿根廷、巴西、乌拉圭和巴拉圭 4 个发展中国家组成的南美地区最大的经济一体化组织。

《欧盟-南方共同市场协定》（EU Southern Common Market Agreement）为例进行说明。

> **《欧盟-南方共同市场协定》**
> Section B – Standards Concerning Intellectual Property Rights
> Sub – Section 4 – Geographical Indications
> Article X.33　Protection of Geographical Indications
> 1. This Sub – Section applies to the recognition and protection of geographical indications originating in the territory of the Parties.
> 2. The Parties shall take the necessary measures to implement the protection of geographical indications referred to in paragraph 1 in their territories, determining the appropriate method for such implementation within their own legal system and practice.
>
> B 节知识产权标准
> 第 4 分节地理标志
> 第 10.33 条　地理标志保护
> 1. 该分节适用源于缔约方地域内地理标志的保护与承认；
> 2. 缔约方应采取必要的措施实施第 1 款规定地理标志的保护，并确定在各自法律体系及惯例中实施的适当方式。

从欧盟缔结的《欧盟-南方共同市场协定》可以看出，其赋予了地理标志明确的法律地位，将其与版权、商标和专利并列为独立的知识产权类别。第 4 分节包括地理标志的保护、新地理标志的增加、地理标志的保护范围、使用地理标志的权利、保护的执行、一般规则以及合作与透明度等条款，为地理标志保护提供了细致全面的保护。

第三节　地理标志国际保护的具体规则

对地理标志进行国际保护的具体法律规则主要体现在五项国际知识产权条约之中，分别是《巴黎公约》《（产地标记）马德里协定》《奶酪命名和原产地名称使用国际公约》《里斯本协定》以及 TRIPS。这五项国际条约在不同的历史阶段，根据条约制定的特点从不同角度对地理标志提供了国际保护的一些具体规则。

一、《巴黎公约》：禁止虚假货物来源标记

《巴黎公约》中并未明确使用"地理标志"这一概念，但第 2 条、第 10 条可以用来提供对地理标志的保护。《巴黎公约》第 1 条第（2）款工业产权保护范围中包括货源标记和原产地名称，第 10 条及第 10 条之二提供了对使用虚假货物来源标记

行为的处罚措施和不正当竞争行为的禁止。

(一) 处罚措施

《巴黎公约》还没有明确将地理标志从货源标记中分离出来，在具体保护方面也是针对包含一定意义上地理标志在内的所有货源标记，没有特别对地理标志进行规定。1925年，《巴黎公约》的海牙文本虽然纳入保护原产地标记的义务，但公约将实施保护的具体方式留给各成员国加以规定。《巴黎公约》第10条规定，对于第9条处罚贴附非法商标货物的处罚措施可以同样适用于虚假标记货物，主要指在非法货物进口到标记受保护国时，该国可以对货物予以扣押。对于其他可以采取的处罚措施，《巴黎公约》将其留给缔约国来决定。

《巴黎公约》

Article 9 Marks, Trade Names: Seizure, on Importation, etc., of Goods Unlawfully Bearing a Mark or Trade Name

(1) All goods unlawfully bearing a trademark or trade name shall be seized on importation into those countries of the Union where such mark or trade name is entitled to legal protection.

(2) Seizure shall likewise be effected in the country where the unlawful affixation occurred or in the country into which the goods were imported.

(3) Seizure shall take place at the request of the public prosecutor, or any other competent authority, or any interested party, whether a natural person or a legal entity, in conformity with the domestic legislation of each country.

(4) The authorities shall not be bound to effect seizure of goods in transit.

(5) If the legislation of a country does not permit seizure on importation, seizure shall be replaced by prohibition of importation or by seizure inside the country.

(6) If the legislation of a country permits neither seizure on importation nor prohibition of importation nor seizure inside the country, then, until such time as the legislation is modified accordingly, these measures shall be replaced by the actions and remedies available in such cases to nationals under the law of such country.

第9条 商标、厂商销对非法标有商标或厂商名称的商品在进口时予以扣押

(1) 一切非法标有商标或厂商名称的商品，在进口到该项商标或厂商名称有权受到法律保护的本联盟国家时，应予以扣押。

(2) 在发生非法粘附上述标记的国家或在该商品已进入进口国家，扣押应同样予以执行。

(3) 扣押应依检察官或其他主管机关或利害关系人（无论为自然人或法人）的请求，按照各国本国法的规定进行。

(4) 各机关对于转运商品没有执行扣押的义务。

(5) 如果一国法律不准许在进口时扣押，应代之以禁止进口或在国内扣押。

(6) 如果一国法律既不准许在进口时扣押，也不准许禁止进口或在国内扣押，则在法律作出相应修改以前，应代之以该国国民在此种情况下按该国法律可以采取的诉讼和救济手段。

Article 10 False Indications: Seizure, on Importation, etc., of Goods Bearing False Indications as to their Source or the Identity of the Producer

(1) The provisions of the preceding Article shall apply in cases of direct or indirect use of a false indication of the source of the goods or the identity of the producer, manufacturer, or merchant.

(2) Any producer, manufacturer, or merchant, whether a natural person or a legal entity, engaged in the production or manufacture of or trade in such goods and established either in the locality falsely indicated as the source, or in the region where such locality is situated, or in the country falsely indicated, or in the country where the false indication of source is used, shall in any case be deemed an interested party.

第10条 虚假标记：对标有虚假的原产地或生产者标记的商品在进口时予以扣押

(1) 前条各款规定应适用于直接或间接使用虚假的商品原产地、生产者、制造者或商人的标记的情况。

(2) 凡从事此项商品的生产、制造或销售的生产者、制造者或商人，无论为自然人或法人，其营业所设在被虚假标为商品原产的地方、该地所在的地区，或在虚假标为原产的国家或在使用该虚假原产地标记的国家者，无论如何均应视为利害关系人。

对于对标有虚假的原产地或生产者标记的商品，在进口到巴黎联盟国家时，各缔约国可以按照《巴黎公约》第9条的规定予以扣押。这是《巴黎公约》规定的唯一救济方式，即对虚假标记货物进行扣押，并未规定其他的救济途径。如果按照一国的法律不允许在进口时扣押货物，可以禁止进口进行代替。《巴黎公约》第10条第(1)款所指使用虚假商品原产地的情形包括直接或间接两种，直接使用原产地标记的情形比较简单，就是直接用文字标明；间接使用则是指虽然没有贴附虚假原产地标记，但之前对货物来源进行了虚假宣传，或者通过图片暗示货物的来源等情形。❶

---

❶ BODENHAUSEN G H C. Guide to the application of the Paris Convention for the protection of industrial property [M]. Geneva: United International Bureaux for the Protection of Intellectual Property (BIRPI), 1967: 139.

就地理标志而言，《巴黎公约》仅是提供最初级的保护，在保护方式、保护范围及救济途径方面均没有具体的规定。

（二）不正当竞争行为

标有虚假货源标记的货物也可能构成不正当竞争行为，从而受到《巴黎公约》第 10 条之二的约束。

《巴黎公约》

Article 10bis　Unfair Competition

（1）The countries of the Union are bound to assure to nationals of such countries effective protection against unfair competition.

（2）Any act of competition contrary to honest practices in industrial or commercial matters constitutes an act of unfair competition.

（3）The following in particular shall be prohibited：

1. all acts of such a nature as to create confusion by any means whatever with the establishment, the goods, or the industrial or commercial activities, of a competitor；

2. false allegations in the course of trade of such a nature as to discredit the establishment, the goods, or the industrial or commercial activities, of a competitor；

3. indications or allegations the use of which in the course of trade is liable to mislead the public as to the nature, the manufacturing process, the characteristics, the suitability for their purpose, or the quantity, of the goods.

第 10 条之二　不正当竞争

（1）本联盟国家有义务对各该国国民保证给予制止不正当竞争的有效保护。

（2）凡在工商业事务中违反诚实惯例做法的竞争行为构成不正当竞争的行为。

（3）下列各项特别应予以禁止：

1. 具有采用任何手段对竞争者的营业所、商品或工商业活动产生混淆性质的一切行为；

2. 在经营商业中，具有损害竞争者的营业所、商品或工商业活动的信用性质的虚假说法；

3. 在经营商业中使用会使公众对商品的性质、制造方法、特点、用途或数量易于产生误解的表示或说法。

《巴黎公约》第 10 条之二第（3）款所举出的特别应加以禁止的示例中，也明确指出了"使用会使公众对商品的性质、制造方法、特点、用途或数量产生误解的表示"这种不正当竞争行为。这种行为显然包含使用虚假货物原产地标记的行为，按照《巴黎公约》第 10 条之二，各缔约国对于这种行为还可以依照反不正当竞争法加以禁止和处罚。

二、《产地标记马德里协定》

在《巴黎公约》的保护背景下,法国等强烈要求保护地理标志的欧洲国家推动了 1891 年《(产地标记)马德里协定》的制定。但参加这一协定的国家有限,且以欧洲国家为主。

《产地标记马德里协定》与《巴黎公约》的制定时间相差不到 10 年,也没有对地理标志给予清晰的界定,但在《巴黎公约》基础之上,对于虚假或欺骗性货源标记的货物进一步规定了具体的处罚程序,扩大了扣押的适用范围。

《(产地标记)马德里协定》

Article 1

…

(2) Seizure shall also be effected in the country where the false or deceptive indication of source has been applied, or into which the goods bearing the false or deceptive indication have been imported.

(3) If the laws of a country do not permit seizure upon importation, such seizure shall be replaced by prohibition of importation.

(4) If the laws of a country permit neither seizure upon importation nor prohibition of importation nor seizure within the country, then, until such time as the laws are modified accordingly, those measures shall be replaced by the actions and remedies available in such cases to nationals under the laws of such country.

(5) In the absence of any special sanctions ensuring the repression of false or deceptive indications of source, the sanctions provided by the corresponding provisions of the laws relating to marks or trade names shall be applicable.

第 1 条

……

(2) 在使用虚假或欺骗性标记的国家或者在已进口带有虚假或欺骗性货源标记的商品的国家也应实行扣押;

(3) 如果一国法律不允许在进口时扣押,应以禁止进口代替扣押;

(4) 如果一国法律既不允许在进口时扣押,也不允许禁止进口,不允许在国内扣押,则在法律作出相应修改之前,这些措施可以该国法律在相同情况下其国民能采取的行动和救济替代;

(5) 如果对制止虚假或欺骗性货源标记未设专门的制裁,则应适用商标或商号的相关法律条款规定的制裁。

《(产地标记)马德里协定》第 1 条在规定对使用虚假货源标记货物的扣押措施时,与《巴黎公约》第 9 条的规定比较接近,也规定了在缔约国法律不允许对进口货物进行扣押时可以采取禁止进口的措施。此外，协定补充规定，在销售、陈列和推销商品时，禁止在招牌、广告、发票、葡萄酒单、商业信函或票据以及其他商业信息传递中使用具有广告性质并且可能使公众误认商品来源的任何标志。《（产地标记）马德里协定》规定，在使用虚假或欺骗性货源标记的国家或者在已进口此类商品的国家也可以实行扣押。按照《（产地标记）马德里协定》，扣押程序由海关主管机构执行，扣押程序既可以按照当事人的申请，也可以由海关依职权决定执行。无论当事方是自然人还是法人，实施扣押应当立即通知有关当事人，以便当事方可以按照自己的意愿采取适当的保护措施。与《巴黎公约》一样，《（产地标记）马德里协定》也排除了扣押对转运货物的适用。

尽管《（产地标记）马德里协定》的主要目的是制止虚假或具有欺骗性的货源标记，并非完全针对地理标志进行保护，但与一般货源标记的保护相比，提高了保护水平，更接近对地理标志的保护。如在具体保护范围上认可指明真实货源的标记，但也要求在货物上附加避免造成对真实货源地误认的标记。这些规定主要体现在《（产地标记）马德里协定》第3条及第3条之二。

《（产地标记）马德里协定》

Article 3

These provisions shall not prevent the vendor from indicating his name or address upon goods coming from a country other than that in which the sale takes place; but in such case the address or the name must be accompanied by an exact indication in clear characters of the country or place of manufacture or production, or by some other indication sufficient to avoid any error as to the true source of the wares.

第3条

上述规定不应妨碍销售商在来自销售国之外国家的商品上标明其名称或地址。但在此种情况下，地址或名称应附有字体清晰的制造或生产国家或者地区的确切标志，或附有可以避免误认商品真实产地的其他标志。

Article 3bis

The countries to which this Agreement applies also undertake to prohibit the use, in connection with the sale or display or offering for sale of any goods, of all indications in the nature of publicity capable of deceiving the public as to the source of the goods, and appearing on signs, advertisements, invoices, wine lists, business letters or papers, or any other commercial communication.

第3条之二

适用本协定的国家也承诺，在销售、陈列和推销商品时，禁止在招牌、广告、发票、葡萄酒单、商业信函或票据以及其他任何商业信息传递中使用具有广告性质并且可能使公众误认商品来源的任何标志。

三、《奶酪命名和原产地名称使用国际公约》

1951年《奶酪命名和原产地名称使用国际公约》在意大利斯特雷萨缔结,又称为《斯特雷萨公约》。《斯特雷萨公约》的缔约国主要是欧洲国家,主要适用于构成有关奶酪特定质量、种类及原产地的虚假信息,因为这些信息可能造成对奶酪来源的混淆。《斯特雷萨公约》在附件 A 中详细列明了需要进行保护的有关奶酪的原产地名称,并规定对于这些通过在传统地域本地不间断制造并享有盛誉的奶酪原产地名称,必须专为这些奶酪所保留,无论"这些名称是单独使用还是与'类''型''仿'及其他字样一起使用"。[1]

由于《斯特雷萨公约》主要针对奶酪相关原产地名称,在适用范围方面较为有限。

四、《里斯本协定》

《里斯本协定》于1958年缔结,《里斯本协定》是首个确立原产地名称国际注册保护体系的国际条约。《里斯本协定》明确认可《巴黎公约》和《产地标记马德里协定》对原产地名称所提供的相关保护,要求原产地名称在原属国得到承认和保护,并在《建立世界知识产权组织公约》(Convertion on the Establishment of the World Intellectual Property Organization)所指的知识产权国际局进行注册。

(一)《里斯本协定》的保护内容

《里斯本协定》第 3 条规定了该协定的保护内容。

> 《里斯本协定》
>
> **Article 3　Content of Protection**
>
> Protection shall be ensured against any usurpation or imitation, even if the true origin of the product is indicated or if the appellation is used in translated form or accompanied by terms such as "kind" "type" "make" "imitation", or the like.
>
> **第 3 条　保护的内容**
>
> 保护应确保防止任何假冒和仿冒,即使标明了产品的真实来源,或者如果名称以翻译的形式使用,或附加"类""式""样""仿"等字样或类似字样。

《里斯本协定》在《巴黎公约》和《(产地标记)马德里协定》基础之上进一步扩大了保护范围,对指明真实来源的产品,或者使用"类""式""样""仿"等

---

[1] STEIER G, PATEL K K, et al. International food law and policy [M]. Switzerland: Springer International Publishing, 2016: 116.

字样或类似字样的假冒商品,也予以排除,这种规定方式在其后的 TRIPS 中得到了借鉴。《里斯本协定》还规定,在一国按照注册程序已经受到保护的原产地名称,只要在原属国作为原产地名称受到保护,在该国就不能认为其已成为通用名称。

(二)原产地名称注册程序

原产地名称的注册程序是《里斯本协定》的重点规范内容,也是该协定的创新之处,注册程序的相关规定主要体现在《里斯本协定》第 5 条。

《里斯本协定》

Article 5 International Registration; Refusal; Notifications; Use Tolerated for a Fixed Period

(1) The registration of appellations of origin shall be effected with the International Bureau, at the request of the Authorities of the countries of the Special Union, in the name of any natural persons or legal entities, public or private, having, according to their national legislation, the right to use such appellations.

(2) The International Bureau shall, without delay, notify the Authorities of the various countries of the Special Union of such registrations, and shall publish them in a periodical.

(3) The Authority of any country may declare that it cannot ensure the protection of an appellation of origin whose registration has been notified to it, but only in so far as its declaration is notified to the International Bureau, together with an indication of the grounds therefor, within a period of one year from the receipt of the notification of registration, and provided that such declaration is not detrimental, in the country concerned, to the other forms of protection of the appellation which the owner thereof may be entitled to claim under Article 4, above.

(4) Such declaration may not be opposed by the Authorities of the countries of the Union after the expiration of the period of one year provided for in the foregoing paragraph.

(5) The International Bureau shall, as soon as possible, notify the Authority of the country of origin of any declaration made under the terms of paragraph (3) by the Authority of another country. The interested party, when informed by his national Authority of the declaration made by another country, may resort, in that other country, to all the judicial and administrative remedies open to the nationals of that country.

(6) If an appellation which has been granted protection in a given country pursuant to notification of its international registration has already been used by third parties in that country from a date prior to such notification, the competent Authority of the said country shall have the right to grant to such third parties a period not exceeding two years to

terminate such use, on condition that it advise the International Bureau accordingly during the three months following the expiration of the period of one year provided for in paragraph (3), above.

第 5 条 国际注册；驳回；通知；在特定期限内允许使用

（1）原产地名称的注册，应经特别联盟国家主管机关请求，以按照所在国法律已取得此种名称使用权的自然人或法人（公共或私营）的名义，在国际局办理。

（2）国际局应立即将注册通知特别联盟各国的主管机关并在期刊上公告。

（3）各国主管机关可以声明对通知注册的某个原产地名称不予保护，但声明应在收到注册通知之日起一年之内通知国际局，并说明理由，而且此种声明不得影响该名称所有人在有关国家可以依据上述第四条对原产地名称要求的其他形式的保护。

（4）在前款规定的一年期限期满后，联盟各国的主管机关不得提出此种声明。

（5）国际局应及时将另一国家主管机关根据第（3）款提出的任何声明通知原属国主管机关。有关当事人本国主管机关将其他国家的声明通知当事人后，当事人可以在该其他国家采取其国民享有的任何法律或行政补救手段。

（6）根据国际注册通知，一个原产地名称已在一国取得保护，如果该名称在通知前已为第三方在该国使用，该国的主管机关有权给予该第三方不超过两年的期限，以结束其使用，并在上述第（3）款规定的一年期限届满后三个月内通知国际局。

《里斯本协定》第 5 条比较完整地规定了原产地名称的注册程序。原产地名称的注册首先应当经由该国国家主管机关以使用该名称的当事人在国际局办理。国际局对该原产地名称注册后，应当将注册通知给所有缔约国，并进行公告。但各缔约国并非必须对某原产地名称进行保护，如果其不能对该原产地名称给予保护，应当说明理由，在收到注册通知起一年内通知国际局。如果超出一年的期限，缔约国就丧失声明不予保护的权利。如果在国际局得到注册的原产地名称已经在第三国被使用，缔约国应当在两年的期间内使该国第三方停止对该原产地名称的使用。

尽管《里斯本协定》在对原产地名称进行保护方面有较大的突破和创新，但该协定的影响较小。因为《里斯本协定》要求缔约国承认和保护原产地名称，并要在国际局予以注册，这就使一些以商标等其他方式对地理标志进行保护的国家无法参加这一协定，相应地限制了该协定的适用范围。

五、TRIPS：地理标志保护

TRIPS 中明确使用了地理标志这一概念，并确立了地理标志与其他知识产权类别并行保护的法律地位。TRIPS 界定的地理标志，除可以作为识别货物来源地方的标识外，还要求标记能够表达出产品本身的特定质量或特征，并且产品与成员的国家、地域或地区的名称直接相关。

（一）非法使用地理标志的行为

TRIPS 第 22 条首先界定了非法使用地理标志的行为，对于这些行为，各成员应采取相应的措施加以制止。

TRIPS

Article 22 Protection of Geographical Indications

……

2. In respect of geographical indications, Members shall provide the legal means for interested parties to prevent:

(a) the use of any means in the designation or presentation of a good that indicates or suggests that the good in question originates in a geographical area other than the true place of origin in a manner which misleads the public as to the geographical origin of the good;

(b) any use which constitutes an act of unfair competition within the meaning of Article 10bis of the Paris Convention (1967).

3. A Member shall, *ex officio* if its legislation so permits or at the request of an interested party, refuse or invalidate the registration of a trademark which contains or consists of a geographical indication with respect to goods not originating in the territory indicated, if use of the indication in the trademark for such goods in that Member is of such a nature as to mislead the public as to the true place of origin.

4. The protection under paragraphs 1, 2 and 3 shall be applicable against a geographical indication which, although literally true as to the territory, region or locality in which the goods originate, falsely represents to the public that the goods originate in another territory.

第 22 条 地理标志的保护

……

2. 就地理标志而言，各成员应向利害关系方提供法律手段以防止：

（a）在货物的标志或说明中使用任何手段标明或暗示所涉货物来源于真实原产地之外的地理区域，从而在该货物的地理来源方面使公众产生误解；

> (b) 构成属《巴黎公约》(1967年) 第10条之二范围内的不公平竞争行为的任何使用。
>
> 3. 如商标包含的或构成该商标的地理标志中所标明的领土并非货物的来源地，且如果在该成员中在此类货物的商标中使用这一标识会使公众对其真实原产地产生误解，则该成员在其立法允许下可依职权或在利害关系方请求下，拒绝该商标注册或宣布注册无效。
>
> 4. 根据第1款、第2款和第3款给予的保护可适用于虽在文字上表明货物来源的真实地域、地区或地方，但却虚假地向公众表明该货物来源于另一地域的地理标志。

按照 TRIPS 第22条的规定，非法使用地理标志的行为包括三种：①使用虚假地理标志。使用虚假地理标志是指在货物的标识中不指明真实原产地，使用标明会使公众误解的其他地理来源。②不正当竞争行为。使用虚假或欺骗性地理标志的构成不正当竞争行为，属于《巴黎公约》第10条之二范围内不公平竞争行为的使用。《巴黎公约》第10条之二规定，应禁止的不公平竞争行为包括"在经营商业中使用使公众对商品的性质、制造方法、特点、用途或数量易于产生误解的表示或说法"。③虽在文字上表明货物真实来源的地理其与，但实际却是向公众虚假表明货物来源的行为。这种行为主要适用于与知名地理标志重名的一些地区或地方，虽然表明真实来源，仍然会误导公众，这种情形主要规定在 TRIPS 第22条第4款。TRIPS 第22条第4款作出此种规定的背景在于，以美国为代表的"新世界"国家的许多城镇名称都是取名于原来"旧世界"国家城市的名称。[1] 因此，即使这些来源于新城市的产品真实指明其地理来源，仍然属于误导公众，属于虚假利用地理标志表明货物品质或特点的不正当行为。在出现以上三种情形时，TRIPS 要求成员为地理标志的利害关系人提供法律救济，以防止地理标志被不正当使用。对于包含地理标志的商标，如果货物并非真实来源其所指示的地域，就会产生误导，TRIPS 要求成员拒绝对此种标识进行商标注册。

尽管 TRIPS 对地理标志进行较为具体的界定和保护，但由于美国的反对，并未实现瑞士、法国等欧洲国家的预期保护目标，TRIPS 第23条、第24条体现了双方的妥协。TRIPS 第24条规定，各成员应同意在协定生效后继续进行谈判，以加强根据第23条对单个地理标志的保护。任何成员不得借故拒绝进行谈判、订立相关的双边或多边协定。但是规定，在实施有效谈判之前实施 TRIPS 有关地理标志的保护时，尽管存在分歧，任何成员不得降低《建立世界贸易组织协定》(简称《WTO协定》)

---

[1] CHAISSE J, et al. paradigm shift in international economic law rule – making [M]. Singapore: Springer Nature Singapore Pte Ltd, 2017: 285.

生效之日前在该成员已经存在的对地理标志的保护。因此，总体而言，TRIPS 对地理标志认可的是一种商标法与独立保护可以并存的保护机制。

（二）地理标志保护的例外

由于证明消费者被欺骗的举证责任在主张权利的当事人，对地理标志给予保护还是比较困难。因此，TRIPS 第 23 条第 1 款对有关葡萄酒和烈酒的地理标志规定了更高水平的商誉保护，即使标明货物的真实来源，也不得直接或间接与其他地理标志建立联系，这就为此类商品的地理标志提供了更强的保护。同时为了平衡地理标志与现有权利，TRIPS 也规定了一些例外。这些例外主要体现在 TRIPS 第 24 条第 4~9 款。

TRIPS

Article 24　International Negotiations; Exceptions

...

4. Nothing in this Section shall require a Member to prevent continued and similar use of a particular geographical indication of another Member identifying wines or spirits in connection with goods or services by any of its nationals or domiciliaries who have used that geographical indication in a continuous manner with regard to the same or related goods or services in the territory of that Member either (a) for at least 10 years preceding 15 April 1994 or (b) in good faith preceding that date.

5. Where a trademark has been applied for or registered in good faith, or where rights to a trademark have been acquired through use in good faith either:

(a) before the date of application of these provisions in that Member as defined in Part VI; or

(b) before the geographical indication is protected in its country of origin;

measures adopted to implement this Section shall not prejudice eligibility for or the validity of the registration of a trademark, or the right to use a trademark, on the basis that such a trademark is identical with, or similar to, a geographical indication.

6. Nothing in this Section shall require a Member to apply its provisions in respect of a geographical indication of any other Member with respect to goods or services for which the relevant indication is identical with the term customary in common language as the common name for such goods or services in the territory of that Member. Nothing in this Section shall require a Member to apply its provisions in respect of a geographical indication of any other Member with respect to products of the vine for which the relevant indication is identical with the customary name of a grape variety existing in the territory of that Member as of the date of entry into force of the WTO Agreement.

7. A Member may provide that any request made under this Section in connection with the use or registration of a trademark must be presented within five years after the

adverse use of the protected indication has become generally known in that Member or after the date of registration of the trademark in that Member provided that the trademark has been published by that date, if such date is earlier than the date on which the adverse use became generally known in that Member, provided that the geographical indication is not used or registered in bad faith.

8. The provisions of this Section shall in no way prejudice the right of any person to use, in the course of trade, that person's name or the name of that person's predecessor in business, except where such name is used in such a manner as to mislead the public.

9. There shall be no obligation under this Agreement to protect geographical indications which are not or cease to be protected in their country of origin, or which have fallen into disuse in that country.

第24条 国际谈判：例外

……

4. 本节的任何规定均不得要求一成员阻止其任何国民或居民在货物或服务方面继续以类似方式使用另一成员识别葡萄酒或烈酒的一特定地理标识，如其国民或居民在相同或有关的货物或服务上在该成员领土内已连续使用该地理标识（a）在1994年4月15日前已至少有10年，或（b）在该日期之前的使用是善意的。

5. 如一商标的申请或注册是善意的，或如果一商标的权利是在以下日期之前通过善意的使用取得的：

（a）按第六部分确定的这些规定在该成员中适用之日前；或

（b）该地理标识在其起源国获得保护之前；

为实施本节规定而采取的措施不得因一商标与一地理标识相同或类似而损害该商标注册的资格或注册的有效性或商标的使用权。

6. 如任何其他成员关于货物或服务的地理标识与一成员以通用语言的习惯用语作为其领土内此类货物或服务的普通名称相同，则本节的任何规定不得要求该成员对其他成员的相关标识适用本节的规定。如任何其他成员用于葡萄酒产品的地理标识与在WTO协定生效之日一成员领土内已存在的葡萄品种的惯用名称相同，则本节的任何规定不得要求该成员对其他成员的相关标识适用本节的规定。

7. 成员可规定，根据本节提出的关于商标使用或注册的任何请求必须在对该受保护标志不利使用已在该成员中众所周知后5年内提出，或如果商标在成员的注册日期早于上述未经许可的使用在该成员中众所周知的日期，只要该商标在注册日前已公布，则该请求必须在该商标在该成员中注册之日起5年内提出，但地理标识未被恶意使用或注册除外。

8. 本节的规定决不能损害任何人在贸易过程中使用其姓名或其业务前任的姓名的权利，除非该姓名使用的方式会使公众产生误解。

> 9. 各成员在本协定项下无义务保护在起源国不受保护或已停止保护，或在该国中已废止的地理标识。

1. 在先使用例外

如果在 WTO 成员地域内，在 TRIPS 缔结前已在相同或相关货物与服务上使用识别葡萄酒或烈酒的地理标志，则可以继续使用该地理标志，但应当符合 TRIPS 第 24 条第 4 款规定的条件。其一，期间要求。在该成员地域内使用该地理标志的期间应当在 1994 年 4 月 15 日之前满 10 年的期间。其二，连续使用或善意使用。该地理标志在此 10 年期间的使用应当没有中断，始终处于连续使用状态，或者对于地理标志的使用为善意使用。

2. 商标善意注册或使用例外

按照 TRIPS 第 22 条第 3 款的规定，如果商标包含的或构成该商标的地理标志中所标明的地理名称并非货物的来源地，且在此类货物商标中使用该地理标志会使公众对其真实原产地产生误解，应当拒绝该商标注册或宣布注册无效。如果商标的申请或注册是善意的，或者商标是地理标志在来源国受保护之前通过使用取得的，则该商标的有效注册和商标的使用权不得因地理标志而受到影响。

3. 习惯用语例外

习惯用语例外主要体现在 TRIPS 第 22 条第 6 款，如果受保护地理标志与缔约成员的习惯用语相同，则有关地理标志的保护措施不适用。对于葡萄酒的相关地理标志，如果与 TRIPS 成员已有葡萄品种的惯用名称相同，则地理标志保护的条款也不适用。习惯用语例外的限定还是比较严格的，它只规定了与地理标志"相同"（identical）习惯用语的例外，并没有扩大到将相似的用语也作为例外。

除以上例外情形外，TRIPS 还规定了受保护地理标志对商标注册有效性提出质疑的有效期间。按照 TRIPS 第 22 条第 7 款的规定，对商标有效性提出质疑期间有两个起算点，一是自地理标志被不当使用在商标使用或注册国内众所周知之时，二是商标被注册之日。如果商标注册之日早于商标不当使用地理标志为众所周知之时，则适用商标注册之日。无论哪种情形，如果对地理标志的使用存在恶意，则不受 5 年期间的限制。此外，按照 TRIPS 第 22 条第 9 款的规定，如果地理标志在其起源国已经不受保护，则其他 TRIPS 成员也无义务对该地理标志继续加以保护。

第八章 国际医药知识产权法律规则

第一节 概述

国际医药知识产权规则是基于医药领域的特殊性，在国际知识产权保护方面形成的一套较为独特的规则体系。目前，国际医药知识产权规则已经成为国际知识产权规则体系中具有特定地位的规则内容。20世纪以来，国际知识产权规则在医药知识产权领域取得较大发展。直到目前为止，由于医药知识产权的特殊性和重要性，这一领域依然是尚未取得国际一致认可且分歧较大的领域。也正因为如此，该领域的知识产权规则呈现新规则不断涌现的态势，但这些新规则主要以自由贸易协定形式出现。为此，笔者对国际医药知识产权法律规则以专章加以阐述。

一、国际医药知识产权法律规则的发展

在国际知识产权法律规则体系中，尽管不同国际条约保护的知识产权类别有所不同，但产生的时期基本相同。以医药为主要客体的特殊国际知识产权法律规则形成相对较晚，主要形成于TRIPS之后。

(一) 形成阶段：并行发展

在综合性国际知识产权条约中，TRIPS虽然没有单独对医药方面的知识产权进行规定，但在第39条提及对药品数据的保护。

由于TRIPS主要在WTO框架之下讨论制定，且由WTO管理，TRIPS必然更多体现与贸易相关的知识产权内容。较其他知识产权客体而言，药品与公共利益的联系更为紧密，关乎消费者的公共健康。另外，20世纪90年代末由于WTO在"加拿大药品专利保护案"中裁决的国际影响，医药知识产权权利人认为自身的权利没有在现有规则体系中得到充分保护。在此背景下，保护医药知识产权权利人的国际规则和保护公共健康的国际规则几乎在同一时期得到并行的发展。由于医药知识产权规则涉及较为复杂的利益关系，在国际层面几乎无法达成一致。因此，国际医药知识产权法律规则的发展主要通过双边或区域贸易协定的形式进行，如在TRIPS缔结前后，美国与墨西哥、加拿大及约旦等国缔结的自由贸易协定中均规定了对于药品权利人进行保护的规则。在这些双边或区域贸易协定中，医药知识产权规则主要侧

重维护医药知识产权权利人的利益。几乎与此同时，非洲暴发公共健康危机，国际社会开始呼吁加强公共健康领域相关医药知识产权规则的制定，并最终形成对有关国际知识产权规则的修改，突出代表是对 TRIPS 第 31 条提出修改的《多哈宣言》。《多哈宣言》体现了在国际层面对于知识产权与公共健康关系的关注，加强了在专利领域对医药领域公共健康的维护。

（二）21 世纪：以自由贸易协定为主

进入 21 世纪后，国际医药知识产权法律规则的地位日益重要，成为 21 世纪自由贸易协定中的重要组成部分。国际医药知识产权法律规则主要体现在以美国为核心缔结的双边或区域贸易协定中，在这些协定中均以特定的条款或节规定"与药品有关的措施"。自由贸易协定知识产权专章中规定的国际知识产权法律规则已经形成较为固定的体系，包括基本原则、版权及相关权、商标、地理标志、外观设计、专利、商业秘密、知识产权执法措施等，药品有关的措施往往与这些客体类别并列加以规定。如果从规定内容的比例来看，药品有关的措施的内容还要高于其他内容，几乎达到协定内容的 1/6，这些表现显示了医药知识产权目前在国际知识产权法律规则体系中占有特殊的地位。

自由贸易协定中的医药知识产权规则既包括与公共健康相关的条款，也包括对医药知识产权权利人进行特别保护的条款。与公共健康相关的条款，主要意在强调《多哈宣言》的重要地位和具体实施。有关药品知识产权权利人保护的条款，则在保护范围、保护方式及保护标准方面均设定了明确的规范，主要内容是对药品试验数据和其他数据的特殊保护。因此，21 世纪自由贸易协定中医药知识产权条款的发展呈现不均衡的特点，更加强调对药品知识产权权利人利益的保护。由于各国医药产业发展水平不同，对于高标准医药知识产权保护条款的认可度差异较大。如《全面进步的跨太平洋伙伴关系协定》（CPTPP）中有关药品保护条款的发展和变化，2017 年 11 月 10 日，美国退出 TPP 后，剩余的 11 个成员达成新的协议，将 TPP 更名为《全面进步的跨太平洋伙伴关系协定》。CPTPP 中 11 成员最为重要的举措是冻结 20 项 TPP 中的条款，在 CPTPP 冻结的 20 个条款中，其中有 11 项为该协定第 18 章中的知识产权条款，而这些条款主要涉及药品实验数据保护的相关条款。这种分歧也导致目前有关医药知识产权法律规则以自由贸易协定形式的发展为主，并没有形成全球性的一体化规则。

二、国际医药知识产权法律规则的特殊性

与其他客体类别的国际知识产权法律规则相比，医药知识产权法律规则具有较为突出的特殊性。

（一）知识产权保护类别多样化

药品可以利用多种类别的知识产权进行保护，涉及多类别知识产权法律规则的

协调。首先，权利人可以利用专利对药品发明进行保护。这也是在 TRIPS 规则体系下，可以对药品进行保护的主要方式。除专利保护以外，药品也可以利用商业秘密的方式进行保护，TRIPS 规定了以商业秘密方式对药品实验数据进行保护的条款。在这两种保护方式基础之上，21 世纪的双边及区域贸易协定中，侧重发展以独占保护期间方式对药品试验数据进行的独立保护，改变了 TRIPS 以商业秘密进行保护的方式。这种保护形成一种既不同于专利也不同于商业秘密的特殊保护方式。医药知识产权涉及的这种保护方式多样化，决定了医药知识产权法律规则不宜归入某一种特定知识产权客体进行讨论。

（二）知识产权利益主体多元化

在药品知识产权保护方式多样化的基础之上，医药知识产权法律规则涉及的利益主体也更加复杂，呈现多元化的发展态势。现有的医药知识产权保护涉及不同知识产权类别客体的权利主体，包括专利权、商业秘密、药品实验数据权利人及各相对主体。这种利益主体的多元化决定了涉及相关利益的差异化和复杂化，既包括权利人与相对主体之间的利益平衡，也包括权利人私权利益与相关公共利益之间的平衡。

（三）相关知识产权规则的分散化

从目前的发展现状来看，国际医药知识产权法律规则日益丰富，并在大体上形成体系化的发展趋势。国际医药知识产权法律规则体系既包含与公共健康有关的规则，也发展了对权利人进行多路径保护的私权规则。由于规则所涉及利益的复杂化，很难在国际层面形成全球一体化规则，而主要是以双边或区域自由贸易协定的方式发展。从具体的医药知识产权法律规则来看，不同领域的规则之间并没有形成相互协调的结构逻辑，这些都导致目前的国际医药知识产权法律规则呈现分散化的特征。

第二节　药品专利的法规审查例外

法规审查例外是指药品专利权人以外的第三方可以在药品专利有效期间制造专利药品，并进行上市审批法规审查程序的专利独占权例外。这种例外最早出现在美国，被称为 Bolar 例外。规定这种例外的背景是药品在上市销售之前，必须在销售国进行药品上市审批，对药品的安全性及有效性进行审查。由于药品上市审批程序花费时间较长，有国家立法规定了药品法规审查例外，允许第三方在专利有效期间为提交药品上市审批所需的信息进行利用专利技术的行为，包括制造、使用药品等。TRIPS 中并未直接规定此种药品法规审查例外，但 TRIPS 第 30 条规定了成员立法可以对专利权人独占权规定有限的例外，并确定了具体的条件。

一、TRIPS 的专利有限例外

TRIPS 允许在一定条件下，各成员国内法对专利权的独占保护作出例外性规定。

> **TRIPS**
>
> **Article 30　Exceptions to Rights Conferred**
>
> Members may provide limited exceptions to the exclusive rights conferred by a patent, provided that such exceptions do not unreasonably conflict with a normal exploitation of the patent and do not unreasonably prejudice the legitimate interests of the patent owner, taking account of the legitimate interests of third parties.
>
> **第 30 条　授予权利的例外**
>
> 成员可对所授予的专有权规定有限的例外，只要在顾及第三方合法利益的前提下，该例外未与专利的正常利用不合理地冲突，也没有不合理地损害专利所有人的合法利益。

根据 TRIPS 第 30 条的规定，尽管 TRIPS 规定了赋予专利权人独占权，但各成员可以在本国立法中规定对此种独占权的例外。TRIPS 第 30 条的本意在于对专利权独占保护赋予各成员立法更大的空间和灵活性，在满足 TRIPS 限定条件下，各成员可以依据本国需要对专利独占权作出有限的例外性规定。TRIPS 第 30 条规定的限定条件包括三项：①考虑第三方的合法利益；②不与专利的正常利用造成不合理的冲突；③不损害专利所有人的合法利益。一旦依据 TRIPS 作出专利保护的有限例外规定，在该例外情形下，非权利人实施专利权将不视为专利侵权行为。在各成员国内立法中，一般会对专利权的独占保护作出一般例外规定，主要是对基于科学试验目的使用专利的行为作出例外规定。如日本专利法第 69 条第 1 款规定"专利权的效力不涉及为了试验或者研究而实施专利发明"；德国专利法第 11 条第 2 款规定，对于"与专利相关的，以试验为目的的行为"，专利权不具有效力；我国《专利法》也规定，专为科学研究和实验而使用有关专利的，不视为专利侵权。

有些成员专利法一般例外规定的形成时间往往早于 TRIPS，正是基于此种背景，TRIPS 制定时考虑到各国立法中已有的例外情形，在第 30 条中作出专利有限例外的一般性规定，但确立了此种例外需要满足的三项条件。国内立法中规定的例外情形只有满足 TRIPS 第 30 条"有限的例外"条件，才符合条约要求的基本标准。

二、加拿大药品专利保护案的法规审查例外

涉及药品专利适用 TRIPS 第 30 条"有限的例外"的典型案例是加拿大药品专利保护案，该案主要涉及的问题是，加拿大专利法中两项有关药品专利的例外是否符合 TRIPS 第 30 条规定的条件，一项例外是其规定的"仓储例外"，该项例外已经在第四章中进行分析；另一项例外是"法规审查例外"。加拿大药品专利保护案将这一例外提起到 WTO，首次在国际层面对此种例外加以审视。专家组对该案非常慎重，在专家组报告中对于医药领域的专利有限例外适用问题进行比较细致的解释。

该案的裁决尤其是对药品法规审查例外的最后裁决，不仅影响其后 WTO 成员的相关立法，对于医药知识产权法律规则的日后发展也有着深远的影响。

（一）加拿大专利立法背景

医药发明在获得专利授权后，若要制造出专利药品上市销售，还必须进行药品的上市审批审查，以保证药品的安全性和有效性。药品进行上市审批，需要提交确定新药安全性及临床有效性的数据，对药品的新活性成分要进行广泛的临床前测试，包括对动物进行的药理学评价和毒性试验，从早期耐受性研究、药物代谢动力学研究到应用于患者的规范试验。对于仿制药，安全性和有效性已为创新产品所证明，只需要展示药剂和生物等效性试验就可以。药品法规审查程序非常耗时，按照当年加拿大药品生产商协会的数据审批周期大致为 8～10 年。如果等到药品专利到期后仿制药制造商才能制造药品申请上市审批，专利权人在专利有效期间届满后，依然可以在较长一段时间内独占药品市场。为此，很多国家专利法对仿制药制造商制造专利药品作出一些例外规定。

1923 年，加拿大专利法规定了药品的强制许可规范，该强制许可允许第三方在没有专利权人授权的情况下制造、使用、销售专利药品，在专利有效期的任何时候都可以授权强制许可。仿制药制造商取得强制许可，要支付使用费，但可以销售药品。由于按照加拿大法律规定，强制许可的授予要符合在加拿大生产该药品中使用活性成分的要求，仿制药制造商很难获得在加拿大制造的活性成分，也很难获得有效的强制许可。1969 年，加拿大降低了生产活性成分的要求，因此授予较多的药品强制性许可。1987 年，加拿大专利法被修改，药品强制许可继续有效，但对授权时间进行了限制。1992 年，加拿大进一步修改专利法，新修订的加拿大专利法废除了强制许可。加拿大之所以作出这样的修改，是因为 TRIPS 通过后，加拿大专利法有关强制许可的一些原有具体规定与 TRIPS 第 31 条的规定存在不一致。按照 1992 年修改之前的加拿大专利法，在药品专利进入市场 7 年后，强制许可可以自动授权给所有想要使用发明专利的运营商，运营商只有取得强制许可才能开始从事市场准入的试验活动。在 1992 年加拿大专利法修改之后，由于取消了强制许可，加拿大专利法规定了药品领域专利权的法规审查例外。

（二）"法规审查例外"的问题表现

1. 案件涉及的加拿大专利法具体条款

加拿大药品专利保护案的法规审查例外主要涉及加拿大专利法第 55.2（1）条。

加拿大专利法（1992 年）

Section 55.2（1）

It is not an infringement of a patent for any person to make, construct, use or sell the patented invention solely for uses reasonably related to the development and submission of information required under any law of Canada, a province or a country other than Canada that regulates the manufacture, construction, use or sale of any product.

第 55.2（1）条

任何人仅为依加拿大国家、省或其他国家管理产品制造、建造、使用及销售方面法律研发和提交信息要求的合理相关用途，而制造、建造、使用或销售专利产品，不视为侵权。

按照1992年修改后加拿大专利法规定的法规审查例外，如果为了申请上市审批提交相关信息，任何人可以在专利有效期间内制造、使用或销售专利产品，而不被视为侵犯专利权。

2. 当事方争议焦点

欧共体对加拿大规定的法规审查例外提出质疑，要求WTO专家组对加拿大专利法第55.2（1）条及相关条款进行审查。尽管加拿大专利法第55.2（1）条中没有明确说明是药品，但这一条款只有可能在药品领域产生效力。认为加拿大专利法第55.2（1）条允许第三方在没有取得专利权人同意的情况下进行有关市场准入信息研发和提交的所有行为，这些行为包括许诺销售和销售，完全没有数量上的限制，也没有时间上的限制，不符合TRIPS规定的"有限"例外。仿制药制造商可以在专利有效期20年内的任何时间进行这种行为，与TRIPS第28条相违背。

加拿大要求驳回欧共体的诉求。认为加拿大立法符合TRIPS的义务要求，因为所有条款都属于TRIPS第30条规定的"有限例外"，也没有降低TRIPS规定的专利独占保护期。加拿大专利法法规审查例外是有利于社会福利的措施，并能够实现权利与义务之间的平衡，而这两者都是TRIPS第7条中认可的目标。此外，加拿大专利法也考虑到第三方的利益，允许潜在的竞争者在专利到期后开展自由竞争，独占权仅在特定期间内授予。按照TRIPS第40条的规定，国家可以采取措施阻止对竞争有不利影响的知识产权滥用行为。加拿大还认为，根据《维也纳公约》第31条的规定，国际条约的条款应当根据其上下文中的一般含义并根据条约的目的和宗旨，以善意方式进行解释。TRIPS第30条显然意在为成员采取措施平衡专利权人利益与他方权益提供更大的灵活性，这也是TRIPS第7条明确的目标。1994年，GATT第20条也要求，例外的提出必须是为保护人类健康所必需的。TRIPS不会支持这些重要的社会利益应被专利权人利用耗时的监管审查制度所推翻，且其不是为了保护知识产权，只是通过延长专利保护期限获取暴利垄断。TRIPS也不会认为这些社会利益可以被TRIPS第27条第1款规定的非歧视待遇所超越。这一条款并非对专利权进行贬损，不可孤立地理解该条款，必须结合TRIPS第7条的总目标进行解释。

加拿大还提出证据，在乌拉圭回合谈判期间，1990年3月29日关于《与贸易有关的知识产权协定草案》的提案中曾记载，对于某些行为，例如基于在先使用权、私人实施的为非商业目的和实验目的的行为，在顾及专利所有人和第三方合法利益的条件下，可对专利赋予的专有权作有限的例外。许多发展中国家主张对例外采取更广泛的措施，包括对食品和药品的强制许可："协议可以被解释为任何缔约方可以采取任何必要的措施，只要：（1）基于政府目的实施或使用专利；（2）授权之专利可以用于食品或药品生产的准备，授权他人基于食品或药品销售等使用专利。"❶最后在谈判国家之间达成一项妥协，作为 TRIPS 第 30 条，其用语不再限于"为非商业目的所作的行为"，只是规定不与专利的正常利用相冲突，不损害专利权人的合法利益。这一内容也得到美国的支持，美国希望保存一项其先前存在的 Bolar 例外。美国贸易代表证实了这一点："我们的谈判者确保《与贸易有关的知识产权协定》允许 Bolar 例外的继续维持"。❷ 在联邦巡回上诉法院对罗氏产品公司诉博拉药业公司案（Roche Products, Inc. vs. Bolar Pharmaceutical Co）作出裁决之后，美国专利法 1984 年中增加 Bolar 例外的第 271（e）条。依据 Bolar 例外，仿制药制造商可以使用药品专利发明来试验和申请专利药品的上市审批。

综上，加拿大认为其专利法关于法规审查例外的规定不与专利的正常开发相冲突，也不损害专利权人的合法利益，因为这些条款只有在专利期满后才影响专利权人的商业利益。因此，加拿大专利法与 TRIPS 第 30 条的有限例外规定一致。

三、专家组分析与裁决

根据双方当事人的主张，专家组认为解决该案的核心问题是加拿大专利法规定的法规审查例外是否符合 TRIPS 第 30 条规定的条件。

（一）"有限"例外分析

专家组认为加拿大专利法规定的法规审查例外是 TRIPS 第 30 条意义上的"有限"例外。法规审查例外的行为限于与药品法规审查程序要求一致的行为，这种未得到权利人授权行为的影响就相对较小。尽管为了证明生产的安全性，法规审查程序要求进行大量生产测试，这种产品也不会损害专利所有人自己的权利，因为它们仅是为了法规审查的目的生产，制造最终产品并没有任何商业性的使用。对于加拿大提出的关于 TRIPS 第 30 条的谈判历史支持《加拿大专利法》中法规审查例外的说法，专家组没有给予明确的支持，认为没有书面证据可以证明这一结论。❸ 专家

---

❶ Draft agreement on trade - related aspects of intellectual property rights multilateral trade negotiations the Uruguay Round, MTN. GNG/NG11/W/68 [EB/OL]. (1999 - 03 - 29) [2020 - 01 - 16]. https：//ipmall. law. unh. edu/sites/default/files/hosted_resources/lipa/trips/W68. pdf.

❷ Letter from Michael Kantor to Alfred B. Engelberg [EB/OL]. (1997 - 01 - 01) [2020 - 01 - 13]. https：//www. wipo. int/edocs/mdocs/scp/en/scp_21/scp_21_ref_watal. pdf#：~：text = Letter%20from%20Michael%20Kantor%20to%20Alfred%20B. %20Engelberg%2C，effective%20patent%20term%20before%20and%20after%20legislative%20changes.

❸ Report of the panel of Canada - patent protection of pharmaceutical products, World Trade Organization, WT/DS114/R, para 7. 47 [EB/OL]. (2000 - 03 - 17) [2020 - 03 - 28]. http：//www. un. org/law/ilc/index. htm.

组认为,如果没有规定法规审查例外,以允许竞争者在专利有效期间申请法规审批,专利权人就可能延长对市场的独占期间。

(二)"正常利用"分析

TRIPS 第 30 条规定的第 2 项条件是,成员规定的例外不能与专利的正常利用相冲突。专家组认为,TRIPS 第 30 条中的"利用"是指专利权人实施专利权并从专利权中获取经济价值的商业行为,"正常"一词定义了第 30 条旨在保护的商业行为的种类。专利权人的正常利用行为,就是排除可能损害专利权市场排他性所带来预期经济回报的各种形式竞争。专利实施的特定形式不是固定不变的,而是随着市场习惯的演化和技术的发展而不断适应变化,对所有正常利用行为的保护是专利法的核心要素。[1] 专利权人因为市场审批程序而得到的专利有效期间之后的事实垄断期间,不是专利法赋予的期间,在该期间内的利用,也不能视为"正常利用"。因此,专家组认为,加拿大专利法第 55.2(1)条的规定也没有与 TRIPS 第 30 条意义上的专利权人"正常利用"相冲突。

(三)合法利益分析

TRIPS 第 30 条规定的第 3 项条件是,成员规定的例外不能损害专利权人的合法利益,并要考虑第三方的合法利益。专家组认为,这一问题与第二个问题的分析比较近似,如果允许专利权人阻止专利有效期间的潜在竞争者申请市场法规审批,专利权人取得的是专利期间外的额外期间,而法规审查例外消除的是这一额外期间。从 TRIPS 的谈判过程来看,并没有对"合法利益"作出进一步的界定。根据欧共体的提案,专家组也注意到了《伯尔尼公约》的条文。TRIPS 第 30 条规定的文本显然以《伯尔尼公约》第 9 条第 2 款为基础确立形成,《伯尔尼公约》第 9 条第 2 款规定了版权复制权的例外。

> **《伯尔尼公约》**
>
> **Article 9**
>
> (1) Authors of literary and artistic works protected by this Convention shall have the exclusive right of authorising the reproduction of these works, in any manner or form.
>
> (2) It shall be a matter for legislation in the countries of the Union to permit the reproduction of such works in certain special cases, provided that such reproduction does not conflict with a normal exploitation of the work and does not unreasonably prejudice the legitimate interests of the author.

---

[1] Canada – patent protection of pharmaceutical products, para 7.55.

> **第 9 条**
> （1）受本公约保护的文学艺术作品的作者，享有授权以任何方式和采取任何形式复制这些作品的专有权利。
> （2）本同盟成员国法律得允许在某些特殊情况下复制上述作品，只要这种复制不损害作品的正常使用，也不会无故侵害作者的合法利益。

可以看出，除了对"作者"进行了修改，TRIPS 第 30 条几乎没有对《伯尔尼公约》第 9 条第 2 款作出变化，几乎使用同样的文本，只是增加了第三方合法利益的规定。但专家组认为，《伯尔尼公约》第 9 条第 2 款中规定客体是版权，而 TRIPS 第 30 条的客体是专利，两者的属性差别较大。加之《伯尔尼公约》缔结时间较早，即使是最后的 1967 年修订文本，也距离 TRIPS 缔结有相当一段期间。因此，《伯尔尼公约》中的含义或解释对于 TRIPS 第 30 条的参考价值极为有限。

最终专家组认为，因为市场审批延迟而降低专利权市场独占期间的利益诉求，并没有被广泛认可为 TRIPS 第 30 条意义上的"合法利益"。这一解释对于一般意义的法规审查例外非常重要，在 TRIPS 谈判过程中显然也注意到这一问题，但并没有对此予以清晰明确阐述的谈判历史记录。这一问题显然是尚未解决的有政治争论的规范性政策问题，第 30 条中的合法利益概念不应该用于解决这一问题。[1] 因此，专家组认为，加拿大专利法第 55.2（1）条中的规定不损害 TRIPS 第 30 条规定的专利权人的"合法利益"。

加拿大药品专利保护案专家组对于加拿大专利法第 55.2（1）条"法规审查例外"作出的最后裁决是：

> Section 55.2 (1) of Canada's Patent Act is not inconsistent with Canada's obligations under Article 27.1 and Article 28.1 of the TRIPS Agreement.
> 加拿大专利法第 55.2（1）条与加拿大依据 TRIPS 第 28 条第 1 款、第 27 条第 1 款规定承担的义务一致。

四、加拿大药品专利保护案评析

加拿大药品专利保护案专家组作出裁决的时间是 2000 年 3 月，这一时间正是非洲暴发公共健康危机引起关注的时期，也是《多哈宣言》形成时期。国际社会开始在知识产权与公共健康之间进行再次权衡，世界卫生组织也鼓励通过促进仿制药利用的法律措施来保护公众健康，它鼓励成员在国际条约包括贸易协定中探索相关解

---

[1] Canada – patent protection of pharmaceutical products, para 7.82.

决方案。在这种背景下,全球对公共健康的重视为加拿大就"法规审查例外"这一焦点问题赢得 WTO 案件胜诉奠定了基础。

加拿大药品专利保护案背后体现的是,在药品领域不同国家之间的利益之争。加拿大成功利用 TRIPS 第 8 条有关公共健康与禁止知识产权滥用的原则性规定,配合全球呼吁公共健康的国际浪潮,有力支持了加拿大专利法"法规审查例外"在 WTO 的合法性诉求。

> **TRIPS**
>
> **Article 8 Principles**
>
> 1. Members may, in formulating or amending their laws and regulations, adopt measures necessary to protect public health and nutrition, and to promote the public interest in sectors of vital importance to their socio-economic and technological development, provided that such measures are consistent with the provisions of this Agreement.
>
> 2. Appropriate measures, provided that they are consistent with the provisions of this Agreement, may be needed to prevent the abuse of intellectual property rights by right holders or the resort to practices which unreasonably restrain trade or adversely affect the international transfer of technology.
>
> **第 8 条 原则**
>
> 1. 在制定或修改其法律和法规时,各成员可采用对保护公共健康和营养,促进对其社会经济和技术发展至关重要部门的公共利益所必需的措施,只要此类措施与本协定的规定相一致。
>
> 2. 只要与本协定的规定相一致,可能需要采取适当措施以防止知识产权权利持有人滥用知识产权或采取不合理地限制贸易或对国际技术转让造成不利影响的做法。

正如加拿大在案件答辩所提出的,专利药品价格很大程度上是因为专利权人试图通过专利授予的独家销售权收回高昂的开发成本,这笔费用对公共健康系统产生了不利影响,因为用于支付处方药垄断价格的资金导致其他健康领域的匮乏。在专利保护期间,如果没有某种形式的政府干预,专利所有者就可能为药物收取垄断价格,为国家公共健康预算施加压力。这一成本将导致获取药品出现困境,这种困境会进一步延续到专利到期后的市场,除非采用促进仿制药竞争降低成本的干预措施。❶ 加拿大的论证得到专家组的支持,法规审查例外首次在国际层面得到 WTO 专家组的认可。在加拿大药品专利保护案之后,很多原来国内没有关于法规审查例外规定的成员,在国内法中也补充进此项关于专利权独占权的例外规定。

---

❶ Canada – patent protection of pharmaceutical products, para 4.21.

尽管加拿大药品专利保护案支持法规审查例外，并不意味着国际公共健康领域的危机得到有效解决。正如专家组在报告中所指出的，各国对于仿制药保护的方式差别很大，各国对于药品审批的具体程序设计也不同，很难在国际范围内实现相关规则的统一。依据法规审查例外，仿制药制造商可以在药品专利有效期间生产专利产品并开始上市审批程序。专利权人研发原研药，其完成上市审批程序的时间较长。而仿制药可以在原研药申请基础之上利用相同的申请数据，很多国家为此简化了仿制药的药品审批程序，仿制药制造商可以在相对更短的时间内完成上市审批程序。由于药品上市审批程序占据药品专利权人的有效垄断期间，仿制药制造商又可以在相对较短的时间内完成该审批，专利权人实际享有的市场独占期间就变得非常有限。专利权人为了维护其市场利益，要求在国际领域提高对医药知识产权的保护标准，这些医药知识产权规则主要体现在 TRIPS 后缔结的双边或区域自由贸易协定之中。

第三节　《多哈宣言》与 TRIPS 内容修订

一、《多哈宣言》背景与内容

早在 20 世纪 90 年代，世界卫生组织报告就对全球疾病的严重程度表示担忧。《1996 年世界卫生组织报告》曾对全球公共健康情况这样进行描述："传染病每年造成 1700 万人死亡，约占全球死亡人口的 33%，大多数死亡案例发生在非洲、东南亚。……在过去的 20 年中，已经出现 30 多种新型疾病威胁数亿人口的健康，新型传染病也在逐步传播到其他地域，如南美霍乱和肯尼亚黄热病。最严重的是艾滋病，目前已经造成 2400 万人感染，到 2000 年这一数字可能增加到 4000 万。"[1] 艾滋病是影响全球公共健康非常典型的疾病，自 1981 年在美国发现首例患者后，以成倍的速度迅速向世界各地蔓延。虽然由于后期治疗艾滋病相关药品的出现，并未出现 WHO 在 1996 年报告中预测的 4000 万人，但其感染及致命人数的增长速度依然令人震惊。根据联合国发布的报告——《艾滋病如何改变一切》中的统计数据，2000 年，全球携带艾滋病患者数量为 2860 万，因艾滋病毒相关疾病死亡人数为 160 万。艾滋病患者一年治疗费用为 1 万美元，制药业不仅深深影响政府政策，还严格控制着药品的价格。[2] 许多发展中国家和非政府组织强烈呼吁并积极开展活动，要求降低相关药品的价格。

在此背景下，WTO 将药品与知识产权关系问题列入贸易谈判的主要议题。在新

---

[1] World Health Organization. World Health Report 1996：fighting disease, fostering development [EB/OL]. [2020 - 01 - 28]. https://www.who.int/whr/1996/en/whr96_en.pdf? ua = 1.
[2] UNAIDS. How aids changed everything [EB/OL].（2015 - 07 - 14）[2020 - 04 - 18]. https://www.unaids.org/sites/default/files/media_asset/MDG6Report_en.pdf.

一轮多哈贸易谈判中,各国代表就公共健康问题进行磋商。2001年11月14日,在多哈的部长级会议上通过了《多哈宣言》,《多哈宣言》内容并不多,共分成7个序列段,宣言对发展中国家寻求获取药品的阻碍进行了回应。《多哈宣言》全文内容如下。[1]

《多哈宣言》

1. 我们认识到,困扰许多发展中国家和最不发达国家公共健康问题的严重性,特别是艾滋病毒/艾滋病、结核病、疟疾和其他流行病造成的公共健康问题。

2. 我们强调,世界贸易组织TRIPS必须成为解决这些问题的国家及国际广泛行动的一部分。

3. 我们认识到,知识产权保护对新药研发极为重要。我们也关注到知识产权对价格的影响。

4. 我们同意,TRIPS不能也不应该阻碍成员采取措施保护公共健康。在此,重申我们对TRIPS的承诺,TRIPS能够而且应该以支持WTO成员保护公共健康,特别是促进所有人获得药品权利的方式加以解释和执行。在这方面,我们重申WTO成员有权充分利用TRIPS中以此为目的规定的灵活性条款。

5. 因此,根据上文第4段,在维护TRIPS承诺的同时,我们承认这些灵活性条款包括:

(a) 在适用国际公法的惯例解释规则时,TRIPS的每一条款应根据协定所明确的目标和宗旨进行解读;

(b) 每个成员均有权颁发强制许可,并有权决定颁发此种许可的理由;

(c) 每个成员均有权确定何种情况构成国家紧急情况或其他紧急情况,包括艾滋病毒/艾滋病、结核病、疟疾和其他流行病有关危机在内的公共健康危机,可以理解为代表国家紧急情况或其他紧急情况;

(d) TRIPS中与知识产权用尽相关条款的效力,根据第3条和第4条有关最惠国待遇和国民待遇的规定,留给各成员根据其机制不受质疑地自由确定。

6. 我们认识到,有些WTO成员在药品领域的制药能力不足或根本没有制药能力,而这些国家在有效利用TRIPS中规定的强制许可方面面临困难。我们要求知识产权理事会寻求快速解决这一问题的方法,并在2002年年底之前向总理事会提出报告。

7. 我们重申,根据TRIPS第66.2条,发达国家成员承诺应向其企业和机构提供奖励,以促进和鼓励向最不发达国家成员转让技术。我们也同意,在不影响最不发达国家成员根据TRIPS第66.1条规定寻求其他延长过渡期权利的情况下,

---

[1] 《多哈宣言》全文由本书作者翻译。

> 在2016年1月1日之前，最不发达国家成员在药品方面，没有义务实施或适用TRIPS第二部分第5条和第7条，或对条款所规定的权利执法。我们要求TRIPS理事会采取必要行动，根据TRIPS第66.1条加以落实。

这份宣言中承认了知识产权对于药品价格的影响，并重申TRIPS条款不应对各国采取应对公共健康危机的措施造成阻碍，各国可以充分利用TRIPS条款赋予的灵活性。同时，就TRIPS可能存在的药品获取方面的阻碍问题，《多哈宣言》第6段提出了解决实际问题的具体要求。根据第6段的内容，由于有些WTO成员在药品领域的制药能力不足或根本没有制药能力，在利用TRIPS强制许可方面存在障碍，TRIPS理事会应尽快寻求解决该问题的方法，并在2002年年底之前向总理事会提出报告。

二、《多哈宣言第6段的执行》

（一）《多哈宣言第6段的执行》对两项条款的修改决定

《多哈宣言》可以视为WTO关于国际贸易问题的一个分水岭，它标志着国际贸易中的贸易规则体系应与公共健康利益保持一致。❶根据《多哈宣言》第6段提出的要求，WTO在2003年取得阶段性的成果，即达成《多哈宣言第6段的执行》。

《多哈宣言》明确指出，TRIPS有关强制许可的规定对没有制药能力的发展中国家及最不发达国家成员获取药品形成阻碍。TRIPS关于强制许可的规定主要体现在第30条"未经权利人授权的其他使用"，对欠缺制药能力成员获取药品造成阻碍的主要有两项条款，分别为第31条第（f）款和第（h）款，《多哈宣言第6段的执行》对TRIPS进行修改的主要是这两项条款。鉴于不同成员对于强制许可概念含义的分歧，TRIPS第31条将强制许可称为"未经权利人授权的其他使用"。因此，TRIPS第31条第（f）款和第（h）款所称的"使用"即指成员政府所授权的强制许可。

> **TRIPS第31条第（f）款和第（h）款**
>
> Article 31 Other Use Without Authorization of the Right Holder
>
> Where the law of a Member allows for other use of the subject matter of a patent without the authorization of the right holder, including use by the government or third parties authorized by the government, the following provisions shall be respected:
>
> ...
>
> (f) any such use shall be authorized predominantly for the supply of the domestic

---

❶ CARLOS M C. Implications of The Doha Declaration on the Trips Agreement and Public Health [M]. Switzerland: World Health Organization, 2002: 7.

market of the Member authorizing such use;

...

(h) the right holder shall be paid adequate remuneration in the circumstances of each case, taking into account the economic value of the authorization;

...

第31条 未经权利人授权的其他使用

如成员之法律允许未经权利人授权而使用专利客体，包括政府授权的政府或第三方使用，则应遵守下列条款：

……

(f) 任何此类使用应当主要为供应授权此类使用成员的域内市场所需而授权；

……

(h) 在任何情况下权利持有人均应支付充分的报酬，并考虑授权的经济价值；

……

（二）《多哈宣言第6段的执行》关于 TRIPS 第31条第（f）款之修改

依据 TRIPS 第31条第（f）款之规定，WTO 各成员可以基于国内市场的需求，对专利权利持有人之外第三方授权强制许可，但授权强制许可后生产的产品应当供应国内市场的需求，不得出口至域外市场。TRIPS 第31条第（f）款的这项规定是基于知识产权的地域性特征，规定一成员在其境内授权发布的强制许可仅在该成员地域范围之内有效，效力不及于域外。此项规定主要出于以下考虑：专利权人之外第三方若将基于强制许可生产的产品出口至域外，会产生两种情形，一种情形是产品出口至专利权人拥有专利独占权的地域内，则出口行为构成专利侵权；另一种情形是产品出口至专利权人不拥有专利独占权的地域，如果允许此种出口，则背离强制许可授权的初衷。TRIPS 第31条第（f）款符合知识产权地域性的特征，但这一规则在特定情形下会对特殊成员的药品获取产生一定的阻碍。按照 TRIPS 的规定，一般情况下，在出现公共健康危机的国家，可以通过授权强制许可的途径，允许本国制药企业生产含有专利的相关药品，以满足本国市场对药品的需求。但对于一些发展中国家及最不发达国家，由于本国没有或缺少有制药能力的企业，无法利用强制许可在本国境内实现药品的生产，这些国家只能转而求助有制药能力的国家，但有制药能力的国家却会囿于 TRIPS 第31条第（f）款的规定，无法将生产的药品供应国外市场。

针对 TRIPS 第31条第（f）款可能造成的阻碍，《多哈宣言第6段的执行》消除了出口成员依据 TRIPS 第31条第（f）款负担的"只能供应域内市场"义务。为了向没有制药能力成员供应相关药品,具备制药能力的成员可应请求在本国授权强制许可生产药品,药品生产完成后,可以向无制药能力请求国出口。由于该出口行为属于供应域外市场,不符合TRIPS第31条第(f)款规定,《多哈宣言第6段的执行》对该条款进行了修改。《多哈宣言第6段的执行》对该款修改后,在符合特定条件下,废除了出口成员强制许可产品只能供应域内市场的义务,可以向无制药能力的成员市场出口。依据《多哈宣言第6段的执行》的规定,无制药能力成员被称为"适格进口成员方"(eligible importing Member),生产药品成员被称为"出口成员方"(the exporting Member)。

按照《多哈宣言第6段的执行》的规定,适格出口成员方向适格进口成员方出口药品需要具备的特定条件包括:①适格进口成员方提前通知TRIPS理事会其所需药品的名称和数量;②除最不发达国家成员外,TRIPS需要对进口成员方在制药领域没有或者缺少制药能力的实际情形加以确定;③确定在适格出口成员方域内已经根据TRIPS第31条及《多哈宣言第6段的执行》规定授权强制许可。出口成员要将授权强制许可的情况通报TRIPS理事会,通报信息包括被许可方的名称、地址、生产的产品与数量、产品供应的国家及强制许可的期间等。授权强制许可生产的药品必须全部出口给适格进口成员方,在产品装运之前,获得强制许可的被许可方要在其网站上公布有关药品各目的地数量及区别特征等方面的信息。

(三)《多哈宣言第6段的执行》关于TRIPS第31条第(h)款之修改

《多哈宣言第6段的执行》对TRIPS第31条修改的基础是欠发达国家在药品获取方面的障碍,适格进口成员方授权域内强制许可无制药能力,而出口成员方授权域内强制许可无出口权限。因此,理解《多哈宣言第6段的执行》对TRIPS第31条第(f)款和第(h)款的修改,必须首先理解解决公共健康危机下的药品出口问题,需要适格进口成员方和出口成员方都授权域内强制许可。在这种情形下,根据《多哈宣言第6段的执行》对TRIPS第31条第(f)款的修改,对于出口成员方已经消除限制出口的义务,适格进口成员方可以通过进口获取应对健康危机的相关药品,但此种情形也触及TRIPS第31条第(h)款规定下的另一项义务。

> **《多哈宣言第6段的执行》对TRIPS第31条第(h)款修改内容**❶
>
> Where a compulsory licence is granted by an exporting Member under the system set out in this Decision, adequate remuneration pursuant to Article 31 (h) of the TRIPS Agreement shall be paid in that Member taking into account the economic value to the importing Member of the use that has been authorized in the exporting Member. Where a compulsory licence is granted for the same products in the eligible importing Member,

---

❶ Implementation of Paragraph 6 of the Doha Declaration on the TRIPS Agreement and Public Health [EB/OL]. (2003-09-02) [2020-07-24]. https://www.who.int/medicines/areas/policy/WT_L_540_e.pdf.

the obligation of that Member under Article 31 (h) shall be waived in respect of those products for which remuneration in accordance with the first sentence of this paragraph is paid in the exporting Member.

如出口成员方依据本决定设立机制授权强制许可，应当依 TRIPS 第 31 条第 (h) 款支付充分的报酬，该报酬应考虑出口成员授权强制许可对进口成员取得的经济价值。如适格进口成员方对同样产品授权了强制许可，第 31 条第 (h) 款对该产品的义务予以废除，因为这些产品的报酬已依本段第一句规定由出口成员支付。

依据 TRIPS 第 31 条第 (h) 款之规定，WTO 各成员应在考虑所授权强制许可获取经济价值的前提下，由强制许可的被许可方向许可方支付报酬作为补偿。TRIPS 第 31 条第 (h) 款对于报酬的标准使用"充分的"（adequate）这一概念，基本可以理解为相当于双方基于谈判协商达成的使用许可费。无论何种情形，许可费支付的基础都是被许可方能够通过使用专利技术获取利润。在此种公共健康危机强制许可情形下，药品的进口成员方的地位较为特殊：首先，其并未在本国生产药品并将其销售；其次，进口方还需要为购买药品支付报酬，几无获利空间。在这种情形下，要求适格进口成员方向专利权利持有人支付充分的报酬，显然并不公平。为此，《多哈宣言第6段的执行》对 TRIPS 第 31 条第 (h) 款进行修改，免除了进口成员方依据该款向权利人支付报酬的义务。但这项义务的免除并不适用于出口成员方，因为出口成员方授权强制许可生产药品，并通过药品出口销售获取一定的经济价值。因此，《多哈宣言第6段的执行》对 TRIPS 第 31 条第 (h) 款要求出口成员方应当向专利权利持有人支付报酬，且该报酬需要考虑到药品出口到适格进口成员方获取的经济价值。

三、TRIPS 第 31 条之二的修订

按照《多哈宣言第6段的执行》的内容，TRIPS 进行了修订。按照 2017 年 1 月 23 日 TRIPS 的最终修订版本，有关第 31 条第 (f) 款和第 (h) 款的修改作为副款附于第 31 条之后，具体修改体现在该条的第 (1) 款和第 (2) 款。

TRIPS 第 31 条之二第 (1) 款和第 (2) 款

Article 31 bis

(1) The obligations of an exporting Member under Article 31 (f) shall not apply with respect to the grant by it of a compulsory licence to the extent necessary for the purposes of production of a pharmaceutical product (s) and its export to an eligible importing Member (s) in accordance with the terms set out in paragraph 2 of the Annex to this Agreement.

> (2) Where a compulsory licence is granted by an exporting Member under the system set out in this Article and the Annex to this Agreement, adequate remuneration pursuant to Article 31 (h) shall be paid in that Member taking into account the economic value to the importing Member of the use that has been authorized in the exporting Member. Where a compulsory licence is granted for the same products in the eligible importing Member, the obligation of that Member under Article 31 (h) shall not apply in respect of those products for which remuneration in accordance with the first sentence of this paragraph is paid in the exporting Member.
>
> 第31条之二
>
> (1) 出口成员方基于药品生产的目的,在必要范围内授权强制许可,并将药品出口至符合本协定附件第2段所列术语适格进口成员方,则第31条第(f)款义务不再适用。
>
> (2) 如出口成员方依据本协定附件与本条设立机制授权强制许可,应当依第31条第(h)款支付充分的报酬,该报酬应考虑出口成员所授权强制许可对进口成员的经济价值。如适格进口成员方对同样产品授权强制许可,第31条第(h)款的义务对其不再适用,因为这些产品的报酬已依本段第一句由出口成员支付。

TRIPS 第31条的修改是WTO国际条约的首次修改。它一方面反映了知识产权协定置于国际贸易框架下所带有的必然缺陷,另一方面也预示着在国际知识产权领域尤其是有关药品的知识产权领域,不同经济发展水平国家间的分歧和争议正在不断增大。

第四节 TRIPS 后药品知识产权规则的发展

TRIPS 是不同发展水平国家之间妥协的结果,其制定过程充满分歧。这种制定背景决定 TRIPS 生效后必然面临来自各方面的质疑与利益分歧,甚至有观点认为 TRIPS 制造的问题争议似乎远大于其所解决的问题。[1] 由于这些利益分歧无法在统一框架下得以解决,国际知识产权规则的进一步发展遇到瓶颈。为了实现在知识产权领域的不同利益诉求,各方开始诉诸不同的协商平台和不同的发展路径。这一特点在医药知识产权规则领域表现最为明显,以美国和欧盟为典型代表推动制定了很多双边或区域自由贸易协定,并对国际知识产权规则的后期发展有着重要影响。与 TRIPS 相比,这些自由贸易协定中的药品知识产权规则在内容及保护方式等方面均有变化,主要表现为对药品试验数据及其他数据保护规则的发展和变化。

---

[1] ANTONY T. A practicalguide to working with TRIPS [M]. Oxford: Oxford University Press, 2011: 10.

一、TRIPS 的药品试验数据保护：第 39 条第 3 款

在 TRIPS 磋商阶段，有关药品知识产权保护的内容也是谈判的重点。但由于质疑声音太大，美国被迫放弃将相关内容订入该协定。TRIPS 最终仅在第 39 条第 3 款涉及有关药品实验数据保护的相关内容。

（一）形成背景

商业秘密是在乌拉圭回合谈判早期阶段提出的较为重要的问题。但由于商业秘密性质方面的差异，很多成员并不建议将这一在法律性质方面没有取得一致意见的类别归入 TRIPS 的知识产权范畴。因此，尽管 TRIPS 以"未披露的信息"名称规范了商业秘密，但商业秘密的相关条款受到的限制较多，条文也相对较少，只有第 39 条（含 3 个分款）一个条文。尽管如此，有关药品未披露实验数据的内容还是占了该条文的一个分款。可见，在 TRIPS 中虽然只简单涉及药品相关保护，但还是可以看出一些国家对有关药品实验数据进行国际保护的迫切性。

在 TRIPS 磋商之时，很多国家尚没有充分保护未披露药品试验数据的立法经验，但美国已出现较多保护未披露试验数据的判例。美国对于未披露试验数据主要通过《统一商业秘密法》（Unify Trade Secrets Law）进行保护，这一做法显然直接影响 TRIPS 对药品未披露数据的保护方式。乌拉圭回合谈判时，商业秘密保护急需解决的问题主要是，如何让非法获取商业秘密的主体承担相应责任，以及如何让政府保障企业提交的商业秘密不被不正当商业利用。这些问题也同样成为 TRIPS 在讨论药品未披露实验数据保护时的重点，并最终形成 TRIPS 第 39 条第 3 款。

TRIPS

Article 39

……

3. Members, when requiring, as a condition of approving the marketing of pharmaceutical or of agricultural chemical products which utilize new chemical entities, the submission of undisclosed test or other data, the origination of which involves a considerable effort, shall protect such data against unfair commercial use. In addition, Members shall protect such data against disclosure, except where necessary to protect the public, or unless steps are taken to ensure that the data are protected against unfair commercial use.

第 39 条

……

3. 当成员要求以提交未披露过的实验数据或其他数据，作为批准使用新化学成分的医药用或农用化工产品上市的条件时，如果该数据的原创活动包含了相当的努力，则该成员应保护该数据，以防不正当的商业使用。同时，除非出于保护

> 公众的需要，或除非已采取措施保证对该数据的保护、防止不正当的商业使用，成员均应保护该数据以防其被泄露。

（二）TRIPS 第 39 条第 3 款药品未披露数据保护分析

TRIPS 第 39 条第 3 款对药品未披露试验数据保护的背景是，政府相关机构将未披露实验数据或其他数据的提交，作为药品在本国市场销售的上市审批条件。因此，第 39 条第 3 款首先规定的适用条件是，"当成员要求以提交未披露过的数据作为医药用产品上市的条件时"。根据政府的上市审批要求，药品企业必须将自己所拥有的数据提交给其该成员相关主管机构。由于原研药的很多药品试验数据是未披露的秘密数据，如果将这些数据提交给政府机构，就可能面临这些未披露数据的泄露或被不正当商业利用的风险。为此，TRIPS 第 39 条第 3 款要求 WTO 各成员应当保护该数据，防止这些数据被泄露或被不正当商业利用。

1. 未披露试验数据的保护方式

TRIPS 对未披露试验数据以商业秘密的方式进行保护。TRIPS 第 39 条是关于商业秘密保护的规定，有关药品试验数据的保护规定在第 39 条第 3 款，主要是利用商业秘密的方式对未披露的药品试验数据加以保护。TRIPS 对这些数据以商业秘密的方式进行保护，说明只要这些数据符合 TRIPS 规定的商业秘密保护条件，即没有披露过，具有经济价值且为数据所有人采取合理的保密措施，就可以得到 TRIPS 的保护。

2. 未披露试验数据的保护条件

除符合 TRIPS 有关构成商业秘密的一般性条件外，对于何种未披露数据可以得到上述保护，第 39 条第 3 款设定了具体的条件。

（1）该数据为原创数据。

未披露试验数据为原创数据意味着，这些数据应当是企业为申请药品上市，通过临床实验等方式首先取得的数据，并首次用于药品上市申请。换言之，TRIPS 第 39 条第 3 款保护的对象应为原研药的上市审批数据，是药品研发成功后首次进行上市审批的未披露数据。设定原创数据条件的目的就是限制仿制药利用这些未披露数据进行同样产品的上市申请。

（2）未披露数据获取包含相当努力。

政府相关机构要求药品提交相关的上市审批数据，目的在于确定药品的安全性和有效性。这些数据应当是药品在进行临床前、临床等试验时，为证明药品的安全性及有效性取得的大量相关试验数据，往往需要付出相当大的努力。TRIPS 第 39 条第 3 款对能够得到协定保护的试验数据设定了基本门槛，即只有包含了相当努力取得的未披露试验数据，才是第 39 条第 3 款保护的对象，并非有关原研药的所有实验数据都能够作为商业秘密得到 TRIPS 的保护。

3. 未披露试验数据保护例外

TRIPS 第 39 条第 3 款规定了对未披露试验数据保护的一般例外，即保护公众需要。成员如果在本国境内出现保护公共利益的需要，可以不再履行该条规定的不泄露义务，可以授权第三方使用该未披露试验数据，如允许仿制药制造商利用其进行上市审批等行为。

从 TRIPS 第 39 条第 3 款对未披露数据的保护来看，虽然在知识产权范畴里提及药品的特殊保护，但突破并不大。以商业秘密方式保护是在 TRIPS 谈判之时能够达成的有效妥协，TRIPS 第 39 条第 3 款对可以保护的未披露数据设定了限制条件，且规定了公共利益的一般例外，也体现了 TRIPS 最终对药品未披露数据的保护仍持较为审慎的态度。TRIPS 第 39 条第 3 款在国际条约层面确立了对药品未披露数据的保护模式，至今依然是各国确立本国相关立法对试验数据进行保护时遵循的一般原则。但这种保护模式并未实现一些国家对药品保护的要求，美国在磋商之时曾提出延长保护期间等模式，但并未为 TRIPS 所吸收。TRIPS 生效后，主要是以美国为代表，通过双边及区域自由贸易协定的方式，进一步推动国际知识产权规则提高对药品试验数据的保护水平。

二、美国双边自由贸易协定的药品知识产权法律规则

在美国推动签订的双边自由贸易协定中，几乎都包含有关药品保护的知识产权法律规则，这些药品知识产权法律规则对全球范围内医药领域知识产权法律规则的发展也产生了较大的影响。美国在与贸易伙伴缔结的自由贸易协定中加入药品知识产权特殊保护规则的做法，始于 1994 年生效的《北美自由贸易协定》（North American Free Trade Agreement，NAFTA）。专利期间延长及数据独占保护等概念，也是通过并入 NAFTA 而第一次在国际知识产权领域中得到承认。[1] 即使是美国在 NAFTA 之前缔结的双边自由贸易协定，也没有涉及有关药品知识产权保护的特殊相关规则。在 NAFTA 之前，美国在 1985 年缔结了《美国－以色列自由贸易协定》，该协定仅在第 14 条从概括的角度规定了知识产权保护的类别及最惠国待遇等问题。

TRIPS 在"专利"一节中，并没有专门的条款对药品专利权加以特殊保护，仅在"未披露的信息"一节对含有一定努力的未披露的试验数据或其他数据给予不得进行不正当商业利用的保护。这种保护水平与美国在 TRIPS 磋商阶段的要求相比差距较大，并没有实现其预期目标。在 TRIPS 生效后，不同经济发展水平国家/地区对 TRIPS 条款分歧较大，很难再进一步达成加强药品知识产权权利人保护的一致性条款。发展中国家认为，TRIPS 对知识产权权利人的保护水平过高，以至于阻碍本国对公共健康危机的应对。而对于拥有强大医药研发能力的美国而言，TRIPS 条款并

---

[1] DANIEL A. Extending the limits of protection of pharmaceutical patents and data outside the EU – is there a need to rebalance？[J]. International Review of Intellectual Property and Competition Law，2014（45）：258.

没有充分实现对药品研发企业的保护。在寻求达成新国际知识产权一体化规则无果后，美国转而在双边或多边贸易协定中纳入有关强化药品知识产权保护的具体条款。从 1994 年的 NATFA 到三方重新达成并在 2020 年生效的《美国 – 墨西哥 – 加拿大协定》（USMCA），美、墨、加三国之间自由贸易协定的新一轮升级完整标注了截至目前美国有关药品知识产权条款发展的大致路径。1994 年生效的 NATFA 尽管缔结于 TRIPS 生效之前，但也是 TRIPS 即将生效之时。因此，三方在谈判阶段已经基本了解 TRIPS 有关药品知识产权保护的条款，在 NAFTA 中的条款与 TRIPS 基本保持一致，将其置于"商业秘密"保护范畴之下。自 NATFA 之后，美国双边及区域自由贸易协定中有关药品知识产权条款的保护水平不断提高。2001 年在 NATFA 之后缔结的《美国 – 约旦自由贸易协定》中尽管没有突破对药品试验数据的商业秘密保护模式，但增加了有关"专利期间延长"和"通知专利权人"等额外条款。自此后，美国签订的双边自由贸易协定就不再沿用商业秘密的保护模式，而是将药品知识产权法律规则以独立存在条款的形式加以规范，不断强化对药品知识产权的国际保护水平。

美国在自由贸易协定中不断提高药品知识产权保护水平，其目的是强化对药品权利人利用独占权获取较高经济报酬的能力。但药品的特殊属性决定，药品知识产权的公共属性较强，与公共健康具有密切联系，国际药品知识产权保护规则应当综合衡量公共利益与药品知识产权权利人的利益。在美国缔结的自由贸易协定中，药品知识产权法律规则侧重强化药品知识产权权利人的利益，对于公共健康仅有原则性规定，在一定程度上忽略了对公共利益的保护。加之各国在药品知识产权保护利益方面的差异，很难最终推动形成有效的国际一体化规则。

三、自由贸易协定药品知识产权法律规则的具体体现

在 TRIPS 后缔结双边或区域自由贸易协定的知识产权部分，多将有关药品保护的知识产权规则以独立节或条款的形式加以规范。该独立列出的条款名称一般为"与特定规制产品相关的措施"（Measures Related to Certain Regulated Products），涵盖药品、生物制剂和农业化学品等范畴。

（一）药品试验数据与新临床信息的保护

加强对与药品安全性及有效性相关的试验数据或其他数据保护是自由贸易协定关于药品知识产权保护规则的主要内容。以美国为代表，按照美国在自由贸易协定中对试验数据保护的模式区分，可以将其对药品试验数据的保护分为两个阶段：第一个阶段是"TRIPS 基本遵循阶段"，第二个阶段是"独立保护阶段"。第一个阶段是指美国在 TRIPS 生效之初缔结的自由贸易协定，对药品知识产权保护内容有所增加，但基本上尊重 TRIPS 确定的框架和原则。因此，这一阶段我们可以称其为"TRIPS 基本遵循阶段"。这一阶段美国缔结的自由贸易协定代表是 1994 年的《北美

自由贸易协定》和2001年的《美国－约旦自由贸易协定》等。第二阶段是药品试验数据的独立保护阶段。在《美国－约旦自由贸易协定》后，美国认为双边自由贸易协定虽然在药品知识产权保护水平方面有所提高，但局限于 TRIPS 框架下的规则，依然不足以实现对药品知识产权权利人的充分保护。因此，自2004年《美国－智利自由贸易协定》起，开始在自由贸易协定中逐步推行对药品试验数据进行独立保护的规则，不再囿于 TRIPS 的商业秘密保护模式。这种独立保护模式的特点是，以药品相关试验数据及信息在一定期间的独占保护为主，结合药品的商业秘密与专利保护模式，在国际知识产权保护体系中形成以药品为核心的多重综合性保护规范。从《美国－智利自由贸易协定》到《美国－澳大利亚自由贸易协定》《美国－摩洛哥自由贸易协定》《美国－韩国自由贸易协定》等，关于药品试验数据保护的总体框架基本不变，但具体的保护规则却在不断强化和完善。

1. TRIPS 基本遵循阶段

TRIPS 生效后，《美国－约旦自由贸易协定》是美国对外签订的第一项双边自由贸易协定。《美国－约旦自由贸易协定》第4条规定了知识产权的保护，其中对药品知识产权的保护主要表现为三项，即未披露实验数据或其他数据的保护、专利期间的延长和通知专利权人。其中，专利期间的延长和通知专利权人是 TRIPS 没有但新增的内容。

《美国－约旦自由贸易协定》对药品未披露实验数据或其他数据的保护体现在第4条第22款。该项规定首先明确其制定的法律依据是 TRIPS 第39条第3款，将相关药品知识产权的法律规则依然置于商业秘密保护的框架范畴之下。

> **《美国－约旦自由贸易协定》**
> **Measures Related to Certain Regulated Products**
> 22. Pursuant to Article 39.3 of TRIPS, each Party, when requiring, as a condition of approving the marketing of pharmaceutical or of agricultural chemical products that utilize new chemical entities, the submission of undisclosed test or other data, or evidence of approval in another country, the origination of which involves a considerable effort, shall protect such information against unfair commercial use. In addition, each Party shall protect such information against disclosure, except where necessary to protect the public, or unless steps are taken to ensure that the information is protected against unfair commercial use. [1]

---

[1] Agreement between the United States of America and the Hashemite Kingdom of Jordan on the establishment of a free trade area, Article 4: Intellectual Property Rights, Measures Related to Certain Regulated Products.

与特定管制产品相关的措施

22. 作为使用新化学成分药品或农业化学品市场准入的条件，各方在要求提交未披露实验数据或其他数据或在他国通过审批的证明时，如其来源包含相当的努力，则应保护此类信息免受不正当商业利用。此外，各方应保护此种信息不被披露，除非出于保护公众的需要，或除非采取措施确保信息保护免受不正当商业利用。

可以看出，2001年缔结的《美国－约旦自由贸易协定》对未披露实验数据或其他数据的保护基本遵循TRIPS的相关条款，只是在政府要求中增加一项新条件，变动并不明显。这项新条件是政府要求提交在他国审批证明作为药品市场准入条件时，该条件下的相关未披露信息也应受到保护。

2. 独立保护阶段

与TRIPS的保护模式不同，后期的自由贸易协定中知识产权专章对药品上市审批需要提交的药品试验数据，不再仅作为用以对抗不正当商业利用的商业秘密加以保护，而是赋予其独立客体的法律地位，以独占期间的形式对其进行独立保护。在药品试验数据的独立保护模式下，首次提交数据的权利人拥有对药品试验数据的独占保护期间。在该独占保护期间之内，任何第三方不能基于该试验数据申请同样或类似药品的上市审批。此种试验数据的独占保护设立一种全新类型的知识产权保护模式，不再依赖商业秘密的保护方式，也同样不能归入专利的保护范畴。此种药品试验数据保护的法律特殊性在于，其没有专利授权条件的创造性限制，也不再需要TRIPS商业秘密保护的"付出巨大努力"要求。在美国后期缔结的双边自由贸易协定中，药品实验数据的独占保护与商业秘密保护及专利保护并存，对药品实现了不同知识产权类型的多重保护。

《美国－智利自由贸易协定》缔结于《美国－约旦自由贸易协定》之后，知识产权条款主要规定在第17章，是美国药品知识产权独立保护模式开启的第一个自由贸易协定。《美国－智利自由贸易协定》中的药品知识产权保护规则依然包含三项内容，与《美国－约旦自由贸易协定》的内容大体一致。但与《美国－约旦自由贸易协定》相比，2004年缔结的《美国－智利自由贸易协定》对于药品知识产权权利人的保护有明显增强。其中，最为重要的突破就是开始对药品上市审批相关信息提供一定期间的独占保护，这也是独立保护模式的典型特征。对药品上市审批信息独占期间的保护，主要体现在《美国－智利自由贸易协定》第17.10条第1款。

> **《美国－智利自由贸易协定》**
> **Article 17.10 Measures Related to Certain Regulated Products**
> 1. If a Party requires the submission of undisclosed information concerning the safety and efficacy of a pharmaceutical or agricultural chemical product which utilizes a new chemical entity, which product has not been previously approved, to grant a marketing approval or sanitary permit for such product, the Party shall not permit third parties not having the consent of the person providing the information to market a product based on this new chemical entity, on the basis of the approval granted to the party submitting such information. A Party shall maintain this prohibition for a period of at least five years from the date of approval for a pharmaceutical product and ten years from the date of approval for an agricultural chemical product. Each Party shall protect such information against disclosure except where necessary to protect the public.
>
> **第17.10条 与特定管制产品相关的措施**
> 1. 对之前未审批过使用新化学成分的药品或农业化学品授权市场准入或卫生许可,如果缔约方要求提交安全性及有效性的未披露信息作为药品市场准入的条件,在未经之前提交此信息人同意的情况下,该缔约方不应允许第三方基于该新化学成分和之前提交该信息当事人获得的审批销售该产品。缔约方可以维持的禁止期间为自药品获得审批之日起5年。除非保护公众所必需,各缔约方均保护此种信息不被披露。

依据该条款,协定对药品实验数据给予5年的独占期间保护,同时缔约方还要依商业秘密方式对未披露数据加以保护,保证信息不被披露。自此以后,美国几乎所有缔结的双边自由贸易协定都作出类似的规定,即如果一国要求以提交有关药品安全性或有效性的未披露试验数据或其他数据作为新药上市审批的条件,则自提供信息人在该国市场批准之日起至少5年内不应允许任何第三人在没有提供信息人同意的情况下,在市场上销售基于该信息的同样或类似的药品,也不应允许授权提交该信息人的市场审批。同时规定,如果为取得上市批准,有关产品安全性或有效性的未披露数据被提交到某政府机构或代表政府的机构,这些机构不应当披露这些信息。而且应按照协定规定的方式,保护此类信息免遭不正当商业使用。

从《美国－澳大利亚自由贸易协定》开始,除对有关药品安全性及有效性未披露实验数据进行独占保护外,还增加了对新临床信息的独占保护。如果一种药品包含之前已经被授权上市销售的另一种药品中的化学成分,则在该药品申请上市审批时,政府会要求提交有关该药品的新临床信息。这些新临床信息是政府审批此种类型药品上市销售的必不可少信息,往往也包含首次提交信息人的一定努力。对于此类新临床信息,在美国缔结的双边自由贸易协定中也给予独占保护,不过独占保护期间短于有关药品安全性及有效性的实验数据,一般为3年,如2012年缔结的《美国－韩国自由贸易协定》第18.9条第2(a)款的规定。

《美国－韩国自由贸易协定》

Article 18.9　Measures Related To Certain Regulated Products

......

2.（a） If a Party requires or permits, as a condition of granting marketing approval for a pharmaceutical product that includes a chemical entity that has been previously approved for marketing in another pharmaceutical product, the submission of new clinical information that is essential to the approval of the pharmaceutical product containing the previously approved chemical entity, other than information related to bioequivalency, the Party shall not, without the consent of a person that previously submitted such new clinical information to obtain marketing approval in the territory of the Party, authorize another to market a same or a similar product based on:

(i) the new clinical information submitted in support of the marketing approval; or

(ii) evidence of the marketing approval based on the new clinical information, for at least three years from the date of marketing approval in the territory of the Party.

第18.9条　与特定管制产品相关的措施

......

2.（a） 对于药品,如果包含一种化学成分,这种化学成分之前因另一种药品申请已经获得过上市审批,作为市场审批的条件,如果一国要求提交含先前批准的化学成分药品上市批准必不可少的新临床信息,非与生物等效性有关的信息,在没有之前在该地域提供此种新临床信息获得市场审批人同意的情况下,该缔约方不应授权他人销售相同或类似产品,基于

(i) 为市场审批提交的新临床信息;

(ii) 新临床信息获得市场审批的证明;自新临床信息在缔约方地域获得市场审批之日至少3年。

（二）与药品专利保护相关的规范

在加拿大药品专利保护案中,专家组支持加拿大专利法中的法规审查例外规定,该案的裁决影响了其他 WTO 成员的相关立法,也成为强化保护药品知识产权规则的原因之一。因药品上市审批程序和各国法规审查例外的存在,导致药品专利权人享有专利独占期间的缩减,专利权人开始寻求通过其他途径保护专利期间的独占利益。美国创设了对药品试验数据的独占保护模式,以此延长药品原研企业独占市场的期间,但这并不意味着药品原研企业会因为药品试验数据得到的保护,丧失专利法对药品的独占保护。为此,美国通过与药品专利保护有关的链接条款加以明确,

保证药品权利人可以得到双重保护。体现在美国双边自由贸易协定中的与药品专利相关的链接规范主要包括两个范畴：一是专利期间的延长与保证；二是专利权人的通知程序。

1. 专利期间的延长与保证

专利期间延长的规定意在对药品专利权人因政府市场审批占用的时间进行补偿，一些国家国内法律中也存在专利期间延长的规定。专利权人的专利独占期间会因为药品上市所需的市场审批程序而缩减，美国通过其签订的自由贸易协定，将这一专利期间延长规则向其他国家输出。在2001年的《美国－约旦自由贸易协定》中，就已纳入这一规范，该协定第4条第23款规定了专利期间的延长，"对于包含专利的药品，各方应延长专利期间以补偿专利所有人因市场审批程序造成的专利期间不合理缩减"。随后的《美国－智利自由贸易协定》等有着基本一致的内容。

在《美国－智利自由贸易协定》之后，美国签订的双边自由贸易协定中有关专利期间的链接条款有所调整，将专利期间的延长条款修改为专利期间的保证条款。作出这种修改的原因在于，由于药品试验数据及新临床信息的独占期间保护，药品权利人实际享有的市场独占期间已经得到保障，甚至可能长于专利法所授予的独占保护期间。为此，美国对原来自由贸易协定中的专利期间延长条款作出调整，不再要求缔约国对因药品上市审批程序造成的期间缩减给予延长，而是要求对药品权利人享有的实际长于专利保护期间的市场独占期间给予保证。首先对这一规定进行调整的是2005年的《美国－澳大利亚自由贸易协定》，该协定第17.10条第3款规定，市场审批程序中相关试验数据受到保护的产品，如果同时也受到该缔约国国内专利法的保护，任何缔约方不能改变依药品试验数据及新临床信息提供的保护期间，即使专利保护期间的终止日期早于依药品试验数据及新临床信息保护可以得到的保护期间。美国其后缔结的自由贸易协定，在专利期间保护方面作出基本类似的规定。2012年《美国－韩国自由贸易协定》也有类似的规定，主要体现在协定第18.9条第4款。

> **《美国－韩国自由贸易协定》**
>
> **Article 18.9　Measures Related To Certain Regulated Products**
>
> ……
>
> 4. Subject to paragraph 3, when a product is subject to a system of marketing approval in the territory of a Party in accordance with paragraph 1 or 2 and is also covered by a patent in that territory, the Party may not alter the term of protection that it provides in accordance with those paragraphs in the event that the patent protection terminates on a date earlier than the end of the term of protection specified in those paragraphs.
>
> **第18.9条　与特定管制产品相关的措施**
>
> ……

> 4. 根据第 3 款，当受第 1 款或第 2 款在一方地域内市场审批程序保护产品同时受该成员地域内的专利保护时，缔约方不能改变依第 1 款或第 2 款提供的保护期间，即使专利保护终止的日期早于依据这些规定可以适用的保护期间。

2. 专利权人的通知程序

协定中专利权人的通知程序要求，缔约国上市审批机构在收到非专利权人（一般指仿制药企业）有关专利药品的上市审批申请时，应当通知专利权人。规定通知程序的目的是使专利权人了解相关其他药品上市申请人的身份信息，并决定是否对申请人提出相关专利侵权诉讼。专利权人的通知程序与专利期间延长条款首先同时出现在 2001 年的《美国－约旦自由贸易协定》，同属于当时 TRIPS 未包含的额外保护条款。但在《美国－约旦自由贸易协定》中的规定还较为简单，体现在该协定第 4 条第 23 款之中，规定缔约国"应通知专利所有人在专利保护期间申请市场准入的任何第三人的身份信息"。《美国－智利自由贸易协定》中关于通知专利权人的规定没有作出改变，仅规定通知专利权人有关第三人的身份信息。在其后的《美国－澳大利亚自由贸易协定》《美国－韩国自由贸易协定》等中，专利权人的通知程序意旨没有改变，只是通知信息内容等条款不断完善。协定除规定通知专利权人有关第三人的身份信息之外，还要求缔约方采取阻止其上市销售的具体措施等。下面以《美国－韩国自由贸易协定》第 18.9 条第 5 款的通知条款为例加以说明。

美国－韩国自由贸易协定

Article 18.9　Measures Related To Certain Regulated Products

...

5. Where a Party permits, as a condition of approving the marketing of a pharmaceutical product, persons, other than the person originally submitting safety or efficacy information, to rely on that information or on evidence of safety or efficacy information of a product that was previously approved, such as evidence of prior marketing approval in the territory of the Party or in another territory, that Party shall:

(a) provide that the patent owner shall be notified of the identity of any such other person that requests marketing approval to enter the market during the term of a patent notified to the approving authority as covering that product or its approved method of use; and

(b) implement measures in its marketing approval process to prevent such other persons from marketing a product without the consent or acquiescence of the patent owner during the term of a patent notified to the approving authority as covering that product or its approved method of use.

> **第 18.9 条　与特定管制产品相关的措施**
> ……
> 5. 作为药品上市审批的条件，如果缔约方允许除最初提交安全性或有效性信息人之外的其他人依赖之前审批的有关药品安全性或有效性的信息或证明，如该一方或在其他地域取得市场审批的证明申请，该缔约方应：
> （a）规定上市审批机构在覆盖产品或其批准使用方法的专利期间内，通知专利所有人申请上市审批进入市场之人的身份；
> （b）在市场审批程序中采取措施，以防止其他人在已通知批准机关覆盖产品或其批准使用方法的专利期间内，在未得到专利所有权人同意情况下销售该产品。

四、美国区域自由贸易协定药品知识产权新近规则：USMCA

美国、墨西哥与加拿大签订的《北美自由贸易协定》（NAFTA）缔结于 1994 年。2018 年缔结的《美国－墨西哥－加拿大自由贸易协定》（USMCA）全面更新取代 1994 年的 NAFTA，并已于 2020 年 7 月 1 日生效。

1994 年，美国与墨西哥、加拿大缔结《北美自由贸易协定》时，已经基本确定 TRIPS 生效文本的内容。因此，在 NAFTA 中有关药品知识产权的保护内容基本与 TRIPS 一致。基于地缘政治的影响，NAFTA 对美国的对外贸易有着重要影响。在美国的推动下，2018 年，三国达成重新修订 NAFTA 的一致意见，并缔结《美国－墨西哥－加拿大自由贸易协定》（USMCA）。USMCA 完全修改了 NAFTA 有关药品知识产权的保护规则，吸收其在双边自由贸易协定及 CPTPP 中发展的模式和规范。可以说，USMCA 中的药品知识产权规则是目前为止可以代表美国自由贸易协定保护模式的条理最清晰、规则最完善、保护水平最高的规则体系。USMCA 比之前的双边自由贸易协定有所创新，不再将药品与农业化学品并行规定在共同条款之中，而是分别加以独立规定。对药品知识产权的保护统一规定在第 3 节"与药品有关的措施"中，共包含 6 个条款（第 20.46 条至第 20.51 条）：专利期间调整、法规审查例外、未披露试验数据和其他数据的保护、定义新药品、与特定药品销售有关的措施与保护期间的改变。

（一）专利期间调整

USMCA 中有关专利期间调整的规定，可以视为美式自由贸易协定相关规定的代表。专利期间调整条款要求，各缔约方应尽最大努力采取及时且有效的程序进行药品上市审批审查程序，以防止本国药品审批程序出现不合理或者不必要的迟延。对于药品专利，如果药品审批程序造成专利独占期间的不合理缩减，各缔约方应当提供可以调整专利期间的方法，对这种延迟给予补偿。为此，各缔约方要建立药品快速审批的机制，以保证药品审批程序不会对药品的上市销售造成不合理的迟延。

USMCA

Article 20.46 Patent Term Adjustment for Unreasonable Curtailment

1. Each Party shall make best efforts to process applications for marketing approval of pharmaceutical products in an efficient and timely manner, with a view to avoiding unreasonable or unnecessary delays.

2. With respect to a pharmaceutical product that is subject to a patent, each Party shall make available an adjustment of the patent term to compensate the patent owner for unreasonable curtailment of the effective patent term as a result of the marketing approval process.

3. For greater certainty, in implementing the obligations of this Article, each Party may provide for conditions and limitations, provided that the Party continues to give effect to this Article.

4. With the objective of avoiding unreasonable curtailment of the effective patent term, a Party may adopt or maintain procedures that expedite the processing of marketing approval applications.

第20.46条 因不合理缩减专利期间调整

1. 各缔约方应尽最大努力采取及时且有效的程序进行药品上市审批程序，以防止本国药品审批程序出现不合理或者不必要的迟延；

2. 对于受专利保护的药品，各缔约方对于药品审批程序造成的专利独占期间不合理缩减，各缔约方应当提供可以调整专利期间的方法，对这种迟延给予补偿；

3. 在实施本条规定义务时，为了更大的确定性，缔约方可以规定一些条件和限制，但不得影响本条指效力；

4. 为了避免专利有效期间的不合理缩减，缔约方可以采纳或维持加快上市审批申请的相关程序。

（二）法规审查例外

如果药品受专利保护，USMCA承认各缔约方可以继续维持有关提交政府药品审批所需信息的法规审查例外。

USMCA

Article 20.47 Regulatory Review Exception

Without prejudice to the scope of, and consistent with, Article 20.39 (Exceptions), each Party shall adopt or maintain a regulatory review exception for pharmaceutical products that permits a third person to make, use, sell, offer to sell, or import in the territory of that Party a product covered by a subsisting patent solely for purposes related to generating information to meet requirements for marketing approval for the product.

> **第 20.47 条　法规审查例外**
>
> 在不影响第 20.39 条（例外）的范围并与其一致的条件下，各缔约方可以采纳或维持药品的法规审查例外，仅以产生信息以满足产品上市审批要求为相关目的，允许第三方在该国地域内制造、使用、销售、许诺销售或进口含有专利的产品。

（三）未披露试验数据和其他数据的保护

这部分条款与美国其他双边自由贸易协定的规定基本一致，具体规定两种情形。一种情形是，作为新药上市审批的条件，如果缔约方要求以提交有关药品安全性或有效性的未披露试验数据或其他数据，则在没有之前提交该信息人同意的情形下，自市场批准之日起至少 5 年的时间，不应允许第三人基于该信息或提交该信息人已经取得的市场审批，在市场上销售的同样或类似的药品；另一种情形是，作为新药上市审批的条件，如果缔约方允许第三人提交之前在其他地域取得审批的证明，则在没有之前提交药品安全性或有效性信息所有人同意的情况下，自在该缔约方取得市场审批之日起至少 5 年，不能允许第三人基于这样的证明销售相同或类似的产品。

USMCA

Article 20.48   Protection of Undisclosed Test or Other Data

1. (a) If a Party requires, as a condition for granting marketing approval for a new pharmaceutical product, the submission of undisclosed test or other data concerning the safety and efficacy of the product, that Party shall not permit third persons, without the consent of the person that previously submitted that information, to market the same or a similar product on the basis of:

(i) that information, or

(ii) the marketing approval granted to the person that submitted that information, for at least five years from the date of marketing approval of the new pharmaceutical product in the territory of the Party;

(b) If a Party permits, as a condition of granting marketing approval for a new pharmaceutical product, the submission of evidence of prior marketing approval of the product in another territory, that Party shall not permit third persons, without the consent of a person that previously submitted the information concerning the safety and efficacy of the product, to market a same or a similar product based on evidence relating to prior marketing approval in the other territory for at least five years from the date of marketing approval of the new pharmaceutical product in the territory of that Party.

2. Each Party shall apply paragraph 1, mutatis mutandis, for a period of at least five years to new pharmaceutical products that contain a chemical entity that has not been previously approved in that Party.

3. Not withstanding paragraphs 1 and 2, a Party may take measures to protect public health in accordance with:

(a) the Declaration on TRIPS and Public Health;

(b) any waiver of a provision of the TRIPS Agreement granted by WTO Members in accordance with the WTO Agreement to implement the Declaration on TRIPS and Public Health and that is in force between the Parties; or

(c) any amendment of the TRIPS Agreement to implement the Declaration on TRIPS and Public Health that enters into force with respect to the Parties.

第20.48条 未披露信息或其他数据保护

1. (a) 作为新药上市审批的条件，如果一国要求提交有关药品安全性或有效性的未披露试验或其他数据，则在没有之前提交此种信息人同意的情形下，不应允许第三方在市场上销售同样或类似的药品，基于：

(ⅰ) 该信息；

(ⅱ) 授予提交信息人的市场审批，自在该缔约方新药上市批准之日起至少5年。

(b) 如果一国允许第三人通过提交之前在其他地域取得审批的有关产品安全性或有效性证据，作为新药或农业化学品上市审批的条件，则这种之前市场审批的证据，在没有在先提交安全性或有效性信息所有人同意的情况下，自在该缔约方新药上市批准之日起至少5年内，该国不能允许第三人基于其之前在其他地域市场审批的证据销售相同或类似的产品。

2. 对于包含之前在该缔约方没有审批化学成分的新药，各缔约方应比照第1款适用，至少5年的期间。

3. 尽管有第1款和第2款的规定，缔约方可以采取措施保护公共健康，并与以下规定一致：

(a) 《TRIPS与公共健康多哈宣言》；

(b) 为与实施成员间生效的《TRIPS与公共健康多哈宣言》并与WTO协定保持一致，授权WTO成员对TRIPS任何条款的放弃；

(c) 为实施缔约方之间生效的《TRIPS与公共健康多哈宣言》，对TRIPS进行的任何修改。

对于药品的特殊保护，USMCA 作出了原则性规定，规定在符合《多哈宣言》（WT/MIN（01）/DEC/2）及相关修改的具体情形下，则各缔约方可以采取具体措施保护本国公共健康。

（四）定义新药品

USMCA 界定了新药品的含义，新药品指不包含在之前缔约方获得上市审批的化学成分的药品。

（五）与特定药品销售有关的措施

与特定药品销售有关的措施主要规定在 USMCA 第 20.50 条。作为药品上市审批的条件，如果缔约方允许除最初提交安全性或有效性信息所有人之外的其他人，依赖之前审批的有关药品安全性或有效性的信息或证明申请上市审批，包括在该缔约方境内也包括在其他地域内已经取得上市审批的证明，则缔约方应提供相应的机制或措施，保障药品专利权人的利益。具体的机制和措施包括：①通知机制。以在该药品上市销售之前通知专利权人，该第三人正在专利期间寻求销售药品。②有效的救济方式。保证专利权人有充足的时间和机会，在非法侵权产品上市销售之前寻求相应的救济。③有效的争端解决程序和救济方式。争端解决程序如司法或行政程序，相应的快速救济方式如临时禁令或同等有效的临时措施，以便及时解决有关药品专利有效性或侵权的争端。

在保护专利权人的同时，USMCA 也对第三人通常是仿制药申请人的利益进行一定平衡。USMCA 规定如果第三人成功地判断药品专利无效或者不构成侵权，要建立某种机制对第三人给予一定的奖励。同时，USMCA 要求各缔约方提高透明度，提供有关有效专利及依据获得上市审批药品相关独占期间的信息。

（六）保护期间的改变

这一条款的内容与前文所述专利保护期间保证的内容一致。规定市场审批程序中药品试验数据或其他数据保护条款规定的独占期间，不能被其他法规改变。任何缔约方不能改变依药品试验数据提供的独占保护期间，即使专利保护期间的终止日期早于药品试验数据可以享有的独占保护期间。这一条款主要体现在 USMCA 第 20.51 条。

USMCA

Article 20.51　Alteration of Period of Protection

Subject to Article 20.48.3 (Protection of Undisclosed Test or Other Data), if a product is subject to a system of marketing approval in the territory of a Party pursuant to Article 20.45 (Protection of Undisclosed Test or Other Data for Agricultural Chemical Products) or Article 20.48 and is also covered by a patent in the territory of that Party, that Party shall not alter the period of protection that it provides pursuant to Article 20.45

or Article 20. 48 in the event that the patent protection terminates on a date earlier than the end of the period of protection specified in Article 20. 45 or Article 20. 48.

第 20.48 条 保护期间的改变

根据第 20.48.3 条（未披露试验及其他数据保护），如果产品依据第 20.45 条（农用化学品未披露试验及其他数据保护）或第 20.48 条在缔约方地域内需要经市场审批制度批准，且在该缔约方境内受专利保护，该缔约方不应改变其依据第 20.45 条或第 20.48 条提供的保护期间，即使专利保护的终止日期早于第 20.45 条或第 20.48 条规定的保护期间而终止。

第九章　国际知识产权法中的竞争规则

知识产权具有无形性，可以由不同主体在相同期间内重复使用，这种属性增加了其他竞争者未经权利人同意使用其知识产权形成不正当竞争的风险，如假冒商标。此外，知识产权具有垄断性，知识产权权利人独占权的行使也可能对市场自由竞争秩序造成消极影响，如知识产权权利滥用。因此，国际知识产权法中包含与竞争有关的规则，既包括促进自由竞争的规则，也包括禁止不正当竞争或反竞争的规则。促进竞争的规则多为原则性的规则，如 TRIPS 在序言中明确指出制定协定的期望是"减少对国际贸易的扭曲和阻碍"，这其中就包含对于国际贸易竞争秩序的维护。禁止不正当竞争或反竞争的规则会为缔约国设定义务，一般为较为具体的规则。为了消除不正当竞争的风险，国际知识产权领域中纳入了部分关于反竞争的判断规则。国际知识产权规则体系中关于不正当竞争行为的规定也是对知识产权的一种保护方式，通过禁止不正当竞争行为维护知识产权权利人的利益。

第一节　《巴黎公约》：不正当竞争行为界定与表现

关于"不正当竞争"行为的认定，各国的立法有所不同，具体界定也有一些差异。《巴黎公约》中最早对国际知识产权领域中不正当竞争行为进行规范，此后的国际知识产权条约中也包含与此相关的规则。《巴黎公约》关于不正当竞争的规定体现在第 10 条之二，对不正当竞争进行界定，并列举几种不正当竞争行为的具体表现。这一条款在 1900 年的布鲁塞尔会议上被纳入，并在 1911 年的华盛顿会议上进行补充。

> 《巴黎公约》
> **Article 10bis　Unfair Competition**
> (1) The countries of the Union are bound to assure to nationals of such countries effective protection against unfair competition.
> (2) Any act of competition contrary to honest practices in industrial or commercial matters constitutes an act of unfair competition.
> (3) The following in particular shall be prohibited:

> 1. all acts of such a nature as to create confusion by any means whatever with the establishment, the goods, or the industrial or commercial activities, of a competitor;
>
> 2. false allegations in the course of trade of such a nature as to discredit the establishment, the goods, or the industrial or commercial activities, of a competitor;
>
> 3. indications or allegations the use of which in the course of trade is liable to mislead the public as to the nature, the manufacturing process, the characteristics, the suitability for their purpose, or the quantity, of the goods.
>
> **第10条之二 不正当竞争**
>
> (1) 本联盟国家有义务对各该国国民保证给予制止不正当竞争的有效保护。
>
> (2) 凡在工商业事务中违反诚实的习惯做法的竞争行为构成不正当竞争的行为。
>
> (3) 下列各种行为应特别予以禁止：
>
> 1. 具有采用任何手段对竞争者的企业、商品或工商业活动产生混淆性质的一切行为；
>
> 2. 在商业经营中，具有损害竞争者的企业、商品或工商业活动的信用性质的虚假说法；
>
> 3. 在经营商业中使用会使公众对商品的性质、制造方法、特点、用途或数量易于产生误解的表示或说法。

一、不正当竞争行为的界定

《巴黎公约》第10条之二第（1）款首先表明对于不正当竞争行为的态度，规定各缔约国都有义务在本国制止不正当竞争行为，以保证国民的利益。但《巴黎公约》也明确态度，该条为一般性义务规定，并不要求缔约国修改本国立法或作出特定立法，只要其法律中包含类似的法律规定，如侵权法等，就可以足以对制止不正当竞争提供有效保护[1]，就符合《巴黎公约》的要求。其他缔约国的国民可以通过公约中的国民待遇原则，在其他缔约国境内享有禁止不正当竞争行为的同样保护。

《巴黎公约》第10条之二第（2）款定义了何为不正当竞争行为，认为"凡在工商业事务中违反诚实的习惯做法的竞争行为构成不正当竞争的行为"。这一界定的核心是"违反诚实的习惯做法"，《巴黎公约》并未对"诚实的习惯做法"进行进一步的界定，该公约修订会议的提案中也没有体现出确定一致的观点。这是因为，《巴黎公约》意识到对于"诚实的习惯做法"的判定标准不适合固定化，这一标准

---

[1] BODENHAUSEN G H C. Guide to the application of the Paris Convention for the protection of industrial property [M]. Geneva: United International Bureaus for the Protection of Intellectual Property (BIRPI), 1967: 143.

也会随着经济的发展而不断变化，而将这一问题留给缔约国国内法加以确定。《巴黎公约》的国际性决定了对于第10条之二第（2）款提及工商业事务的理解，应当既包括国内也包括国际贸易中的工商业事务。

二、不正当竞争行为具体表现

《巴黎公约》第10条之二第（3）款列举了具体的不正当竞争行为。尽管《巴黎公约》第10条之二第（1）款和第（2）款规定了缔约国禁止不正当竞争的一般性义务，并对不正当竞争行为进行具体界定，但在实际操作中的确定性并不强。为此，《巴黎公约》第10条之二第（3）款列举了其认为属于不正当竞争行为的具体表现。该款的规定体现了巴黎联盟国家的共同立法，缔约国应当或者将其接受为国内法的一部分，或者有其本国的司法或行政机构直接加以适用。《巴黎公约》第10条之二第（3）款中适用"下列各种行为应特别予以禁止"的措辞，表明其在第（3）款中列举的行为并非是封闭式的，而是为各缔约国国内立法提供了最低的保护标准。

（一）混淆行为

《巴黎公约》列举的第一种行为是能够产生混淆性质的行为，即采用任何手段对竞争者的营业所、商品或工商业活动产生混淆性质的一切行为。这种混淆主要指因使用相同或类似商标、商号而造成的混淆，也包括使用相同或类似的包装、宣传标题等其他措施造成的混淆。[1] 虽然在条款中没有明确提及服务，但"工商业活动"的表述既包含商品也包含服务。

（二）关于商业信用的虚假说法

《巴黎公约》列举的第二种不正当竞争行为是在商业经营中具有损害竞争者的企业、商品或工商业活动信用性质的虚假说法。在商业经营活动发生虚假陈述，是针对竞争者的企业、商品或工商业活动信用的虚假说法，会对竞争者的商业信用造成损害。因此，一般认为此种虚假说法并不延伸到对相关个体的虚假指称。在对该种行为的陈述中，《巴黎公约》并未强调作出此种虚假说法的行为应当为故意行为，这就意味着，《巴黎公约》并未排除在非故意情形下作出虚假陈述对竞争者信用造成损害的行为，非故意行为也可能构成不正当竞争行为。当然，对于该标准的具体界定，《巴黎公约》留给缔约国国内法加以确定。

（三）商品性质等易产生误解的表示或说法

《巴黎公约》列举的第三种不正当竞争行为是在经营商业中使用会使公众对商品的性质、制造方法、特点、用途或数量易于产生误解的表示或说法。该款关注的不是直接针对竞争者的行为，而是被告对其商品的表示。换句话说，它是一个对消

---

[1] Guide to the application of the Paris Convention for the Protection of Industrial Property, p145.

费者进行保护的一般性条款。[1] 它所包括的行为是使用对商品品质、制造工艺及特点等令人误解的表示或说法,而非对商品来源或信用等方面的虚假表示。

三、救济手段

《巴黎公约》对于不正当竞争行为的规定并非只有第 10 条之二孤立的条款,而是辅之以第 10 条之三,为缔约国施加了制止不正当竞争行为,并为权利人提供有效法律救济措施的义务。

《巴黎公约》

Article 10ter Marks, Trade Names, False Indications, Unfair Competition: Remedies, Right to Sue

(1) The countries of the Union undertake to assure to nationals of the other countries of the Union appropriate legal remedies effectively to repress all the acts referred to in Articles 9, 10, and 10bis.

(2) They undertake, further, to provide measures to permit federations and associations representing interested industrialists, producers, or merchants, provided that the existence of such federations and associations is not contrary to the laws of their countries, to take action in the courts or before the administrative authorities, with a view to the repression of the acts referred to in Articles 9, 10, and 10bis, in so far as the law of the country in which protection is claimed allows such action by federations and associations of that country.

第 10 条之三　商标、厂商名称、虚伪标记、不正当竞争:救济手段,起诉权

(1) 本联盟国家承诺保证本联盟其他国家的国民获得有效地制止第 9 条、第 10 条和第 10 条之二所述一切行为的适当的法律上救济手段。

(2) 本联盟国家并承诺规则措施,准许不违反其本国法律而存在的联合会和社团,代表有利害关系的工业家、生产者或商人,在其要求保护的国家法律允许该国的联合会和社团提出控诉的范围内,为了制止第 9 条、第 10 条和第 10 条之二所述的行为,向法院行政机关提出诉讼。

按照《巴黎公约》第 10 条之三的规定,缔约国应该为国民制止不正当竞争行为提供法律上的救济手段。《巴黎公约》对于救济手段的要求是采取"适当"的救济措施,以"有效"制止所发生的不正当竞争行为。《巴黎公约》规定制止不正当竞争的救济手段既可以包括损害赔偿,也可以包括禁令救济,甚至可以采取刑事手

---

[1] SAM R. The Paris Convention for the protection of industrial property: a commentary [M]. Oxford: Oxford University Press, 2015: 697.

段的处罚。至于如何构成救济手段的"适当性",可以由各缔约国立法予以确定。

第二节　未披露信息与反不正当竞争

《巴黎公约》中对于不正当竞争行为进行了界定,并列举了三种应当予以制止的不正当竞争行为。但《巴黎公约》已明确态度,对于不正当竞争行为的认定,并不仅限于第 10 条之二第(3)款中列举的三种行为,缔约国立法可以规定其他形式的不正当竞争行为。但对于其他可以构成不正当竞争行为的认定标准,各国的观点并不一致。一直到 TRIPS 制定,各国才对利用未披露信息造成的不正当竞争行为在国际层面达成一致。

TRIPS

Section 7: Protection Of Undisclosed Information
Article 39

1. In the course of ensuring effective protection against unfair competition as provided in Article 10bis of the Paris Convention (1967), Members shall protect undisclosed information in accordance with paragraph 2 and data submitted to governments or governmental agencies in accordance with paragraph 3.

2. Natural and legal persons shall have the possibility of preventing information lawfully within their control from being disclosed to, acquired by, or used by others without their consent in a manner contrary to honest commercial practices so long as such information:

(a) is secret in the sense that it is not, as a body or in the precise configuration and assembly of its components, generally known among or readily accessible to persons within the circles that normally deal with the kind of information in question;

(b) has commercial value because it is secret; and

(c) has been subject to reasonable steps under the circumstances, by the person lawfully in control of the information, to keep it secret.

3. Members, when requiring, as a condition of approving the marketing of pharmaceutical or of agricultural chemical products which utilize new chemical entities, the submission of undisclosed test or other data, the origination of which involves a considerable effort, shall protect such data against unfair commercial use. In addition, Members shall protect such data against disclosure, except where necessary to protect the public, or unless steps are taken to ensure that the data are protected against unfair commercial use.

第7节 对未披露信息的保护
第39条

1. 在保证对《巴黎公约》（1967年）第10条之二规定的不公平竞争而采取有效保护的过程中，各成员应依照第2款对未披露信息和依照第3款提交政府或政府机构的数据进行保护。

2. 自然人和法人应有可能防止其合法控制的信息在未经其同意的情况下以违反诚实商业行为的方式向他人披露，或被他人取得或使用，只要此类信息：

（a）属于秘密，即作为一个整体或就其各部分的精确排列和组合而言，该信息尚不为通常处理所涉信息范围内的人所普遍知道或轻易获得；

（b）因属于秘密而具有商业价值；并且

（c）由该信息的合法控制人，在此种情况下采取合理措施以保持其秘密性。

3. 各成员如要求，作为批准销售使用新型化学个体制造的药品或农业化学物质产品的条件，需提交通过巨大努力取得的、未披露的试验数据或其他数据，则应保护该数据，以防止不正当的商业使用。此外，各成员应保护这些数据不被披露，除非为保护公众所必需，或除非采取措施以保证该数据不被用在不正当的商业使用中。

一、未披露信息的保护条件

TRIPS第39条第2款规定了构成未披露信息的商业秘密的三个基本条件。

（一）为秘密信息

TRIPS第39条第2款（a）项规定了构成未披露信息的第一个条件，即该信息属于秘密信息，无论作为整体还是其中的部分信息，都应当不为其他人所普遍知道。该信息的秘密性是构成商业秘密的基础，但从TRIPS条款的措辞可以推出，其并未要求该秘密信息具有绝对的秘密性。其要求的条件使秘密信息的范围较为广泛，是指不是通常处理所涉信息范围内的人所"普遍知道"或"轻易获得"的信息。

（二）具有商业价值

TRIPS第39条第2款（b）项规定构成未披露信息的第二个条件是，该秘密信息具有商业价值。第二个条件显然建立是在第一个条件基础之上，只有构成秘密信息，才有机会适用第二个条件，判断其是否具有商业价值。第2款（b）项对于商业价值的要求也同时排除了个人信息等不具有商业性质的信息。对于是否具有商业价值，仅具有潜在的商业价值是否符合该条件，这些具体标准由各成员国内法加以确定。

（三）采取合理的保密措施

TRIPS第39条第2款（c）项规定构成未披露信息的第三个条件是，该具有商业价值的秘密信息的合法控制人为了保持其秘密性,采取合理的保密措施。该项条件依然是建立在前两个条件成立的基础之上,对"未披露的信息"呈递进式的限定。该项条件的核心要求是未披露信息的合法控制人采取合理的保密措施,其同样不要求权利人采取绝对的保密措施,只要是"合理"的保密措施即可,合理性的具体判断标准依然留给各成员进行确定。采取合理保密措施的主体是商业秘密的合法控制该秘密信息的人,这表明有义务采取合理保密措施的主体不仅包括该商业秘密的所有权人,也包括所有权人授权许可使用的被许可方。

二、未披露试验数据和其他数据的保护

TRIPS 第 39 条第 3 款保护的未披露信息是未披露的试验数据。这些数据是 TRIPS 在谈判时一些缔约方非常关注的问题,主要指药品和农用化学品为获得上市审批需要向政府主管机构提交的信息。第 3 款要求成员确保在提交这些数据时,不会出现对这些数据的不正当商业利用。如果出现对这些数据的不正当利用,就可能造成其他竞争者相同或类似产品的提前上市销售,从而对数据所有人的商业利益造成损害。

按照 TRIPS 的规定,能够获得协定保护的试验数据或其他数据应当具备一定条件。首先,这些数据应当是通过巨大努力取得的。这就意味着一般企业可以轻易取得的数据,尽管同样用于申请上市审批,也不属于 TRIPS 保护的范畴。其次,这些数据应当是未披露的数据,即具有秘密性。已经公开的数据不能取得 TRIPS 第 39 条第 3 款的保护。按照 TRIPS 的规定,成员对于此种数据的保护方式是防止这些数据被不正当的商业利用。此外,成员还应当保证数据不被披露,但规定了两种例外情形,一是保护公共利益所需,二是能够采取措施保证这些数据不会被用在不正当的商业使用之中。由此可以看出,保证这些数据不被不正当地商业性利用是规范的核心,成员的政府机构并没有义务在所有情况下都保证这些数据不被披露。

三、未披露信息与不正当竞争的链接

对于未披露的信息,TRIPS 将其作为知识产权的一种类别,规定在有关知识产权范围的第二部分之中,主要目的是为商业秘密信息提供法律保护。在 TRIPS 之前,任何多边或双边协定中都没有关于商业秘密的规定,主要是对工业产权或版权进行保护,努力将商业秘密归入知识产权范畴是乌拉圭回合谈判的一部分。[1] TRIPS 之所以采用"未披露的信息"的概念,是因为其相比于其他一些类似的概念,如"有财产价值信息""商业秘密""秘密信息"等更加精确。[2] 此外,这一概念也符合在该

---

[1] ROCHELLE C D, KATHERINE J S. The law and theory of trade secrecy: a handbook of contemporary research [M]. Lypiatts: Edward Elgar Publishing Limited, 2011: 541.

[2] The law and theory of trade secrecy: a handbook of contemporary research: 555.

条款中扩大保护范围的意图，其保护的客体不仅包括传统的商业秘密，还包括其他严格意义上不属于商业秘密范畴的未披露信息。在 TRIPS 第 39 条对未披露信息的保护中，提及《巴黎公约》关于不正当竞争规定的第 10 条之二。TRIPS 第 39 条对于《巴黎公约》第 10 条之二的提及，既表明 TRIPS 相关规定是对于《巴黎公约》不正当竞争适用作出的补充，也表明未披露信息在国际知识产权不正当竞争领域的特殊地位。也正是在 TRIPS 第 39 条第 1 款对《巴黎公约》第 10 条之二的提及，表明 TRIPS 对于未披露信息的规定与不正当竞争具有密切联系，将 TRIPS 关于未披露信息的保护与不正当竞争行为进行了链接，商业秘密保护首次在国际知识产权条约中被纳入不正当竞争规范的范畴。❶

按照 TRIPS 第 39 条第 2 款的规定，以违反诚实商业惯例的方式披露、取得或使用他人合法控制的未披露信息，属于不正当竞争行为，各成员应当为权利人制止这些行为提供救济措施。这一规定与《巴黎公约》第 10 条之二第（2）款关于不正当竞争行为的定义"违反诚实的习惯做法的竞争行为"，基本保持一致的表述。但《巴黎公约》对于何为"违反诚实的习惯做法"并未作出进一步的规定，TRIPS 则对未披露信息的违反诚实商业行为作了进一步的解释，具体指未经商业秘密控制人同意，披露、取得或使用该信息的行为。TRIPS 对这一措辞特别进行了注释，解释"违反诚实商业行为的方式"至少包括违反合同、泄密和违约诱导，还包括第三方明知或因重大过失未能知道该商业秘密在取得时涉及以上行为，而该第三方依然对未披露信息进行获取。

第三节 知识产权许可的反竞争控制

知识产权许可是实现知识产权自身商业价值的重要方式，也是知识产权权利人与其他商业主体开展合作的重要途径。对于知识产权许可的反竞争控制，主要是基于对知识产权许可合同中出现的限制性商业惯例的界定和规范。由于知识产权许可在相当大的程度上与技术转让重叠，知识产权许可的客体往往也是技术转让的客体，国际知识产权许可的反竞争控制早期主要体现在有关国际技术转让的法律规范体系之中。

一、知识产权许可中反竞争规范的产生

（一）关于控制限制性商业惯例的公平原则和规则的多边协议

最早对知识产权许可合同中"限制性商业条款"进行定义的是 1980 年联合国大会第 35 届会议通过的关于控制限制性商业惯例的公平原则和规则的多边协议（The Set of Multilaterally Agreed Equitable Principles and Rules for the Control of Restrictive

---

❶ DENIEL C K C, EDWARD L. International intellectual property：problems，cases，and materials［M］. 2th ed. Opperman：West A Thomson Busniess，2012：637.

Business Practices)。该规则于 1980 年 12 月在联合国大会上通过,联合国在 20 世纪 80 年代通过该文件的目的主要是"保证限制性商业惯例不致妨碍或取消因降低不利于世界贸易,特别是不利于发展中国家贸易和发展的关税和非关税壁垒而应获得的利益",侧重从保护发展中国家的利益出发。但该规则并不具有约束力,而是希望借此规则对发展中国家在进行技术转让及知识产权许可过程中出现的限制性商业惯例进行控制和指导。因此,在该规则中,着重对"限制性商业惯例"给予明确的界定。

> 《关于控制限制性商业惯例的公平原则和规则的多边协议》
> **B. Definitions and scope of application**
> (i) Definitions
> 1. "Restrictive business practices" means acts or behaviour of enterprises which, through an abuse or acquisition and abuse of a dominant position of market power, limit access to markets or otherwise unduly restrain competition, having or being likely to have adverse effects on international trade, particularly that of developing countries, and on the economic development of these countries, or which through formal, informal, written or unwritten agreements or arrangements among enterprises, have the same impact.
> **B. 定义与适用范围**
> (i) 定义
> 1. "限制性商业惯例"指企业的下述行动或行为:通过滥用或谋取和滥用市场力量的支配地位,限制进入市场或以其他方式不适当地限制竞争,对国际贸易特别是对发展中国家的国际贸易及其经济发展造成或可能造成不利影响;或通过企业之间的正式或非正式、书面或非书面的协议或安排造成同样的影响。

从定义中可以看出,联合国该文件认为"限制性商业惯例"是基于对市场支配地位的滥用产生的,其可能造成的影响是限制进入市场或不适当地限制竞争。其侧重保护发展中国家的利益,认为限制性商业惯例会对发展中国家的国际贸易或者国家的经济发展造成不利的影响。因此,在发展中国家的立法中,对于限制性商业惯例的界定通常采用的是"经济发展"标准,即知识产权许可合同中出现的条款是否会对发展中国家的经济发展造成不利影响,如果形成不利影响,则该条款会被法律认定为构成限制性商业条款,属于限制性商业惯例的范畴,包含该条款的合同或该条款本身就可能会被认定为无效。

(二)《国际技术转让行动守则(草案)》

1974 年 9 月,联合国第七届特别会议通过决议,重申关于制定国际技术转让规则的要求,并正式授权联合国贸易和发展会议主持起草工作。各国很快相继成立了政府间的专家组,联合国守则谈判会议从 1978 年 10 月至 1985 年 6 月,共举行了 6

次会议，经多方努力终于对大部分条文达成协议，形成《国际技术转让行动守则（草案）》(Draft International Code of Conduct on the Transfer of Technology, 以下简称《行动守则》)。《行动守则》的目的是促进技术的国际流动，增强各国尤其是发展中国家的技术力量。

《行动守则》将限制性商业惯例明确与知识产权许可行为联系在一起，在该守则中也同样侧重保护发展中国家的利益，鼓励进行跨国技术转让，尤其是使发展中国家获取其需要的技术。《行动守则》第1章给出了"技术转让"的定义，在对定义的描述中明确了其涉及的知识产权范畴。

《国际技术转让行动守则（草案）》

Chapter 1 Definitions and scope of application

......

1.2. Transfer of technology under this Code is the transfer of systematic knowledge for the manufacture of a product, for the application of a process or for the rendering of a service and does not extend to the transactions involving the mere sale or mere lease of goods.

1.3. Transfer of technology transactions are arrangements between parties involving transfer of technology, as defined in paragraph 1.2 above, particularly in each of the following cases:

(a) The assignment, sale and licensing of all forms of industrial property, except for trade marks, service marks and trade names when they are not part of transfer of technology transactions;

......

第1章 定义与适用范围

......

1.2 本守则中，技术转让指转让关于制造一项产品、应用一项工艺或提供一项服务的系统知识，但不包括只涉及货物出售或只涉及货物出租的交易。

1.3 技术转让交易指上述第1.2款中规定的技术转让各当事方之间的安排，特别是以下各情况：

（a）各种形式工业产权的转让、出售和许可，但不包括在技术转让交易中的商标、服务标志和商号除外；

......

《行动守则》在第1.2款中明确给出了技术转让的定义，这也是在国际条约中首次为技术转让进行定义。《行动守则》规定"技术转让"的含义是，许可方将其所有的关于制造某种产品、应用某项工艺或提供某项服务的系统知识转移给被许可

方，不包括单纯涉及货物销售或货物出租的交易。《行动守则》第1.3款明确指出，技术转让内容具体包括各种形式的工业产权的转让、出售和许可，主要指发明专利权、实用新型专利权、外观设计专利权，但不包括单纯的商标、服务标记和商号这三种工业产权的转让和使用许可。其与TRIPS中关于知识产权许可的范畴相比，适用范围要狭窄很多。尽管由于谈判各方的分歧，《行动守则》最终并没有生效，但其对于技术转让的界定以及将技术转让的具体表现与工业产权密切结合起来的规定，至今依然具有一定的指导和参考意义。

《行动守则》第4章中针对限制性商业惯例进行了规定，并一一加以列举。第4章中包括14种限制性商业惯例行为的表现。

(1) 独占性返授条款（[Exclusive] Grant-back provisions）。

> Requiring the acquiring party to transfer or grant back to the supplying party, or to any other enterprise designated by the supplying party, improvements arising from the acquired technology, on an exclusive basis [or] * without offsetting consideration or reciprocal obligations from the supplying party, or when the practice will constitute an abuse of a dominant market position of the supplying party.
>
> 要求技术取得方将对所取得技术的改进，在排他基础上或者构成对提供方市场支配地位的滥用时，转让或回授给技术提供方，同时提供方不给予补偿或承担互惠义务。

(2) 质疑有效性（Challenges to validity）。

> [Unreasonably] requiring the acquiring party to refrain from challenging the validity of patents and other types of protection for inventions involved in the transfer or the validity of other such grants claimed or obtained by the supplying party, recognizing that any issues concerning the mutual rights and obligations of the parties following such a challenge will be determined by the appropriate applicable law and the terms of the agreement to the extent consistent with that law.
>
> [不合理地] 要求技术取得方对提供方所要求或取得授权的有效性提出质疑，包括专利和转让涉及的其他受保护发明类型的效力，但承认任何因这种异议而引起的关于当事方相互权利和义务的问题，应按照适当可适用法律和与该法律一致的协定条款予以确定。

(3) 独家交易（Exclusive dealing）。
(4) 限制研究（Restrictions on research）。
(5) 限制使用人员（Restrictions on use of personnel）。

（6）限定价格（Price fixing）。

（7）限制技术改进（Restrictions on adaptations）。

> Restrictions which [unreasonably] prevent the acquiring party from adapting the imported technology to local conditions or introducing innovations in it, or which oblige the acquiring party to introduce unwanted or unnecessary design or specification changes.
>
> [不合理地]禁止技术取得方按当地情况改进所进口技术或对其加以创新，或迫使取得方在设计或规格上作不需要或不必要的变更。

（8）独家销售或代理（Exclusive sales or representation agreements）。

（9）搭售（Tying arrangements）。

（10）出口限制（Export restrictions）。

（11）专利联营、交叉许可或其他安排（Patent pool or cross-licensing agreements and other arrangements）。

（12）限制宣传（Restrictions on publicity）。

（13）工业产权期满后的支付或其他义务（Payments and other obligations after expiration of industrial property rights）。

（14）安排期满后的限制（Restrictions after expiration of arrangement）。

囿于时代的限制，《行动守则》并未对知识产权许可中的限制性商业惯例效力及性质作出准确的判定，对于发展中国家特殊历史阶段的利益与知识产权权利人的私权利益没有实现有效的协调。因此，这14项限制性商业惯例的列举并未取得缔约方的一致同意，甚至对其中一些条款还产生较为激烈的反对意见，这也是《行动守则》最终并未生效的原因之一。但《行动守则》的价值在于，20世纪80年代已经开始对知识产权许可领域权利人可能利用市场支配地位发生的权利滥用问题的规范进行有价值的尝试。可以说，虽然《行动守则》列举了具体限制性商业条款的表现，但并未将限制性商业条款的界定与市场上的反竞争行为相联系。通过是否对市场的自由竞争造成不利影响来判断知识产权许可中的条款，主要为一些发达国家所采纳。

二、TRIPS：许可协议中反竞争行为的控制

TRIPS对知识产权许可中的反竞争行为也进行了规范，将该行为与TRIPS第7条、第8条规定的原则与目标密切关联，并列举了需要限制的三种限制性商业惯例。TRIPS第40条规定了对知识产权许可中反竞争行为的控制。在知识产权独占权保护与合同中可能潜在滥用独占权之间实现平衡存在困难，而同时也要避免国内竞争法

可能损害 TRIPS 取得的成绩。❶ 为此，TRIPS 第 8 节第 40 条对知识产权许可中的反竞争行为控制进行了规范。

TRIPS

Section 8　Control Of Anti – Competitive Practices In Contractual Licences
Article 40

1. Members agree that some licensing practices or conditions pertaining to intellectual property rights which restrain competition may have adverse effects on trade and may impede the transfer and dissemination of technology.

2. Nothing in this Agreement shall prevent Members from specifying in their legislation licensing practices or conditions that may in particular cases constitute an abuse of intellectual property rights having an adverse effect on competition in the relevant market. As provided above, a Member may adopt, consistently with the other provisions of this Agreement, appropriate measures to prevent or control such practices, which may include for example exclusive grant back conditions, conditions preventing challenges to validity and coercive package licensing, in the light of the relevant laws and regulations of that Member.

3. Each Member shall enter, upon request, into consultations with any other Member which has cause to believe that an intellectual property right owner that is a national or domiciliary of the Member to which the request for consultations has been addressed is undertaking practices in violation of the requesting Member's laws and regulations on the subject matter of this Section, and which wishes to secure compliance with such legislation, without prejudice to any action under the law and to the full freedom of an ultimate decision of either Member. The Member addressed shall accord full and sympathetic consideration to, and shall afford adequate opportunity for, consultations with the requesting Member, and shall cooperate through supply of publicly available non – confidential information of relevance to the matter in question and of other information available to the Member, subject to domestic law and to the conclusion of mutually satisfactory agreements concerning the safeguarding of its confidentiality by the requesting Member.

4. A Member whose nationals or domiciliaries are subject to proceedings in another Member concerning alleged violation of that other Member's laws and regulations on the subject matter of this Section shall, upon request, be granted an opportunity for consultations by the other Member under the same conditions as those foreseen in paragraph 3.

---

❶ PATRICK F J M, et al. The World Trade Organization: legal, economic and political analysis [M]. Berlin-Heidelberg: Springer Science Business, 2005: 1101.

第 8 节　对许可协议中反竞争行为的控制

第 40 条

1. 各成员同意，一些限制竞争的有关知识产权的许可活动或条件可对贸易产生不利影响，并会妨碍技术的转让和传播。

2. 本协定的任何规定均不得阻止各成员在其立法中明确规定在特定情况下可构成对知识产权的滥用并对相关市场中的竞争产生不利影响的许可活动或条件。如以上所规定的，一成员在与本协定其他规定相一致的条件下，可按照该成员的有关法律法规，采取适当的措施以防止或控制此类活动，包括诸如独占性返授条款、阻止对有效性提出质疑条款和强制性一揽子许可等。

3. 应请求，每一成员应与任一其他成员进行磋商，只要该成员有理由认为作为被请求进行磋商成员的国民或居民的知识产权所有权人正在采取的做法违反请求进行磋商成员关于本节主题的法律法规，并希望在不妨害根据法律采取任何行动及不损害任何一方作出最终决定的充分自由的情况下，使该立法得到遵守。被请求的成员应对与提出请求成员的磋商给予充分和积极的考虑，并提供充分的机会，并在受国内法约束和就提出请求的成员保障其机密性达成相互满意的协议的前提下，通过提供与所涉事项有关的、可公开获得的非机密信息和该成员可获得的其他信息进行合作。

4. 如一成员的国民或居民在另一成员领土内因被指控违反该另一成员有关本节主题的法律法规而被起诉，则该另一成员应按与第 3 款预想的条件相同的条件给予该成员磋商的机会。

（一）立法态度

TRIPS 第 40 条第 1 款首先明确了协定对待知识产权许可的态度，认为并非是知识产权许可本身构成不正当竞争。恰恰相反，知识产权许可可以促进知识产权的利用并实现其商业价值，只有限制竞争的有关知识产权的许可活动或条件才需要进行控制，因为其可能对贸易产生不利影响，并妨碍技术的转让和传播。

TRIPS 承认，在知识产权的许可行为中，知识产权的权利人可能会滥用其独占权，各成员应当有权在其国内法中对此种行为加以规范。对于知识产权许可中何种具体行为或条款构成对知识产权的滥用，各成员的确定标准差异很大。在 TRIPS 谈判之时，一些发展中国家在本国立法中通过列举的方式对具体的行为进行制止，发达国家侧重以对市场自由竞争秩序的影响进行判断，如果对竞争造成不利影响，就属于非法行为。随着时间的推移，尽管各国立法态度有所改变，但这种差别依然存在。对此，TRIPS 第 40 条第 2 款赋予成员对此问题的立法自由空间，指出协定的任何规定均不能认为阻止成员对此进行相应的立法规范，这一规定也体现了 TRIPS 的灵活性特征。

(二) 知识产权许可中反竞争行为的表现

TRIPS 第 40 条第 2 款列举了三种可以被认为反竞争的限制性商业做法，其中有两种限制性商业惯例在《行动守则》中已经出现。但其在 TRIPS 中的适用范围要大于《行动守则》，因为《行动守则》仅适用于其所限定的部分工业产权。

1. 独占性返授

独占性返授在《行动守则》中已进行列举和解释。一般指知识产权权利人在知识产权许可合同中要求被许可方将其进行的任何改进返授给许可方，且这种返授是独占性而非互惠的，即当权利人作出技术改进时，并不需要将改进的技术分享给被许可方使用。因此，知识产权许可中的此种做法被称为独占性返授。

2. 禁止对有效性提出质疑

禁止对有效性提出质疑在《行动守则》中也有具体的解释，此种做法是指知识产权权利人不允许被许可方对许可合同中授权其使用知识产权的有效性提出质疑。这种限制性商业做法违背了知识产权立法的根本宗旨。知识产权法对权利人实施排他权进行保护的目的是通过对发明人给予经济激励而促进创新，只有符合法律规定条件的知识产权才具有有效性，并有资格取得独占权保护。在各国知识产权立法中，往往规定任何人均有资格挑战知识产权的有效性，以保障只有真正符合授权条件的发明才能取得专利保护。知识产权权利人在许可合同中禁止被许可方对知识产权有效性提出质疑，就可能使本不符合法律保护条件的知识产权权利人占据市场垄断地位，与知识产权法的立法初衷相悖，并破坏正常的市场竞争秩序。

3. 强制性一揽子许可

强制性一揽子许可的做法在《行动守则》中没有提及，主要指知识产权许可方将产品之上所有相关技术一揽子许可给被许可方，迫使对方全部接受。在知识产权许可实践中，一揽子许可的做法较为常见，其主要目的是避免知识产权许可的谈判双方就每一项知识产权逐一进行谈判。TRIPS 将该行为列为限制性条款的关键是"强制性"，强制性一揽子许可这种做法会使被许可方丧失基本的缔约自由。

TRIPS 第 40 条第 2 款虽然列举对竞争产生不利影响的三种具体行为，但该条款并非是强制性的条款。按照该条款的规定，各成员可按照本国有关法律法规，采取适当的措施以防止或控制此类活动。可见，这些条款是由缔约成员立法自由决定是否采纳的灵活性条款。

三、欧盟关于技术转让协定适用欧盟运行条约第 101（3）条的第 316/2014 号条例

欧盟关于技术转让协定适用欧盟运行条约第 101（3）条的第 316/2014 号条例（Commission Regulation (EU) No 316/2014 on the application of Article 101 (3) of the Treaty on the Functioning of the European Union to categories of technology transfer agreements，以下简称"第316/2014号条例"）在2014年3月通过，主要调整欧盟范围技术转让与竞争之间的关系。

第316/2014号条例以是否限制竞争为标准对技术转让中行为的合法性进行判定。第316/2014号条例对"技术转让协议"进行了界定，并规定仅规范许可方与被许可方之间的技术转让协议。第316/2014号条例并不规范所有类型的知识产权，按照第316/2014号条例第1条列举的知识产权，主要包括专利、实用新型、外观设计和软件版权等，而其他如非软件版权或商标的转让协议并不包括在第316/2014号条例范畴之内。该条例关于技术转让协议的定义，主要体现在第316/2014号条例的第1条第1款。

《316/2014号条例》

Article 1 Definitions

1. For the purposes of this Regulation, the following definitions shall apply：

……

（c）'technology transfer agreement' means：

（i）a technology rights licensing agreement entered into between two undertakings for the purpose of the production of contract products by the licensee and/or its sub-contractor（s）；

（ii）an assignment of technology rights between two undertakings for the purpose of the production of contract products where part of the risk associated with the exploitation of the technology remains with the assignor；

……

第1条 定义

1. 就本法规而言，适用以下定义：

……

（c）"技术转让协议"是指：

（i）两家企业之间就被许可人和/或其分包商生产合同产品而订立的技术权利许可协议；

（ii）为生产合同产品而在两家企业之间转让技术权利，而与技术开发有关的部分风险仍由转让人承担；

……

第316/2014号条例并没有像《行动守则》那样具体列举不合理的限制性商业条款的表现，而是采用经济分析的方法。对于技术转让协议是否具有反竞争的影响，第316/2014号条例以签订技术转让协议当事人所占市场份额的方法进行界定。第316/2014号条例将技术转让协议分为两类，并设定不同的标准，一类是竞争者之间缔结的技术转让协议，另一类是非竞争者之间缔结的技术转让协议。具体规定体现在第 316/2014 号条例序言之中。

第 316/2014 号条例

Whereas：

……

(10) For technology transfer agreements between competitors it can be presumed that, where the combined share of the relevant markets accounted for by the parties does not exceed 20% and the agreements do not contain certain severely anti-competitive restrictions, they generally lead to an improvement in production or distribution and allow consumers a fair share of the resulting benefits.

(11) For technology transfer agreements between non-competitors it can be presumed that, where the individual share of the relevant markets accounted for by each of the parties does not exceed 30% and the agreements do not contain certain severely anti-competitive restrictions, they generally lead to an improvement in production or distribution and allow consumers a fair share of the resulting benefits.

鉴于

……

(10) 对于竞争者之间缔结的技术转让协议，如果双方占相关市场的合并份额不超过 20%，且协议不包含某些严重的反竞争限制，可以推定它们会促进生产和销售，并使消费者公平分享所产生的收益。

(11) 对于非竞争者之间缔结的技术转让协议，如果双方占相关市场的合并份额不超过 30%，且协议不包含某些严重的反竞争限制，可以推定它们会促进生产和销售，并使消费者公平分享所产生的收益。

第 316/2014 号条例是欧盟将竞争法适用于知识产权许可协议的重要二级立法。❶ 其关于技术转让协议市场份额的界定为该协议确立了符合法律要求的"安全港"，并通过此种方式在一定程度上确定了知识产权许可合同中是否可能存在反竞争行为，以确定是否属于可以得到豁免的范畴。总体而言，欧盟对限制性条款持加强规范的立法态度。

---

❶ Directorate for Financial and Enterprise Affairs Competition Committee. Licensing of IP rights and competition law – Note by the EU, DAF/COMP/WD [EB/OL]. (2019-06-06) [2020-03-16]. https://one.oecd.org/document/DAF/COMP/WD (2019) 52/en/pdf.

四、WTO 案例分析：WT/DS542 号案与 WT/DS549 号案

WTO 的 WT/DS542 号案与 WT/DS549 号案都是 2018 年对中国提起的涉及知识产权保护的争端案件。这两个案件的争议核心是国民待遇问题，但所涉及的具体知识产权保护措施却是与知识产权许可协议中的限制性商业惯例有关的条款。为了便于对具体条款的理解，将两个案件在本章予以介绍。

（一）案件背景

WT/DS542 号案是 2018 年 3 月 26 日美国在 WTO 对中国提起的"中国—知识产权保护特定措施案"（China – Certain Measures Concerning the Protection of Intellectual Property Rights）。WT/DS549 号案是 2018 年 6 月 6 日欧盟对中国提起的"中国—技术转让特定措施案"（China – Certain Measures on the Transfer of Technology）。这两个案件尽管由美国和欧盟分别提起，但提出磋商的内容比较相近，因此对两个案件一并加以分析。

1. WT/DS542 号案：中国—知识产权保护特定措施案

自 2018 年 3 月 23 日，美国就中国与知识产权保护相关的某些措施向 WTO 提出磋商请求。这是继 2007 年中国—知识产权保护（WT/DS362/R）案后的第二起针对中国知识产权规范在 WTO 提出磋商请求。2018 年 7 月起中美之间展开磋商，但并未解决争端。根据 WTO 关于争端解决规则和程序谅解（DSU）第 6 条的规定，WTO 应美国请求在 2018 年 11 月确定成立专家组，2019 年 1 月 16 日确定专家组具体成员。澳大利亚、巴西、加拿大、埃及、欧盟、印度、日本、哈萨克斯坦、韩国、新西兰、挪威、俄罗斯、新加坡、瑞士、中国台北、土耳其和乌克兰保留作为第三方参加诉讼的权利。

2019 年 6 月 3 日，专家组收到美国暂停 WT/DS542 号案争端解决程序的请求，请求将该案延迟至 2019 年 12 月 31 日。此后，美国又分别在 2020 年 1 月、3 月、5 月、6 月四次请求再次延迟争端解决程序。

2. WT/DS549 号案：中国—技术转让特定措施案

2018 年 6 月 1 日，欧盟就中国关于外国技术转让进中国的特定措施要求与中国磋商。在欧盟提出的磋商内容中，与美国 WT/DS542 号案内容涉及的法律条款基本一致，也主要提出与 TRIPS 第 3 条国民待遇义务是否一致的问题。与美国的磋商请求内容相比，除相关法律法规外，欧盟还列举了中国的相关行政文件和指导意见。2019 年 1 月，中国台北、日本和美国提出请求加入争端解决程序。

（二）WT/DS542 号案的主要问题

1. 美国磋商理由与依据

美国就中国知识产权保护措施向 WTO 提出磋商的理由主要有两个方面，均涉及技术转让合同，包括：①中国在技术转让合同终止后，否定外国专利持有人对中

国合资方享有执行专利权的能力；②中国在合同中施加歧视所引进外国技术或对其不利的强制性条款。

基于以上两种情形，美国认为中国剥夺了知识产权权利持有人在中国保护知识产权以及在许可或其他技术相关合同中对市场基础条款进行自由协商的能力。美国列举了涉及以上两种情形的法律规范，包括《中华人民共和国对外贸易法》（以下简称《对外贸易法》）、《中华人民共和国技术进出口管理条例》（以下简称《技术进出口管理条例》）（2019年）、《中华人民共和国中外合资经营企业法》（以下简称《中外合资经营企业法》）（2016年）、《中华人民共和国中外合资经营企业法实施条例》（以下简称《中外合资经营企业法实施条例》）（2014年）以及《中华人民共和国合同法》（以下简称《合同法》）。

美国认为，中国相关法律与TRIPS国民待遇规定不符。《技术进出口管理条例》与TRIPS第3条、第28条第2款不一致。《中外合资经营企业法实施条例》与TRIPS第3条、第28条第1款（a）、（b）项或第28条第2款不一致，给予外国知识产权权利持有人较为不利待遇。《中外合资经营企业法实施条例》第43条第4款赋予了中方在技术转让合同期间届满后，依据该合同继续使用所受让技术的权利。《中外合资经营企业法实施条例》与TRIPS第28条第1款（a）、（b）项不一致。《中外合资经营企业法实施条例》第43条否定了外国专利持有人的独占权，包括未经外国专利权持有人同意阻止第三方从事TRIPS第28条第1款（a）、（b）项所列行为的权利。

2. TRIPS国民待遇的一致性问题

《技术进出口管理条例》是中国调整从境外向中华人民共和国境内，或者从中华人民共和国境内向中华人民共和国境外，通过贸易、投资或者经济技术合作的方式转移技术行为的法律规范。美国诉请主要涉及该条例的3个条款，即第24条第3款、第27条、第29条第3款。《技术进出口管理条例》第24条第3款原文是，"技术进口合同的受让人按照合同约定使用让与人提供的技术，侵害他人合法权益的，由让与人承担责任"；第27条规定，"在技术进口合同有效期内，改进技术的成果属于改进方"；第29条第3款规定，不得包含"限制受让人改进让与人提供的技术或者限制受让人使用所改进的技术"的限制性商业条款。这三个条款的共同点是都涉及以法律介入的形式对技术转让合同其中一方当事人——让与人进行责任限定。第24条规定，如果受让人所转让的技术在使用过程中侵害他人的合法权益，让与人需要承担责任；第27条规定，如果受让方在实施技术过程中改进技术，让与人不得要求改进属于让与人，而应当属于改进技术的一方；第29条规定，让与人不能限制受让人改进技术，也不得限制受让人使用自己改进的技术。《技术进出口管理条例》主要规范跨越国境的技术进出口合同，与之相比较，我国于2020年5月通过的《中华人民共和国民法典》（以下简称《民法典》）合同编（案件在WTO提起之时的

《合同法》）中，允许中国国民对合同中的责任承担、改进技术权利归属与使用等进行自由约定。以《技术进出口管理条例》第 24 条由让与人承担责任为例，依据我国 1999 年《合同法》第 353 条的规定，双方当事人可以在技术转让合同中自由协商确定让与人的责任。因此美国认为，与对待外国技术让与人不同，中国《合同法》第 353 条允许合同当事人对于国内技术转让产生的责任问题进行协商，而《技术进出口管理条例》第 24 条则不允许当事人就侵权主张产生的责任进行约定。❶《技术进出口管理条例》第 27 条和第 29 条第 3 款也存在类似的情形，下面将与这三款对应的 1999 年《合同法》规定对比，如表 9 – 1 所示。

表 9 – 1　《技术进出口管理条例》与《合同法》相关规定对比

《技术进出口管理条例》	《合同法》
第 24 条第 3 款 技术进口合同的受让人按照合同约定使用让与人提供的技术，侵害他人合法权益的，由让与人承担责任	第 353 条 受让人按照约定实施专利、使用技术秘密侵害他人合法权益的，由让与人承担责任，但当事人另有约定的除外
第 27 条 在技术进口合同有效期内，改进技术的成果属于改进方	第 354 条 当事人可以按照互利的原则，在技术转让合同中约定实施专利、使用技术秘密后续改进的技术成果的分享办法。没有约定或者约定不明确，依照本法第六十一条的规定仍不能确定的，一方后续改进的技术成果，其他各方无权分享
第 29 条 技术进口合同中，不得含有下列限制性条款： …… （3）限制受让人改进让与人提供的技术或者限制受让人使用所改进的技术	

通过以上对比可以看出，对于国内技术转让合同，依据我国 1999 年《合同法》的规定，双方当事人可以就让与人的责任、改进技术的归属与使用加以协商，如无另外约定，责任由让与人承担，改进技术归改进方所有。而对于跨越国境由境外引进的技术进口合同，则从法律上没有可以约定的空间。由此，境外的技术所有人将为不同的法律条款所规范，美国据此认为中国的相关立法不符合 TRIPS 第 3 条关于国民待遇的规定。

3. 外国权利人独占权问题

美国的第二项请求涉及 TRIPS 第 28 条第 1 款（a）、（b）项有关专利权人独占权的规定。认为中国在《中外合资经营企业法实施条例》第 43 条第 4 款的规定剥夺了外国专利权人可依据 TRIPS 第 28 条第 1 款（a）、（b）项本应享有的独占实施权。我国《中外合资经营企业法实施条例》第 43 条第 4 款规定，"技术转让协议期

---

❶ Findings of the investigation into China's acts, policies, and practices related to technology transfer, intellectual property, and innovation under section 301 of the trade act of 1974［EB/OL］.（2018 – 03 – 22）［2020 – 03 – 16］. https：//ustr. gov/sites/default/files/Section%20301%20FINAL. PDF? source = post_page.

满后,技术输入方有权继续使用该项技术"。

按照该款的规定,在技术转让合同有效期间届满后,如果该技术为专利技术,即使没有专利权人的同意,技术的受让人依然可以继续使用该技术。美国认为,《中外合资经营企业法实施条例》第43条第4款的结果是,中国合资方有权依据该条例继续使用所受让的技术,即使是在相关技术合同终止后所受让的技术依然被保护,也不能避免中国合资方的使用。TRIPS第28条第1款(a)、(b)项对于专利权人可以享有的专利独占权进行了明确规定,我国《专利法》(2020年)第11条也作出与TRIPS一致的规定,在未取得专利权人同意的情况下,任何第三方不能使用专利技术制造、使用、许诺销售、销售及进口专利产品。受让人可以使用专利技术的前提条件是取得专利权人的同意,在专利许可合同终止后,便失去"专利权同意"这一基本前提条件,合同的受让人失去使用专利技术的合法基础。如果规定此种情形可以继续无偿使用尚在有效期内的专利技术,便是对专利权人独占权的破坏,且与TRIPS第28条相悖。

(三)WT/DS549号案的主要问题

欧盟提起的WT/DS549号案也主要集中在外国知识产权权利人所能得到的国民待遇及独占权保护问题。欧盟提出的磋商请求中,也涉及WT/DS542号案提及的《对外贸易法》(2016年)、《技术进出口管理条例》、《中外合资经营企业法》、《中外合资经营企业法实施条例》以及《合同法》。除此之外,欧盟还增加了一些其他法律法规、司法解释、政策等。

在WT/DS542号案中,美国提到的有关《技术进出口管理条例》第24条、第27条、第29条,及《中外合资经营企业法实施条例》第43条的问题,欧盟再一次提及,认为其与TRIPS第3条国民待遇及第28条第1款关于专利独占权的规定不一致。此外,欧盟还提出我国有关未披露信息保护与TRIPS第39条第1款及第39条第2款不一致的问题。

(四)案件分析与中国回应

这两个案件基本在同一时间提起,欧盟要求磋商的内容略有扩展。截至目前,WTO在这两个案件上都没有取得实质性的进展。这两个案件的提起,一方面是美国、欧盟对中国经济与科技迅猛发展加以抑制的一种策略反应,另一方面也可以看作对中国立法进行审查和协调的外部动力。

中国加入WTO后,遵循WTO的一系列国际条约,在知识产权领域也实现与TRIPS的衔接。美国和欧盟在这两个案件中提到的国民待遇问题,实质是中国科技快速发展与相关立法未能实现完全协调一致产生的结果。以美国和欧盟提出的外国专利权人不能与中国专利权人享有同样独占权问题加以解释。美国和欧盟均认为,中国《中外合资经营企业法实施条例》第43条第4款关于"技术转让协议期满后,技术输入方有权继续使用该项技术"的规定,极大地损害了外国技术输入方(专利权人）的利益。要解决这一问题，首先应当理解在专利技术转让合同期满后，在未取得专利权人同意的情况下，受让人是否有权利继续使用所受让的技术。显然，按照中国专利法律的相关规定，在合同期满后即意味着授权许可使用的期间截止，除非再次得到专利权人的许可，否则受让人不能使用权利人的技术。那么中国《中外合资经营企业法实施条例》第43条第4款为什么作出规定，允许技术转让协议期满后，技术输入方有权继续使用该项技术呢？这与该条例的立法史有关。《中外合资经营企业法实施条例》第43条出现在法规的第六章"引进技术"部分，这部分的规定与中国《技术进出口管理条例》的规定基本一致，基本是从《技术进出口管理条例》中借鉴而来的。问题出在法规之间修改时限的错位，导致条文的适用出现冲突。中国《技术进出口管理条例》的前身是1985年的《中华人民共和国技术引进合同管理条例》（以下简称《技术引进合同管理条例》），这一点体现在2002年修订的《技术进出口管理条例》第55条的规定。

> **第55条**
> 本条例自2002年1月1日起施行。1985年5月24日国务院发布的《中华人民共和国技术引进合同管理条例》和1987年12月30日国务院批准、1988年1月20日对外经济贸易部发布的《中华人民共和国技术引进合同管理条例施行细则》同时废止。

而在1985年的《技术引进合同管理条例》第9条第（8）项中，有着与2014年《中外合资经营企业法实施条例》第43条第4款基本一致的规定。

> 1985年《技术引进合同管理条例》
> 第9条　供方不得强使受方接受不合理的限制性要求；未经审批机关特殊批准，合同不得含有下列限制性条款：
> （1）要求受方接受同技术引进无关的附带条件，包括购买不需要的技术、技术服务、原材料、设备或产品；
> （2）限制受方自由选择从不同来源购买原材料、零部件或设备；
> （3）限制受方发展和改进所引进的技术；
> （4）限制受方从其他来源获得类似技术或与之竞争的同类技术；
> （5）双方交换改进技术的条件不对等；
> （6）限制受方利用引进的技术生产产品的数量、品种或销售价格；
> （7）不合理地限制受方的销售渠道或出口市场；
> （8）禁止受方在合同期满后，继续使用引进的技术；
> （9）要求受方为不使用的或失效的专利支付报酬或承担义务。

按照在 1985 年《技术引进合同管理条例》第 9 条第（8）项的规定，未经审批机关特殊批准，合同不得含有禁止受让方在合同期满后继续使用合同中受让技术的限制性条款。而 1985 年《技术引进合同管理条例》这一条款的制定显然是借鉴了 1980 年的《行动守则》第 4 章关于限制性商业惯例的规定。加之我国改革开放不久，《专利法》也刚刚施行，对于专利与技术的关系以及专利运用的立法经验尚不充分。但随着我国对于知识产权的重视，在 2002 年对《技术进出口管理条例》的修订中已经删除这一规定。下面将前后两个文本的相关条款加以对比，2002 年《技术进出口管理条例》关于限制性条款的规定主要体现在第 29 条。

> **《技术进出口管理条例》（2002 年）**
>
> 第 29 条 技术进口合同中，不得含有下列限制性条款：
> （1）要求受让人接受并非技术进口必不可少的附带条件，包括购买非必需的技术、原材料、产品、设备或者服务；
> （2）要求受让人为专利权有效期限届满或者专利权被宣布无效的技术支付使用费或者承担相关义务；
> （3）限制受让人改进让与人提供的技术或者限制受让人使用所改进的技术；
> （4）限制受让人从其他来源获得与让与人提供的技术类似的技术或者与其竞争的技术；
> （5）不合理地限制受让人购买原材料、零部件、产品或者设备的渠道或者来源；
> （6）不合理地限制受让人产品的生产数量、品种或者销售价格；
> （7）不合理地限制受让人利用进口的技术生产产品的出口渠道。

可以看出，在 2002 年《技术进出口管理条例》修改中已经删除原第 9 条第（8）项的规定，即关于技术转让合同期满后，受让方依然可以继续使用技术的这一规定。显然，2014 年《中外合资经营企业法实施条例》第 43 条并未作出同步修改。

2019 年 3 月 2 日，我国通过《国务院关于修改部分行政法规的决定》（国务院令第 709 号）修订了《中外合资经营企业法实施条例》和《技术进出口管理条例》，该修订主要体现在《国务院关于修改部分行政法规的决定》第 33 项和第 38 项。

> 三十三、删去《中华人民共和国中外合资经营企业法实施条例》第四十三条第二款第三项、第四项。
>
> 三十八、删去《中华人民共和国技术进出口管理条例》第二十四条第三款、第二十七条、第二十九条。

2020 年 1 月 1 日，《中华人民共和国外商投资法》和《中华人民共和国外商投资法实施条例》正式生效。《中外合资经营企业法实施条例》《中外合资经营企业合营期限暂行规定》《中华人民共和国外资企业法实施细则》《中华人民共和国中外合作经营企业法实施细则》也同时废止，我国相关立法得到不断完善。

第十章　国际知识产权执法措施

国际知识产权条约规定，各缔约成员应承担和享有的具体权利和义务需要通过知识产权执法措施得以落实。《巴黎公约》和《伯尔尼公约》都未明确规定知识产权执法措施，而是留给各成员国内法予以明确。第二次世界大战后，国际贸易迅速发展，对国际贸易中货物进行知识产权保护的需求随之增加。为了加强知识产权权利人在国际范围内的利益保护和切实实施，知识产权执法措施被纳入国际知识产权规则的体系范畴，并成为重要的组成部分。自TRIPS开始，知识产权执法措施成为国际知识产权规则的重要问题，并在TRIPS之后的双边、多边及区域知识产权条约或贸易协定中不断发展，知识产权执法措施标准和保护力度总体呈现上升的趋势。知识产权执法措施不仅在TRIPS之中，在区域性知识产权协定或者双边及多边自由贸易协定中也同样是重要的规范内容。

国内知识产权执法措施的规定主要体现为相关诉讼法的规定，国际知识产权执法措施并不直接约束知识产权侵权纠纷的当事人，其面向的对象是缔约成员的主管机构。因此，国际知识产权条约中的知识产权执法措施要通过转换为国内法的方式，才能直接对国内当事人产生法律约束力。从国内法律体系的一般方式理解，国际知识产权法中的执法措施主要包括三个方面，即民事执法措施、刑事执法措施和行政执法措施。其中，民事执法措施包括制止知识产权侵权的民事诉讼程序性规定，如证据、诉前证据保全、禁令及损害赔偿等；刑事执法措施包括刑事处罚标准和刑事处罚方式等；行政执法措施包括海关行政执法条件、范围及程序等。在将知识产权执法措施上升到国际层面时，对于执法措施的关注点则不同于国内，其在尊重各国程序性法规的同时，更强调知识产权特性和知识产权商品的跨国流通属性。因此，在国际知识产权法中，知识产权执法措施的架构不同于国内程序法体系，而是按照其特殊的关注点设定执法措施规范的架构。因此，一般而言，国际知识产权法中的执法措施包括民事执法措施、临时措施（一般指民事执法措施中的临时禁令及诉前证据保全等）、刑事执法措施和边境执法措施。

第一节　TRIPS知识产权执法措施

TRIPS的知识产权执法规定在第三部分，是TRIPS较为重要的组成内容。从文本上看该内容占据协定全部内容的 40%，几乎达到一半的比例，由此可见知识产权执法措施在 TRIPS 中的重要地位。TRIPS 的知识产权执法规范较为系统，也是其后国际知识产权协定制定相关规范的基础。因此，我们在国际知识产权执法措施学习中，可以从 TRIPS 的知识产权执法措施入手，进而详细掌握知识产权执法措施的发展与变化。

一、TRIPS 知识产权执法措施的一般义务

国际知识产权执法主要是指缔约国对知识产权侵权行为可以采取的具体执法程序和措施。具体知识产权执法措施包括为防止知识产权侵权行为发生，以及对已经发生侵权行为可以采取的救济措施，主要是程序性规定。TRIPS 规定了各成员制定知识产权执法措施应遵循的一般义务，主要体现在第三部分第一节。对于知识产权执法，TRIPS 并未强制要求各成员制定不同于一般法律执行的司法制度，所采取的知识产权执法措施也不影响各成员执行其本国一般法律的能力。一般而言，应符合以下一般义务。

（一）公平合理且及时有效

TRIPS 要求各成员所规定的执法程序应当依照其国内法能够切实运行且行之有效，只有这样才能够真正采取有效措施制止任何侵犯知识产权的行为，并在知识产权侵权行为发生时提供有效的执法措施，及时为知识产权权利人提供阻止侵权的救济途径。

此外，TRIPS 要求各成员的知识产权执法程序应当公平合理。成员规定的知识产权执法程序不应过于复杂，包含不合理的时效或无保障的拖延。同时，知识产权权利人在利用这些执法程序时，也不会花费过高。TRIPS 规定强调，成员只有制定公平合理且及时有效的知识产权执法措施，才会使权利人在面对知识产权侵权行为时得到充分有效的救济。

（二）保障司法救济

对于知识产权执法，TRIPS 强调了对权利人司法救济途径的保障。TRIPS 规定，在符合国内法对有关案件司法管辖规定的前提下，对于行政执法的终局决定，尤其是对知识产权纠纷初审司法判决中的法律问题，诉讼当事人应有机会提交司法当局进行复审。但是对涉及知识产权刑事案件中的宣布无罪情形，成员可以不提供司法的复审机会。

（三）避免妨碍合法贸易

TRIPS 是国际贸易框架下的国际知识产权条约，更加强调对跨国合法贸易自由流通的保障。WTO 对知识产权保护的最终目标是维护国际贸易秩序，在保障知识产权权利人合法利益的前提下，进一步促进国际贸易的发展。知识产权执法措施的目标也应符合 WTO 的总体目标，维护国际贸易的合法秩序。因此，TRIPS 要求各成员

在制定知识产权执法措施时，相关知识产权执法程序的适用应当避免对合法贸易造成阻碍。

二、民事执法措施

TRIPS 有关民事执法措施的规定主要体现在第 43~48 条，主要包括证据、禁令、赔偿及其他补救、获得信息的权利与对被告的赔偿等内容。从 TRIPS 民事执法措施的规定来看，主要是规定在知识产权侵权纠纷中较为特殊的内容。基于知识产权的特殊性，处理知识产权侵权纠纷的民事诉讼程序也存在特殊之处。但由于较多国家缺乏处理知识产权侵权纠纷案件的经验，直接适用普通民事诉讼程序无法充分保障知识产权权利人的利益。因此，TRIPS 民事执法措施针对知识产权的特殊性，对民事诉讼程序中应该对知识产权侵权案件作出的特殊规定进行了明确。

（一）证据

民事诉讼程序中举证规则的一般原则是"谁主张，谁举证"，即当事人对于自己提出的权利主张有责任提供证据加以证明。由于知识产权侵权案件的特殊性，侵犯知识产权的证据较为难于取得且往往控制在被控侵权人手中。在这种情形下，完全要求知识产权权利人提供证据，否则承担败诉的风险，则较为不公平，权利人的利益也无法得到相应的保障。为此，TRIPS 第 43 条专门设立"证据"这一条款，规定特殊情形下当事人的举证责任。

TRIPS

Article 43　Evidence

1. The judicial authorities shall have the authority, where a party has presented reasonably available evidence sufficient to support its claims and has specified evidence relevant to substantiation of its claims which lies in the control of the opposing party, to order that this evidence be produced by the opposing party, subject in appropriate cases to conditions which ensure the protection of confidential information.

2. In cases in which a party to a proceeding voluntarily and without good reason refuses access to, or otherwise does not provide necessary information within a reasonable period, or significantly impedes a procedure relating to an enforcement action, a Member may accord judicial authorities the authority to make preliminary and final determinations, affirmative or negative, on the basis of the information presented to them, including the complaint or the allegation presented by the party adversely affected by the denial of access to information, subject to providing the parties an opportunity to be heard on the allegations or evidence.

> **第 43 条 证据**
> 1. 如果一方当事人已经提供足够支持其权利主张的并能够合理取得的证据，同时指出由另一方当事人控制的证明其权利主张的证据，则司法当局应有权在适当场合，在确保对秘密信息给予保护的条件下，责令另一方当事人提供证据。
> 2. 如果诉讼的一方当事人无正当理由主动拒绝接受必要的信息，或在合理期限内未提供必要的信息，或明显妨碍与知识产权执法的诉讼有关的程序，则成员可以授权司法当局在为当事人对有关主张或证据提供陈述机会的前提下，就已经出示的信息（包括受拒绝接受信息之消极影响的当事人一方所提交的告诉或陈述），作出初步或最终确认或否认的决定。

TRIPS 第 43 条第 1 款规定，在符合要求的条件下，成员应当在法律上施加被控侵权人提供证据的义务。TRIPS 规定的条件有两项：①一方当事人已经提供足够支持其权利主张，并能够合理取得的证据；②一方当事人明确指出，证明其相关权利的证据控制在对方当事人手中。在这种情况下，主管机构应责令对方当事人提交相关证据。

同时，TRIPS 也为对方当事人的利益提供保障，即要求成员要对其提供证据涉及的秘密信息给予保密。从民事诉讼程序的设计来看，TRIPS 第 43 条第 1 款单独责令提交相关证据的规定，不会产生实质性的效力。若要对不提供证据的当事人产生实质性的约束力，必须结合 TRIPS 第 43 条第 2 款共同适用，第 43 条第 2 款规定了对方当事人在被责令提供证据后，如不履行义务可能产生的法律后果。依据 TRIPS 第 43 条第 2 款的规定，如诉讼另一方当事人未提供相关证据，则司法当局在对有关主张或证据提供陈述机会的前提下，可以根据已经出示的证据，作出初步或最终判决。也就是说，在知识产权侵权案件中，知识产权权利人提交侵权人所获利润的初步证据，而侵权方当事人所获利润的真实证据控制在自己手中，如果法院责令侵权人提供其所获利润的财务账簿等相关证据，而侵权人拒绝提供，则按照 TRIPS 第 43 条第 2 款，法院可以直接依据知识产权权利人提交的证据作出判决。但 TRIPS 并没有对证据提供可能产生的法律后果作出强制性的要求，这一点从法条本身的陈述可以看出。TRIPS 第 43 条第 1 款规定，对于证据由对方当事人控制的情形，使用强制性规定，成员"应"责令当事人提供证据。而对于未提供证据的法律后果，第 43 条第 2 款则为国内法保留灵活性，规定成员"可以"授权司法当局作出初步或最终判决。从这一条款可以看出，TRIPS 对一些特定条款采取了灵活性态度。

对于 TRIPS 第 43 条，中国专利相关法规在 2016 年的司法解释中作出类似规定。

中国相关法条参考

《最高人民法院关于审理侵犯专利权纠纷案件应用法律若干问题的解释（二）》（法释〔2016〕1号）

第27条 权利人因被侵权所受到的实际损失难以确定的，人民法院应当依照专利法第65条第1款的规定，要求权利人对侵权人因侵权所获得的利益进行举证；在权利人已经提供侵权人所获利益的初步证据，而与专利侵权行为相关的账簿、资料主要由侵权人掌握的情况下，人民法院可以责令侵权人提供该账簿、资料；侵权人无正当理由拒不提供或者提供虚假的账簿、资料的，人民法院可以根据权利人的主张和提供的证据认定侵权人因侵权所获得的利益。

（二）救济方式

1. 禁令

TRIPS

Article 44 Injunctions

1. The judicial authorities shall have the authority to order a party to desist from an infringement, inter alia to prevent the entry into the channels of commerce in their jurisdiction of imported goods that involve the infringement of an intellectual property right, immediately after customs clearance of such goods. Members are not obliged to accord such authority in respect of protected subject matter acquired or ordered by a person prior to knowing or having reasonable grounds to know that dealing in such subject matter would entail the infringement of an intellectual property right.

2. Notwithstanding the other provisions of this Part and provided that the provisions of Part II specifically addressing use by governments, or by third parties authorized by a government, without the authorization of the right holder are complied with, Members may limit the remedies available against such use to payment of remuneration in accordance with subparagraph (h) of Article 31. In other cases, the remedies under this Part shall apply or, where these remedies are inconsistent with a Member's law, declaratory judgments and adequate compensation shall be available.

第44条 禁令

1. 司法当局应有权责令当事人停止侵权，尤其有权在海关放行之后，应立即禁止含有侵犯知识产权的进口商品在该当局管辖范围内进入商业渠道。对于当事人在已知或有充分理由应知经营有关商品会导致侵犯知识产权之前即已获得或已预购的商品，成员无义务授予司法当局上述权力。

> 2. 不论本部分的其他条文如何规定，在符合第二部分规定的无权利持有人许可的政府使用或政府授权第三方使用的条件下，成员可规定：针对这类使用的救济仅限于依照上文第 31 条 (h) 项，支付使用费。在其他情况下，则应适用本部分所规定的救济，或如果这类救济不符合国内法，则应作出确认权属的宣告并给予适当补偿。

知识产权主要体现为排他性的权利，权利人行使权利通常以禁止未经其许可的第三方实施特定法律行为来实现。因此，禁令这种救济方式对于知识产权侵权纠纷具有重要的实际意义。禁令的含义与运用方式依各国法律不同亦有所区别，其基本含义是要求特定对象停止为一定行为的命令，在知识产权领域通常指司法当局颁发的要求侵权人或被控侵权人停止侵权行为的裁定或裁决。TRIPS 第 44 条规定的禁令也指明了这一含义，其在第 1 款中规定"司法当局应有权责令当事人停止侵权"。TRIPS 第 44 条规定，适用禁令的对象是侵犯知识产权的进口商品，而且强调是海关放行之后的侵权商品。对于海关放行之前的执法措施，TRIPS 有专门的边境措施条款加以规范。对侵犯知识产权商品使用禁令的目的是禁止这些侵权货物在成员境内进入商业流通渠道，一旦进入商业渠道，这些侵权商品必然对知识产权权利人的利益造成实质性的损害。

从 TRIPS 第 44 条对于禁令的规范来看，与第 43 条相同，依然保持了协定留给成员境内立法的灵活性，并未对禁止的含义、具体类型与运用等规定强行性规范。TRIPS 第 44 条有关"禁令"的规范体现了充分的灵活性。首先，为了保证成员境内法的空间，TRIPS 第 44 条明确规定了不适用禁令救济的两种具体情形：①在主观状态方面不具有侵权故意的侵权行为，即购买侵权商品时不知道也没有理由知道其所购买的商品侵犯知识产权。在这种情况下，只要购买人能够提出相应的证明，成员司法当局就不能对其施加禁令，即不能禁止其销售已经购买的不存在主观故意的侵权商品。②强制许可，即 TRIPS 规定为"未经权利人同意的其他使用"的情形。在强制许可的情形下，属于未经知识产权权利人许可的政府使用或政府授权的第三方使用，权利人不能取得禁令的救济。按照 TRIPS 的规定，虽然不能利用禁令，但知识产权权利人可以要求使用者支付相应的报酬，以此补偿权利人所受到的损失。其次，TRIPS 第 44 条为没有禁令规定的成员保留不规定禁令这种救济方式的可能性。如某成员境内立法中没有关于禁令的规定，如果授权禁令会造成与其国内法的不一致，则不必为了与 TRIPS 保持一致而修改立法，规定禁令的救济方式，可以继续保留国内的立法现状。但这种立法现状必须能够达到两个标准：一是在知识产权侵权案件中能够明确判决知识产权的权利归属，即明确对权利人知识产权权属的法律保护；二是对侵犯知识产权的行为，要给予知识产权权利人相应的赔偿。

2. 损害赔偿

> **TRIPS**
>
> **Article 45　Damages**
>
> 1. The judicial authorities shall have the authority to order the infringer to pay the right holder damages adequate to compensate for the injury the right holder has suffered because of an infringement of that person's intellectual property right by an infringer who knowingly, or with reasonable grounds to know, engaged in infringing activity.
>
> 2. The judicial authorities shall also have the authority to order the infringer to pay the right holder expenses, which may include appropriate attorney's fees. In appropriate cases, Members may authorize the judicial authorities to order recovery of profits and/or payment of pre-established damages even where the infringer did not knowingly, or with reasonable grounds to know, engage in infringing activity.
>
> **第45条　损害赔偿**
>
> 1. 对已知或有充分理由应知自己从事之活动系侵权的侵权人，司法当局应有权责令其向权利人支付足以弥补因侵犯知识产权而给权利持有人造成损失的损害赔偿。
>
> 2. 司法当局还应有权责令侵权人向权利持有人支付其开支，其中可包括适当的律师费。在适当场合即使侵权人不知或无充分理由应知自己从事之活动系侵权，成员仍可以授权司法当局责令其返还所得利润或令其支付事先确定的赔偿，或二者并处。

损害赔偿是知识产权侵权案件中通常使用的救济方式之一。理解 TRIPS 民事执法措施中的损害赔偿要将 TRIPS 第 45 条与第 48 条结合起来适用，第 45 条从知识产权权利人的角度规定了损害赔偿，第 48 条则从被告角度规定了相应的赔偿。将两个法条结合起来可以更加充分地理解 TRIPS 对待损害赔偿这种救济方式的立法态度。

在理解 TRIPS 第 45 条关于知识产权侵权的损害赔偿规定时，不能与知识产权侵权的认定标准相混淆。在认定知识产权侵权时，无论侵权人是否存在主观故意，都应认定知识产权侵权行为成立。但成立知识产权侵权，未必会承担损害赔偿的责任。TRIPS 第 45 条第 1 款也明确了这一点，只有对"已知或有充分理由应知自己从事之活动系侵权的侵权人"，成员才有义务责令其对知识产权权利人给予损害赔偿，对于不存在主观故意的侵权行为，TRIPS 并未作出施加损害赔偿救济的强行性义务。但 TRIPS 作出了相对灵活性的规定，第 45 条第 2 款规定，成员在本国国内法中规定，在适当情形下，要求"不知或无充分理由应知自己从事之活动系侵权"的侵权人返还利润、支付事先确定的赔偿及同时适用两种赔偿方式。"事先确定的赔偿"

(pre-established damages)也被译成"法定赔偿",笔者尊重英文版直译为"事先确定的赔偿"。在英美法系中,"事先确定的赔偿"在不同情形下有不同的理解,在合同违约中可以理解为双方当事人在合同订立时事先拟定的赔偿额。在知识产权侵权损害赔偿情形中,一般指由于知识产权损害确定的困难,由法律事先确定的赔偿,因此,可以理解为"法定赔偿"。TRIPS 第 45 条第 2 款规定的三种赔偿方式的选择,并非 TRIPS 要求的强行性规定,具体立法留给各成员国内法进行确定。

与 TRIPS 第 45 条对知识产权权利人的损害赔偿相对应,TRIPS 第 48 条规定了对被告的赔偿,以防止权利人利用专有权进行滥诉。TRIPS 第 48 条规定,如果一方当事人所要求的措施已经采取,但该方滥用知识产权的执法程序,司法当局应有权责令该当事人向误受禁止或限制的另一方当事人对因滥用而造成的损害提供适当赔偿。司法当局还应有权责令原告为被告支付开支,其中包括适当的律师费。对于决定执行这些措施的行政机构,TRIPS 第 48 条规定,在涉及知识产权保护或行使的任何法律进行行政执法的场合,只有政府机构及其工作人员在执法过程中为善意采取或试图采取特定的救济措施时,成员立法才应免除其为采取措施而应负的过失责任。

3. 排除损害:侵权商品的商业渠道排除

除禁令和损害赔偿两种救济方式外,TRIPS 还要求各成员授权其司法当局将所发现的侵犯知识产权商品排除出商业渠道,以此保障知识产权权利人的利益。这一救济方式体现在 TRIPS 第 46 条,以"其他救济"的方式加以规定。

TRIPS

Article 46 Other Remedies

In order to create an effective deterrent to infringement, the judicial authorities shall have the authority to order that goods that they have found to be infringing be, without compensation of any sort, disposed of outside the channels of commerce in such a manner as to avoid any harm caused to the right holder, or, unless this would be contrary to existing constitutional requirements, destroyed. The judicial authorities shall also have the authority to order that materials and implements the predominant use of which has been in the creation of the infringing goods be, without compensation of any sort, disposed of outside the channels of commerce in such a manner as to minimize the risks of further infringements. In considering such requests, the need for proportionality between the seriousness of the infringement and the remedies ordered as well as the interests of third parties shall be taken into account. In regard to counterfeit trademark goods, the simple removal of the trademark unlawfully affixed shall not be sufficient, other than in exceptional cases, to permit release of the goods into the channels of commerce.

第 46 条 其他救济

为了对侵权行为造成有效威慑，司法当局应有权在不进行任何补偿的情况下，将已经发现的正处于侵权状态的商品排除出商业渠道，排除程度以避免对权利持有人造成任何损害为限，或者，只要不违背现行宪法的要求，应有权责令销毁该商品。司法当局还应有权在不进行任何补偿的情况下，责令将主要用于制作侵权商品的原料与工具排除出商业渠道，排除程度以尽可能减少进一步侵权的危险为限。在考虑这类请求时，应顾及第三方利益，并顾及侵权的严重程度和所下令使用的救济之间相协调的需要。对于假冒商标的商品，除了个别场合，仅将非法附着在商品上的商标拿掉，尚不足以允许这类商品投放商业渠道。

TRIPS 第 46 条规定的其他救济方式主要包括两种排除损害方式，一种是将侵权商品排除出商业渠道，另一种是销毁侵权商品。这两种救济方式比较严厉，两者是递进的关系，以排除出商业渠道为基础，如果不违背宪法的要求，司法当局还应当有权销毁侵权商品。TRIPS 第 46 条是原则性的规定，主要侧重规范排除出商业渠道。排除出商业渠道的客体包括知识产权侵权商品，以及用于制作知识产权侵权商品的原料和工具。将侵权商品排除商业渠道需要达到的程度是侵权商品不会再对知识产权权利人造成任何损害；将用于制作侵权商品的原料和工具排除出商业渠道的程度是不会再发生进一步的知识产权侵权行为。同时，TRIPS 第 46 条提及将侵权商品排除出商业渠道，应当顾及第三方利益，但并未对何种第三方利益的具体情形加以解释。很多国家对排除商业渠道都有特别的规定，如将侵权商品用于公益目的等，这种处理方式既可以避免知识产权侵权，也可以避免造成更大的社会浪费。

从逻辑上看，TRIPS 第 46 条的最后一句话似乎与第 46 条其他规定有所冲突。按照第 46 条前三句话的规定，成员的司法当局对于知识产权侵权商品有权将其排除出商业渠道，也有权将其销毁。但最后一句表述是"对于假冒商标的商品，除了个别场合，仅将非法附着在商品上的商标拿掉，尚不足以允许这类商品投放商业渠道"。这表明，对于假冒商标的商品，司法当局可将其投放入商业渠道，似乎与"排除出商业渠道"及"销毁"的救济方式不符。对于这一点，应更换另一个角度加以理解。首先，对于知识产权侵权商品可以区分为两种类别，一种是可以消除侵权特征的侵权商品，另一种是无法消除侵权特征的侵权商品。对于无法消除侵权特征的商品，可以适用 TRIPS 第 46 条的两种救济方式，即排除出商业渠道及销毁。而对于可以消除侵权特征的商品，则司法当局可以在消除侵权特征后，继续将商品投放商业渠道，实现其市场价值。因此，才会有 TRIPS 第 46 条最后一句关于假冒商标商品的补充解释。但对于假冒商标的商品，如果仅仅是去除附着于商品上的商标，就不能认为是已经充分实现消除侵权特征。因为很多商品在去除附着于商品上的商标后，依然可能被误认，甚至可能被再次贴上商标加以销售，没有完全消除对知识产权权利人损害的威胁。

三、临时措施

TRIPS 规定的临时措施（provisional measures）主要体现在知识产权执法部分的第 3 节第 50 条，含 8 个分款。临时措施主要是指为了有效阻止侵权发生或者侵权损害进一步扩大，根据权利人的申请采取的有关证据保全等方面的临时性措施。TRIPS 并未将临时措施的规定置于民事救济一节之下，因为 TRIPS 强调这些临时措施不仅可以在民事程序中适用，也可以应用于行政程序。因此，国际知识产权条约中的临时措施也被认为是对阻止知识产权侵权最有效且最重要的知识产权执法工具之一。[1]

TRIPS 第 50 条规定的临时措施与其第 4 节规定的边境执法措施类似，同属于程序性条款。但临时措施的适用范围更为广泛，可以适用于所有成员境内发生的知识产权侵权行为，而边境措施则只适用于进出口货物。为了更清晰地理解 TRIPS 临时措施的具体规定，可以先参考根据 TRIPS 第 50 条制作的流程架构，如图 10 – 1 所示。

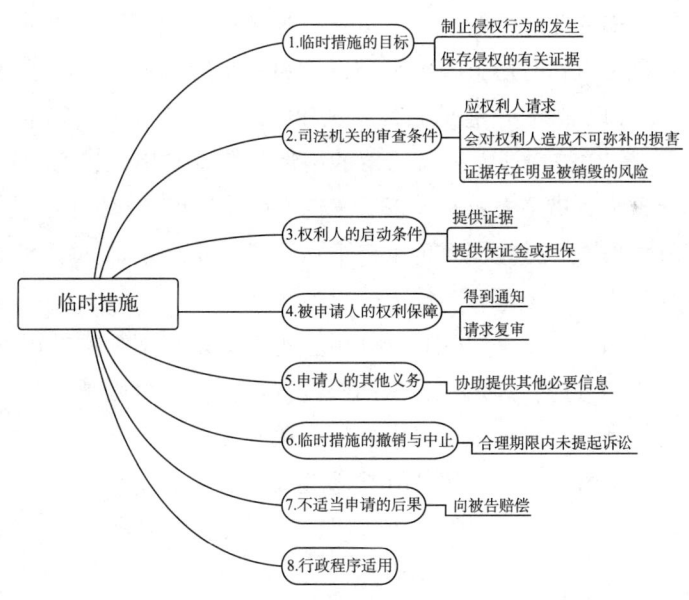

图 10 – 1　TRIPS 临时措施规定流程架构

TRIPS 设定临时措施的主要目标有两项，一是为了制止知识产权侵权行为的发

---

[1] 弗雷德里克·M. 阿伯特，等. 世界经济一体化进程中的国际知识产权法 [M]. 王清，译. 北京：商务印书馆，2014：1024.

生,制止侵权行为的主要效果是避免知识产权侵权商品进入成员管辖范围内的商业渠道。边境执法措施是在海关对知识产权侵权货物中止放行,临时措施则既适用于包括海关放行的进口商品,也适用于成员境内的侵权商品。二是对被指控知识产权侵权的相关证据进行保全。

临时措施需要根据权利人的请求采取,这一点也与TRIPS第4节的边境执法措施不同,海关执法措施既可以应申请人的请求启动,海关当局也可以依职权主动启动。主管机关在确定是否采取临时措施时,需要审查是否符合法律规定的相应条件。只有在任何迟误都可能给权利持有人造成不可弥补的损害,或有关证据显然有被销毁危险的情况下,主管机构才能主动决定采取相应的临时措施。在具备主管机关采取临时措施的前提下,权利人申请时也要符合相应的条件,才能启动临时措施。首先,申请人应提供任何其可以合法获得的证据,以使该主管机关足以确认其知识产权权利持有人的身份,确认其权利正在被侵犯或侵权行为即将发生;其次,申请人还应当向主管机关提供足以保护被申请人和防止其滥用知识产权独占权的保证金,或提供与之相当的担保。

TRIPS在规定临时措施以保证知识产权权利人利益的同时,也规定了相应的平衡性规范,以保护被申请人的利益。TRIPS要求成员国内主管机关在决定采取临时措施后,应及时通知受此影响的各方当事人。被申请人在接到通知后,可以在合理期限内要求主管机关对临时措施的决定进行复审,主管机关应当给予被申请人陈述意见的机会,并可以重新决定是否需要修改、撤销或确认该临时措施。此外,TRIPS还规定了三种向被申请人进行赔偿的情形:①临时措施被撤销;②因申请人的行为或疏忽导致临时措施失效;③事后发现不存在知识产权侵犯行为或侵权威胁。在出现以上三种情形时,被申请人可以请求司法机关责令申请人就有关的临时措施给被告造成的任何损害给予适当赔偿。

权利人在主管当局决定采取临时措施后,可以要求申请人提供识别货物侵权的其他必要信息。申请人应在规定的合理期限内提起诉讼,否则被申请人可以请求主管机关撤销临时措施。这一期限可以由主管机关在本国法律允许的范围内确定,如果没有确定相关的期限,可以按照TRIPS规定的期限。TRIPS第50条第6款规定,这一期限不得超过20个工作日或31个日历日,以二者中期限较长者为准。

四、边境执法措施

TRIPS第三部分第4节规定了有关边境执法措施的特殊要求(Special Requirements Related To Border Measures)。边境执法措施主要指海关对涉及侵犯知识产权的进出口商品采取的执法措施,TRIPS第4节比较完整地规定了海关知识产权执法的相关程序。面对日益频繁的国际货物贸易流动,海关可以对知识产权侵权商品加以控制,以阻止侵权商品进入本国国内市场流通领域。海关的边境执法措施是各国知识产权保护关注的焦点，2007年，美国在WTO对中国的"知识产权执法与保护措施"提出诉讼，该案主要涉及中国的海关边境执法措施。

（一）TRIPS边境执法措施的适用对象

TRIPS在规定具体的海关边境执法措施之前，首先规定各成员海关边境执法措施可以适用的具体对象。明确边境执法措施的适用对象，对于正确理解TRIPS第4节中规定的其他内容及各成员的具体义务具有重要意义。海关边境执法措施适用对象可以从两个视角进行理解，一是从侵权商品所侵犯的知识产权类别进行理解，二是从进出口商品进行理解。

> **TRIPS**
>
> **Article 51　Suspension of Release by Customs Authorities**
>
> Suspension of Release by Customs Authorities Members shall, in conformity with the provisions set out below, adopt procedures to enable a right holder, who has valid grounds for suspecting that the importation of counterfeit trademark or pirated copyright goods may take place, to lodge an application in writing with competent authorities, administrative or judicial, for the suspension by the customs authorities of the release into free circulation of such goods. Members may enable such an application to be made in respect of goods which involve other infringements of intellectual property rights, provided that the requirements of this Section are met. Members may also provide for corresponding procedures concerning the suspension by the customs authorities of the release of infringing goods destined for exportation from their territories.
>
> **第51条　海关当局中止放行**
>
> 成员均应在符合下文之规定的前提下采取有关程序，使有合法理由怀疑假冒商标的商品或盗版商品的进口可能发生的权利持有人能够向主管的司法或行政当局提交书面申请，要求海关中止放行该商品进入自由流通。对涉及侵犯其他知识产权的商品，成员也可以规定同样的申请程序，只要其符合本节的要求，成员就可以提供相应的程序，对于意图从其地域内出口的侵权商品，由海关当局中止放行。

1. 侵权知识产权类别

TRIPS第51条是海关边境执法措施程序的启动条件，知识产权权利人在有合法理由怀疑知识产权侵权产品将要进口时，可以向海关提交书面申请，海关可以中止放行该商品进入自由流通领域。同时，这一条款通过对启动程序主体的限定也明确了可以适用该程序的对象。TRIPS第51条规定，有权启动这一程序的主体是"有合法理由怀疑假冒商标的商品或盗版商品的进口可能发生的权利持有人"。TRIPS第

51条是第4节海关边境执法措施的第一个条款,其内容的限定对于第4节的其他条款具有效力。TRIPS 第51条中包含的关键术语,如"权利持有人""侵权商品""主观当局"及"被告"等,要根据上下文从整个条款的角度理解,第4节规定的所有程序应当作为一个整体加以解读。❶ 因此,我们可以相应地从条款中推出,各成员"应"有义务纳入国内边境执法措施的适用对象是"假冒商标的商品或盗版商品"。对于除"假冒商标的商品或盗版商品"之外的侵犯其他知识产权的商品,TRIPS 第51条没有对成员规定强行性义务,而是规定成员也"可以"提供同样的程序。

由此,对于适用TRIPS 第51条规定的知识产权侵权商品,依照成员义务的法律性质,可以分为两类:一是各成员负有强行性义务的"假冒商标的商品或盗版商品";二是成员不负有强制性义务,可以依据国内情形自由选择的"侵犯其他知识产权的商品"。TRIPS 在注释中对"假冒商标的商品和盗版商品"进行了界定,"假冒商标的商品"指任何未经授权使用与有效注册商标相同的商标,或者使用其实质部分与有效注册的商标不可区分商标的商品,该行为依进口国法律构成对商标权的侵犯;"盗版商品"是指未经权利持有人本人或被正当授权之人许可而复制,直接或间接依照某物品制造的商品,对该物品的复制依据进口国法律构成侵犯版权或其相关权利。在 WTO "中国 知识产权执法与保护措施"专家组报告中,对这一条款规定的"侵犯其他知识产权的商品"第一次进行了解释。专家组认为,"侵犯知识产权的商品是指不属于假冒商标的商品或盗版商品的其他侵犯商标权和版权的商品,也包括侵犯其他知识产权类别的商品,如侵犯专利权的商品"。这一解释也从侧面说明,成员有义务采取海关执法措施的"假冒商标的商品或盗版商品"并不等同于"侵犯商标权的商品与侵犯著作权的商品"。换句话说,并不是所有侵犯商标权和著作权的商品都能够成为海关执法措施的适用对象,而是仅侵犯商标权中的"假冒商标"的商品和侵犯著作权中复制权的"盗版"商品,这两种知识产权类别限定下的商品才是 WTO 成员海关执法措施必须纳入的适用对象,其他侵犯商标权、著作权的商品及侵犯专利权的商品是可以选择适用边境措施的对象。这一适用对象的限定范围同样适用于 TRIPS 第4节规定的其他程序。

2. 进出口商品

根据 TRIPS 第51条的规定,海关执法措施适用的主要是进口的知识产权侵权商品。对进口商品施加海关措施也是 TRIPS 规定的强行性义务,而对于从成员地域内出口的商品,则规定成员"可以"提供相应的程序,没有义务一定采取和进口商品同样的执法措施。《中华人民共和国知识产权海关保护条例》(以下简称《知识产权海关保护条例》)第2条规定,"知识产权海关保护,是指海关对与进出口货物有关

---

❶ China – measures affecting the protection and enforcement of intellectual property rights, Report of panel, WT/DS362/R [EB/OL]. (2009-01-26) [2020-04-16]. http://www.un.org/law/ilc/index.htm.

并受中华人民共和国法律、行政法规保护的商标专用权、著作权和与著作权有关的权利、专利权（以下统称'知识产权'）实施的保护"。这表明，我国不仅对进口的侵犯知识产权的商品给予海关保护，也同样对出口的商品给予保护，边境措施对于知识产权的保护水平要高于 TRIPS 的要求。

（二）海关执法措施的具体程序

TRIPS 第 4 节规定的海关边境知识产权执法程序共包括 10 个条款（第 51~60 条），我们可以根据图 10-2 所示的流程把握 TRIPS 的海关知识产权执法程序体系。该体系主要涉及三方主体，即知识产权权利人（申请人）、主管机关、被申请人（进口商）。对于知识产权侵权商品，海关可以依申请人的申请，也可以依职权采取措施，中止放行该批商品进入自由流通。

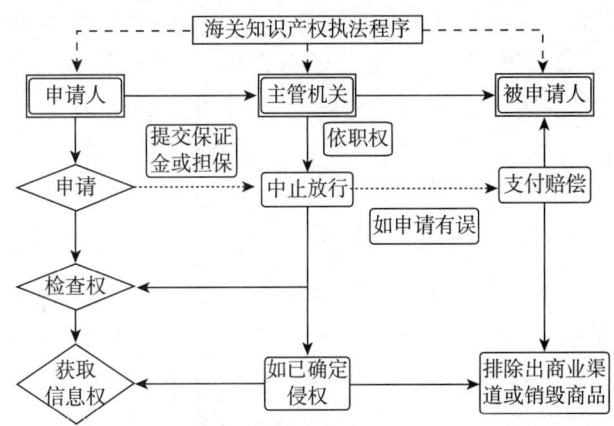

图 10-2 海关知识产权执法程序系统

1. 依申请中止放行

（1）申请。权利持有人申请海关对知识产权侵权商品中止放行，应当提交知识产权侵权存在的充分证明，申请人所提交的初步证据依据主管机关所在国家法律应足以证明侵权的存在。同时，申请人还应提供使主管机关可以及时识别侵权商品足够详细的商品说明。在收到权利持有人的申请后，主管机关应在合理期限内通知申请人是否已经接受其申请，如果主管机关已确定海关采取行动的时限，应将该时限通知申请人。一旦海关作出中止放行的决定，应当将这一决定立即通知申请人与被申请人。

（2）保证金与担保。主管机关在决定受理权利人的申请时，有权要求申请人提供保证金或同等的担保，以保护被申请人和主管机关，在出现知识产权权利人滥用独占权情形时弥补对被申请人造成的损害。

（3）中止放行的期限。申请人在收到海关机关中止放行的通知后，应当立即启动对被中止放行货物的相关诉讼。如果海关在向申请人送达中止放行通知后的 10 个工作日内没有被告知申请人已提出相关诉讼，也没有被告知其他有权部门已采取临时措施可以延长货物中止放行的期限,则对该批扣押货物应予以放行。TRIPS 第 55 条规定,这一时限可以适当延长 10 个工作日。如果权利人在规定的期限内启动诉讼,则被告可以请求海关对货物的中止放行进行复审,给被告陈述的权利,如听证等,海关借此可以在一合理期限内决定是否需要对中止放行措施进行修正、撤销或确认。

(4) 检查权与获取信息权。在保护相关机密信息的前提下,TRIPS 第 57 条要求各成员应授权主管机关给予权利持有人充分的机会,向主管机关提出要求,对海关扣押的货物进行检查,以证实权利持有人的权利请求,进口商也应有同等的机会对该货物进行检查。除检查权外,如果权利人提起的知识产权侵权案件已被主管机关作出肯定的裁决,申请人还应取得获取信息权。主管机关应将侵权货物的发货人、进口人、收货人的姓名、地址以及有关商品数量等信息提供给权利持有人。这里有一个问题需要解释,TRIPS 第 57 条规定的已作出肯定决定的主管机关是指什么机关,是否指海关作出的决定?从 TRIPS 原文的含义来看,第 57 条提及的"a positive determination has been made"这一决定并非限定于海关。虽然 TRIPS 第 57 条并未对主管机关加以明确,但在知识产权执法措施中,TRIPS 所使用的词语应有不同的界定,包括主管机关(the competent authorities)、行政机关(the administrative authorities)、司法机关(the judicial authorities)和海关机关(the customs authorities)。其中,TRIPS 第 51 条对主管机关进行了界定,主管机关包括行政机关和司法机关。TRIPS 第 4 节中所规定的作出中止放行决定等均使用主管机关,但在提及控制侵权货物的机关时使用海关机关。可见,TRIPS 明确地规定了两种不同含义的机关,海关机关属于行政机关,应当包含在主管机关的范畴之中。由于各成员相应法律程序不同,能够作出中止放行及知识产权侵权决定的不限于或者不是海关机关。为此,TRIPS 使用主管机关一词,而没有全部使用海关机关的概念。因此,TRIPS 第 57 条虽然未明确说明"肯定性决定"的具体机关,但所作的决定应当是包含海关机关的主管机关通过行政或司法程序作出的决定。

TRIPS

Article 57　Right of Inspection and Information

Without prejudice to the protection of confidential information, Members shall provide the competent authorities the authority to give the right holder sufficient opportunity to have any goods detained by the customs authorities inspected in order to substantiate the right holder's claims. The competent authorities shall also have authority to give the importer an equivalent opportunity to have any such goods inspected. Where a positive determination has been made on the merits of a case, Members may provide the competent authorities the authority to inform the right holder of the names and addresses of the consignor, the importer and the consignee and of the quantity of the goods in question.

第 57 条　检验和获得信息的权利

在不损害保护机密信息的情况下，各成员应授权主管机关给予权利持有人充分的机会要求海关对扣押的货物进行检查，以证实权利持有人的权利请求。主管机关还有权给予进口商同等的机会对此类货物进行检查。如对案件的是非曲直作出肯定确定，则各成员可授权主管机关将发货人、进口商和收货人的姓名和地址及所涉货物的数量告知权利持有人。

2. 依职权中止放行

按照 TRIPS 第 58 条的规定，成员可以规定，其主管机关在已获得证明知识产权侵权行为存在的初步证据时，可以主动依职权采取行动，中止放行侵权的货物进入流通。如果主管机关依职权采取措施，应当立即将中止放行措施通知进口人和权利持有人。同时，主管机关可以随时向权利持有人索取可能有助于其行使权力的任何信息。只有对主管机关及其工作人员系善意采取或试图采取特定救济措施的情形，成员才可以免除其为采取措施而应负的过失责任。

（三）边境执法措施中的救济方式

TRIPS

Article 59　Remedies

Without prejudice to other rights of action open to the right holder and subject to the right of the defendant to seek review by a judicial authority, competent authorities *shall have the authority* to order the destruction or disposal of infringing goods in accordance with the principles set out in Article 46. In regard to counterfeit trademark goods, the authorities shall not allow the re-exportation of the infringing goods in an unaltered state or subject them to a different customs procedure, other than in exceptional circumstances.

第 59 条　救济

在不损害权利持有人可采取的其他诉讼权并在遵守被告寻求司法机关进行审查权利的前提下，主管机关有权依照第 46 条所列原则责令销毁或处理侵权货物。对于假冒商标货物，主管机关不得允许侵权货物在未作改变的状态下再出口或对其适用不同的海关程序，但例外情况除外。

TRIPS 第 59 条的救济措施规定在第 57 条规定的"检查权和获取信息权"之后。因此，适用该条规定救济措施的前提应是在对知识产权侵权商品作出肯定性认定之后。TRIPS 第 59 条是 2007 年美国就中国知识产权保护问题在 WTO 提起诉讼时涉及的核心条款之一，中国法律主要涉及 2003 年的《知识产权海关保护条例》第 27

条。虽然该案已经过去近10年，但专家组对于相关法律问题的解释依然值得我们结合TRIPS第59条予以分析。

> **《知识产权海关保护条例》（2003年）第27条**
>
> 被扣留的侵权嫌疑货物，经海关调查后认定侵犯知识产权的，由海关予以没收。
>
> 海关没收侵犯知识产权货物后，应当将侵犯知识产权货物的有关情况书面通知知识产权权利人。
>
> 被没收的侵权知识产权货物可以用于社会公益事业的，海关应当转交给有关公益机构用于社会公益事业；知识产权权利人有收购意愿的，海关可以有偿转让给知识产权权利人。被没收的侵权知识产权货物无法用于社会公益事业且知识产权权利人无收购意愿的，海关可以在消除侵权特征后依法拍卖；侵权特征无法消除的，海关应当予以销毁。

在WTO"中国 知识产权保护与执法措施案"中，美国及其他第三国等对中国海关执法措施提出的异议主要针对权利人的救济方式。按照《知识产权海关保护条例》的规定，对知识产权侵权货物为权利人提供了四种救济方式：首先，侵权货物可以用于社会公益事业的，海关将其转交给有关公益机构；其次，知识产权权利人有收购意愿的，海关可以有偿转让给知识产权权利人；再次，无前两种情形的，海关可以在消除侵权特征后依法拍卖；最后，侵权特征无法消除的，海关予以销毁。美国认为，中国规定的救济方式与TRIPS不符。TRIPS规定的海关边境执法措施救济方式主要体现在第59条，由于第59条明确地并入了第46条，所以要将两个条款合并加以分析，第46条规定的救济方式主要包括"排除出商业渠道"和"销毁"。由此，专家组审核了涉及中国海关执法措施的以下问题。

1. 海关主管机关是否有权采取其他救济方式

TRIPS第59条和第46条明确规定了"排除出商业渠道"和"销毁"的救济方式，而中国《知识产权海关保护条例》中的海关执法措施还规定了交由公益机构用于社会公益事业及拍卖两种方式。其涉及的问题就是，必须解释TRIPS两个条款规定的救济方式是否具有限定性，即是否允许成员在TRIPS规定之外采取其他救济方式，这也是美国提出的"法律允许中国在特定情况下作出哪些决定"。

对于这一问题，专家组认为首先应当对TRIPS第59条中规定的成员"应有权"（shall have the authority）进行文义解释。从TRIPS第59条规定的义务来看，海关有权中止放行知识产权侵权货物，这里的"有权"是指"有权去做"而非"有义务去做"。TRIPS第三部分使用的"有权"应与第二部分规定的最低保护标准对照，并结合TRIPS之前的谈判记录进行解释。TRIPS之前草案中的阐述是，主管机关"应规定"（shall provide for）某种救济，但后来变更为"应有权"（shall have the authority）采取某种救济。因此，除非有其他规定，主管机关"应有权"采取的措施应当不是以某一特定方式履行的义务，实施特定类型的救济留给成员自由规定，该国主管机关有权采取的是未体现在 TRIPS 第 59 条之中的其他救济方式。❶ 也许是出于该案专家组对 TRIPS "应有权"含义的解释，在 TRIPS 之后起草的《反假冒贸易协定》中，类似条款的表述均作了修改，英文表述成为"shall provide that its judicial authorities have the authority to"，意为成员有义务"规定其司法机关有权做……"，消除了成员有自主决定权解释的可能。同时，专家组也认为，TRIPS 第 59 条并未表明其规定的救济方式是排他的。TRIPS 第 46 条构成第 59 条的组成部分，第 46 条第 1 句的确规定了主管机关应有权责令将侵权货物排除商业渠道或销毁，但在同款的第 4 句也规定了"投放商业渠道"的条件，这种救济方式并不在前两种救济类型之内。这表明，TRIPS 第 46 条规定救济方式也不是排他的。TRIPS 缔结的主要目标是成员可以规定其司法机关、边境或其他主管机关能够采取的最低标准的程序和救济，而不会排除其他救济方式。❷

因此，我国《知识产权海关保护条例》中作出的除排除出商业渠道和销毁之外的其他救济方式规定，并不违背 TRIPS 第 59 条及第 46 条的规定，TRIPS 并未限定成员在本国立法中采取其他类型的救济方式。

2. "排除出商业渠道"的界定

无论是 TRIPS 还是我国《知识产权海关保护条例》，对侵权货物规定的"销毁"这种处理方式并没有太大分歧。由于 TRIPS 并没有明确界定"排除出商业渠道"的含义，加之还规定了"投放商业渠道"的可能（第 46 条），使对此种救济方式的解释成为争议的焦点。

（1）捐献公益机构。

我国《知识产权海关保护条例》规定的救济方式除销毁外，还规定了可以将侵权货物用于公益事业，捐献给社会公益机构。美国对此提出质疑的是，中国规定的此种其他救济方式是否能够做到彻底将侵权货物排除出商业渠道。捐献给公益机构也有可能被公益机构自己出售，这样依然会对权利持有人造成损害。因此，是否能确定捐给公益机构这种救济方式将侵权货物排除出商业渠道？专家组的观点是，如果由公益机构销售海关处置的侵权货物，那么这批侵权货物重回商业渠道的可能性是存在的。即使公益机构没有销售，货物依然可能通过其他方式回到商业渠道，但这些情形不能改变侵权货物在海关已经被排除出商业渠道这一事实。其后的销售应当与另一事实有关，即对"排除出商业渠道"的救济是否是一种避免对权利持有人造成任何损害救济方式的评估。"排除出商业渠道"是替代销毁侵权货物的一种救济方式。它意味着，如果仅因为货物没有被完全销毁，而产生损害风险的事实，就

---

❶ China – measures affecting the protection and enforcement of intellectual property rights, para 7.236 – 7.240.

❷ China – measures affecting the protection and enforcement of intellectual property rights, para 7.241.

认为不是合格的救济方式，会造成 TRIPS 规定的销毁和其他处置方式的两种救济成为无效的选择。[1] 因此，应当认为排除出商业渠道不等同于销毁货物。

(2) 仅去除假冒商标标识。

TRIPS 第 46 条关于假冒商标货物有一句特殊规定，"除例外情况外，仅除去非法加贴的商标不足以允许假冒商标货物放行进入商业渠道"。按照 TRIPS 的解释，假冒商标货物是指未经授权而贴附与有效注册商标相同或者无法与其进行实质区分商标的货物。[2] 我国《知识产权海关保护条例》第 27 条后半句的规定是"被没收的侵犯知识产权货物无法用于社会公益事业且知识产权权利人无收购意愿的，海关可以在消除侵权特征后依法拍卖"，并没有像 TRIPS 第 46 条及第 59 条一样，对假冒商标的货物作出特殊规定。作为适用于所有侵权货物的原则性规定，TRIPS 第 27 条显然可以适用于假冒商标的货物。由此，可以得出这样的结论，对于假冒商标货物，海关在其无法用于社会公益事业且知识产权权利人无收购意愿的，海关可以在消除侵权特征后依法拍卖，而拍卖显然不能说不属于商业渠道。这就需要对其是否符合 TRIPS 第 46 条"仅除去非法贴附的商标不足以允许假冒商标货物放行进入商业渠道"的规定进行解释。要解决这一问题，需要明确"消除侵权特征"与"去除非法贴附商标"的关系。对于这一点，专家组认为，商标显然是假冒商标货物最突出的侵权特征，消除侵权特征应当包含去除假冒商标非法贴附的商标。去除非法贴附的商标如果不能够构成"消除侵权特征"，就不符合 TRIPS 第 46 条及第 59 条中的要求。为此，我国《知识产权海关保护条例》在 2010 年进行了修改，在原第 27 条的基础之上，增加了"但对进口假冒商标货物，除特殊情况外，不能仅清除货物上的商标标识即允许其进入商业渠道"的规定，以与 TRIPS 的规定保持一致。

五、刑事执法措施

TRIPS

Section 5　Criminal Procedures

Article 61

Members shall provide for criminal procedures and penalties to be applied at least in cases of wilful trademark counterfeiting or copyright piracy on a commercial scale. Remedies available shall include imprisonment and/or monetary fines sufficient to provide a deterrent, consistently with the level of penalties applied for crimes of a corresponding gravity. In appropriate cases, remedies available shall also include the seizure, forfeiture

---

[1] China – measures affecting the protection and enforcement of intellectual property rights, para7.279, 7.282.
[2] TRIPS Agreement, footnote 14 (a).

and destruction of the infringing goods and of any materials and implements the predominant use of which has been in the commission of the offence. Members may provide for criminal procedures and penalties to be applied in other cases of infringement of intellectual property rights, in particular where they are committed wilfully and on a commercial scale.

第5节 刑事程序

第61条 各成员应规定至少将适用于具有商业规模的蓄意假冒商标或盗版案件的刑事程序和处罚。可使用的救济应包括足以起到威慑作用的监禁和/或罚金,并应与适用于同等严重性的犯罪所受到的处罚水平一致。在适当的情况下,可使用的救济还应包括扣押、没收和销毁侵权货物和主要用于侵权活动的任何材料和工具。各成员可规定适用于其他知识产权侵权案件的刑事程序和处罚,特别是蓄意并具有商业规模的侵权案件。

TRIPS 第5节第61条规定了刑事执法措施,这是在WTO体系中首次规定刑事执法措施条款。[1] TRIPS 之前WTO体系的国际知识产权协定或条约尽管包含有此类执法性质的条款,如《录音制品公约》第3条规定,各缔约国可以采取刑事措施实施公约,但任何公约都没有创立有关刑事执法程序的具体最低标准条款。[2] 理解TRIPS 第61条的刑事执法措施可以分为两个部分。前半部分规定了成员必须遵守的最低标准义务,后半部分规定了成员可以根据本国情况自由决定是否适用的其他义务。这也体现了TRIPS 的灵活性特征。

最低标准义务规定表明了TRIPS 成员应当实施刑事程序和刑事处罚的最低门槛,TRIPS 第61条要求成员至少对于具有商业规模的故意假冒商标和盗版行为给予刑事处罚,处罚方式包括监禁、罚金或两者并用。成员国内立法只要做到以下三方面,就可以达到TRIPS 规定的最低标准:第一,适用对象是假冒商标和盗版行为。如果是假冒商标以外的商标侵权行为、盗版以外的著作权侵权行为,以及其他类型的知识产权侵权行为(如专利侵权),成员可以不适用刑事程序。第二,适用刑事措施的主观条件是故意的侵权行为。成员可以只针对故意的侵权行为适用刑事处罚,而对于过失侵权可以不适用刑事程序和刑事处罚。第三,适用的知识产权侵权案件应当具有商业规模。具备商业规模的知识产权侵权案件才能够启动最严厉的刑事处罚措施,如果不具备商业规模,就可以不适用刑事程序。对于除假冒商标和盗版之外的故意侵犯知识产权案件,TRIPS 也留给成员较大的灵活性,由成员国内立法决定

---

[1] PATRICK F J M, et al. The World Trade Organization: legal, economic and political analysis [M]. Berlin-Heidelberg: Springer Science Business, 2005: 1109.

[2] China – measures affecting the protection and enforcement of intellectual property rights, para7.529.

是否适用刑事程序和刑事处罚。对于扣押、没收和销毁侵权货物和主要用于侵权活动的材料和工具的救济方式，也由各成员国内立法自行确定是否适用刑事措施。TRIPS第61条只要求各成员对于具有一定商业规模的故意假冒商标和盗版行为给予刑事处罚，这是成员要遵守的最低标准，"具有商业规模"是对侵权行为给予处罚的构成条件。在美国于2007年对中国知识产权保护和执法措施的案件中，曾对中国有关刑事处罚门槛过高提出质疑，认为中国对具有"商业规模"的相关案件当事人未适用刑事程序，专家组也由此涉及对"商业规模"的解释。但最后认定"商业规模"是具有灵活性的概念，美国没有充分证明中国的刑事门槛与TRIPS第61条的规定不符。❶ 基于该概念在解释方面可能产生的分歧，TRIPS之后起草的《反假冒贸易协定》尝试对商业规模进行一定程度的界定，认为以商业规模进行的行为应至少包括为直接或间接经济或商业利益而作为商业活动进行的行为。❷

第二节　区域贸易协定的知识产权执法措施

TRIPS中规定了比较具体的知识产权执法措施，但基本保持协定整体遵循的灵活性属性，仅确立执法措施的最低标准，留给成员较大的立法空间。对这一属性的另一种理解是TRIPS对知识产权执法力度要求不高，为了进一步提高在国际层面的知识产权执法水平，一些国家开始在区域贸易协定中推动提高知识产权执法措施。目前，具有代表性的两项重要区域贸易协定是《反假冒贸易协定》（尚未生效）和《全面与进步跨太平洋伙伴关系协定》（CPTPP）。

一、《反假冒贸易协定》知识产权执法措施

《反假冒贸易协定》（Anti‐Counterfeiting Trade Agreement，ACTA）谈判始于2007年，经历八轮封闭式秘密谈判，于2010年结束，文本经过数次修改，至2010年11月公布最终文本，但至今仍未生效。参与谈判的国家和地区有美国、欧盟、瑞士、加拿大、澳大利亚、新西兰、墨西哥、新加坡、摩洛哥、日本和韩国。制定《反假冒贸易协定》的目的是在WTO和WIPO两大现有的国际多边组织之外建立更高的区域性知识产权执法标准，进而影响国际知识产权规则体系。

ACTA是一项以知识产权执法为主的区域贸易协定，除增加数字环境下的知识产权执法措施外，其基本架构以TRIPS知识产权执法措施部分为标准，部分条款内容未作改变，但具体执法措施更为具体，对缔约方国内立法的知识产权执法标准要

---

❶ China‐measures affecting the protection and enforcement of intellectual property rights, para7.669.

❷ Anti‐Counterfeiting Trade Agreement, released by Office of the United States Trade Representative [EB/OL]. (2010‐11‐15) [2020‐03‐16]. https：//ustr.gov/issue‐areas/intellectual‐property/anti‐counterfeiting‐trade‐agreement‐acta/previous‐acta‐texts.

求有所提高。因此，我们可以通过与 TRIPS 对比的方式理解 ACTA 的知识产权执法措施标准。

（一）知识产权执法的一般义务

ACTA 规定的知识产权执法的一般义务主要体现在第 6 条。ACTA 第 6 条第 1 款和第 2 款，与 TRIPS 原文基本一致，第 3 款、第 4 款是新增的义务。第 3 款规定了比例原则，要求各缔约方在实施知识产权执法措施时，应考虑知识产权侵权的严重性、第三方利益与可适用措施、救济和刑罚的比例。第 4 款规定，本条的任何规定均不得解释为要求当事方使其公职人员对履行其公职所发生的行为承担责任。这一规定与 TRIPS 的规定相比变化较大，TRIPS 第 48 条规定，只有在管理过程中采取或拟采取的行动是出于善意的情况下，各成员才可以免除其主管机构和官员采取相应救济措施的责任。ACTA 的规定显然是有意通过消除主管机构的所有责任，强化推动对知识产权权利人的保护。

（二）民事执法措施

ACTA 与 TRIPS 在架构方面的区别之处在于将临时措施的相关规定置于民事执法措施之下。在具体规范方面，民事执法措施中增加的内容较多。

1. 禁令（见表 10-1）

表 10-1　ACTA 与 TRIPS 关于禁令方面的英文条文对比

ACTA	TRIPS
Article 8　Injunctions 1. Each Party①shall provide that, in civil judicial proceedings concerning the enforcement of intellectual property rights, its judicial authorities have the authority to issue an order against a party to desist from an infringement, and inter alia, an order to that party or, where appropriate, ②to a third party over whom the relevant judicial authority exercises jurisdiction, to prevent goods that involve the infringement of an intellectual property right from entering into the channels of commerce	Article 44　Injunctions 1. The judicial authorities shall have the authority to order a party to desist from an infringement, inter alia to prevent the entry into the channels of commerce in their jurisdiction of imported goods that involve the infringement of an intellectual property right, immediately after customs clearance of such goods. ③*Members are not obliged to accord such authority in respect of protected subject matter acquired or ordered by a person prior to knowing or having reasonable grounds to know that dealing in such subject matter would entail the infringement of an intellectual property right*

我们在前文已经提及，ACTA 在英文文本的措辞方面有所调整，将 TRIPS 中的"主管机构应有权"调整为"成员应规定其主管机关有权"（见①），以强调缔约方有义务实施协定中的规定。ACTA 第 8 条禁令的第二处修改是增加禁令签发的对象，规定缔约方除有权可以向侵权人签发禁令外，还可以向其司法管辖范围内的第三方签发禁令（见②）。TRIPS 中原有的规定，如当事人在知道或有合理理由知道侵权之前购买货物不适用禁令的豁免情形，可以看出在 ACTA 中已被刻意删去（见③）。

2. 损害赔偿（见表 10-2）

表 10-2　ACTA 与 TRIPS 关于损害赔偿方面的英文条文对比

ACTA	TRIPS
Article 9 Damages 1. Each Party shall provide that, in civil judicial proceedings concerning the enforcement of intellectual property rights, its judicial authorities have the authority to order the infringer who, knowingly or with reasonable grounds to know, engaged in infringing activity to pay the right holder damages adequate to compensate for the injury the right holder has suffered as a result of the infringement. ①<u>In determining the amount of damages for infringement of intellectual property rights, a Party's judicial authorities shall have the authority to consider, inter alia, any legitimate measure of value the right holder submits, which may include lost profits, the value of the infringed goods or services measured by the market price, or the suggested retail price.</u> 2. At least in cases of copyright or related rights infringement and trademark counterfeiting, each Party shall provide that, in civil judicial proceedings, its judicial authorities have the authority to order the infringer to pay the right holder the infringer's profits ② <u>that are attributable to the infringement. A Party may presume those profits to be the amount of damages referred to in paragraph 1.</u> 3. At least with respect to infringement of copyright or related rights protecting works, phonograms, and performances, and in cases of trademark counterfeiting, each Party shall also establish or maintain a system that provides for one or more of the following: ③ (a) pre-established damages; or (b) <u>presumptions for determining the amount of damages sufficient to compensate the right holder for the harm caused by the infringement;</u> or (c) at least for copyright, additional damages. 4. Where a Party provides the remedy referred to in subparagraph 3 (a) or the presumptions referred to in subparagraph 3 (b), it shall ensure that either its judicial authorities or the right holder has the right to choose such a remedy or presumptions as an alternative to the remedies referred to in paragraphs 1 and 2	Article 45 Damages 1. The judicial authorities shall have the authority to order the infringer to pay the right holder damages adequate to compensate for the injury the right holder has suffered because of an infringement of that person's intellectual property right by an infringer who knowingly, or with reasonable grounds to know, engaged in infringing activity. 2. The judicial authorities shall also have the authority to order the infringer to pay the right holder expenses, which may include appropriate attorney's fees. In appropriate cases, Members may authorize the judicial authorities to order recovery of profits and/or payment of pre-established damages even where the infringer did not knowingly, or with reasonable grounds to know, engage in infringing activity

与 TRIPS 相比，ACTA 对于损害赔偿的相关规定更为细致和严格，具体表现在以下两个方面。

（1）利于知识产权权利人的损害赔偿估算方法。

ACTA 第 9 条第 1 款规定，在确定侵犯知识产权的损害赔偿金额时，缔约方的司法机关有权考虑权利持有人提出的任何合法估算方法，包括根据市场价格或者建议的零售价格所估算出的利润损失以及侵权商品或服务的价值（见①）。可见，在确定侵权的损害赔偿额时，规范重心极大地偏向知识产权权利人利益。第 2 款要求各缔约方应规定，至少在版权及其相关权侵权以及商标假冒的案件中，司法机关有权责令侵权人向权利持有人赔付相当于侵权人因侵权行为所获得的利润。缔约方可设定侵权人因侵权行为而所获得的利润为第 9 条第 1 款中所指的损害赔偿金（见②）。从适用对象来看，ACTA 将适用范围扩大至版权及其相关权侵权以及商标假冒的案件。对于版权侵权案件，ACTA 不再局限于 TRIPS 中的盗版案件，而是包括所有版权及其相关权的侵权案件。

（2）建立损害赔偿机制。

ACTA 第 9 条第 3 款是对损害赔偿规定最细致的一款，不仅规定了损害赔偿的类型，还给出了损害赔偿的具体推算方法（见③）。要求缔约方至少就版权或其相关权所保护的作品、录音制品和表演侵权及在假冒商标的情况下，建立或维持包括以下一项或多项规定的损害赔偿机制：

(a) 事先确定的赔偿；或

(b) 足以补偿权利持有人因侵权所受损害的赔偿金的推算方法；或

(c) 附加赔偿（至少关于版权）。

ACTA 第 9 条第 3 款中规定的事先确定的赔偿在 TRIPS 第 45 条第 2 款中有所体现，即前文已解释的法定赔偿。对于足以补偿权利持有人因侵权所受损害的赔偿金的推算方法，ACTA 在注释中给予了解释和限定，推算方法可包括：①以侵犯相关权利持有人的知识产权并且实际转让给第三方的商品的数量，乘以假定没有侵权行为下权利持有人售出的商品的每单位利润额作为损害赔偿金；②以合理的版税作为损害赔偿金；③假定侵权人请求授权使用有关知识产权的情况下，以侵权人根据相关权利应支付费用，例如，至少或者需付版税，或者需付使用费。通过该款规定，ACTA 对损害赔偿金的计算规定了详细的计算方法。

3. 其他救济

ACTA 对于其他救济的规定显然比 TRIPS 更为严格。对于侵权货物，TRIPS 主要规定了两种救济方式，即将侵权货物清除出商业渠道，或者下令将其销毁。ACTA 则直接规定除特殊情况外，至少对于盗版商品和假冒商标货物，司法机关可以应权利持有人的请求，责令在不给予任何补偿的情况下销毁货物。ACTA 对侵权货物的救济仅规定了销毁这一种救济方式。对于主要用于生产或制造侵权货物的材料和工具，TRIPS 仅规定了排除出商业渠道的救济方式；ACTA 则除该种救济方式之外，还增加了对生产或制造侵权货物的材料和工具进行销毁的救济，并明确规定，救济措施执行所产生的费用由侵权人负担。

4. 临时措施

ACTA 第 12 条规定了临时措施，将其规定在民事执法程序之中。临时措施在 TRIPS 的基础上，要求缔约方国内立法规定，至少在版权或相关权侵权以及假冒商标的民事执法程序中，司法机关有权责令没收或扣押涉嫌与侵权行为有关的货物、材料和工具。对假冒商标案件，还可以封存与侵权有关书面证据的原件或复印件。

（三）边境执法措施

ACTA 中的边境措施是对 TRIPS 突破较大的部分，重点体现在其第 16 条对"边境措施"的界定，以及第 17 条"权利持有人的申请"。

1. 边境措施的界定

ACTA

Article 16 Border Measures

1. Each Party shall adopt or maintain procedures with respect to import and export shipments under which:

   (a) its customs authorities may act upon their own initiative to suspend the release of suspect goods; and

   (b) where appropriate, a right holder may request its competent authorities to suspend the release of suspect goods.

2. A Party may adopt or maintain procedures with respect to suspect in-transit goods or in other situations where the goods are under customs control under which:

   (a) its customs authorities may act upon their own initiative to suspend the release of, or to detain, suspect goods; and

   (b) where appropriate, a right holder may request its competent authorities to suspend the release of, or to detain, suspect goods.

第 16 条 边境措施

1. 各缔约方应对进出口货物采取或维持相关程序，以使

   （a）其海关可主动中止放行涉嫌货物；及

   （b）在适当情况下，权利持有人可请求主管机关中止放行涉嫌货物。

2. 各缔约方可对有嫌疑的过境货物或货物处于海关控制下的其他情形采取或维持有关程序，以使

   （a）其海关可主动中止放行或扣押涉嫌货物；

   （b）在适当的情况下，权利持有人可请求主管机关中止放行或扣押涉嫌货物。

与 TRIPS 相比，ACTA 第 16 条对边境措施标准的强化程度较高。首先，它将海关对出口货物的中止放行纳入强行性规范，不再是 TRIPS 中可以由成员立法进行自

由规定的灵活性规范；其次，ACTA 将过境货物纳入海关采取执法措施的对象，按照 ACTA 第 16 条的规定，无论对于一般的进出口货物还是过境货物，海关既有权主动采取执法措施，也可以依据权利持有人的请求采取措施。

第 16 条第 2 款中有关过境货物的规定是整个 ACTA 的焦点问题，也是在其文本公布后引发争议最大的问题之一。ACTA 第 1 章第 2 节第 5 条对"过境货物"给出了定义，是指在海关过境或转运的货物。ACTA 第 16 条对缔约方海关可以对过境货物中止放行或扣押的规定，是对知识产权法地域性原则的一种突破。按照地域性原则，一国一般不会依据本国知识产权法，对过境或转运货物实施知识产权执法措施。因为，过境货物并未进入其本国市场流通领域，也不会对其境内的知识产权权利人利益造成损害。ACTA 第 16 条对地域性限制的突破，就会造成此种情形的出现，即在出发地国与目的地国均不侵权的货物，在 ACTA 缔约国过境时可能因违反过境地的知识产权法而被中止放行或扣押。正如 ACTA 第 17 条第 2 款所规定的，边境措施的申请应适用于缔约方领土内海关控制下的所有货物。

2. 边境措施的具体适用

ACTA 第 17 条对第 16 条规定的海关边境措施的启动和适用进行了具体规定。如果知识产权权利持有人请求启动边境措施，则应提供足够的证据以使主管机关确信，被申请人货物根据其本国法律构成知识产权侵权。申请人还要提供其应知范围内的充足信息，以使主管机关可以识别涉嫌侵权货物。缔约方海关控制下的所有货物都可以适用于有关边境措施的申请，包括进行分批货运的货物。主管机关应在合理的期限内通知申请人是否已接受其申请，如果主管机关已经接受申请，还应通知申请人该申请的有效期。如果发现存在权利人滥用边境措施的情况，主管机关可以驳回、中止或无效其申请。

3. 提供保证金或相应担保

权利持有人请求启动边境措施，应提交保证金或相当担保，这在 TRIPS 中已作出规定。ACTA 在此方面对权利人利益保护的强化，主要体现在被申请人可否通过提交保证金取回涉嫌货物问题之上。按照 TRIPS 第 53 条第 2 款的规定，对涉及工业设计、专利、集成电路布图设计或未披露信息的货物，在规定的期限已满，只要符合所有其他进口条件，则此类货物的所有人、进口商或收货人有权在缴纳保证金后有权要求对货物予以放行。但 ACTA 略去第 53 条第 2 款，在第 18 条直接规定，只有在例外情况下或依据司法命令，缔约方才可以允许被告通过提交保证金或其他担保取回涉嫌侵权货物。

4. 救济措施（见表 10-3）

表 10-3　ACTA 与 TRIPS 关于救济措施方面的英文条文对比

ACTA	TRIPS
Article 20　remedies 1. Each Party shall provide that its competent authorities have the authority to order the destruction of goods following a determination referred to in Article 19（Determination as to Infringement）that the goods are infringing. In cases where such goods are not destroyed, each Party shall ensure that, except in exceptional circumstances, such goods are disposed of outside the channels of commerce in such a manner as to avoid any harm to the right holder. ① 2. In regard to counterfeit trademark goods, the simple removal of the trademark unlawfully affixed shall not be sufficient, other than in exceptional cases, to permit release of the goods into the channels of commerce. 3. A Party may provide that its competent authorities have the authority to impose administrative penalties following a determination referred to in Article 19（Determination as to Infringement）that the goods are infringing.	Article 59 Remedies Without prejudice to other rights of action open to the right holder and subject to the right of the defendant to seek review by a judicial authority, competent authorities shall have the authority to order the destruction or disposal of infringing goods in accordance with the principles set out in Article 46. In regard to counterfeit trademark goods, the authorities shall not allow the re-exportation of the infringing goods in an unaltered state or subject them to a different customs procedure, other than in exceptional circumstances

依据 TRIPS，销毁侵权货物和将其排除出商业渠道是成员可以选择的两种救济方式，但 ACTA 则直接规定了最严厉的救济方式，即销毁侵权货物。在特殊情况下，如果货物没有被销毁，才规定缔约方要禁止该批货物进入商业渠道，而且应当达到的标准是"避免对权利持有人造成任何损害"（见①）。同时规定，缔约方主管机关有权在裁定货物侵权后施加行政处罚。

（四）刑事执法措施

除对过境货物采取有关边境措施的规定外，ACTA 的刑事执法措施也是较为突出和争议较大的规范。TRIPS 仅用 1 个条款规定刑事执法程序，且只有一句原则性的强行性规定，即对具有商业规模的故意假冒商标或盗版案件适用刑事程序和处罚，对其他侵权行为则仅以灵活性规范加以体现。ACTA 使用 4 个条款（含 12 个分款）对缔约方应采取的刑事执法措施进行了规定，其中有 3 项包含超越 TRIPS 的内容。

1. 扩大刑事犯罪处罚的范围

（1）增加适用刑事程序的知识产权案件类型。

ACTA 扩大了适用刑事处罚的知识产权案件范围，ACTA 要求缔约方适用刑事处罚的知识产权侵权案件包括三种：①故意假冒商标或版权或相关权盗版案件。TRIPS 规定了对故意假冒商标或盗版案件适用刑事程序和处罚，ACTA 第 23 条在此基础上增加了相关权，即除对版权盗版行为外，将侵犯版权相关权的盗版行为也纳入刑事处罚的范畴。ACTA 第 23 条第 1 款还对商业规模进行进一步解释，规定达到商业规模的行为至少包括为直接或间接的经济或商业利益而实施的商业活动。②达到商业规模的标签或包装类案件。ACTA 第 23 条第 2 款还要求成员规定两种对使用与商标近似标签或包装的行为适用刑事处罚。这两种案件类型：一种是未经授权而采用与其领土内注册的商标相同或无法区分的标志的标签或包装；另一种是意图在贸易过程中使用与所注册商标的商品或服务相同的商品或相关服务上的标签或包装。③侵犯电影作品复制权的行为。ACTA 第 23 条第 3 款特别对侵犯电影作品复制权的行为进行规定，这种侵权行为主要指未经授权在公众开放电影播放场地复制所播放电影作品的行为，规定缔约方可以在适当情况下对这种复制行为给予刑事处罚。相对于前两种案件类型而言，第 3 款规定对于缔约方属于灵活性规定。

（2）明确适用法人的刑事程序。

除自然人外，ACTA 规定，各缔约方应视情况需要，规定法人进行知识产权侵权行为时应承担的刑事责任。而且要求法人在承担刑事责任时，其承担的责任不应影响到触犯刑事罪名的自然人应承担的刑事责任。

（3）规定间接侵权刑事执法措施的适用。

ACTA 在刑事执法程序的另一突破是规定刑事执法措施可以适用于知识产权间接侵权案件。由于间接侵权的界定在各国知识产权案件中立法差别较大，要求对间接侵权行为适用刑事处罚必然带来更大的不确定性。ACTA 第 23 条要求缔约方确保帮助和教唆知识产权侵权行为的刑事责任，即将帮助侵权和教唆侵权两种典型间接侵权行为纳入刑事规范程序。

2. 具体刑事执法措施：扣押、没收及销毁

（1）扣押。

按照 ACTA 第 25 条的规定，缔约方主管机关可以扣押的对象范围比较广泛，包括涉嫌假冒商标的货物和盗版货物；用于实施被控知识产权罪行的相关材料和工具；与被控罪行有关的文书证据。此外，ACTA 甚至规定缔约方还可以规定扣押来自于被控侵权行为的资产，包括通过直接或间接被控侵权行为获得的资产。

（2）没收与销毁。

没收与销毁的执法力度严于扣押，对侵权人造成的是实质性损害，在适用范围上也相应缩小。缔约方主管机关有权没收或销毁所有假冒商标货物或盗版货物。同时，ACTA 规定各缔约方应确保，对货物的没收或销毁措施不给予侵权人任何类型的赔偿。司法机关还有权决定没收与来自被控侵权行为或通过被控侵权行为直接或间接获得的资产价值相当的资产。

（五）ACTA 知识产权执法措施总体分析

ACTA 经历 4 年多次谈判，一些谈判参与国希望借此协定进一步推动提升国际知识产权执法标准，但最终未达成目标。这一结果与 ACTA 的谈判方式、谈判平台及具体内容均有一定的关系，除非对具体条款调整或将协定的部分内容吸收入其他

协定谈判，ACTA 最终很难产生其预期的法律效力。

首先，ACTA 谈判采取封闭式秘密谈判的方式，这与传统的国际知识产权条约谈判方式完全不同。这种不公开的谈判方式虽然在一方面减少了反对声音的阻碍，另一方面也招来支持民主、公开、透明国家与国际组织的更大反对。也正是这种不公开的谈判方式，虽然使 ACTA 条款满足了部分国家强化保护知识产权权利人利益目标的需求，但由于全球各方面利益交错复杂，参与谈判国家本身承受更大压力，最终不敢决定签署这一协定。

其次，ACTA 避开 WIPO 和 WTO 的谈判平台并不明智。ACTA 在两大机构之外寻求国际知识产权谈判，并打算建立一个监督协定义务履行的机构❶，就是为了避开 WIPO 和 WTO 谈判平台出现的多方利益分歧，另辟蹊径寻求目标尽快达成。但 WIPO 和 WTO 是获得世界认可的知识产权谈判平台，知识产权从 WIPO 谈判体系转到 WTO 谈判体系，虽然也进行了巨大的机制转移，但知识产权与贸易的密切关联性无法否认，WTO 的谈判平台也已为各成员认可。ACTA 则不同，其拟讨论国际知识产权问题的新平台不具有国际认可性，仅代表少数国家的利益。正如印度在提交给 TRIPS 理事会对 ACTA 草案声明中所表述的，"我们担忧在 WIPO 和 WTO 的权限范围之外另设一个诸边知识产权执法机构，会削弱处理知识产权事务国际组织的作用"❷。

最后，也是最为重要的，ACTA 的内容过度强调对知识产权权利人利益的保护，不仅规定了发展中国家难于接受的条款，也忽略了本国知识产权权利人之外相关个体与群体的利益。由此，ACTA 引发了强烈的公众抗议，反对这种更加严格的执法措施，特别是在欧洲。为此，2012 年欧洲议会拒绝批准 ACTA。❸ 国际条约的价值在于协调多边利益，在妥协的基础上实现各国利益的价值均衡。而 ACTA 条款片面强调高标准，意图通过其他协定或国民待遇等途径将其标准实现全球化，但全球利益多元化的格局已经难以通过强力推进多边规则的统一化。

尽管如此，ACTA 中的知识产权执法措施还是代表了在 TRIPS 之后一些国家对于多边知识产权执法措施的不满。ACTA 之后，其中的一些知识产权执法措施条款被采纳进入双边或区域贸易协定，并通过此种方式转化为具有影响力的跨国知识产权规则。国际知识产权规则也需要考虑如何对 TRIPS 的现有知识产权执法措施条款进行完善，以符合全球经济发展的需要。

---

❶ 弗雷德里·克·M. 阿伯特，等. 世界经济一体化进程中的国际知识产权法 [M]. 王清，译. 北京：商务印书馆，2014：1061.

❷ 弗雷德里·克·M. 阿伯特，等. 世界经济一体化进程中的国际知识产权法 [M]. 王清，译. 北京：商务印书馆，2014：1066.

❸ HANNS U. Trips plus 20：from trade rules to market principles [M]. BerlinHeidelberg：Springer，2016：622.

二、CPTPP 知识产权执法措施

CPTPP 即《全面与进步跨太平洋伙伴关系协定》已于 2018 年生效。CPTPP 有关知识产权执法措施的规定主要体现在第 18 章第 18.71~18.77 条，基本架构沿袭 TRIPS，包括一般义务、民事执法措施、临时措施、边境执法措施以及刑事执法措施等。但有关具体知识产权执法措施的条款内容与 ACTA 的规定更为接近，既有对 ACTA 相关条款的完全复制，也有一些删减和补充。总体而言，该协定尽管作了部分调整，但延续了 ACTA 对知识产权执法措施的高标准。

（一）一般义务

CPTPP 有关知识产权执法措施的一般义务也遵循 TRIPS 要求迅速及时制止侵权，以及程序公平且合理的基本原则。与 ACTA 中的一般义务相同，规定了比例原则，要求各缔约方在实施知识产权执法措施时，应考虑侵权严重性、可适用措施、救济和刑罚以及第三方利益的比例。与 ACTA 不同，CPTPP 在一般义务中即明确知识产权民事、行政执法措施、临时措施以及刑事措施条款适用于数字环境下的商标侵权与版权及相关权侵权。同时表明，并不要求成员建立与本国一般执法体系不同的司法体系进行知识产权执法，也不影响一般执法体系的执法能力和执法资源。

（二）权利主体的确定

有关版权权利主体推定的部分是 CPTPP 增加的规定，在 TRIPS 与 ACTA 中均没有类似规定。CPTPP 规定在没有相反证据的情况下，在适用民事、刑事及行政程序中，应认为以通常方式在作品、表演或音像制品上指明的作者、表演者或制作者，可以推定就是这些作品的指定权利持有人。对于版权及相关权的相关客体，这种推定方式可以更加便捷地推定版权及相关权的权利主体；对于商标权，因商标有效注册意味着已经由其主管机关进行实质性审查，各缔约方对商标本身就应认定初步有效；对于专利权，由于专利同样受到主管机关的实质性审查并得以授权，各成员应规定，专利侵权案件中的诉求构成满足缔约方境内可专利性的初步证明。

（三）民事与行政程序及救济

1. 禁令

CPTPP 有关禁令的规定比较简单，仅体现在第 18.74 条第 2 款。第 2 款没有像 ACTA 一样规定可以向第三人发布禁令等条款。而是建立与 TRIPS 的链接，缔约方应规定有权发布与 TRIPS 第 44 条相符的禁令救济，包括阻止侵权商品进入商品流通领域。

2. 损害赔偿

损害赔偿是 CPTPP 比较重视的条款，有关损害赔偿的具体条款基本延续 ACTA 中的规定，有调整但变动不大，调整之处参见如表 10-4 所示的画线部分。CPTPP 还补充了对事先确定的赔偿及额外赔偿的解释，相比要更具体。

表10-4 ACTA与CPTPP执法措施之损害赔偿规定对比

ACTA	CPTPP
Article 9 Damages 1. Each Party shall provide that, in civil judicial proceedings concerning the enforcement of intellectual property rights, its judicial authorities have the authority to order the infringer who, knowingly or with reasonable grounds to know, engaged in infringing activity to pay the right holder damages adequate to compensate for the injury the right holder has suffered as a result of the infringement. In determining the amount of damages for infringement of intellectual property rights, a Party's judicial authorities shall have the authority to consider, inter alia, any legitimate measure of value the right holder submits, which may include lost profits, the value of the infringed goods or services measured by the market price, or the suggested retail price. 2. At least in cases of copyright or related rights infringement and trademark counterfeiting, each Party shall provide that, in civil judicial proceedings, its judicial authorities have the authority to order the infringer to pay the right holder the infringer's profits that are attributable to the infringement. A Party may presume those profits to be the amount of damages referred to in paragraph 1. 3. At least with respect to infringement of copyright or related rights protecting works, phonograms, and performances, and in cases of trademark counterfeiting, each Party shall also establish or maintain a system that provides for one or more of the following: (a) pre-established damages; or (b) presumptions for determining the amount of damages sufficient to compensate the right holder for the harm caused by the infringement①; or (c) at least for copyright, additional damages. 4. Where a Party provides the remedy referred to in subparagraph 3 (a) or the presumptions referred to in subparagraph 3 (b), it shall ensure that either its judicial authorities or the right holder has the right to choose such a remedy or presumptions as an alternative to the remedies referred to in paragraphs 1 and 2.	Article 18.74 Civil and Administrative Procedures and Remedies …… 3. Each Party shall provide that, in civil judicial proceedings, its judicial authorities have the authority at least to order the infringer to pay the right holder damages adequate to compensate for the injury the right holder has suffered because of an infringement of that person's intellectual property right by an infringer who knowingly, or with reasonable grounds to know, engaged in infringing activity. 4. In determining the amount of damages under paragraph 3, each Party's judicial authorities shall have the authority to consider, among other things, any legitimate measure of value the right holder submits, which may include lost profits, the value of the infringed goods or services measured by the market price, or the suggested retail price. 5. At least in cases of copyright or related rights infringement and trademark counterfeiting, each Party shall provide that, in civil judicial proceedings, its judicial authorities have the authority to order the infringer, at least in cases described in paragraph 3, to pay the right holder the infringer's profits that are attributable to the infringement. 6. In civil judicial proceedings with respect to the infringement of copyright or related rights protecting works, phonograms or performances, each Party shall establish or maintain a system that provides for one or more of the following: (a) pre-established damages, which shall be available on the election of the right holder①; or (b) additional damages. 7. In civil judicial proceedings with respect to trademark counterfeiting, each Party shall also establish or maintain a system that provides for one or more of the following: (a) pre-established damages, which shall be available on the election of the right holder; or (b) additional damages.

续表

ACTA	CPTPP
5. Each Party shall provide that its judicial authorities, where appropriate, have the authority to order, at the conclusion of civil judicial proceedings concerning infringement of at least copyright or related rights, or trademarks, that the prevailing party be awarded payment by the losing party of court costs or fees and appropriate attorney's fees, or any other expenses as provided for under that Party's law	8. Pre-established damages② under paragraphs 6 and 7 shall be set out in an amount that would be sufficient to compensate the right holder for the harm caused by the infringement, and with a view to deterring future infringements. 9. In awarding additional damages③ under paragraphs 6 and 7, judicial authorities shall have the authority to award such additional damages as they consider appropriate, having regard to all relevant matters, including the nature of the infringing conduct and the need to deter similar infringements in the future

CPTPP 有关损害赔偿的规定体现在第 18.74 条第 3~11 款。从表 10-4 与 ACTA 第 9 条有关损害赔偿的规定对比可以看出，CPTPP 第 18.74 条第 3~5 款与 ACTA 第 9 条的前两款基本一致。有关损害赔偿计算的方式，CPTPP 第 18.74 条第 6 款和第 7 款对应 ACTA 第 9 条第 3 款，进行了部分调整。CPTPP 将对保护作品、音像制品及表演的版权及相关权侵权损害赔偿与假冒商标的侵权赔偿分别单列进行规定，规定了两种具体的损害赔偿机制供缔约方选用或共同适用。这两种损害赔偿机制分别是：①事先确定的损害赔偿，即法定赔偿。与 ACTA 不同，CPTPP 删去了对侵权人造成损害可以进行推定赔偿，而是规定此种赔偿方式在权利持有人选择时才能适用（见①）。②额外赔偿。同时，CPTPP 要求缔约方规定事先确定赔偿的数额应当足以补偿权利持有人因侵权造成的损害，并考虑到能够制止未来的侵权（见②）。额外赔偿应考虑所有相关事件，包括侵权行为的性质及阻止未来类似侵权的需要（见③）。其他有关由败诉方承担法庭相关费用、律师费用及其他花费的规定与 ACTA 基本一致。

CPTPP 还在第 18.74 条第 11 款规定了有关聘请技术专家的费用，要求缔约方确保这些费用根据技术专家工作的性质和付出的劳动量合理确定，并且不能不合理地阻碍执法措施的进行。

3. 其他救济途径

CPTPP 规定的其他救济途径与 ACTA 基本一致，包括两种主要方式。一是对盗版和假冒商标侵权货物销毁且不予赔偿；二是对于制造侵权货物的材料和工具销毁或以最小化进一步侵权的方式排除商业渠道，且不予赔偿。相比较而言，对于制造侵权货物的材料和工具，CPTPP 通过省略一词规定了更严格的救济方式。ACTA 的规定是"主要用于侵权货物生产的"材料和工具；而 CPTPP 省去了"主要"一词，规定"用于侵权货物生产的"材料和工具都适用销毁或排除商业渠道的救济，进一步提高了对权利人的保护。

(四) 临时措施

关于临时措施，CPTPP 的规定比较简略，只在第 18.75 条中规定了 3 款。规定缔约方有权按照其司法规则请求对知识产权侵权行为实施临时措施。缔约方司法机关有权要求临时措施申请人提供合理的证明，使司法机关对申请人权利正在被侵犯或即将被侵犯有足够的确定性，且可以要求申请人提供保证金或相当担保，以保护被申请人及阻止滥用。该保证金和担保不应不合理地阻碍临时措施。对于涉及版权及相关权侵权与商标假冒的民事司法程序，缔约方应规定其司法机关有权扣押或管控涉嫌侵权货物、与侵权有关的材料和工具，以及与侵权相关的书面证明。

(五) 采取边境措施的要求

1. 依权利人申请采取措施

边境执法措施可以应权利人请求采取。CPTPP 的缔约方应规定对于进口至其地域的任何涉嫌假冒或混淆近似商标货物或盗版货物可以申请中止放行。启动申请的权利人要提供充分的证明，以使主管机关可依法确认存在对权利人知识产权侵权的初步证据，并提供其了解的合理信息，以使主管机关合理识别涉嫌侵权货物。主管机关有权要求申请人提供合理的保证金或相当的担保，以保护被申请人和主管机关，防止执法措施被权利人滥用。一旦主管机关对不侵权的货物采取执法措施，这些保证金就可以使被申请人免受任何损害。在不影响缔约方法律有关隐私或保密信息的情况下，应通知当事方相关信息。一旦主管机关确定对涉嫌假冒商标和盗版的货物采取中止放行的执法措施，就应毫不迟延地通知权利持有人发货人、出口商、收货人或进口商的名称和地址，货物说明，货物的数量，以及如果了解，还包括货物的来源地国家，最迟不能超过作出决定后的 30 日。

2. 依职权采取措施

按照 CPTPP 的规定，边境执法措施也可以由主管机关依职权采取。主管机关可以对涉嫌假冒商标或盗版的进口货物、要出口的货物及过境货物采取边境执法措施。缔约方可以对此种侵权决定规定行政程序，也可以规定其行政机关可以对侵权行为施加罚金或扣押侵权货物等行政处罚或制裁。

主管机关在知识产权侵权性质得以确定后，有权责令销毁货物。如果货物没有被销毁，缔约方应确保以避免对权利持有人造成任何损害的方式将侵权货物排除商业渠道。

与 ACTA 相比，CPTPP 对可以执行边境执法措施的适用对象进行调整。对于依权利人请求启动的边境执法措施仅限于进口货物，只是对主管机关依职权的执法措施才适用进出口货物和过境货物，缩小了对过境货物采取边境措施的范围。此外，CPTPP 也没有像 ACTA 一样，要求边境执法措施可以适用于多批货物。可见，为了能够使缔约方接受协定的内容，CPTPP 采取略为谨慎的立法态度。

（六）刑事程序与处罚

1. 刑事措施的适用范围

CPTPP 第 18.77 条规定了边境执法措施的刑事程序和处罚。要求缔约方至少对于具有商业规模的故意假冒商标和版权及相关权盗版案件规定刑事程序和处罚。CPTPP 再次对"具有商业规模"进行全新解释，认为具有商业规模的行为包括为商业利益或经济利益而进行的行为，以及并非为商业利益或经济利益而进行，但对版权及相关权的权利人利益有实质性损害影响的重大行为。与 ACTA 一样，CPTPP 也规定了两种对使用与商标近似标签或包装行为适用刑事处罚的义务：一种是未经授权而采用与其领土内注册的商标相同或无法区分的标志的标签或包装；另一种是意图在贸易过程中用于与所注册商标的货品或服务相同的货品或相关服务上的标签或包装。

对于未经授权在影院复制所播放电影作品的行为，CPTPP 认为，此种行为会对作品的权利持有人造成重大损害，必须予以阻止，规定缔约方应采取或维持相关适当的刑事程序和处罚措施。对于该种类型的具体刑事执法措施，CPTPP 的规定要严于 ACTA，因为 ACTA 对于在公开场所复制播放电影作品的行为仅规定在适当情况下可以给予刑事处罚，属于灵活性规定，而 CPTPP 则将这一义务改为强制性规定。

CPTPP 也要求缔约方确保其立法对于协助和教唆的知识产权间接侵权行为可以适用刑事责任。

2. 具体刑事处罚措施

CPTPP 规定具体刑事处罚措施包括一定刑期的监禁和罚金，罚金的数额要足以构成对未来侵权行为的威慑，要符合罪行的严重程度。在确定处罚时，主管机关要考虑行为的严重性，包括可能对健康或安全的影响或威胁情形。此外，CPTPP 还规定主管机关有权命令扣押涉嫌假冒商标或盗版货物、被控罪行中使用的相关材料和工具、书面证明，以及通过或源于被控侵权行为获得财产。

3. 与 ACTA 刑事执法措施对比

CPTPP 的规定基本复制 ACTA 有关刑事执法措施的规定，只是在措辞方面进行一定的调整。下面以 ACTA 第 25 条和 CPTPP 第 18.77 条为例加以说明。

ACTA

Article 25 Seizure, Forfeiture, and Destruction

...

5. With respect to the offences specified in paragraphs 1, 2, 3, and 4 of Article 23 (Criminal Offences) for which a Party provides criminal procedures and penalties, that Party may provide that its judicial authorities have the authority to order:

(a) the seizure of assets the value of which corresponds to that of the assets derived from, or obtained directly or indirectly through, the allegedly infringing activity; and

(b) the forfeiture of assets the value of which corresponds to that of the assets derived from, or obtained directly or indirectly through, the infringing activity.

第 25 条　扣押、没收与销毁

……

5. 对于缔约方第 23 条（刑事犯罪）第 1 款、第 2 款、第 3 款、第 4 款所述罪行采取的刑事程序和刑事处罚，该缔约方可规定其司法机关有权下令：

（a）扣押与来自被控的侵权行为或通过被控的侵权行为直接或间接获得的资产价值相当的资产；及

（b）没收与来自被控的侵权行为或通过被控的侵权行为直接或间接获得的资产价值相当的资产。

CPTPP

Article 18.77　Criminal Procedures and Penalties

…

7. With respect to the offences described in paragraphs 1 through 5, a Party may provide that its judicial authorities have the authority to order the seizure or forfeiture of assets, or alternatively, a fine, the value of which corresponds to the assets derived from, or obtained directly or indirectly through, the infringing activity.

第 18.77 条　刑事程序与处罚

……

7. 对于第 1 款至第 5 款规定的罪行，缔约方可以规定其司法机关有权责令没收或扣押资产或罚金，其价值相当于源自侵权行为或直接或间接通过侵权行为获得的资产。

但 CPTPP 也有一些变化，有的条款采取更严格的规定，有的条款则采取较宽松的态度。如对于在影院复制所播放电影作品行为适用刑事措施的规定，CPTPP 采取更为严厉的态度；而在 ACTA 中将其作为灵活性规定，并未将其作为缔约方的必要义务。而 CPTPP 没有提及 ACTA 中有关对法人采取刑事措施的规定，对法人的刑事处罚不再采取严格的态度。

对比 TRIPS、ACTA 及 CPTPP 有关知识产权执法措施的规定，可以看出 ACTA 和 CPTPP 规定更为严格的执法措施，而 TRIPS 则将更多这一部分内容留给成员立法加以确定，相应的规范也主要体现为灵活性规范。但 ACTA 和 CPTPP 中也体现了随着时代发展对知识产权执法措施的新需求，包括数字环境下执法措施的具体适用等。在 TRIPS 之后，缔结的双边或区域贸易协定中的一些知识产权执法措施条款与这些项区域贸易协定中的规定类似，规定了具体的执法措施、执法程序以及损害赔偿确定等相关条款。虽然有关知识产权执法措施条款还没有在国际层面形成一体化的规则，但未来国际知识产权规则中该领域的规则发展必将受到目前已有条款的影响。

第十一章 国际知识产权程序一体化规则

第一节 概述

知识产权作为无形财产，是一种法定财产，财产权的取得和保护须由法律明确加以界定，无法通过实际占有进行推定。各国立法对于取得知识产权的具体要求和申请程序都进行了明确的规定，只有依法履行程序并符合法定授权条件，才能在该国享有知识产权的法律保护。在传统知识产权范畴中，除可以取得自动保护的版权外，专利权和商标权的取得均需要向国家行政机构申请以获得授权。《巴黎公约》确立了知识产权的独立性原则，这一原则至今依然是国际知识产权领域的重要原则。依据知识产权的独立性原则，不同国家的知识产权是彼此独立的，在一国取得知识产权的授权不意味着在他国能够取得授权，在一国知识产权的撤销或无效也不意味着在他国会被撤销或无效。知识产权的独立性原则决定了各国对于知识产权的申请及授权拥有绝对的自主权，各国的知识产权申请授权程序彼此独立。

知识产权独立性原则是国家主权原则在国际知识产权领域的具体体现，但这一原则对于需要在多国取得知识产权授权的申请人来说也形成一定的困扰。首先，申请人若要取得授权，需要逐一履行其他国家的申请程序；其次，不同国家的具体申请程序有较大差别，申请人要逐一完成不同要求的申请程序；最后，申请程序涉及的费用不菲，加之大多数国家都要求境外申请人委托本国知识产权代理机构代理申请，多国申请的费用对于申请人也是不小的负担。这种困境一方面会消耗申请人的时间与费用，另一方面也不利于货物的跨境流动，是所有国家面临的共同困境，国际社会开始尝试在知识产权申请授权程序领域推动制定简单、便捷、有效的国际一体化规则。《巴黎公约》考虑在知识产权的某一具体领域可以进一步缔结条约，以逐步解决知识产权领域的国际一体化问题，这就是《巴黎公约》第19条中有关专门协定的规定，"本联盟国家在与本公约的规定不相抵触的范围内，保留有相互间分别签订关于保护工业产权的专门协定的权利"。因此，很多国际知识产权领域的程序一体化条约都是《巴黎公约》的专门协定。

国际知识产权程序一体化规则主要体现在专利、外观设计和商标领域。国际知识产权程序一体化规则是指对以获取知识产权授权为目的进行国际申请的程序进行统一的规则。国际专利申请程序一体化规则的代表性条约有《专利合作条约》《专利法条约》《欧洲专利公约》等,广义的国际专利程序国际一体化条约还包括为国际专利申请程序服务的条约,如《斯特拉斯堡协定》等。国际商标程序一体化规则的代表性条约包括《马德里协定》《商标法新加坡条约》及《尼斯协定》等。国际外观设计程序一体化规则包括《海牙协定》《洛迦诺协定》等。

第二节　国际专利程序一体化规则——PCT

《巴黎公约》制定后,巴黎联盟成员国可以享受公约规定优先权及国民待遇。在一段期间内,外国国民在其他缔约国申请专利的数量不断增加,这也为各国的专利审查工作带来了压力。同时,各国对同一发明的审查也存在一定的重复。20世纪60年代,国际社会从战争中逐步恢复,对于经济发展的需求较为一致,最终在1970年就专利申请程序达成一致,通过《专利合作条约》(PCT)。PCT包含国际申请的三大主要组成部分,即国际申请、国际检索和国际初步审查。

一、国际申请

PCT 第 2 条将"国际申请"界定为依照 PCT 提交的申请。提出 PCT 申请,即自动产生在国际申请日对 PCT 所有缔约国进行申请的效力,申请人不必再逐一单独向不同国家提出专利申请。

(一) 申请主体与受理主体

1. 申请人

PCT 所有缔约国的国民或居民都可以成为申请 PCT 的主体。在 PCT 申请中使用申请人这一概念时,按照 PCT 实施细则的规定,在没有明显相反意思的情况下,申请人也应当包括申请人的代理人或其他代表。对于申请人国籍和居所的确定,主要规定在《专利合作条约实施细则》第 18 条第 1 款。

> **《专利合作条约实施细则》**
> **Article 18.1　Residence and Nationality**
> (a) Subject to the provisions of paragraphs (b) and (c), the question whether an applicant is a resident or national of the Contracting State of which he claims to be a resident or national shall depend on the national law of that State and shall be decided by the receiving Office.
> (b) In any case,
> (i) possession of a real and effective industrial or commercial establishment in a Contracting State shall be considered residence in that State, and

> (ii) a legal entity constituted according to the national law of a Contracting State shall be considered a national of that State.
>
> (c) Where the international application is filed with the International Bureau as receiving Office, the International Bureau shall, in the circumstances specified in the Administrative Instructions, request the national Office of, or acting for, the Contracting State concerned to decide the question referred to in paragraph (a). The International Bureau shall inform the applicant of any such request. The applicant shall have an opportunity to submit arguments directly to the national Office. The national Office shall decide the said question promptly.
>
> **第18.1条 居所和国籍**
>
> (a) 除(b)款和(c)款另有规定外，关于申请人是否如其所声明的是某一缔约国的居民或国民的问题，应取决于该国的本国法，并应由受理局决定。
>
> (b) 在任何情况下：
>
> (i) 在缔约国内拥有实际有效的工商业营业所，应认为在该国有居所；
>
> (ii) 按照某一缔约国的本国法成立的法人，应认为是该国的国民。
>
> (c) 如果国际申请是向作为受理局的国际局递交的，国际局在行政规程指明的情况下，应要求有关缔约国的国家局或者代表该国的国家局决定(a)款所述的问题。国际局应将这种要求告知申请人。申请人应有机会直接向国家局提出意见。该国家局应迅速对上述问题作出决定。

按照《专利合作条约实施细则》的规定，申请人国籍和居所主要由受理局根据缔约国的国内法确定。同时《专利合作条约实施细则》规定了确定法人居所和国籍的一般性原则：如果申请人在一缔约国内拥有实际有效的工商业营业所，就应认为在该国有居所；如果法人是依照一缔约国的法律成立，就应当认为是该国的国民。如果申请人的申请向国际局递交，国际局就可以要求与该申请人有关的缔约国的国家局对申请人的国籍和居所问题作出决定。

2. 受理局

国际申请的受理主体是受理局，受理局是指受理国际申请的国家局或政府间组织。申请人可以选择向哪一受理局提出国际申请。一般而言，申请人可以向为其居民的缔约国国家局提出，也可以向申请人是其国民的缔约国国家局提出。除此之外，申请人还可以向与其居民或者国民缔约国无关的国际局提出。缔约国还可以与其他缔约国或者政府间组织达成协议，规定为了某些目的，后一国的国家局或者该政府间组织可以代表前一国的国家局，作为前一国居民或者国民的申请人的受理局受理国际申请。

(二) 国际申请提交的材料

进行国际申请应当按照 PCT 的规定，提交所需的材料，一般包括请求书、说明书、一项或几项权利要求、一幅或几幅附图及摘要。

> **PCT**
>
> **Article 3 The International Application**
>
> (1) Applications for the protection of inventions in any of the Contracting States may be filed as international applications under this Treaty.
>
> (2) An international application shall contain, as specified in this Treaty and the Regulations, a request, a description, one or more claims, one or more drawings (where required), and an abstract.
>
> **第 3 条 国际申请**
>
> (1) 在任何缔约国，保护发明的申请都可以按照本条约作为国际申请提出。
>
> (2) 按照本条约和细则的规定，国际申请应包括请求书、说明书、一项或几项权利要求、一幅或几幅附图（需要时）和摘要。

在请求书中应表明将所申请的专利按照 PCT 规定加以处理的请求，写明申请人和代理人（如有）的姓名、发明名称、发明人姓名、优先权请求等规定事项。申请人可以在请求书中指定一个或几个缔约国，要求这些国家在国际申请的基础上对发明给予保护。如果按照区域专利条约的规定，申请人不能将其申请限制在该条约的某些缔约国，则指定这些国家中的一国并说明希望获得地区专利，应认为指定该条约的所有缔约国。说明书应当对发明作出清楚和完整的说明，并足以使本领域的技术人员能实施该项发明。权利要求应确定要求保护的内容清楚简明，以说明书作为充分依据。附图不是必要提交的材料，如果对理解发明有必要，应提交附图。如果对理解发明虽无必要，但发明的性质容许用附图说明，申请人可以提交附图，指定局也可以要求申请人在规定的期限内提供附图。

受理局收到符合要求的国际申请材料的日期就是国际申请日，国际申请日被认为是在每个指定国的实际申请日。如果受理局收到国际申请时认定申请不符合要求，可以按《专利合作条约实施细则》的规定，要求申请人提供必要的改正。如果申请人按要求进行改正，受理局就以收到必要改正之日为国际申请日。

(三) 优先权要求

申请人若要享有优先权，在进行国际申请时应提出优先权要求。《巴黎公约》第 4 条确立了优先权制度，申请人如果在《巴黎公约》联盟任何成员国内提交正式申请，该在先申请可以成为确定其后在其他国家进行申请的基础，享有以首次申请日作为他国申请日的优先权。申请人可以要求一个或多个在先申请的优先权，该在先申请应在《巴黎公约》成员国或者虽然不是《巴黎公约》成员国，但是 WTO 成员中提出。优先权要求应在请求书中表明要求享受在先申请的优先权,写明在先申请的申请日、申请号,如果在先申请是国际申请,还要写明受理该申请的受理局。优先权确立的优先权日具有重要意义,优先权日是国际申请向各指定局提交申请文件副本、进行国际公布等程序期间计算的基础,对于专利国际申请的效力具有重要影响。

二、国际检索

(一) 国际检索单位

受理局在收到国际申请后,需要留存一份国际申请在受理局,被称为受理本。此外,还需要送交两个部门,一份送交国际局,被称为登记本,如果国际局在规定期限内没有收到登记本,国际申请会被视为撤回。另外一份送交国际检索单位,这份文本被称为检索本。国际检索单位(International Searching Authority,ISAs)由缔约国大会指定,符合要求的国家局和政府间组织均可以被指定为国际检索单位。国家局或政府间组织在其被指定为国际检索单位之前必须满足,而且在其被指定期间也必须继续满足规定的最低要求,尤其是关于人员和文献的要求。大会的指定要取得被指定国家局或政府间组织的同意,并由该局或该组织与国际局签订协议,协议要经大会批准。协议规定双方的权利和义务,国际检索单位要承诺执行和遵守国际检索的所有各项共同规则。

国际检索单位可以是一个国家局,也可以是政府间组织,如国际专利机构。《专利合作条约实施细则》第 36 条规定了对国际检索单位的最低要求:①国家局或者政府间组织至少必须拥有 100 名具有足以胜任检索工作的技术资格的专职人员;②该局或者该组织至少必须拥有或能够利用实施细则要求的最低限度文献,并且为检索目的而妥善整理的载于纸件、缩微品或储存在电子媒介上;③该局或者该组织必须拥有一批工作人员,能够对所要求的技术领域进行检索,并且具有至少能够理解用来撰写或者翻译实施细则所要求的最低限度文献语言的能力;④该局或该组织必须根据国际检索共同规则,设置质量管理系统和内部复查措施;⑤该局或该组织必须被指定为国际初步审查单位。目前的国际检索单位有澳大利亚、奥地利、巴西、加拿大、中国、智利、埃及、芬兰、印度、以色列、日本、菲律宾、韩国、俄罗斯、新加坡、西班牙、瑞典、土耳其、乌克兰和美国的国家局,以及欧洲专利局、北欧专利局和维谢格拉德专利局。

(二) 国际检索程序

所有的国际申请都需要进行国际检索,国际检索的任务是作出文献的国际检索报告。国际检索单位对相关的专利文件和其他文献进行高质量的检索,国际检索的目的就是发现与申请技术相关的现有技术。国际检索在申请人提交的权利要求书基础上进行,并适当考虑说明书和附图。在符合要求的情况下,国际检索单位会在规定的期限内按规定的格式作出国际检索报告。

如果国际检索单位认为国际申请的内容不符合规定要求,以至于不能进行有意义的检索的,可以通知申请人和国际局将不作出国际检索报告。如果国际检索单位认为国际申请不符合发明单一性的要求,国际检索单位可以要求申请人缴纳附加费。国际检索单位会对国际申请的权利要求中首先提到的主要发明部分作出国际检索报告。如果申请人在规定期限内付清附加费,再对国际申请中已经缴纳该项费用的发明部分作出国际检索报告。PCT申请有发明的单一性要求,即一件国际申请应只涉及一项发明或者由一个总的发明构思联系在一起的一组发明。《专利合作条约实施细则》第13条第2款规定了满足发明单一性的情形。

> **《专利合作条约实施细则》**
>
> Rule 13.2 Circumstances in Which the Requirement of Unity of Invention Is to Be Considered Fulfilled
>
> Where a group of inventions is claimed in one and the same international application, the requirement of unity of invention referred to in Rule 13.1 shall be fulfilled only when there is a technical relationship among those inventions involving one or more of the same or corresponding special technical features. The expression "special technical features" shall mean those technical features that define a contribution which each of the claimed inventions, considered as a whole, makes over the prior art.
>
> 第13.2条 被认为满足发明单一性要求的情形
>
> 在同一件国际申请中要求保护一组发明的,只有在这些发明之间存在技术关联,含有一个或者多个相同或者相应的特定技术特征时,才应被认为满足本细则第13.1条所述的发明单一性的要求。"特定技术特征"一词应指,在每个要求保护的发明作为一个整体考虑时,对现有技术作出贡献的技术特征。

(三)国际检索报告

国际检索单位进行国际检索后,作出国际检索报告。国际检索报告要写明国际检索单位的名称、国际申请号、申请人名称和国际申请日。如果根据发明的单一性要求,国际检索单位只是对主要发明而不是对所有发明进行检索,国际检索报告要说明对国际申请中的哪些部分已进行检索,哪些部分没有检索。国际检索报告要对国际申请是否符合PCT的要求,以及发明的新颖性、创造性及工业实用性等内容作出说明。国际检索现有技术就是为了有助于判断在提交申请之时,所申请的发明是否具备新颖性或创造性。但对于可专利条件的最终判断取决于各缔约国的国内立法,国际检索报告中有关新颖性、创造性的说明仅具有指导意义,是为了帮助申请人对发明是否可以在指定国获得专利进行预先评估。国际检索单位作出国际检索报告后,应尽快将报告送交申请人和国际局。国际局将国际申请连同国际检索报告送交申请人指定的每个指定局，指定局即申请人在请求书中指定对其发明请求保护缔约国的国家局或代表该国的国家局。国际局在优先权日起满 18 个月公布国际申请，也可以应申请人要求在该期限之前公布国际申请。按照《专利合作条约实施细则》第 47 条第 1 款的规定，国际检索报告向各指定局的送交时间不应早于国际申请的公布之日。国际局和国际检索单位除根据申请人的请求或授权外，不得允许任何人或机构在国际申请的国际公布前接触该申请。

三、国际初步审查

（一）国际初步审查要求

与国际申请和国际检索程序不同，国际初步审查程序不是申请必须经历的程序，依申请人的要求进行。《专利合作条约实施细则》对要求进行国际初步审查的措辞进行统一的描述。

> **《专利合作条约实施细则》**
>
> **Article 53.3　The Petition**
>
> The petition shall be to the following effect and shall preferably be worded as follows：" Demand under Article 31 of the Patent Cooperation Treaty：The undersigned requests that the international application specified below be the subject of international preliminary examination according to the Patent Cooperation Treaty."
>
> **第 53.3 条　请求**
>
> 请求的大意如下，并最好这样措辞："根据专利合作条约第 31 条提出要求：下列签字人请求将下述的国际申请按照专利合作条约进行国际初步审查。"

国际初步审查的要求可以在国际检索报告送交申请人 3 个月或自优先权日 22 个月之内提出。申请人的国际初步审查要求中要说明预定在哪些缔约国使用国际初步审查的结果，这些国家被称为选定国。国际初步审查由国际初步审查单位进行，国际初步审查单位的确定与国际检索单位的确定方法基本一致。

（二）国际初步审查目的

PCT 第 33 条对于国际初步审查的目的和判断标准作出了较为清楚、详细的规定。

> **PCT**
>
> **Article 33　The International Preliminary Examination**
>
> (1) The objective of the international preliminary examination is to formulate a preliminary and non-binding opinion on the questions whether the claimed invention appears to be novel, to involve an inventive step (to be non-obvious), and to be industrially applicable.

(2) For the purposes of the international preliminary examination, a claimed invention shall be considered novel if it is not anticipated by the prior art as defined in the Regulations.

(3) For the purposes of the international preliminary examination, a claimed invention shall be considered to involve an inventive step if, having regard to the prior art as defined in the Regulations, it is not, at the prescribed relevant date, obvious to a person skilled in the art.

(4) For the purposes of the international preliminary examination, a claimed invention shall be considered industrially applicable if, according to its nature, it can be made or used (in the technological sense) in any kind of industry. "Industry" shall be understood in its broadest sense, as in the Paris Convention for the Protection of Industrial Property.

(5) The criteria described above merely serve the purposes of international preliminary examination. Any Contracting State may apply additional or different criteria for the purpose of deciding whether, in that State, the claimed invention is patentable or not.

(6) The international preliminary examination shall take into consideration all the documents cited in the international search report. It may take into consideration any additional documents considered to be relevant in the particular case.

第33条 国际初步审查

(1) 国际初步审查的目的是对下述问题提出初步的无约束力的意见，即请求保护的发明看来是否有新颖性，是否有创造性（非显而易见性）和是否有工业实用性。

(2) 为国际初步审查的目的，请求保护的发明如果是细则所规定的现有技术中所没有的，应认为具有新颖性。

(3) 为国际初步审查的目的，如果按细则所规定的现有技术考虑，请求保护的发明在规定的相关日期对本行业的技术人员不是显而易见的，它应被认为具有创造性。

(4) 为国际初步审查的目的，请求保护的发明如果根据其性质可以在任何一种工业中制造或使用（从技术意义来说），应认为具有工业实用性。对"工业"一词应如同在《保护工业产权巴黎公约》中那样作最广义的理解。

(5) 上述标准只供国际初步审查之用。任何缔约国为了决定请求保护的发明在该国是否可以获得专利，可以采用附加的或不同的标准。

(6) 国际初步审查应考虑国际检索报告中引用的所有文件。该审查也可以考虑被认为与特定案件有关的任何附加文件。

(三) 国际初步审查报告

在国际初步审查报告作出之前,申请人有权按照规定的方式在规定的期限内修改权利要求书、说明书和附图。但这种修改不应超出国际申请提出时对发明公开的范围。如果国际初步审查单位认为国际申请不符合发明单一性要求,可以要求申请人选择对权利要求加以限制,以符合该要求,或缴纳附加费。国际初步审查报告不对按照缔约国国内法是否符合授予专利权的要求作出说明,报告仅就申请的权利要求是否符合国际初步审查目的的新颖性、创造性及工业实用性标准作出说明。说明中附有证明所述结论引用文件的清单,以及可能需要作出的解释。

国际初步审查报告作出后在同日内送交申请人和国际局,国际局将国际初步审查报告送交申请人选定国的选定局。按照 PCT 第 37 条的规定,申请人可以撤回选定,可以撤回其中几个选定,也可以撤回全部选定。但撤回选定应通知国际局,国际局通知有关选定局和国际初步审查单位。如果申请人对所有选定国的选定都撤回,国际初步审查的要求也被视为撤回。除另有规定外,撤回国际初步审查的要求或撤回对某个缔约国的选定,就该选定国而言,除非该国的本国法另有规定,一般视为撤回国际申请。在某些情况下,国际初步审查单位也可以主动撤销申请人的选定国,如选定国不是申请人的指定国。❶ PCT 国际申请程序请参考图 11-1。

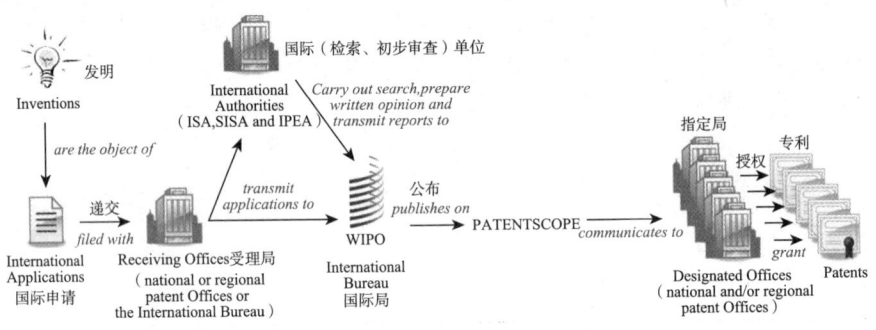

图 11-1 PCT 国际申请体系❷

第三节 国际商标程序一体化规则

一、马德里体系

马德里体系是关于商标的国际注册体系,马德里体系的产生时间较早,几乎与

---

❶ World Intellectual Property Organization. Administrative Instructions Under the Patent Cooperation Treaty, PCT/AI/21 [EB/OL]. (2020-01-01) [2020-06-16]. https://www.wipo.int/treaties/en/registration/pct/.

❷ 世界知识产权组织官网. PCT System. https://www.wipo.int/pct/en/faqs/faqs.html.

《巴黎公约》同时间形成，也是《巴黎公约》的专门协定。马德里体系主要由《马德里协定》及其议定书组成，议定书主要指 1989 年在马德里通过的《商标国际注册马德里协定有关议定书》（以下简称《马德里协定有关议定书》）。除《马德里协定》及《马德里协定有关议定书》外，WIPO 还发布了适用《马德里协定及该协定有关议定书》的行政规程，行政规程对国际申请程序中的具体适用问题进行较为详细的规范，如国际申请的表格、签字、名称和地址要求、国际注册的编号及规费的缴纳等。行政规程会根据需要不断修正，当前行政规程的最后修订时间是 2019 年 2 月 1 日。马德里体系并非为商标提供统一的国际保护，商标是否取得各缔约国国内体系的实质性保护，还要依据各缔约国的国内法。

（一）国际申请的启动

商标的国际注册申请由申请主体通过原属国主管机关向国际局申请启动。国际局即世界知识产权组织国际局。

《马德里协定》

Article 1　Establishment of a Special Union. Filing of Marks at International Bureau. Definition of Country of Origin

（1）The countries to which this Agreement applies constitute a Special Union for the International registration of marks.

（2）Nationals of any of the contracting countries may, in all the other countries party to this Agreement, secure protection for their marks applicable to goods or services, registered in the country of origin, by filing the said marks at the International Bureau of Intellectual Property (hereinafter designated as "the International Bureau") referred to in the Convention establishing the World Intellectual Property Organization (hereinafter designated as "the Organization"), through the intermediary of the Office of the said country of origin.

（3）Shall be considered the country of origin the country of the Special Union where the applicant has a real and effective industrial or commercial establishment; if he has no such establishment in a country of the Special Union, the country of the Special Union where he has his domicile; if he has no domicile within the Special Union but is a national of a country of the Special Union, the country of which he is a national.

第 1 条　成立特别联盟；向国际局申请商标注册；原属国的定义

（1）本协定所适用的国家组成商标国际注册特别联盟。

（2）各缔约国的国民，可通过其原属国主管机关，向《成立世界知识产权组织（以下称"本组织"）公约》所指的知识产权国际局（以下称"国际局"）申请商标注册，以在本协定所有其他成员国取得对其已在原属国注册用于商品或服务的商标的保护。

(3) 原属国是指申请人设有真实有效的工商营业所的特别联盟国家；在特别联盟国家中没有此类营业所的，系指其住所所在的特别联盟国家；在特别联盟境内没有住所，但为特别联盟国家国民的，则指其国籍所在的国家。

国际申请是指依照《马德里协定》或议定书提交的国际商标注册申请，国际注册申请的主体是缔约国国民。如果是没有加入《马德里协定》国家的国民，只要符合《巴黎公约》第3条关于国民规定的条件，也可以在马德里体系中得到与缔约国国民的同等对待。原属国主要指申请人设有真实有效工商营业所的缔约国，国际申请需要通过原属国的原属局提交给国际局。申请国际注册的商标可以是已在获得注册的商标，也可以是提出注册申请并已受理的商标。

马德里体系中根据国际申请提起的依据不同，又分为专属协定的国际申请、专属议定书的国际申请和同属协定和议定书的国际申请。专属协定的国际申请是指原属局为受协定约束但不受议定书约束国家主管局的国际申请，或原属局为既受协定约束又受议定书约束国家主管局，但只指定受协定约束不受议定书约束国家的国际申请。专属议定书的国际申请是指原属局为受议定书约束而不受协定约束的国家主管局的国际申请，或原属局为既受协定约束又受议定书约束国家主管局，但未指定任何受协定约束但不受议定书约束国家的国际申请。同属协定和议定书的国际申请是指原属局为既受协定约束又受议定书约束国家主管局，以注册为基础，且指定至少一个受协定约束而不受议定书约束国家和一个受议定书约束的国家，无论该国是否亦受协定的约束，或至少指定一个缔约组织的国际申请。

(二) 国际注册申请的内容

在国际注册申请中，申请人要指出申请商标保护的为商品或服务，如果可能，还应根据《尼斯协定》制定的分类，指明相应的类别。如果申请人希望依《巴黎公约》享有在先申请的优先权，应在国际申请中作出申请优先权的声明，并要指明受理在先申请的主管局名称和申请日，在先申请所涉及的商品和服务。如果申请人没有指明类别，国际局要将有关商品或服务划分到该分类的相应类别。国际申请中要注明申请人的名称和地址。如申请人为自然人，国际申请中要指明申请人为国民的国家；如申请人为法人，需指明该法人的法律性质和所属国。国际申请中还要指明被指定的缔约方。

关于商标本身，应包含关于商标的文字说明。若基础申请或基础注册中要求将颜色作为商标的显著部分，或要求将颜色作为商标的显著部分且基础申请或基础注册中所包含的商标是彩色的，要对颜色提出要求这一事实所作的说明，以及对所要求的颜色或颜色组合的文字进行说明。如申请人要求将颜色作为商标的显著部分，需要对每一种颜色均用文字说明该颜色为商标主要部分。如果基础申请或基础注册包含对商标的文字说明，而原属局要求包括这一说明，就需要包含该说明。如果商标由非拉丁字母的内容或由以非阿拉伯或罗马数字表达的数字构成，或者包含非拉丁字母的内容或包含以非阿拉伯或罗马数字表达的数字，则应将该内容音译成拉丁字母的形式和阿拉伯数字，拉丁字母的音译按照国际申请所用语言的发音方法进行。❶

按照《马德里协定》的要求，对于国际注册申请的内容，商标原属国的主管机关要证明该内容与国家注册簿中的内容相符，并注明该商标在原属国的申请和注册的日期、号码以及国际注册的申请日期。注册日期为申请人在原属国申请国际注册的日期，但条件是国际局应在此日起2个月内收到申请。如果国际局未在此期限内收到申请，则以国际局收到申请的日期登记该申请。国际申请要由原属局签字，如果原属局要求申请人签字，申请人也应签字。如果原属局不要求但允许申请人也在国际申请上签字，申请人可以在国际申请上签字。注册商标应按注册申请的内容在国际局出版的期刊上公告。

（三）国际注册的效力

国际局收到申请后，应立即将该项注册通知有关主管机关。但国际局通知的国家主管机关有权声明，在其领土内不给予该商标以保护。其拒绝保护的理由只能是不符合该国注册商标的条件，不能仅以该国国内法只准许在一定数目的类别或者一定数量的商品或服务上注册作为唯一理由驳回保护。尽管马德里体系规定商标国际注册不当然在其他缔约国享有商标权利的实际保护，但反向强化了国际注册的效率。按照《马德里协定》第5条的规定，如果一国主管机关驳回商标保护，应最迟在该商标国际注册或提出延伸保护申请起一年内作出，并将该驳回通知国际局。国际局收到该通知后，应立即将驳回通知转给原属国主管机关和商标注册人。如果主管机关在一年的期限内未将关于商标注册或延伸保护申请的驳回决定通知国际局，便丧失对有关商标声明不予保护的权利。商标的国际注册人，也可以通过本国主管机关向国际局递交声明放弃在其他缔约国的保护，国际局也要将该放弃保护的声明通知所涉及的国家。

商标国际注册与商标在原属国注册的效力之间具有牵连性，这种牵连性在商标国际注册满5年后才会消失。在该期间之后，商标国际注册取得独立性。

---

❶ Rule 9, Common Regulations Under the Madrid Agreement Concerning the International Registration of Marks and the Protocol Relating to that Agreement [EB/OL]. (2019-02-01) [2020-04-28]. https://www.wipo.int/treaties/en/registration/madrid/.

《马德里协定》

Article 6　Period of Validity of International Registration. Independence of International Registration. Termination of Protection in Country of Origin

(1) Registration of a mark at the International Bureau is effected for twenty years, with the possibility of renewal under the conditions specified in Article 7.

(2) Upon expiration of a period of five years from the date of the international registration, such registration shall become independent of the national mark registered earlier in the country of origin, subject to the following provisions.

(3) The protection resulting from the international registration, whether or not it has been the subject of a transfer, may no longer be invoked, in whole or in part, if, within five years from the date of the international registration, the national mark, registered earlier in the country of origin in accordance with Article 1, no longer enjoys, in whole or in part, legal protection in that country. This provision shall also apply when legal protection has later ceased as the result of an action begun before the expiration of the period of five years.

(4) In the case of voluntary or ex officio cancellation, the Office of the country of origin shall request the cancellation of the mark at the International Bureau, and the latter shall effect the cancellation. In the case of judicial action, the said Office shall send to the International Bureau, ex officio or at the request of the plaintiff, a copy of the complaint or any other documentary evidence that an action has begun, and also of the final decision of the court; the Bureau shall enter notice thereof in the International Register.

第6条　国际注册的有效期；国际注册的独立性；原属国保护的中止

(1) 在国际局注册商标以20年为期进行，并可以第7条规定的条件续展。

(2) 自国际注册之日起5年期满后，国际注册即与原属国在先注册的国家商标相独立，下款的规定除外。

(3) 自国际注册之日起5年内，根据第1条在原属国在先注册的国家商标在该国已全部或部分不再享受法律保护的，那么，无论国际注册是否已经转让，都不得再全部或部分要求国际注册给予的保护。对于因在5年期限届满前提起的诉讼而后中止法律保护的，情形亦是如此。

(4) 自愿或自行注销的，原属国主管机关应向国际局申请注销商标，国际局应予注销商标。遇法律诉讼时，上述主管机关应自行或经原告请求，将起诉书或其他证明起诉的文件副本以及终审判决寄交国际局，国际局将之在国际注册簿上登记。

按照《马德里协定》第6条的规定，在商标国际注册后的5年内，如果商标在原属国不再享有保护，包括该商标因为诉讼而不再受到保护，就不得再要求国际注册给予保护。即使是商标注册人自愿或自行注销商标，国际局也会对该商标予以注销。

在国际局注册的商标有效期是20年，并且可以20年为期间进行续展，只是续展时不能对上一期商标的最后注册状况进行更改。在商标注册保护期满前的6个月，国际局会通过寄送非正式通知的形式，提醒商标注册人和代理人期满的确切日期。如果缴纳《马德里协定及该协定有关议定书的共同实施细则》规定的额外费用，还可以取得国际注册续展6个月的宽展期。

（四）国际商标许可与转让

商标之上承载了注册人商品或服务的商誉，商标的许可、转让或变更都会对这种商誉产生影响，进而对消费者造成混淆。为此，马德里体系对这些商标使用中变化的登记进行了规定。商标的许可是指商标注册人在保留商标所有权的情形下，授权注册人以外的人使用该商标的行为。商标使用许可可以进行使用许可登记，登记申请一般由注册人向国际局提出。如果主管局的法律允许，也可以由商标注册人或被许可方的主管局向国际局提出申请。在使用许可登记申请时，除包含一般性事项（如申请人名称、地址等）外，需要写明商标许可使用国际注册的商品或服务、使用许可的地域范围、使用许可的法律性质（是否为独占使用）以及使用许可授权的期限等内容。被指定的缔约方对于国际局发出的商标使用许可登记通知，可以在收到通知之日起18个月内发通知给国际局，声明这种登记在该缔约方境内无效，但应说明无效的理由，所依据的法律法规，以及这一结果是否可以进行复审或者上诉。[1]

马德里体系中的国际商标转让是指商标注册人将商标所有权转让给注册人国家以外缔约国人的行为。商标的转让会发生国际商标注册所有权的变更，该国主管局应当将这一转让行为通知国际局。

《马德里协定》

Article 9bis Transfer of International Mark Entailing Change in Country of Proprietor

(1) When a mark registered in the International Register is transferred to a person established in a contracting country other than the country of the person in whose name the international registration stands, the transfer shall be notified to the International Bureau by the Office of the latter country. The International Bureau shall record the transfer,

---

[1] Rule 20bis *Licenses*, Rule 9. Common Regulations Under the Madrid Agreement Concerning the International Registration of Marks and the Protocol Relating to that Agreement ［EB/OL］.（2019-02-01）［2020-04-28］. https://www.wipo.int/treaties/en/registration/madrid/.

shall notify the other Offices thereof, and shall publish it in its journal. If the transfer has been effected before the expiration of a period of five years from the international registration, the International Bureau shall seek the consent of the Office of the country of the new proprietor, and shall publish, if possible, the date and registration number of the mark in the country of the new proprietor.

(2) No transfer of a mark registered in the International Register for the benefit of a person who is not entitled to file an international mark shall be recorded.

(3) When it has not been possible to record a transfer in the International Register, either because the country of the new proprietor has refused its consent or because the said transfer has been made for the benefit of a person who is not entitled to apply for international registration, the Office of the country of the former proprietor shall have the right to demand that the International Bureau cancel the mark in its Register.

第9条之二　国际商标转让引起的注册人国家变更

(1) 将国际注册簿中登记的商标转让给一个设立在国际注册注册人国家以外的某缔约国的人的，这个国家的主管机关应将该转让通知国际局。国际局对该转让登记，通知其他主管机关，并在其刊物上公告。转让在国际注册起5年内进行的，国际局应征得新注册人国家主管机关的同意，并且如可能的话，公告该商标在新注册人国家的注册日期和注册号。

(2) 将国际注册簿中登记的商标转让给无权申请国际商标的人的，不予登记。

(3) 由于新注册人国家拒绝同意，或因转让由一个无权申请国际注册的人提出，而不能在国际注册簿上登记转让的，原注册人国家主管机关有权要求国际局在其注册簿上注销该商标。

按照《马德里协定》第9条之二的规定，如果商标注册人将商标转让给不符合马德里体系要求的申请人资格的人，则国际局不会对转让行为登记。国际局的不登记行为并不意味着转让行为无效，商标转让的效力依然取决于缔约国国内法的规定，但该转让不会享有马德里体系提供国际注册在其他缔约国得到承认的便捷服务。

对于商标的转让，马德里体系要遵循《巴黎公约》有关商标转让的规定。《巴黎公约》第6条之四对商标转让进行了规定，商标的转让只有在与其所属商业或商誉同时移转时才有效，如在该国的部分商业或商誉连同在该国制造或销售标有被转让商标商品的专有权一起转移给受让人，可以承认转让行为有效。因此，对于商标注册人仅就商标的部分注册的商品或服务进行转让时，国际局也会给予登记，但如果所转让的部分商品或服务与仍以转让人名义注册的商标的商品和服务类似，则各缔约国均有权拒绝承认该转让的效力。

马德里体系是在全球范围内注册和管理商标的比较便捷且经济高效的体系。马德里体系的成员包括《马德里协定》和《马德里协定有关议定书》的缔约方，2019年9月，马来西亚成为马德里体系的第106个成员，目前马德里体系可以覆盖122个国家和地区。[1] 申请人通过提交一份统一的申请，就可在122个国家和地区申请得到保护。马德里体系可以对国际商标申请和注册进行集中统一的修改，申请人可以通过马德里体系扩大商标的地理保护范围，在国际商标程序一体化方面取得较大进步。

二、《商标法新加坡条约》的程序协调

《商标法新加坡条约》是在《商标法条约》基础上更新而成的，于2009年生效。《商标法新加坡条约》的目的是协调缔约国之间商标申请与注册程序，构建现代动态的商标国际注册框架。

（一）《商标法新加坡条约》的适用范围

与《商标法条约》相比，《商标法新加坡条约》扩大了适用范围。《商标法条约》仅适用于视觉商标，不包含气味商标和音响商标，按照《商标法新加坡条约》第2条的规定，其适用范围包括缔约方法律规定的所有可以作为商标注册的标志。

《商标法新加坡条约》

Article 2　Marks to Which the Treaty Applies

(1) Nature of Marks

Ang Contracting Party shall apply this Treaty to marks consisting of signs that can be registered as marks under its law.

(2) Kinds of Marks

(a) This Treaty shall apply to marks relating to goods (trademarks) or services (service marks) or both goods and services.

(b) This Treaty shall not apply to collective marks, certification marks and guarantee marks.

第2条　条约适用的商标

(1) 商标的性质

任何缔约方法律规定可以作为商标注册的标志所构成的商标均应适用本条约。

(2) 商标的种类

(a) 本条约应适用于与商品有关的商标（商品商标）或与服务有关的商标（服务商标），或与商品和服务均有关的商标。

(b) 本条约不应适用于集体商标、证明商标和保证商标。

---

[1] WIPO：Madrid – the international trademark system [EB/OL].[2020-09-26]. https://www.wipo.int/madrid/en/.

按照《商标法新加坡条约实施细则》（Implementation rules of Singapore Treaty on Trademark Law）对商标申请提交的具体要求，条约可以适用于立体商标、全息图商标、动作商标、颜色商标、位置商标及声音商标等。但《商标法新加坡条约》不适用于集体商标、证明商标和保证商标。

（二）商标申请

《商标法新加坡条约》允许一件申请多类注册，即同一项申请可以涉及多项商品或服务，无论其在《尼斯分类协定》中同属一个类别还是分属多个类别。

关于商标图样。申请立体商标，商标图样中应当包括一份平面绘制图样或摄制图样，可以包括该商标的一个视图，也可以包括该商标的多个不同视图。如果商标主管机关认为申请人提交的图样不足以体现该立体商标特点，可以通知申请人在通知书所规定的合理期限内提交该商标的6个以下（含6个）不同的视图或对该商标的文字说明。申请全息图商标，商标的表现物中应当包括能从整体上体现全息图效果的一个或多个视图。如果商标主管机关认为所提交的该一个或多个视图没有从整体上体现全息图的效果，可以要求提交额外的视图或该全息图商标的文字说明。对于动作商标，根据商标主管机关的选择，商标的表现物中应当包括能体现动作的一个图像或一系列静止或运动的图像。对于位置商标，商标的表现物中应当包括能体现该商标在产品上位置的一个视图。对于声音商标，根据商标主管机关的选择，商标的表现物应当为五线谱乐谱，或者构成该商标声音的文字说明，或者该声音的一段模拟格式或数字格式的录音，或者为上述各项的任何组合。

在缔约方商标主管机关收到符合要求的说明和项目时，可以确立商标的申请日期。这些要求的说明包括对注册意图、申请人身份、与申请人或其代理人的联系方式、一份足够清楚的申请注册商标的表现物、申请注册的商品或服务的清单以及其他相关声明和证据。《商标法新加坡条约》并没有限定缔约方与申请人之间的文函形式，为缔约方保留较大的自由空间，缔约方可以选择与申请人进行联络交流的方式，包括书面形式、电子形式或其他形式。

（三）商标注册的变更

商标注册的变更包括商标注册人和代理人名称、地址的变更，也包括商标所有权的变更。商标所有人或代理人变更名称或地址，应向国家主管机关提交变更登记申请，注明商标的注册号和变更等的内容。如果变更涉及多件注册商标，只要注明所有相关商标的注册号，只需提交一份申请。缔约方可以规定，如果商标主管机关对变更申请中说明的真实性产生合理怀疑，申请人应当向商标主管机关提供相关证据加以证明。

对于商标所有权的变更，《商标法新加坡条约》将其分为因企业合并或合同发生的变更和非因企业合并或合同发生的变更。按照《商标法新加坡条约》的规定，商标主管机关对变更申请中任何说明的真实性产生合理怀疑时，缔约方可以要求的申请人向商标主管机关提供相关证据。对于因企业合并发生的变更，条约的缔约方可以要求提交一份主管机关证明此合并文件的复印件；而对于非因企业合并或合同发生的变更，缔约方可以要求变更申请附送因实施法律或法院判决变更的文件复印件。商标所有权的变更涉及多件注册，如果每件注册的注册持有人和新所有人相同，且申请中注明所有相关商标的注册号，只提交一件申请即可。

（四）未遵守期限的救济措施

《商标法新加坡条约》对于商标的有效性追求秉持了更为宽容的态度，规定了申请人或注册人未遵守期限时的救济措施。未遵守期限是指为满足缔约方在商标申请及注册中相关时限的要求。由于错过商标办理的期限，可能导致商标申请或注册程序的终止，对于商标申请人或注册人实际使用的商标影响较大。为了最大化实现申请人或注册人使用商标的意图，《商标法新加坡条约》规定了在其未遵守时限要求时，可以采取的救济措施。未遵守期限时的救济措施主要体现在《商标法新加坡条约》第14条。

《商标法新加坡条约》

Article 14 Relief Measures in Case of Failure to Comply with Time Limits

(1) Relief Measure Before the Expiry of a Time Limit

A Contracting Party may provide for the extension of a time limit for an action in a procedure before the Office in respect of an application or a registration, if a request to that effect is filed with the Office prior to the expiry of the time limit.

(2) Relief Measures After the Expiry of a Time Limit

Where an applicant, holder or other interested person has failed to comply with a time limit ("the time limit concerned") for an action in a procedure before the Office of a Contracting Party in respect of an application or a registration, the Contracting Party shall provide for one or more of the following relief measures, in accordance with the requirements prescribed in the Regulations, if a request to that effect is filed with the Office:

(i) extension of the time limit concerned for the period prescribed in the Regulations;

(ii) continued processing with respect to the application or registration;

(iii) reinstatement of the rights of the applicant, holder or other interested person with respect to the application or registration if the Office finds that the failure to comply with the time limit concerned occurred in spite of due care required by the circumstances having been taken or, at the option of the Contracting Party, that the failure was unintentional.

> (3) Exceptions
>
> No Contracting Party shall be required to provide for any of the relief measures referred to in paragraph (2) with respect to the exceptions prescribed in the Regulations.
>
> **第 14 条　未遵守期限时的救济措施**
>
> (1) 期限届满前的救济措施
>
> 缔约方可以规定,向商标主管机关办理有关申请或注册的某一业务期限,凡在期限届满前向商标主管机关提出申请要求延长该期限的,均可予以延长。
>
> (2) 期限届满后的救济措施
>
> 缔约方可以规定,申请人、注册持有人或其他利害关系人向商标主管机关办理有关申请或注册,未能遵守规定的某一业务期限(相关期限)的,如果向商标主管机关提出申请要求提供救济措施,应按实施细则的规定提供下列一种或多种救济措施:
>
> (i) 将相关期限延长至实施细则规定的期间;
>
> (ii) 继续处理申请或注册;
>
> (iii) 商标主管机关认为未能遵守期限,但已作出在具体情况下应作的努力,或根据缔约方的规定,未能遵守期限并非出于故意的,恢复申请人、注册持有人或其他利害关系人对申请或注册的权利。
>
> (3) 例外
>
> 对于实施细则中规定的例外情况,不得要求任何缔约方提供本条第(2)款提及的任何救济措施。

按照《商标法新加坡条约》第 14 条的规定,申请人未遵守期限的情形可以分为两种,一种是期限届满前无法按照既定期限完成程序,另一种期限已经届满。在期限届满前,当事人可以采取的救济措施是申请延长期限,缔约方可以予以延长。在期限届满后,当事人或其他利害关系人可以请求的救济措施有三种:①将相关期限延长至《商标法新加坡条约实施细则》规定的期间。《商标法新加坡条约实施细则》规定,缔约方可以按照当事人的申请延长期限,该期间为自相关期限届满之日应不少于 2 个月。②要求主管机关继续处理其申请或注册,期间也为自相关期限届满之日应不少于 2 个月。③要求恢复权利。在申请人或注册人已经作出努力,未遵守期限非出于故意的情形下,可以申请恢复权利,包括申请恢复权利者的身份、有关申请号或注册号及相关期限。《商标法新加坡条约》第 14 条第(3)款规定了不给予救济措施的例外情形,按照《商标法新加坡条约实施细则》的规定主要包括 8 种情况,具体参见《商标法新加坡条约实施细则》第 9 条第(4)款。

> **《商标法新加坡条约实施细则》**
>
> **Rule 9 Relief Measures in Case of Failure to Comply with Time Limits**
>
> (4) Exceptions Under Article 14 (3)
>
> The exceptions referred to in Article 14 (3) are the cases of failure to comply with a time limit:
>
> (i) for which a relief measure has already been granted under Article 14 (2),
>
> (ii) for filing a request for a relief measure under Article 14,
>
> (iii) for payment of a renewal fee,
>
> (iv) for an action before a board of appeal or other review body constituted in the framework of the Office,
>
> (v) for an action in inter partes proceedings,
>
> (vi) for filing the declaration referred to in Article 3 (1) (a) (vii) or the declaration referred to in Article 3 (1) (a) (viii),
>
> (vii) for filing a declaration which, under the law of the Contracting Party, may establish a new filing date for a pending application, and
>
> (viii) for the correction or addition of a priority claim.
>
> **细则第 9 条 未遵守时限时的救济措施**
>
> 4. 条约第 14 条第 3 款规定的例外
>
> 条约第 14 条第 (3) 款规定的例外是指未遵守下列期限的情形:
>
> (i) 已根据条约第 14 条第 (2) 款给予救济措施的期限;
>
> (ii) 根据条约第 14 条提交救济措施申请的期限;
>
> (iii) 缴纳续展费用的期限;
>
> (iv) 向上诉委员会或商标主管机关内的其他复审机构采取行动的期限;
>
> (v) 当事人之间程序中有关行动的期限;
>
> (vi) 提交条约第 3 条第 (1) 款 (i) 项 (vii) 目所述声明或条约第 3 条第 (1) 款 (i) 项 (viii) 目所述声明的期限;
>
> (vii) 提交按缔约方法律可以为待审申请确定新申请日的声明的期限; 以及
>
> (viii) 对优先权要求作出修改或增加的期限。

(五) 商标使用许可的备案

商标的授权使用对于商标所代表商品或服务的识别具有重要意义,《商标法新加坡条约》规定了在商标注册人授权他人使用商标时的商标使用许可备案制度。

按照《商标法新加坡条约》的规定,注册人可以向商标主管机关申请商标使用许可备案。在申请该备案时,缔约方不得另行规定其他要求,尤其不得要求申请人或注册人提供被许可商标的注册证、使用许可合同或其译本以及关于使用许可合同中财务条款的说明。

同时《商标法新加坡条约》也明确，如果商标注册人没有就使用许可向缔约方商标主管机关备案，也不得影响被许可商标注册的有效性或该商标应当得到的其他保护。首先，商标注册人为进行商标使用许可备案，不应当影响商标被许可方可以享有的一些权利。如缔约方法律规定被许可方享有参与注册持有人提起的商标侵权诉讼，或通过此种诉讼从被许可商标侵权中获得损害赔偿权利的，该缔约方不得将使用许可备案作为被许可方享有该权利的条件。其次，商标使用许可备案也不应当影响给予商标使用的判定。缔约方法律规定，在涉及商标确权、维持或执法的诉讼程序中，被许可方对商标的使用可以视同为注册持有人对该商标使用的，也不得将使用许可备案作为视同使用的条件。